U0534734

文史哲丛刊（第二辑）
主编　王学典

结构与道路：秦至清社会形态研究

范学辉　编

2019年·北京

图书在版编目（CIP）数据

结构与道路：秦至清社会形态研究 / 范学辉编. —
北京：商务印书馆，2019
（文史哲丛刊. 第二辑）
ISBN 978-7-100-16286-9

Ⅰ. ①结… Ⅱ. ①范… Ⅲ. ①社会形态－研究－中国－
秦代－清代 Ⅳ. ①K230.7

中国版本图书馆CIP数据核字（2018）第140540号

权利保留，侵权必究。

文史哲丛刊
（第二辑）
结构与道路：秦至清社会形态研究
范学辉 编

商 务 印 书 馆 出 版
（北京王府井大街36号 邮政编码 100710）
商 务 印 书 馆 发 行
三河市尚艺印装有限公司印刷
ISBN 978－7－100－16286－9

2019年9月第1版	开本 880×1230 1/32
2019年9月第1次印刷	印张 17 1/4

定价：72.00元

出版说明

《文史哲》杂志创办于1951年5月，起初是同人杂志，自办发行，山东大学文史两系的陆侃如、冯沅君、高亨、萧涤非、杨向奎、童书业、王仲荦、张维华、黄云眉、郑鹤声、赵俪生等先生构成了最初的编辑班底，1953年成为山东大学文科学报之一，迄今已走过六十年的历史行程。

由于一直走专家办刊、学术立刊之路，《文史哲》杂志甫一创刊便名重士林，驰誉中外，在数代读书人心目中享有不可忽略的地位。她所刊布的一篇又一篇集功力与见识于一体的精湛力作，不断推动着当代学术的演化。新中国学术范型的几次更替，文化界若干波澜与事件的发生，一系列重大学术理论问题的提出与讨论，都与这份杂志密切相关。《文史哲》杂志向有与著名出版机构合作，将文章按专题结集成册的历史与传统：早在1957年，就曾与中华书局合作，以"文史哲丛刊"为名，推出过《中国古代文学论丛》、《语言论丛》、《中国古史分期问题论丛》、《司马迁与史记》等；后又与齐鲁书社合作，推出过《治学之道》等。今者编辑部再度与商务印书馆携手，推出新一系列的《文史哲丛刊》，所收诸文，多为学术史上不可遗忘之作，望学界垂爱。

文史哲编辑部
商务印书馆
2009年10月

《文史哲丛刊》第二辑
编辑工作委员会

顾　问　孔　繁　刘光裕　丁冠之
　　　　　　韩凌轩　蔡德贵　陈　炎
主　编　王学典
副主编　周广璜　刘京希　李扬眉
编委会（按姓氏笔画为序）
　　　　　　王大建　王学典　王绍樱　刘　培
　　　　　　刘丽丽　刘京希　孙　齐　李　梅
　　　　　　李扬眉　邹晓东　陈绍燕　范学辉
　　　　　　周广璜　孟巍隆　贺立华　曹　峰

目　录

关于中国古代（周至清）社会形态问题的新思维 .... 张金光 / 1
从不同文明产生的路径看中国早期国家的社会形态 .... 沈长云 / 67
郡县制时代
　　——由权力建构与社会控制论秦至清的社会性质 .... 李若晖 / 82
"选举社会"的概念
　　——秦汉至晚清社会形态命名初探 .... 何怀宏 / 118

历史分期命名标准刍议 .... 冯天瑜 / 161
中国社会形态的四个层面及其历史分期 .... 郭　沂 / 174
论中国"封建主义"问题
　　——对中国前现代社会性质和发展的重新认识与评价 ... 荣　剑 / 191
中国封建社会的专制主义中央集权制度 .... 宁　可 / 232
中国是如何成为专制国家的？ .... 白彤东 / 260

中国古代对于君主专制的批判 .... 李若晖 / 289
中国古典共和观及其传承价值 .... 林　明　樊　响 / 316

华夏国家起源新论
　　——从"猴山结构"到中央集权国家 .... 萧功秦 / 338
夏代"复合型"国家形态简论 .... 王震中 / 380
论我国早期国家阶段青铜礼器系统的形成 .... 方　辉 / 392
大一统专制权力之象征体系的完成：从秦皇到汉武 .... 李宪堂 / 408
两个南北朝与中古以来的历史发展线索 .... 李治安 / 430
传统国家近代转型的开端：张居正改革新论 .... 万　明 / 466

明代资本主义萌芽的新制度经济学解释 .... 袁海彦 / 503
关于中国资本主义萌芽与资金市场的几个问题
　　——对科大卫先生文的商榷和补充 .... 刘秋根 / 515

后　记 542

关于中国古代（周至清）社会形态问题的新思维

张金光

半个多世纪以来，表述中国古代社会的一些概念和范畴大都是舶来品，有的直接来自于西方中心论以及在其上形成的西方学术话语体系，有的是辗转、间接来自西方，或者是仿制品。整齐、条理、系统化的"五种生产方式"说是斯大林总结提出的。他者如农村公社、中世、中古、庄园制，以及比较系统的"古典社会—六朝贵族制—唐宋变革"论等，大抵是参照西方中心论及其西方学术话语体系而提出的。

20世纪50年代，史学界也曾有关于所谓中国古代史分期问题、资本主义萌芽问题、农民战争问题、汉民族形成问题、土地所有制问题的讨论，并掀起轩然大波，一时被誉为"五朵金花"。其实，"五朵金花"的怒放，不外乎以"五种生产方式"说为基本构架的单一理论模式去观察中国历史。其间虽也有大量的实证出现，然而这些实证却不是为了从中发现实在的中国历史逻辑，并由此创立符合中国历史实际的理论分析范畴、概念，而恰是为了获得其既定理论预期的结果，并证明现成理论预设的正确，因而只能最终表现为削足适履，终日徘徊于"五种生产方式"说的既定框架。

关于人类社会历史的发展,马克思主义的创始人并未提出如"五种生产方式"说那样明确的阶段论理论模式。不过,马克思确曾提出过包括中国在内的东方社会历史的特殊性理论问题。中国的学术界也曾就此问题进行过热烈的探讨,并取得了一些成绩,然而却始终未能做出符合中国历史实际和特点的新的理论概括。而一些实际的研究其最后的落脚点,仍然是在于证明中国古代是奴隶制社会,或是封建制社会。中国古史分期问题的讨论最为典型,尽管是群儒舌战,热闹非凡,但争来争去仍不出"五种生产方式"说之窠臼。之所以如此,一个理论上的重要原因,便是囿于"五种生产方式"说的既定模式。而关于中国的研究,应力求走出西方中心论以及西方学术话语体系笼罩之困境,深入中国历史实践,通过大量的实证分析,做出符合中国历史实际的理论模式建构。

一、关于中国历史社会经济形态新坐标体系的设想——国家权力中心论

这个社会形态新坐标体系的特点是:由传统的二维关系调整为三维关系,由平面关系调整为立体关系,由左右关系调整为上下关系,由横向关系调整为纵向关系,由民间关系调整为官民关系,由社会间关系调整为国家对社会间关系。官民关系、国家与社会的关系,构成新坐标体系的中轴线,民间、社会、国家、民族其盛衰荣辱皆赖之。

研究中国历史上的社会经济形态问题,传统的方法总是企图在一个

社会平面中寻求基础关系——社会坐标中轴线。这个社会体系是从民间寻求社会生产关系中的剥削关系及被剥削阶级。其路径必然是拿着显微镜去找奴隶或农奴。这种关系找到之后,就让它来决定其上层建筑、国家形态,国家就代表那个主导阶级,于是就认定为某种社会。在这个社会坐标体系中,国家只不过是一种上层建筑,它只是为基础服务,于是国家跟社会、官跟民之间形成了一种间接关系,一种次要的关系,国家的面目必须通过民间阶级关系才能被折射出来。这并不符合中国的历史实际。

二维构成平面,三维构成立体,社会是立体的,而不是平面化的。传统的方法略去了国家权力这个在中国社会历史中一个最重要的、决定性的维度。在中国历史上,国家权力实为纲中之纲,它决定一切,支配一切。不是民间社会决定国家,而是国家权力塑造社会,国家权力、意志、体制支配、决定社会面貌,应以国家与社会间的关系,简言之曰官民对立关系来观察、认知、表达、叙述中国古代社会历史。如此才能说明中国古代社会历史的本质属性。

我们必须确立如下观点:官民二元对立是中国古代社会阶级结构的基本格局。它不仅是中国古代官社经济体制下的社会阶级结构的基本格局,而且是此后数千年中国社会之社会阶级结构坐标中轴线。官民之间,除政治上统治与被统治的关系之外,还是一种经济关系,是剥削与被剥削的关系,也就是说,它是以土地国有制、国家权力、政治统治为基础建立起来的社会生产关系。这种生产关系是国家体制式社会生产关系或曰权力型社会生产关系。这种生产关系比之民间社会的任何经济关系都具有无与伦比的稳定性、凝固性、恶劣性、暴力性。这一对生产关系,在时、空两个维度上比之民间的任何生产关系都具有无与伦比的广泛性和普遍意义，此乃是中国社会的历史基因。三千年间，这一生产关系总是以不同形式重塑着中国社会历史，万变而不离其宗。

国家体制式的社会生产关系至少具有如下特点：

国家体制式的社会生产关系其一切行为均具有普遍性，无远弗届，无时不在。

国家体制式的社会生产关系具有普遍强暴性，其运作并不纯粹依靠经济原则，而是靠国家权力支撑，赖行政命令运筹。它的一切经济索求指标都是有求必取、取而必足，即所谓"朝令而暮得"。

国家体制式的社会生产关系以追求国家财利最大化为目标，因而具有普遍掠夺性。纵观中国历史，其国家之索取大抵皆经历着三部曲：初则有轻徭薄赋，与民休息之名。其目标只是将索取量维持在民庶所能承受的最高限度的警戒线内，此则因"可怜大地鱼虾尽"，已掠无可掠，不得不然耳。继则各种索取的设制纷至沓来，驴打滚式的索取制度叠加在一起，民已不堪其重负，此即黄宗羲之所谓积累莫返之"暴税"不已阶段。然此还算一种国家制度。待末期则毫无制度可言，达到了言必取，行必果，以至于洗劫民财的时期，比盗贼还要盗贼。李斯曾向秦二世建言，"税民深者为明吏，杀人众者为忠臣"（《资治通鉴》卷八《秦纪三》）。《资治通鉴》卷二二二《唐纪三十八》"肃宗宝应元年"条载："租庸使元载，以江、淮虽经兵荒，其民比诸道犹有赀产，乃按籍举八年租调之违负及逋逃者，计其大数而征之；择豪吏为县令而督之，不问负之有无，赀之高下，察民有粟帛者发徒围之，籍其所有而中分之，甚者什取八九，谓之白著[①]。有不服者，严刑以威之。民有蓄谷十斛者，则

---

① 胡三省注引《白著歌》："上元官吏务剥削，江、淮之人多白著。"

重足以待命，或相聚山泽为群盗，州县不能制。"唐人元结言："使臣将王命，岂不如贼焉？今被征敛者，迫之如火煎。"①

在这个国家体制式的社会生产关系图式中，管理者皆为国家权力人。权力人的权力寻租成为普遍行为。权力转变为财富的原则乃万古不替之铁律。贪污、盗窃、贿赂、假公济私成为公开的国家制度。

国家体制式的社会生产关系系统庞大且最易失控，自身缺乏有效免疫系统，一染病毒便极易造成全系统崩溃，产生体制性的周期震荡与倾颓颠覆，循环轮回不已。

官社体制下，孟子所言"君子"与"野人"的对立格局即基本的官民对立格局。"君子"们以王（皇）为首结成统治主阶级，这就是国家权力人阶级。孟子之言，言简意赅，不仅正确地表明了官社体制下基本的社会生产关系及社会阶级关系，而且言中了此后二千余年来基本的社会阶级关系的中轴线结构。

在官社体制下，实行国家普遍份地授田制，于民间基本生存资源的配置上，处处贯彻着均平的道义经济原则，绝无而且也不容许有体制性的具有剥削意义的地主阶级产生。一切决定和支配民人生存状态和品质的经济、政治关系尽发生在官民之间。

孟子曾指出："诸侯之宝三：土地、人民、政事。"（《孟子·尽心下》）在这三宝中，关键着"土地"、"人民"的最为重要的一宝就是"政事"，是宝中之宝。政事不是空的，其决策、贯彻执行，皆赖最高统治主及其大小臣工，即孟子所谓"君子"集团以行之。若无善政，则土地荒芜，人民离散，民将不民，国将不国。行仁政，则可给民庶社会带

---

① 元结：《贼退示官吏》，《元次山集》，中华书局1960年版。

来福祉。真是"成也萧何,败也萧何"。国之废兴、民之存亡,"君子"集团是应负责的。

在孟子所言这个井田官社组织中,实行税敛法,其法为:"野九一而助,国中什一使自赋。"这里的社会阶级政治经济关系是"无君子莫治野人,无野人莫养君子"(《孟子·滕文公上》)。这里的社会格局被规定为:"或劳心,或劳力。劳心者治人,劳力者治于人;治于人者食人,治人者食于人:天下之通义也。"(《孟子·滕文公上》)可见"君子"是"劳心者",是统"治"者,是"被养(剥削)"者;"野人"是"劳力者",是被统"治"者,是"养君子(被剥削)"者。"君子",他们本身是政府官员,也代表着国家政府。这里的社会阶级结构是"君子"与"野人"对立统一的格局。这种格局的实质就是官民对立。官民格局及其对立,便是中国整个古代社会国家、社会阶级结构矛盾对抗的主要和支配形态。

国家体制式社会形态(生产关系)的根基是土地国有权制度。

在土地国有制与国家授田制之下,形成了官社经济体制,也形成了国家索取租赋徭役的基本制度,也就是说,土地国有制及其国家授田制就是其时国家索取和剥削制度的根据。从孟子所说粟米之征、布缕之征、力役之征,到秦租赋徭役制度的基本规模,实乃成就了中国古代两千年来国家索取制度的基本结构。由官社体制衍生的秦的租赋徭役索取制度,以缩影的形式展现了中国古代国家三元一体索取和剥削制度的基本面貌和规律。故从战国秦官社体制下的国家索取制度可作为分析中国历代国家索取制度的逻辑起点,并可以秦作为分析中国两千年间官民间这一对历史基因性的社会生产关系的切入点。

在秦的租赋徭役制度下,就租、赋、徭三者的比例来看,赋重于租，徭役又远远重于租赋。说明对人户口的占有，即对人力的剥削是远远重于土地的。可见，其剥削制度虽未"舍地"，而实以"税人"为重。这正是土地国有制下，国家索取和剥削形态的特点。这里必须再次强调指出，秦租赋徭役剥削制度的本原与基础，乃是其普遍的土地国有制及其国家份地授田制。如果说较为严肃的制度，尤其是一定限量的剥削，尚可使其本末基本协调一致因而造就了秦自孝公以来"四世有胜"，乃至嬴政依次殄灭六国一统中国的辉煌历史局面，那么，由于种种原因，而造成官社小农份地荒芜不治，而勤苦所获，复被刮净剥光，民生无以为计，则其统治剥削遂失先天之本，而帝国大厦也便瓦解土崩了。秦的历史结局又正如此。

秦赋税徭役制度确立与发展的路径与途程，以缩影的形式展现并预示了中国古往今来一切赋税制度发展变革的基本历史规律。古代许多常征税目都来源于临时的杂派苛捐，无论是中央或是地方的临时之摊派，相沿既久，便转化为"合法"常征。对农民的剥削，租赋徭役虽有常征，但政府从来也并不以此为限，只要是政府需要，便又重生出新的摊派名目。如此反复累积不已，直至农民无法承受，天下土崩，王朝覆灭为止。然后又开始新的一圈轮回。明清之际，黄宗羲曾深刻指出此规律："若夫定税则如何而后可？曰：斯民之苦暴税久矣，有积累莫返之害，有所税非所出之害，有田土无等第之害。"其中"积累莫返之害"乃为"害"中之要"害"。"何谓积累莫返之害？三代之贡、助、彻，止税田土而已。魏晋有户、调之名，有田者出租赋，有户者出布帛，田之外复有户矣。唐初立租、庸、调之法，有田则有租，有户则有调，有身则有庸，租出谷，庸出绢，调出缯纩布麻，户之外复有丁矣。杨炎变为两税，人无丁中，以贫富为差，虽租、庸、调之名浑然不见，其实并庸、调而入于租也。相沿至宋，未尝减庸、调于租内，而复敛丁身钱米。后世安之，谓两税，租也，丁身，庸、调也，岂知其为重出之赋乎！使庸、调之名不去，何至是耶！故杨炎之利于一时者少，而害于后世者大矣。有明两税，丁口而外，有力差，有银差，盖十年而一值。嘉靖末行一条鞭法，通府州县十岁中夏税、秋粮、存留、起运之额，均徭、里甲、土贡、顾募、加银之例，一条总征之，使一年而出者分为十年，及至所值之年一如余年，是银、力二差又并入于两税也。未几而里甲之值年者，杂役仍复纷然。其后又安之，谓条鞭，两税也，杂役，值年之差也，岂知其为重出之差乎！使银差、力差之名不去，何至是耶！故条鞭之利于一时者少，而害于后世者大矣。万历间，旧饷五百万，其末年加新饷九百万，崇祯间又增练饷七百三十万，倪元璐为户部，合三饷为一，是新饷、练饷又并入于两税也。至今日以为两税固然，岂知其所以亡天下者之在斯乎！使练饷、新饷之名不改，或者顾名而思义，未可知也。此又元璐不学无术之过也。嗟乎！税额之积累至此，民之得有其生也亦无几矣。今欲定税，须反积累以前而为之制。授田于民，以什一为则；未授之田，以二十一为则；其户口则以为出兵养兵之赋；国用自无不足，又何事于暴税乎！"（《明夷待访录·田制三》）黄氏除暴税久害之法不可行，然其发现并总结的"暴税""积累莫返"定理却是源远流长，是为历代赋役不替之律。

　　黄氏之说，认为历代赋税改革只是改头换面、换汤不换药，易名而未除其实，因之造成"积累莫返之害"，暴税不已，以至于"亡天下"。这结论无疑是正确的，黄氏的发现是有价值的，这确乎是触到了中国历史上赋税制度发展的规律。何以如此？黄氏认为使旧"名不去，何至是耶"！不过，这倒只是个现象，而未触及本质。因为，之所以"暴税""积累莫返",不是个技术问题,而是个本质问题。从历史上来看,自先秦而后的一切赋税制度和改革,甚至一些"著名"的改革,其根本目的都不是为了真正减轻农民负担,其本质与目的是为了保证国家财政最高额(实是无限额)的收入和财路的畅通。一言以蔽之,国家一切权力之运筹,其旨在于算计农民,追求国家财利的最大化,甚而是无限化,此为历代"暴税"之根因。在这种原则之下,设计具体制度,故其初行之时,国家财政困窘之状可收一时之疗效,而实难解社会之病瘼。加之国家权力人的百计寻租,故又必然一天天烂下去。黄氏定理是不可避免的。

从历史事实来看,历代国家征收赋税以及不论何种改制,其所依据的基本原则只有一个,即向农民要多少,不是根据农民的实际收入和承受能力,而是取决于政府的财政需求。不论政府的胃口有多大,农民是必须满足的,羊毛还是要出在羊身上的。自商鞅变法时便言"官属少,征不烦"。虽时有税率的某些规定,如什一之税、十五税一、三十税一等,表面看来似乎是轻税,然这却是一个极具弹性的橡皮筋,即使在政治清明之时,在行政实践上也是一个无法操作的原则。官社体制下的观稼评产、均计赋税,表面看来似是非常认真利民,而实际上官社成员却是必移口粮以足其既定之余额。秦收租也是很认真的,实行明码收租,然仍不免租政实践中的"故轻故重"之陋规。汉氏较秦暴税之弊,而轻田野之征,然却被时人指责为"厥名三十,实十税五也"(《汉书·食货志上》),以及"乡部私求,不可胜供"(《汉书·贡禹传》),"廉者取足,贪者充家"(《后汉书·左雄列传》)。史称汉"量吏禄,度官用,以赋于民"(《史记·平准书》)。学术界对此也曾大唱赞歌,殊不知此中正埋藏着后来一切暴税重赋的恶根。《平准书》中的这个国家十字财政方针，就是"量出分负"的原则，几千年以来，竟成了合理合法的财政搜刮不替之律。可以说，此原则不改，暴税则不免，黄氏定理就起着作用。做得好尚可收一时之小效，然终难解长远之重负，其归宿必是暴税不止，以至于天下土崩。

官民之间矛盾关系的发展变化是一个历史过程。一个很值得探讨的历史事实是战国时期，战事频仍，徭役繁兴，然而并未引起大规模的农民反抗，而秦统一之后，仅十四年，便有席卷全国的陈胜吴广起义爆发。

原因何在？可以肯定地说：官逼民反。秦汉三次农民大起义，都不是民间社会矛盾对抗引发的集体暴力行动事件。而且还可以说，整个中国古代，自陈胜吴广起义以迄于太平天国运动，其间涉及面较大的、带有全局性的农民集体造反行动，都是"官逼民反"，是弱势群体"野人"们在忍无可忍之时，铤而走险，反抗"君子"集团的以谋生路的斗争。

秦末农民暴动，并非由于民间矛盾所引发，而只是由于无法忍受官府的索求才揭竿而起的。它是官民矛盾长期积累激化的必然结局，并且以缩影的形式，预示了此后二千余年的中国社会阶级矛盾发展变化的基本历史途程。

二、关于中国土地关系问题的哲学思考
——中国历史地权本体论

研究中国历史，有三个概念必须重视："王土"、"王民"、"王权"。此之谓中国古代国家权力形态之"三纲"，而"王土"制又为纲中之纲。三者实为一体，三股绳拧成一股绳，便是国家权力的至高无上与无限放

大，即：拥有一切、垄断一切、支配一切、专制一切。这便决定了中国古代社会的基本历史面貌。

首先必须对"王"加以正名。

笔者所谓"王土"、"王民"、"王权"之"王"，并不能简单地理解为一个"个体"，而是一个大写的符号，即国家权力的符号。这是中国文明的特殊概念。明乎此，才可以谈论和解读中国问题中各种冠以"王"字概念的真正意蕴及其本质属性。

"王民"规定了古代中国民庶的身份问题。"王土"生"王民"，"溥天之下，莫非王土；率土之滨，莫非王臣"（《诗经·小雅·北山》）。"封略之内，何非君土，食土之毛，谁非君臣。"（《左传·昭公七年》）都是讲的一个意思，人生长生活在"王土"之上，喝"王土"上的水，吃"王土"生长出来的毛物，自然便成为"王民"，即国家之臣民。臣民有臣民的义务，即为国家耕织致粟帛，纳租税赋徭役。

"王权"是至高无上的国家权力的象征符号，是国家权力的偶像化，好供人们崇奉、膜拜。王权属于国家权力制度，在国家权力之中，不在国家权力之外、之上。"王权"不能涵盖国家权力，国家权力则可以涵盖"王权"。笔者故以"国家权力"立总名而言之，不以"王权"综总之。

首先必须说明的是，研究中国地权及地权史，为什么要提出并预设一个"地权本体"概念？

综观中国地权史实际，总觉冥冥之中，有一个像幽灵一样不可抗拒、无与伦比的东西存在着，其充天盈地，无处不在，无时不在。可借用哲学上"本体"这一概念来表述它。"本体"是不"待"的，它不需要其他相对待而存在，它是绝了"对"的，也就是说，具有绝对性。

是它的存在决定了其他地权形式的存在。以中国传统思想而论，犹如"道"、"器"两个概念。形而下者谓之器，形而上者谓之道。地权本体即地权形上之道。各种具体地权制度尽在地权形下之器中。这里也可以说，道之大原出于天，天不变，道亦不变。在中国地权史中，总觉有一种永恒性的东西存在着。故在整个中国地权史中，笔者不用"所有权"与"占有权"等概念作为对其通体总长时段的整体结构的区分，而是采取"地权本体"与"具体制度"的结构图式来分析中国地权结构的，如此便将中国地权分作两个层次：本体与表象两个层次。这两种分析方式是迥然不同的。因为在本体下是允许制度变化的。笔者以为后一种分析法，解释力度比较强，符合中国历史实际，否则便有悖于中国历史实际。

"王土"观念即中国地权"本体"。通天下、古今，"王土"一体也。"王土"观念即土地国有权观念，这是认知和解读全部中国问题本质属性之关键与要害之所在，舍此便不得其本。

《诗经·小雅·北山》云："溥天之下，莫非王土；率土之滨，莫非王臣。""王土"观念在中国土地所有权制度史中，是一个带有根本性的观念，是一个政治性很强的观念，但同时也具有实在的经济内容。随着周天子的式微，非但不是"王土"的减弱，反而是在更高层次上的增强，逐渐成为普遍的真正的土地国有制（说详后）。制度是随时多变的，然而观念却是永恒的。于此亦可见这个观念具有超然性，也就是说其为中国土地所有权制度之本根。

"王土"观念及其制度，自周代产生并确立以来，成为中国历代土地所有权制度中的本体、本根。这是周人留给斯国斯民最重要的创造性的历史文化遗产，它规定和制约、支配着中国土地所有权制度的历史变迁。它不仅标志出中国地权史的本质属性，而且规定了中国古代社会历史形态的基本面目和历史逻辑进程。

"王土"观念的要害在于"王",故其百代不替。"王",即国家的代表,是国家权力的符号,故曰"朕即国家"。"王土"观念不仅是一个观念,而且有着不可抗拒和动摇的载体和主体,其载体和主体便是政治国家,故其非为一般观念,而是国家暴力机构的观念和意志,它随时可以以暴力为后盾而为所欲为地展现自己,成为实践行动而支配现实社会经济。

"王土",即地权国有。它既是观念,同时又是一种制度。作为一种具体土地制度,其自周代创立,初始为带有虚构性的"王土"制度。至战国而为之一变,成为"普遍的真正土地国有制度"①。至于西汉初年,又为之一变,土地私有权制度自国有地权中衍生而出而确立。从此开始了中国历史上具有国家制度意义上的私有地权制度化时期。然而此后诸多大的历史关节如:西汉末年的"王田"化即土地国有化运动,汉晋间的各种"限田"制度,北朝隋唐五朝的均田制度,元明清的国家圈地运动,太平天国的"天朝田亩制度",乃至于20世纪50年代我国的土地集体化运动,以至于今日;更加之自先秦创立的以土地国有制及国家普遍授田制为根据的,以租赋徭役为基本内容的国家索取制度历二千余年而不衰,至于明代一条鞭法、清代的摊丁入亩,竟又明确规定由土地来承担。这些于二千年间时隐时现、时强时弱、反复不已的制度,这种永恒性的历史性悖论,笔者用"王土"观念作为地权"本体"来表述它,这是一个事实,它不需要做出解释。

以"王土"观念作为地权本体的设定,可以妥善地对中国土地私

---

① 张金光:《试论秦自商鞅变法后的土地制度》,《中国史研究》1983年第3期。

有权及其制度，以及中国式的财产私有权制度作出解释。在作为地权本体的"王土"观念下，在一定时期是允许有私有地权存在的，不承认这一点也不符合中国历史实际，只是不完善而已，然而毕竟是所有权。在中国土地关系史的研究中，经常会陷入土地私有制与土地国有制的两难境地。这种研究困境，导源于中国历史实践逻辑悖论的存在。——此二种所有权不在同一层次，质量不等，私有地权制度的形成并不意味着国有地权（"本体"）的消失；"王土"本体是永恒的，变化的是"制度"，"制"可变，而"体"不可变。所以笔者不使用"所有—占有"结构区分，而用"本体—具体制度"结构来区分地权关系。

周代创立"王土"观念及其制度，这是中国历史上的"大事因缘"。近日，著名美籍华裔史家何炳棣先生在清华大学高等研究院演讲，讲题曰《国史上的"大事因缘"解谜——从重建秦墨史实入手》。何先生谈道，六十多年前，陈寅恪先生在冯友兰先生《中国哲学史》（下册）的《审查报告》三中，特别提出论断：佛教经典言："佛为一大事因缘出现于世。中国自秦以后，迄于今日，其思想之演变历程至繁至久，要之，只为一大事因缘，即（两宋）新儒学之产生及其传衍而已。"何先生言："今日反思陈师两项（今只引其一。——引者）论断皆有商榷余地。两宋新儒学之产生，固然是我国近千年来思想史上的大事，但就全部传统中国历史而言，真正最大之事应是秦专制集权统一郡县制大帝国的建立及其传衍。"①

今日看来，何先生所言"秦专制集权统一郡县制大帝国的建立及其传衍"，确为全部传统中国历史的真正最大之事。不过，笔者以为周代

---

① 文见《光明日报》2010年6月3日。

创立的"王土"观念及其制度之发展传衍,也是全部中国历史及其问题之最大事。我国自周始各种国家权力日臻于集中,以土地所有权为轴心的各种权力的下移,与新模式的权力集中乃是同一个事物的两面,是同步的。旧式权力的下移,却同时是向更高级阶段新的集中,土地所有权是各种国家权力中的核心权力,强大的高度集中的国家权力,就是高度集中起来的土地所有权。孟子言:"诸侯之宝三:土地、人民、政事。"土地为国家宝中之宝。土地乃生民之本,国家之本,国家命脉之所在,历朝历代皆咬定不放。《国语·楚语下》云:"天子之田九畡,以食兆民,王取经入焉,以食万官。"这与"溥天之下,莫非王土"是同义语。唐陆贽言:"土地,王者之所有;耕稼,农夫之所为。"(《陆宣公集》卷二《均节赋税恤百姓》)朱熹言:"溥天之下,莫非王土;江之东西,亦皆王民。"(朱熹《晦庵先生朱文公文集》卷二十《申免移军治状》)明太祖尚言:"九州之田,皆系于官,法井以给民。民既验丁以授田,农无旷夫矣。"(朱元璋《大诰续编·序》,《全明文》卷三十)三千年来,土地国有权一直决定并规范着中国地权以及财产权的基本制度和面貌,并决定了中国历史之命运及其历史进程。

今以"地权本体—具体制度"结构式,对中国问题之本根——土地问题进行长时段分期(四期):

(一)西周至春秋:虚构的"王土"时代

初民社会无所谓土地所有权制度。西周在地权史上最大的贡献便是提出了"溥天之下,莫非王土"的观念,并创立了"王土""封建"制度。所谓"虚构"有二义:它是一种法权的确立;国家尚无力直接掌握土地。

因之，研究西周春秋时代的土地问题，不能不认真讨论"王土"下的"封建"制度及其所造成的结局：通过层层分封，形成了土地的多级占有制，即同一块土地的所有权为多个层次的人所分享，其中最顽固的实际拥有者还是邑社，而终端所有权则在周王即国家之手。

"封建"制中，最具本质意义的节目就是"授土授民"，此为"封建"之当然事。孟子所谓"诸侯之宝三：土地、人民、政事"者，即从此而得也。

在周代，封建诸侯，是天子的权力，此谓"天子建国"。周天子将天下即"王土"，切出若干块给予诸侯，用现代政治经济的观点看，从某种意义上说，这属于一种古老的委托管理制，天子与诸侯之间，也可以说通过分封便结成了一种权利与义务的交换关系，周天子将一部分土地和人民交给诸侯管理，诸侯获此部分土地和人民等诸项权利，则必须同时对周天子尽种种义务。

《左传·定公四年》记封建之事最为详备，曰："昔武王克商，成王定之，选建明德，以藩屏周。"

叙述天子建国封邦礼制最为详备者莫过于《诗经·大雅·崧高》篇，毛序："尹吉甫美宣王也。天下复平，能建国亲诸侯，褒赏申伯焉。"郑玄笺曰："尹吉甫、申伯，皆周之卿士也。尹，官氏。申，国名。"申国早已存在，《崧高》所云为"再命"与"再受命"。

其一章云："崧高维岳，骏极于天。维岳降神，生甫及申。维申及甫，维周之翰，四国于蕃，四方于宣。"可证诸侯乃周之桢干，四方之藩屏，并宣示周仁惠于四方。

其三章云："王命申伯，式是南邦。因是谢人，以作尔庸。王命召伯，彻申伯土田，王命傅御，迁其私人。"按：既言"因是谢人"，便是因受其民。王命召伯整治申伯之土田，并为之配置了职官——"傅御"之类，并其家臣便随迁其地。这一切都显示了周王对诸侯土地、人民具有控制权。而申伯之责便是如诗所言，代周王而"南土是保"。

其五章有句云："锡尔介圭，以作尔宝。""介圭"，是诸侯镇国之宝，是其权力和身份的象征物。诸侯朝见天子时，要执圭作为觐见礼的。天子之处有圭冒，当与之相合。此礼制待后世官僚制下，则发展为命官玺印制。

《礼记·礼运》篇云："故天子有田（此'田'为'甸'欤？既与下'国'、'采'相系，知此必为一特指范围或即溥天之下之土也。——引者）以处其子孙，诸侯有国以处其子孙，大夫有采以处其子孙，是谓制度。"天子为天下的大宗，天下之共主，是天下的土田和人民的最高所有者，即《诗经·小雅·北山》所云"溥天之下，莫非王土；率土之滨，莫非王臣"。诸侯乃一国之君，是本国土地和人民的最高所有者，所谓"封略之内，何非君土，食土之毛，谁非君臣"（《左传·昭公七年》）。此间原则和基调同前者是一样的，只是范围小了些，是处在天子大圈子范围之中的又一小圈子。卿大夫是采邑土地和人民的所有者，他们的采邑数也是有规定的。这就叫"制度"。要之，邑数虽有规定，然亦在君之口耳。

据周礼制，天子与诸侯之间，通过"命"与"受命"的方式建立起一种主导与服从的关系。从理论上讲，这种关系带有世袭性。由"缵戎祖考"观之，韩侯在这次受命之前，早已世为韩侯。因之，这次"王亲命之"与"韩侯受命"乃是属于"再命"与"再受命"。这显示了周王的主导地位。认真遵从此等制度，举行这等典礼，是一种美政，故毛序谓此诗曰："尹吉甫美宣王也，能锡命诸侯。"认识这一点很重要。诸侯在"始受命"之后，虽说是世袭的，对于周王来说，具有相对独立性，然是有条件的，嗣侯须经再命以确认之，这是原则性制度，表明周天子拥有绝对权力和权利，不管他的权力和权利能实现到如何的程度，这种周礼制度的原理则是绝对的，此可归结为如下之观念："溥天之下，莫非王土，率土之滨，莫非王臣"是也。这个原则行之久远，随着时代的变迁，一直以各种转型的方式贯彻下去。严格说来，这还算不上一种继承权，在本质上，只是一种将土地与人民按照一定制度转授予代受的行为。一直到汉初吕后《二年律令》，在国家授田制中仍规定，户人所获受之田，须经国家户籍确定代户人身份，再由政府行政作为转授其户父所受之田的对象，代户人者方才可代受政府所转授其户父初受之田。这种制度的原理与上言授土授民的周礼制度同是一个，在中国，"王土"的观念与制度是极牢不可破的，不论制度如何转型与变迁，土地的本体所有权总是操在"上（国家）"之手。土地所有权之最高层次为周天子。

西周金文透露，西周有土地转移现象。然而对这些转移现象的实况及其性质，学界尚未给予深刻说明。对于田地，周王具有终端所有权。贵族对田地的占有权，须由周王或周王的代表最终确定认可，方才为合法。尽管土地在贵族之间或有所流转，但必在周王或王官的安排下才得以进行。这是合法渠道，至于个别例外，只是表明王权的式微，而"王土"的原则仍是牢不可破的。

从文献和金文反映的情况来看，土地在贵族中，自周王而下构筑了不同层级，通过分封和赏赐造成了不同的占有层次、大小不等的若干占有圈子套叠在一起，这些层级都带有政治身份性，而最实际、最顽固不化的占有和使用者还是村社共同体组织，它们的名号通常称作"邑"、

"田"或"里",这是划分土地进行耕作生产的最基本的社会生产组织单位。若《大簋盖》言"锡大乃里",《召圜器》言"赏毕土方五十里",《鬲比鼎》言"复贿鬲比田十又三邑"者即是。

在上的占有者层级多政治变幻,而最基层的邑可因其在上的层级变幻而政治归属不定,然邑组织本身亦即其内部结构却是不可动摇的,而其组织完整的躯壳也是不可打破的,大抵是整邑整邑地完整转移。而至战国则普遍形成了书社制度,遂又有政社合一制的乡里制度产生。

大致说来,总的历史趋势是,至战国、秦,随着松散虚构的"王土"制渐次进于高度发展的"普遍的真正的土地国有制"[①],而其社会生产组织亦自邑社而进展为政社合一的官社乡里制度[②]。

(二)战国至秦:从"王土"到"皇土",普遍的真正的土地国有制的高度发展

待到春秋之末,特别是战国时期,随着生产力的迅速发展,邑社迅速解体,再加上各国的改革,遂使土地所有权在各诸侯国开始向强有力的土地国有制升华。他们把土地所有权集中起来之后,不再裂土分君,制造中间层次,而是由国家政府直接"制土分民",遂完成了土地普遍国有制与其下的私人使用制的二重结构。

各国的路径大抵相同,而以秦最为典型。商鞅实行的田制改革,其

---

① 张金光:《试论秦自商鞅变法后的土地制度》,《中国史研究》1983年第2期;张金光:《秦制研究》第一章"土地制度",上海古籍出版社2004年版。
② 张金光:《银雀山汉简中的官社经济体制》,《历史研究》2001年第5期;张金光:《秦制研究》第五章"官社经济体制"。

实质就是土地国有化运动。他把立足于邑社土地所有基础上的多级分享同一块土地所有权的多层结构，简化为普遍国有与私人使用、占有的二级结构。这主要是通过两种手段和渠道来完成的。一是取消分土而守的封侯、采邑制，代之以郡（商鞅变法时秦尚未设郡级）县制，并重新以新的军功"家次""名田宅"，并令宗室等无军功者不得属籍（《史记·商君列传》）。即使偶有封君若商君、穰侯等，亦不过是衣食租税的大土地占有主而已。且照着宗室无军功不得属籍的比例，新贵们的后代无功亦"无所芬华"，这就把封君分享土地所有权的可能性排除了。秦的军功家次是多变的，并无常贵，故其田宅占有权亦不固定，占有土地的数量亦随"家次"而升降。秦自孝公以后，掣肘王权的特种贵族势力终难形成，以及大土地占有者不多，其根本原因就在于土地所有权高度集中在国家手里，强大的王权就是高度集中起来的土地所有权。二是在村社解体的大潮中，通过"集小乡邑聚为县"（《史记·商君列传》）、"壹山泽"（《商君书·垦令》）等措施，完成了对邑社土地所有权的集中和垄断。经过上述过程，秦国把土地所有权高度集中起来，在土地国有化的基础上，由国家统筹"为国分田"（《商君书·算地》），"制土分民"（《商君书·徕民》），确立并发展了官社经济体制，使小民摆脱了封君、邑社等的控制，而直接成为国家的臣民，通名于上，列为编户，纳租税，服徭役，以应军国之需。适应这种土地所有权集中的需要，则有直属于中央调动的各种行政系统机构的设立，以分掌兵刑谷货诸事。

在普遍土地国有制下，战国、秦土地有两种基本的使用、占有形态和经营方式，一部分是由国家政府机构直接经营管理，一部分则是通过国家授田（包括军功授田）而转归私人经营使用。要之，一切土地所有权皆在国家。这就是所谓"六合之内"，"皇帝之土"（《史记·秦始皇本纪》)。在战国、秦，所谓私人使用、占有的土地无不打上国有制的烙印。

终秦之世，尚有不少官田遗留给汉家。也就在秦汉易鼎之际，对国有土地有一个大的冲击，国家直接控制经营的土地数量锐减，有相当大一部分良田转入秦末汉初的地方小吏之手，他们乘机暴发起来。汉五年（前202），刘邦发布的"安民诏"道出了这个转机："且法以有功劳行田宅，今小吏未尝从军者多满。"从军归来的战士，尽管多高爵，且又有皇帝多次"诏吏先与田宅"的旨意，其结果却是"久立吏前，曾不为决"（《汉书·高帝纪》）。可见，以有功劳行授田之制，此时已无法推行。这是汉家从嬴秦接受下来的大量国有耕地已被地方官吏侵吞殆尽的写照。秦汉之际，"小吏未尝从军"，而于土田却多满足。这是因为他们身为地方乡里小吏，直接掌管民政、土田管理分授事宜，因乘势便利而侵吞之。这是秦汉之际国有土地损失迅速而大量转为私人占有的一个重要途径。

战国、秦，以至于西汉初年，是中国历史上典型的国家普遍授田制时期。过去，人们大多是步着董仲舒所定的调子唱和着，以为秦民可以任意占垦土地。这是一个错误。殊不知，秦自商鞅变法，至秦统一后，乃至于秦末汉初，在一个相当长的时期内，实行并继续维持着国家普遍授田制。

从"顷"的概念普遍被使用，可知农民基本上还能保有百亩田，并可以看出，份地授田的底子基本上未被破坏。赋税以顷计，睡虎地秦简《田律》云："入顷刍稾。"田界以"顷畔"[①]为基础，《商君书·算地》中的"制土分民"、"分田"，亦以百亩顷田为基数。此正与秦律"顷畔"

---

① 《睡虎地秦墓竹简·法律答问》。

概念相合。军功授田亦以顷计，按级递升，得军爵一级"益田一顷，益宅九亩"(《商君书·境内》)。称"益田"、"益宅"，实含有在原授田宅基础上有所增益之意。一级益一顷，以顷为率升进。一级所除庶子又恰为一人。此亦正合一夫授田百亩的基数。又《孟子·梁惠王上》："百亩之田，勿夺其时。"《管子·轻重》："一农量壤百亩也，春事二十五日之内。"一般说来，战国时代，一夫治田百亩，春种时须二十五日，夏耘苗时亦须二十五日。秦简《司空》云："居赀赎责(债)者归田农，种时、治苗时各二旬。"此大致符合战国一夫治田百亩的用时标准。上述皆表明秦人一般尚守着百亩上下的土地。《吕氏春秋·任地》等篇所言规整的亩畎田间布置，以及《月令》、《更修为田律》反映的田间等量均衡整齐的布置规划状况，均反映了秦平均授田而耕的历史存在。《吕氏春秋·审分》篇说"今以众地者……分(读为'份')地则速"，指的就是秦始皇初年份地授田的情况。战国时代，普遍存在着国家授田制，《孟子·滕文公上》载有"井地"授田实行方案，并称有人到滕国"愿受一廛而为氓"。魏有"行田"之制，直至战国之末，"为户""予田宇"的王令尚载入《魏户律》："自今以来，叚(假)门逆吕(旅)，赘婿后父，勿令为户，勿鼠(予)田宇。"①《荀子·王霸》："农分田而耕。"《商君书》有"分田"之说。战国时代某地区施行律文——银雀山汉简《田法》篇，明言"州、乡以地次受(授)田于野"②。《商君书》把"制土分民"、"为国分田"，叫作"任地待役之律"的理论。睡虎地秦简《田律》云："入顷刍稾，以其受田之数。"文献资料所透露的消息与此

---

① 《睡虎地秦墓竹简·为吏之道》附《魏户律》。
② 银雀山汉墓竹简整理小组：《银雀山竹书〈守法〉、〈守令〉第十三篇》，《文物》1985年第4期。

甚合。龙岗秦简、湘西里耶秦简皆表明其时有行田即授田事宜。近年，天水市放马滩出土秦简《日书》，其中有言曰："可受田宅。"①云梦龙岗秦简②律文可明证直到秦始皇统一中国前后，尚认真推行着国家授田制。更有张家山汉简载有汉初施行律令——吕后《二年律令》给我们提供了上自关内侯下至庶人、司寇、隐官共22个授田系列标准数据。

综上所述，可以断然铸成一个不可动摇的铁案：战国、秦，乃至汉初吕后年间，在如此一个相当长的历史时期内，实行并一直维持着多种形式的国家普遍授田，直至汉文帝才彻底废止国家普遍份地授田制。现在所需要做的则是从各个不同角度对战国、秦的国家普遍授田制加以深刻研究。

国家普遍授田制之通则有五："为户予田宇"、"乡田同井"、定量份地、定期还授、"制辕田"。授田之首要原则为"为户予田宇"，是以户口为准。凡在国版上正式立户通名列为户主者，皆有权接受国家授予的田宅。

直到汉初吕后年间，国家尚立法规定了以传统庶民份地授田为基础的22个标准等级授田序列。

也就在此时，经过国家授田制内土地占有长期的两极背反失衡，国有地权的层层分割，授田份地占有的日益凝固化，加之管理土地的各级官吏以各种方式盗侵官田等因素，遂促成私有地权发育之必然趋势。待秦始皇三十一年（前216）"使黔首自实田"至汉吕后《二年律令》的颁布，尽管国家还在努力对土地实行管控，但在国有地权中胚育的私有

---

① 何双全：《天水放马滩秦简综述》，《文物》1989年第2期。
② 龙岗秦简见中国文物研究所、湖北省文物考古研究所编：《龙岗秦简》，中华书局2001年版。

地权已经发育成熟。在战国秦汉之际的历史上，并无一个宣布私有地权成立的明确界限，而是经由对国有地权的逐步分割、凝固、异化，而渐进于私有的，国家废止"制土分民"，停止对民间份地占有的管控，同时也就是土地私有制及私有地权的确立和形成。至《二年律令》后文帝废止普遍授田制，则意味着国家普遍授田制的终结。中国传统土地国有制与国有地权制度的根本变革在于秦始皇三十一年至汉文帝即位期间。私有地权最终完成于汉文帝即位废止国家普遍授田制之时。

（三）汉至唐：土地国有制度的衰变期。国家以地权本体为根据的限制个人土地拥有量的为田立制及均田制

战国至唐间，地权制度之变迁可分为二大段：前期为传统普遍土地国有制及其国家普遍授田制时期；后期则为新国家授田制——国家均田制阶段。其间，汉是一交替、过渡时代。

秦汉之际，土地国有制遭破坏。自汉文帝始，传统国家份地授田制不存在了，传统官社消亡。地权本体——"王土（土地国有权）"观念——虽然是永恒的，但不管此时土地在实际上还受着什么限制，土地国有制——作为具体制度——毕竟已是金瓯不完，土地私有制正以脱缰野马之势，一发而不可收拾地向前奔进着。

国家直接掌握的土地，还当秦汉之际，便由于遭到来自地方官吏们的洗劫，其数量即已锐减。刘邦于汉政权初建之时便深感对高爵已无可授之田。当文帝即位之初，普遍土地国有制的堤防已被冲垮，土地私有制正以不可遏止之势发展着。"公田转假"，是造成汉公田锐减之主要原因。汉之国有土地又大多是苑囿池泽，官荒草田，国营现耕地甚少。至

汉武时，由于"县官开园池，总山海"，"立诸农，广田牧，盛苑囿"，"置任田官"（《盐铁论·园池》），更加没收了一些现耕地，因而国有土地骤增，方才有一部分良田增加。汉代的"公田转假"，有两种形式：一是由权势之家从政府手中大面积的贳贷和占垦，或政府（皇帝）将大量官田赐予权贵之家；二是当天灾频仍之时，或大量人口流亡之际，由政府将官田以小片形式假给贫民，以助其生计。前者如酷吏宁成，罢官之后，"乃贳贷买陂田千余顷，假贫民，役使数千家"（《汉书·宁成传》）。又，红阳侯王立"因南郡太守李尚占垦草田数百顷，颇有民所假少府陂泽，略皆开发"（《汉书·孙宝传》）。其中有很多地块原本为民从少府所假借并已开发出来，现在又为权贵王立囊括套占。还在汉昭帝始元六年（前81），中央政府召开的盐铁会议上，国家公田，尤其是公田的使用方式，便已成为民间社会代表文学们抨击的主要对象之一。文学说："今县官之多张苑囿，公田、池泽，公家有鄣假之名，而利归权家。……公田转假，桑榆菜果不殖，地力不尽，愚以为非先帝之开苑囿池籞，可赋归之于民，县官租税而已。"所谓"鄣假"，即圈占并出假。何以说利归权家？这是因为权贵们往往通过"公田转假（'转假'，即从政府假来，然后再二次出假）"的方式，以低代价从政府假取或以种种名目、手段非法占取大量公田，他们或将这些公田闲置，利广占而不利广耕，或以高租出赁于贫民，贫民难以承受其高额剥削，一般不乐接受。所以，"公田转假"的结果是：一方面权家获取高利，同时亦有"地力不尽"者。《汉书·王莽传中》所谓"豪民侵陵，分田劫假。厥名三十税一，实什税五也"，正是"利归权家"的缘故。因之，文学们主张，先帝所开之苑囿池泽，"可赋归之于民，县官租税而已。假税殊名，其实一也"（《盐铁论·园池》）。即是说，取消权家"公田转假"的中间环节，直接赋归于民，收取租税。收租税与收假税（假公田，一般是要收假税的）名虽异，而其实是一样的，因为政府并未受损失。诸如上述汉代的"分田劫假"，"公田转假"，利归权家的事情，在秦末是不曾出现的。这是秦汉间田制之最大不同处。

面对上述文学们的批评，政府代表"默然"无以答对，然亦未接受他们的主张。不过，有些时候，在某些特殊情况下，汉政府倒也往往开放苑囿陂池，假民公田，甚而不时放免假税。此例甚多，恕不赘述。

公田转假之事在后日的南朝也曾发生过。《梁书·武帝纪》大同七年诏曰："如闻顷者，豪家富室多占取公田，贵价僦税，以与贫民，伤时害政，为蠹已甚。自今公田悉不得假与豪家，已假者特听不追。"

从上述诸发生在官民之间的假田事件看来，自秦汉而六朝，皆未改变其国有土地的性质。

此况之下，国家屡屡设立制度对个人土地拥有量进行限制干预。前期主要是限田，为田立制，限制拥有量，如汉末限田，王莽则直接宣布"王田化"，恢复传统土地国有制度，然终告失败。

仲长统《昌言·损益》篇言：

> 井田之变，豪人货殖。馆舍布于州郡，田亩连于方国。身无半通青纶之命，而窃三辰龙章之服；不为编户一伍之长而有千室名邑之役。荣乐过于封君，勍力侔于守令。……盖分田无限使之然也。

仲长统为汉末献帝时人，其所言豪富"馆舍布于州郡，田亩连于方国"，大抵是东汉的事情。不过，其所言"井田之变，豪人货殖"，是说错了的。这是由于轻信了董仲舒言商鞅变法"除井田，民得卖买，富者田连仟佰，贫者亡立锥之地。……或耕豪民之田，见税什五"（《汉书·食货志上》）的话所致。董仲舒的话是错的，他是将汉武帝时的事情强加于秦商鞅变法之后，此事吾曾详辨之①。再者，将"豪人货殖"与"井田之变"联系在一起亦有误。因为他抹去了战国、秦乃至西汉初年这一漫长的普遍土地国有制及其国家普遍授田制历史时段——而且是中国历史发展的关键时段。自汉文帝即位始，国家停止普遍授田，私有地权自国有地权中衍生而出并确立为国家普遍制度。笔者亦曾详辨之②。自此，土地私有制迅速发展，日趋集中，不久便达到相当规模，引起了人们的普遍关注。

汉武帝时遂有限田之议，汉末，哀帝时师丹又提出"宜略为限"的粗略的田地占有量的最高限额标准数据。这已是无可奈何的对土地占有量的管控之法。东汉末，荀悦《申鉴·时事》篇言："诸侯不专封富人，民田逾限，富过公侯，是自封也；大夫不专地，人卖买由己，是专地也。或曰：'复井田欤？'曰：'否。专地，非古也；井田，非今也。''然则如之何？'曰：'耕而勿有，以俟制度可也。'"荀悦面对现实土地的因"专地"而"占田逾限"的问题，提出"耕而勿有"的原则。然而在土地私有制下，其制度设计与操作，却相当困难，故"以俟制度可也"的话是缺乏实践意义的。汉晋唐间设计此限制者代不乏人，但收效者甚微。

西晋的"占田"亦系一种限田制度。《晋书·食货志》：

---

① 张金光：《试论秦自商鞅变法后的土地制度》，《中国史研究》1983年第2期；张金光：《秦制研究》第一章。
② 张金光：《试论秦自商鞅变法后的土地制度》，《中国史研究》1983年第2期；张金光：《秦制研究》第一章；张金光：《普遍授田制的终结与私有地权形成——张家山汉简与秦简比较研究之一》，《历史研究》2007年第5期。

（其官）品第一者占五十顷，第二品四十五顷，第三品四十顷，第四品三十五顷，第五品三十顷，第六品二十五顷，第七品二十顷，第八品十五顷，第九品十顷。

值得一提的是，比之种种限田之说及其制度设计，更具现实意义的是汉代的假民公田、赋民公田等行动。不过，在政府的大利盘剥之下，其结局却走向了它的反面。如果超过了其承受的限度时，用绳索也无法把他固着在土地上。当世就有人指出，贫民虽赐之田，犹贱卖以贾，流亡远去。至南北朝犹然，朱（一作"宋"）孝王的《关东风俗传》言：

> 贫户因王课不济，率多货卖田业，至春困急，轻致藏走，亦懒惰之人，虽存田地，不肯肆力，在外浮游，三正卖其口田以供租课。比来频有还人之格，欲以招慰逃散，假使暂还，即卖所得之地，地尽还走，虽有还名，终不肯住。①

后期则有北魏、北齐、北周、隋、唐等五朝的国家均田制度。

国家均田制度的作用与意义是双重的，其立制之初衷，一方面欲规范、抵制、限制自汉以来权力势要之家及豪富吏民盗侵占垦官田之弊；同时，通过给予农民一定生产和生存条件的保障，以培养国家税役之源。

均田制亦如汉末王莽"王田"化的制度，亦具有以国家权力变更私有地权的意义。其时国家并无更多的土地以充授受，许多是将本为人户之"世业"，更名为"桑田"、"永业田"，以并入国家均田制系统。

---

① 杜佑：《通典》卷二《食货典·田制下》引。

北魏以下迄于唐五朝均田制度是有连续性的，是一个历史发展过程，至唐均田制为集大成者，最为精细详备。

《唐六典》卷三《户部》"郎中员外郎"条载："凡给田之制有差，丁男中男以一顷（原注：'中男年十八以上者，亦依丁男给'），老男笃疾废疾以四十亩，寡妻妾以三十亩，若为户者则减丁之半。凡田分为二等，一曰永业，一曰口分。……凡道士给田三十亩，女冠二十亩，僧尼亦如之。凡官户受田减百姓口分之半。凡天下百姓给园宅地者，良口三人以下给一亩，三口加一亩，贱口五人给一亩，五口加一亩，其口分、永业不与焉（原注：'若京城及州县郭下园宅，不在此例'）。凡给口分田皆从便近，居城之人，本县无田者，则隔县给授。凡应收授之田，皆起十月，毕十二月。凡授田，先课后不课，先贫后富，先无后少。凡州县界内所部，受田悉足者为宽乡，不足者为狭乡。凡官人受永业田，亲王一百顷，职事官正一品六十顷……"

《魏书》卷一一〇《食货志》："（太和）九年，下诏均给天下民田：诸男夫十五以上，受露田四十亩，妇人二十亩，奴婢依良。丁牛一头受田三十亩，限四牛。所授之田率倍之，三易之田再倍之，以供耕作及还受之盈缩。诸民年及课则受田，老免及身没则还田。奴婢、牛随有无以还受。诸桑田不在还受之限，但通入倍田分。于分虽盈，没则还田，不得以充露田之数。不足者以露田充倍。""诸地狭之处，有进丁受田而不乐迁者，则以其家桑田为正田分。""诸桑田皆为世业，身终不还，恒从见口。有盈者无受无还，不足者受种如法。盈者得卖其盈，不足者得买所不足。不得卖其分，亦不得买过所足。"

唐之二等，曰永业、口分，北魏之二等，曰桑田、露田。露田又有"倍之"、"再倍之"受田之说，此与传统的撂荒制耕作方式有关，即一易、再易之田，故有倍之、再倍之之量。需要说明的是，露田、倍之、再倍之三者虽有联系，然细较之，露田四十亩是为口分田之基数，只有此四十亩称为露田，与"倍田分"是有严格区别的，其别不仅在于数量，而在地块空间应是严格区别开来的，故北魏之授田才有"诸桑田不在还受之限，但通入倍田分，于分虽盈，没则还田，不得以充露田之数。不足者以露田充倍"。

作为口分田之露田又称为"正田分"。此从进丁受田而不乐迁者，"则以其家桑田为正田分，又不足不给倍田，又不足家内人别减分（即口分田，亦即正田分）"可得证实。此即受田先露田而后桑田之原则也，太和田令叙述顺序亦暗含此原则。

可见，五朝均田制度与战国秦汉间之国家普遍授田制度有所异同。二者言其同，则皆系以土地国有制为基础建立起来的一种国家授田制度，构成了一种国家体制式社会生产关系（说详后）。

言其异，则在传统国家普遍授田制度下，所受田地，只有一种田块，其中绝不别为二种。自汉文帝时，传统国家普遍授田制度退出历史舞台，土地私有权开始确立并成为国家制度，在此社会大背景下产生的均田制中，则分出二部分性质不同田块，此为适应不同背景下设计之制度也。前为普遍国有制，后为私有地权既成之后，为融通此现实而故分出二种，综合官私二背景以成此制。

均田制中，田分二等，溯其原委，乃中国地权之本体之存在所使然也。司马朗曾向曹操建议："又以为宜复井田，往者以民各有累世之业，难中夺之，是以至今。今承大乱之后，民人分散，土业无主，皆为公田，宜及此时复之。"（《三国志·魏书·司马朗传》）尽管此土地原各有主，然却不是永恒的，一旦脱籍离开此土，便非其所有也，此等田主是有条件的，而不是无条件下的脱籍去土，原主即丧失了土地所有权，即成为公田。此等公田，乃是作为制度之公田，非观念也，也可以看作是土地国有权观念的外化，即展现而变为具体制度。至于均田中之二等之分，永业也是一种个人所有权，口分是现受者。二者皆为土地国有权，只是背景、来源不同，前者为累世之业背景下之表现，后者为新受于国家者，然皆系国有其权也。此必辨之。

（四）宋至清：相对自由的私有地权发展时期

自中唐后，均田制破坏，停止对农民的土地授受；同时国家取消了自汉以来的限田制，"田制不立"，"不抑兼并"。民间地权关系及土地拥有量都有了新的变化。总的趋向是私有地权相对自由充分，同时占有量相对集中，地权权利束多样化，出现了一田二主、一田三主等多田主的地权分割现象。

汉唐间多田制改革，表明国家在保证农民的生产与生存条件上仍希图有所作为。宋后则多税制改革，国家变着花样的理财，实尽力于搜刮，而对于民庶之生存基地——土地不置一顾，民在国家权力面前彻底无助了。

四、周至清间社会形态四期说

今以国家权力与地权本体及其制度为坐标体系，以叙述中国古代社会形态问题。

(一)邑社时代(西周至春秋)

中国古代有没有农村社会共同体?答案应是肯定的。不过,在"五种生产方式"说笼罩一切的时代,实际上障碍着或者抹杀了这种具体的研究。长期以来对中国古代社会的研究,最后的目的,基本上是为了得出是奴隶社会还是封建社会的结论来。比如有的学者也曾对村社进行了研究,然而落脚点却是把它说成是集体奴隶制,是东方型奴隶制。这实则歪曲了事物的本质。这里,问题并不在于对农村社会共同体成员的处境作何种描述,只在于生拉硬扯地靠合传统的五种生产方式形态说。

关于中国古代农村社会共同体存在与否的问题,至今学术界尚无一致的结论。20世纪50年代,当中国古史社会分期问题讨论舌战方殷之前后,学术界还谈论起此事来。然自那之后便很少听到讨论的声音,尤其是详细的探讨,则几乎是销声匿迹了。

笔者相信中国古代存在农村社会共同体制度,或可名之曰"邑社"。

邑社的最高集体信仰就是"社"。自宗教信仰方面言之,"社"是抽象的具有大权威的神。"社",首先是包括土地所有权在内的权力的象征。《说文·示部》:"社,地主也。"《玉篇·示部》:"社,土地神主也。"当是正确的。不仅土地所有权在意识中属于社神,而拥有社主,能主祭社神,也是具有土地所有权的象征。这是社神权威的基础。不仅土地,而且与土地有关的一切农事活动亦与之有重大关涉。社神,可以说是一个社会群体的最大保护神。所以在古代,一个群体或这个群体的代表,都必须参与"社"会活动,尤其是作为一个社群体的代表人物,更是无不注重对"社"的建设和对"社"会活动的组织。先秦,自天子以至于庶民无不重社祭。这种意识的本原，还是因为在始初，社神与邑里群体的存在是一致的。

不能否认中国古代农业社群——邑社的存在。早期的农村社群占有一定的地域空间，是一个相对比较独立的社会经济体、一个小国寡民的社会圈子，自身比较稳定，变化不大。《老子》所勾勒的"邻国相望，鸡犬之声相闻，民至老死不相往来"式"小国寡民"的社会圈子，就反映了中国古代农村社会群体的史影。但必须指出的是，中国自进入文明社会以后，就从来也没有游离于一定政权之外的独立自主的农村邑社的存在。即便是早期的邑社，也总是在一定政权之下存在的，它们受着一定政权的控制与支配，是在政权的羁绊中生存的。从这种意义上说，中国古代的邑社，本质上就是官社，即受一定政权支配的邑里社群共同体。这又是中国古代邑社的特点，因受着一定政权的支配，这也就是其非独立性之所在。从这种意义上说，它是一定政权所借以实现其统治剥削的社会生产组织。因之，可以说，这种民间社群实长期如泥丸子般受着一定政权的揉搓而改变着它的外观，它的发展实与国家政权组织形式的发展相一致，是一定国家体制下的民间社会组织细胞。

纵观先秦秦汉的历史，社会组织的历史形态，大致经历了如下阶段：初为相对独立性较强的邑里社群共同体，继而则渐进为各种国家政权势力严格控制下的社群组织。此时比之后世之官社，其独立性仍较强。因为，尽管在其上政权势力屡更，村社的小圈子仍是牢不可破的。

从反映西周社会历史的主要文献资料《诗经》来看，在农业上，还无从发现传统的所谓奴隶制和封建制生产关系，我们所见到的乃是一种可称之为农村社会共同体即邑社的存在。

《诗经·周颂·噫嘻》："噫嘻成王，既昭假尔，率时农夫，播厥百谷。骏发尔私（孙作云先生以为'私'为'耜'字之误），终三十里，亦服尔耕，十千维耦。"对此是不能解释为农奴主庄园或奴隶主庄园的大生产的。这里实是说的周天子一年一度的在"公田"即"籍田"，亦即所习称的"千亩"，举行籍田典礼即开耕典礼的情况。这种田也不能说成是周天子的私人庄园。周天子是当时国家的代表，他的社会统治基础就是邑社共同体，他与邑社发生的关系，是国家与社会亦即与民的关系，而不是私人关系。这是个大界限，因为这涉及社会与国家的根本性质问题。当时普遍存在的社会组织形式是邑社，邑社的土地在形式上分为两部分，一种是个体使用的份地，一种是邑社的公田。这是一种带有普遍意义的形式。周天子以及各级统治主，作为在邑社之上的统治主以及国家政权的代表，自然也有公田，其"公田"乃是农村社会共同体公田的升华物。"籍田"，天子有，各诸侯国亦有，凡封土之君皆有。籍田之入的用途，一供祭祀，再供尝新，三供布施救济穷困农夫（《国语·周语上》载虢文公曰"廪于籍东南，钟而藏之，而时布之于农"）。这在当时，上自天子，下至庶民社会共同体，都具有普遍的社会意义，而不是私家的事情。直到战国时，李悝为庶民五口之家作家计，还算计有"社间尝新之费"。只此一点源远流长的广泛的社会性，我们就不能把"骏发尔私，终三十里，亦服尔耕，十千维耦"，看作是周天子私人庄园的事情。把这种国家政权与民间社会发生的关系，等同于私家奴隶主或封建农奴主庄园生产关系，并向传统的奴隶制或封建农奴制社会模式挂靠，都是不对的。周天子实是凭借着国家政权的力量和一个传统习惯，平调了农村社会共同体的成员来耕公田的，把"三十里"的公田耕好之后，再去"服尔"私"耕"。为了"趋泽"，田野上满布着耕夫，所以称"十千维耦"，言其多也。也同时显示了这种生产的集体性与及时性。其他像《周颂》之《臣工》、

《丰年》、《载芟》、《良耜》,《小雅》之《甫田》、《大田》等诗篇,大抵都是在这种共同体的社会政治经济体制下形成的诗歌。

还在西周宣王时,我们就已经可以看到政权对邑社共同体的控制有些失灵的现象。据《国语·周语上》载,宣王一上台就"不籍千亩"了。待其败于姜戎氏而丧南国之师后,便"料民于太原"。仲山父谏阻道:"民不可料也,夫古者不料民而知其少多。"通过司民、司商、司徒、司寇、牧、工、场、廪系统"皆可知也"。"于是乎又审之以事,王治农于籍,蒐于农隙,耨获亦于籍,狝于既烝,狩于毕时。是皆习民数者也。"(《国语·周语上》)司民以下都是对民的控制系统。现在通过这些系统以知民数,已是很困难了。又,在"习民数"的几种政事活动中,有两项很值得注意,这就是"治农"、"耨获"皆于籍的问题。这两项助耕籍田的活动都与邑社体制密切联系着,而宣王却早已"不籍千亩"了。据仲山父说宣王"治民恶事"。可见,对于这些传统的治民控制系统的失灵,以及政事的荒疏,宣王已无意于去加以恢复,而是另制新法以习知民数,故"卒料之"。宣王"料民于太原",是我们从文献上所能看到的最早的由政府主持的人口统计。从这个事件中,我们看到的是传统的通过邑社共同体以知民数的手段的废弛,反映了国家政权对邑社共同体控制力的松动,也标志着邑社本身的变化。

周代早期公社组织的情况,从文献上已无从详细查考。但在西周时代,在周王畿与封国中普遍存在着农村社会共同体组织则是没有问题的。笔者以为《诗经·豳风·七月》[①]便表明了一个更为完整和典型的邑

---

① 《七月》,孙作云先生说是周"灭商前后的民歌",又说是"西周初年诗"(见氏著:《诗经与周代社会研究》,中华书局1966年版,第98、202页)。或说"豳风即鲁风",反映春秋时诸侯国情况。

社模式的存在，比较形象地反映了早期邑社的情况。诚然，有学者认为《七月》篇中的农夫是农业奴隶，有的说是农奴。笔者则以为他们是邑社的社员。

《七月》的农夫们不是奴隶，而是有室家、有组织的邑社成员。他们有自己的室家，有自己的经济。"七月在野，八月在宇，九月在户，十月蟋蟀入我床下。穹室熏鼠，塞向墐户；嗟我妇子，曰（聿）为改岁，入此室处！"可见他们在邑里中有自己的单独住房。这正可与《诗经·周颂·良耜》"以开百室……百室盈止"相互发明印证。这里的"百室"，不是奴隶主或农奴主的庄园，也不是在夸耀奴隶们或农奴们住着如此多的房子，而是表明了邑社成员的集体组织性。农夫们有自己的耕具："三之日于耜，四之日举趾。"正月里修理耒耜等农具之类，二月里耕地。他们在耕地时，吃着老婆孩子送来的饭，并且还可以有一部分供给田畯吃。从举趾耕作之时，"同我妇子，馌彼南亩，田畯至喜"来看，这农夫是使用着自己的耕具，吃着自己的饭来从事耕作的。不过是在田畯的管理下来进行的。但在劳动之时，有田官之类来监工，并不足以表明他们是奴隶或农奴。要看到，战国末期的秦国法律还规定"百姓居田舍者，毋敢酤酒，田啬夫、部佐谨禁御之"（《睡虎地秦墓竹简·田律》），这些编户齐民的自由劳动依然受监临，便不能由"田畯至喜"，而认为那些虽有自己的耕具、吃自家的饭，然而受监临的农夫们就是奴隶或农奴。

他们一齐去打猎。"一之日于貉"，"二之日其同，载缵武功"。集体出猎，同时习武，这绝非奴隶或农奴。在那时，定期集体出猎本是民间的共同生产活动和礼节。更值得注意的是，他们可以"私其豵"。有一部分猎获物归己，并以此来鼓励他们努力去猎获。这个狩猎活动乃是为"公"即为集体，亦即为邑社组织来进行的。这种制度源远流长。《周礼·夏官·大司马》叙述"大阅礼"中有献禽一节，曰"大兽公之，小兽私之"。直到战国时期，从出土于银雀山汉墓中的竹简《田法》可知，其时还于年终"大息"庆典之时，由地方官吏及田啬夫组织农民集体出猎，以助大息之费。《田法》反映的是战国官社活动状况。监临《七月》的农夫们劳动的，是官方派去的"田畯"。这个"田畯"，就是后世《月令》中"命田舍东郊"之"田"。这一点很值得注意。此证明他们这个集体带有"官"社的性质，或即是官府严格控制下的农业生产共同体。再从"载缵武功"来看，他们活动的目的和意义实际上已超出了这个小国寡民的狭隘圈子，在其上定有更高的官方管理者。可见，这里的"公"与"公子"都是不可解释为私家奴隶主或农奴主的。

"九月筑场圃，十月纳禾稼：黍、稷、重、穋、禾、麻、菽、麦。嗟我农夫，我稼既同，上入执宫功。昼尔于茅，宵尔索綯！亟其乘屋，其始播百谷！"这里的"纳稼"，并未说纳给谁，还不能说就是给予奴隶主或农奴主。结合上面情况来看，只能说纳于邑社，或自己收打。"入执宫功"的"宫"，也并不好就理解为奴隶主或农奴主的大院。"宫功"，实即指城邑中室内的活络而言。一个规模比较像样的邑社，都有自己的公共建筑物，是大家集会的场所，这当然需要社员们集体筑修。直到汉代，居邑里门还是由里人共治的。"于茅"、"索綯"，也是社员在邑里中干公共活或自己准备这些备用之物。"乘屋"之"屋"，乃是农夫自己的屋，即如前所言"入此室处"之"室"，在离开邑居到远野去进行生产之时，是要住在田舍中的（邑居与田舍之别，直到秦汉时尚存在）。在离家之前，是必须将自己的"室屋"修理一通的。这是由于那时建筑材料太简陋的缘故。

至于诗的最后说:"朋酒斯飨,曰杀羔羊;跻彼公堂,称彼兕觥:万寿无疆!"这等热烈的场面,可能是奴隶主或农奴主们所肯慷慨解囊,并容忍奴隶或农奴们踏进他们的宅院去闹腾一番的吗?笔者以为这实是古代农业共同体在年终举行的庆典活动。一直到秦时,于里社之日,尚有政府赐羊酒于里民的习惯。这就是传统的古代邑社"朋酒斯飨,曰杀羔羊"的遗俗。诗中的"公堂",乃是邑社的公共场所建筑。至春秋时尚有乡校、校室,乃至秦还有"学室",汉尚有"街弹之室"。此皆为中国古代村落邑里共同体"公堂"的历史演变物。"跻彼公堂,称彼兕觥",乃是到邑社公共场所去"称彼兕觥"。"万寿无疆"并非对奴隶主或农奴主老爷们的祝辞,而是社员农夫们相互称道。"万寿无疆"之颂,在《七月》的时代,还并未成为统治主们的专利,而是尽人皆可称道之的。

综上所述,笔者以为《七月》诗所写乃古代邑社的生产生活场景。这里并未区分公、私劳动,只是集体劳动的场面多了些,所展现的应是早期邑社的情景。它虽然没有直接用"社"这个称呼,然而这是一个村落共同体则是没有问题的。而从"田畯至喜"、"载缵武功"等言来看,这个邑社还是颇具"官"气的。

待到春秋时期,各诸侯国对邑社曾普遍进行过整理活动,并开始向战国典型官社经济体制过渡。《国语·齐语》载:齐桓公用管仲改革,"参其国而伍其鄙,定民之居,成民之事,以为民纪……"。这便是首先对民加强行政编制,以加强对民的控制,且对民事进行统一安排,包括民之身后事都要统加考虑。其民事之大端,便是士、农、工、商四民"勿使杂处"。这也可以说是将民进行四官分职,以互不相杂的四个系统系民。在组织形式上,四民都是"群聚而州处"的。这就是集中管理。比如对农民的管理是:"令夫农群聚而州处,察其四时,权节其用,耒耜枷芟。及寒,击槀除田,以待时耕。及耕,深耕而疾耰之,以待时雨,时雨既至,挟其枪刈耨镈,以旦暮从事于田野。脱衣就功,首戴茅蒲,身衣袯襫,沾体涂足,暴其发肤,尽其四支之敏,以从事于田野。少而习焉,其心安焉,不见异物而迁焉。是故其父兄之教不肃而成,其子弟之学不劳而能。夫是,故农之子恒为农,野处而不暱。"(《国语·齐语》)这里可以看出,国家行政对于农民以及农业生产都具有极强烈的支配和强制性。

管仲又具体地制国以为二十一乡,"作内政而寄军令焉"。"内教既成,令勿使迁徙。伍之人,祭祀同福,死丧同恤,祸灾共之。人与人相畴,家与家相畴,世同居,少同游。故夜战,声相闻,足以不乖;昼战目相见,足以相识,其欢欣足以相死。居同乐,行同和,死同哀。是故守则同固,战则同强。"(《国语·齐语》)这不就是一个以行政为统帅,政、农、军合一的,包括社会精神文化生活在内皆合一的共同体吗?也不妨把它称作早期官社之一种,或战国官社之序幕。

他的伍鄙之制便是"相地而衰征,则民不移;政不旅旧,则民不偷;山泽各致其时,则民不苟;陆阜陵墐,井田畴均,则民不憾;无夺民时,则百姓富;牺牲不略,则牛羊遂"(《国语·齐语》)。这里实行着井田均地,民无怨声;合理的负担,民不流失;牛羊繁殖,百姓富有。此皆为其为政的目标。这绝不是奴隶制或农奴制所能概括得了的。于此鄙野的"定民之居"之法便是起于"三十家为邑"的行政系列编制。这绝不是奴隶制或农奴制,或者什么封建生产关系。

这种国鄙制度,普遍存在于西周和春秋时期。或把这种国、野(乡、遂)制度看作对立制度,反映当时的阶级对立:"这种'乡'和

'遂'对立的制度（也即'国'和'鄙'或'野'对立的制度），实质上就是当时社会结构中阶级对立的制度。国都附近'乡'中居民……实际上就是统治阶级的一个阶层。"[1] 但笔者以为，这事实上是两套邑社体系，其间并无统属与被统属、统治与被统治之别。诚然，这两套体系是有差别的。不过，其别乃在于职业分工之不同，而非阶级之差。这种职责之别，不是自由职业或自然形成的差别，而是人为造成的，即由国家政府人为编制而成的。之所以如是编制，这与当时的经济背景、产业结构、社会基础（邑社社会共同体的长期存在）、防御体系以及自然环境等有着密切的关系。当时自一国之整体而言，大抵是地旷人稀，加之生产能力低下，耕作粗放，其势必广种而薄收。因之一城则必有广漠纵深之旷野，而诸多协作共耕之方式亦势在必行。无事在邑居，农忙时则出就田野而庐处。此实为城乡一体，而非国野对立。若齐国鄙制中之三十家为邑，即可视为一国，此为屯聚，亦必有较好之城防以自卫。若管仲所言之国鄙，其"国"为齐都，城池宽广。为了保卫都城，或出兵他境，由于交通不便，再加之以军事技术装备之笨重，故守战之事，当以国都附近编军为最佳方案，训练、调遣、集结，一切皆便。而鄙野则不宜充军，因太辽远之故也。这是由于当时皆无常备职业兵，生产力低下，而只能亦兵亦农。只此一点便决定了，在军事上，国野之间之责任必有不同。然此断非阶级之分野。其军事上的责任之不同，似可作如下比：其士乡可视为当时的正规军，训练、武器皆较精良，保国出征皆赖之。若以后世比，此似可以三国之士家制度况之，因为他们都是世代为军士的。然又不尽同也。或类后世之府兵制编制。又，从管仲言制鄙

---

[1] 杨宽：《古史新探》，中华书局1965年版，第163页。

"以守则固,以征则强",可见鄙亦负有军事之责,而鄙亦必有军事组织,只是文略不具耳。鄙中之军事组织可视为民兵,当以自卫为主。这种国野军事之别,乃是由于地理位置之异所造成的分工与责任之不同,而非阶级的对立。若就军兵而言,士乡之军与鄙野之军亦可以宋之禁军与厢兵之别况之。其实,不论在国或在野,皆是兵农合一的。国鄙之别是内外之别,远近之别(以国都为准)。这实是"砥其远迩"原则在军事责任上的运用。

"参国伍鄙"之法,关键在于寓兵于农、兵农合一。鄙中之农民,亦从军事;国中之军士,亦为农夫(《管子·小匡》正作"士农之乡")。其别乃在于其具体军事责任之不同,二者相辅而相成,若以之为兵农分制,便失管仲"参国伍鄙"制度之本。他的"作内政而寄军令焉",实则首先是建立在作"农"的基础之上的,他的内政就包括了农政,也可以说是政农合一的。他的"政"是统帅,农是基础,"统帅"主要是统帅的农,他的"士乡十五",实则为士农之乡。他的内政之中寄军令,而其政则实又寄于农、合于农。他借编政的机会以编军,然其编政的本身同时就是编的农。管仲是要把全国搞成一盘棋,以国家政治行政为统帅,将兵农合一。非但如此,其政、其农、其兵,甚至于社会、精神文化生活等尽皆合一,而并以政统之。此乃管仲改制之本。只是由于远近地理之别,为了利于战事,才实行了貌似有别而其实质为一的两套编制系统。

这两种以政为统制的政、农、军等之合一制,其基层与民间均带有邑社社会共同体性质,实为一种前官社经济体制。《礼记·曲礼上》曰:"四郊多垒,此卿大夫之辱也;地广大,荒而不治,此亦士之辱也。"《礼记·少仪》曰:"问士之子长幼,长则曰能耕矣,幼则曰能负薪,未能负薪。"可见，士家之子弟，到达一定年龄是必须由官方安排耕田等劳动的。这与后世银雀山汉简《田法》等篇中官社经济体制之下之"整作"、"半作"规制是一致的。这种统一的、固定的强制性，是官社经济体制的特点。

据《国语·周语中》载，周定王使单襄公聘于宋，遂假道于陈，以聘于楚。他一路上看到陈国的情况，却是一番极不景气的现象。据传统时令，九月当除道。今时已至十月（"火朝觌"），陈国还是大草塞道不可行；十月，已当地净场光之时，陈却仍是"野有庾积，场功未毕"；整个陈国亦是"垦田若艺"——垦耕之田稀少，等等。陈放着这一切应该做的事情不做，却"民将筑台于夏氏"。至此可见，陈国的农业生产关系并非奴隶制生产关系。因之，陈国农业生产的不景气，导源于陈侯平调"民"力为夏氏筑台等荒政。亦可见此"民"乃为陈国农业生产的唯一担当者。这等"民"绝不是私家奴隶，因为陈侯可以任意平调；他们也不可能是个体自由小农，因为当时社会远尚未发展到如此水准。笔者以为他们当是陈国农业共同体——邑社的成员，不妨把他们称作社"民"。这从单襄公回周以后对周王引经据典所发的一大通议论便可看得更清楚："故先王之教曰：雨毕而除道，水涸而成梁，草木节解而备藏，陨霜而冬裘具，清风至而修城郭。故《夏令》曰：九月除道，十月成梁。"诸如此类的一套月令行政事务安排，始初本来就是农业共同体的行事历。后来站在共同体之上的统治主接过来遵行之，而今单襄公认为陈侯亦当如此执行，并教导其民"收而场功，待而畚梮，营室之中，土功其始"。而今陈侯却反于是："今陈国火朝觌矣，而道路若塞，野场若弃，泽不陂障，川无舟梁。是废先王之教也。"他认为，按"周制"要求，当"民无悬耜，野无奥草，不夺民时，不蔑民功，有优无匮，有逸无罢,国有班事,县有序民。今陈国道路不可知,田在草间,功成而不收,民罢于逸乐。是弃先王之法制也"。由于陈国政治腐败,夺民时,取民功,使民悬耜而不耕,以致野生大草,乃至于功成而不收。从谷物露积于野,场功未毕来看,这还是集体生产的较大场面。不过,不是奴隶制或农奴制生产的大场面,而是邑社农业。由于陈国举事不时,而使陈国邑社生产不景气。陈国的社会,是政府控制下的邑社体制。

至于楚国的情况,如《左传·襄公二十五年》载:"子木使庀赋,数甲兵。甲午,蒍掩书土田:度山林,鸠薮泽,辨京陵,表淳卤,数疆潦,规偃猪,町原防,牧隰皋,井衍沃。量入修赋,赋车籍马,赋车兵、徒卒、甲楯之数。既成,以授子木。"其做法,乃是以作井作牧等方式对邑社加以统一整理。这意味着加强了政府对邑社共同体的干预和控制,因为,当时任何形式的邑社共同体都不是游离于国家政权之外的独立组织,它总是被纳入国家政权规模的民间社会经济实体。

郑国在鲁襄公三十年,"子产使都鄙有章,上下有服,田有封洫,庐井有伍"的举措,也是政府对村社的干预、整理,且带有改为官社的味道。他的"田有封洫,庐井有伍",就是把当时郑国的农业共同体从社会族团的控制下集中到国家手中统一管理。前言"庐井有伍",后述舆人之诵曰"取我田畴而伍之",可见在郑国对人的编伍与对田的编伍是一致的,这也就是如后来孟子所说的"乡田同井"的原则。编人与编田的一体化,即人地同编,这就是后日政社合一的基本倾向。子产对郑国井田邑社,由政府进行人、地同编,乃可作为走向战国政社合一的官社的序曲。

春秋以后,我们便可以看到作为社会生产组织基本细胞,直接以"社"名称呼的情况。最普通的名字是"书社"一称。应当指出,在历史上，邑本也是一种共同体。包括宗族的、邑社的，都可称邑。邑有大小不一，范围广狭不等。小者竟有"十室之邑"，大者亦不过如《诗经·周颂·良耜》所谓"百室盈止"。当春秋之时，如"齐侯曰：自莒疆以西，请致千社，以待君命"（《左传·昭公二十五年》）。又，管仲夺伯氏骈邑三百，饭疏食，没齿无怨言（《论语·宪问》）。又，齐桓公见管仲"与之书社三百，而富人莫之敢距（拒）也"（《荀子·仲尼》）。又，"齐为卫故，伐晋冠氏，丧车五百。因与卫地，自济以西，禚媚杏以南，书社五百"（《左传·哀公十五年》）。又，"卫公子启方以书社四十下卫"（《吕氏春秋·先识览·知接》）。又，鲍叔又成，"荣于齐邦，侯氏锡之邑，二百九十又九邑"①。这是北方的社、邑。邑必有社，或邑即社，邑社合一。这里的社既然可以作为单位对象来赐予，它必然首先是一个具有实际经济内容的实体，而具有现实经济功能，而非仅为一宗教信仰团体。社的意义是双重的，这种邑类的共同体组织，他们相互团聚的精神纽带，便是社，也就是对社的共同信仰。他们不论在所有制以及生产体制方面，至此时经历了何种变革，却仍定期地过着社邑的共同精神生活，故他们既可称邑，又可称社，从上述情况来看，其社邑的范围也都是很小的。南方的楚国，到战国时期，尚仍有邑社。包山楚简第138简反面文曰"同社、同里、同官不可证"（《包山楚墓》）。这是说的在法律诉讼中，同社、同里、同官之人不可作证人。可见社仍是与人们生活密切相关的小圈子。"社"、"里"同言，可见二者并非合一。就包山楚简透露的情况来看，可知里上有邑，社与邑应是有所联系的。或者可以说，在历史上，这些在野之邑，本皆为邑社之类共同体。简文

---

① 郭沫若：《两周金文辞大系图录考释》卷八，科学出版社1956年版，第10页。

之所谓"同社",是否意味着同邑,社、邑是否合一,尚未敢定,谨阙疑待考。不过,《管子·乘马》篇说过:"方六里,名之曰社,有邑焉。"由此可知,社有邑。社是社会群体组织,有共同信仰,又有共同经济基础,占有一定方域的土地(比如此说"方六里");邑则是其共同聚居之处,同时包括一定方域之原野。社、邑实为一体,只是自不同角度称谓之而已。

至此可以明显看出,"社"的意义是双重的,从组织角度而言,它是一个社会群体;自信仰而言,则又是这个社会群体的共同信仰,虽然它不是这个小群体的专有信仰,信仰的范围远远超出了这个小圈子之外,成为更大范围的乃至整个华夏族团的共同信仰,但这却并不妨碍以对它的信仰为核心,尤其是以对社的祭祀生活为共同的精神纽带来构成一个个小圈子。这个社会小群体的经济基础,便是共同占有一块土地,使其成员彼此之间具有密切的经济联系。像这种占有一定数量的土地,彼此之间有着比较密切的经济联系,过着一定共同的精神生活的小群体,不论称其为什么名字,这样的小圈子无疑是存在的,可以称它为社,也可以称它为邑,还可以叫别的什么名字,然而这并不妨碍我们去认知和说明它的实质。实则"社"的综合全面意蕴应是具有共同社的信仰的社会群体,也即本文所谓之"邑社"。过去讲"社"的人,总是把它单纯从神格、信仰角度去谈,而忽视了它的社会集团及其经济意义。笔者以为讲"社",必须把二者结合起来去认识。实际上,在先秦秦汉的历史中,也只有"社"的活动才是一个全民性的、具有普遍意义的社会群团的集体活动。起初的社群的社会活动是最为根本的,随着邑社组织的变迁而其社会活动也在同步变迁,各类、各层次的社会活动实皆为邑社共同体的社会活动的升华物,这一点从未被人清楚地认识到。

所谓王社、国社、侯社也只不过是原邑社的"社"的升华。《诗经·大雅·绵》:"乃立冢土,戎丑攸行。"《尚书·泰誓》:"受命文考,类乎上帝,宜于冢土。""冢土",即大社。周王之大社,乃是由普通邑社升华而来。王是各社的首领,自然他应有相对的大社了。然普通小邑社却仍是基础。在上的政治权力可以变迁,然在下的社邑小圈子却牢不可破,无论赏赐还是划野分疆,这个社邑小圈子却只能完整地转移和存在下去。

最后,社神是邑社成员共同的也是最重要的信仰,只有此才是他们唯一团结精神的纽带。社神是邑社抽象的,然而也是唯一的保护神。故研究社神之信仰,亦必须将其与农业共同体的群体组织联系起来说明,方才得其历史真实与深刻认识。有了并认识到这个社会群体组织,社神的信仰才有了基础;有了这个社神的信仰,方才在心理与意识中,潜在地也最深刻地觉悟到这个群体的存在。社神的共同信仰,便是这个社会群体共同团结联系的精神感召与纽带。

邑社的历史,当春秋之时产生了比较剧烈的变化,开始趋于消亡。此后则渐为政社合一的官社经济体所取代。这是与土地国有制及国家授田制高度发展的历史相一致的。虽可以说,它与旧村社体制前后相继,然与旧邑社制则有着本质的不同,它并不是原村社制自身的自然发展,而是国家政权强制推行的产物。必须肯定地指出,此等官社实则是新生事物,是在土地国有制高度发展以及国家授田制的普遍推行之下形成的一种新的社会经济体制,代表着一定社会历史形态。"政社合一"是其最基本的、最突出的特点,也标示出这种社会经济体制的本质。行政编制与授田耕垦的一致性(即孟子所言"乡田同井"),便是其典型形态。待后世,则日趋由"合一"渐进为较单纯的乡官政权,而份地受田农也同时转化为较为自由的国家份地农，进至汉则有普遍的国家个体小耕农经济体制的发展。大致说来，此等官社经济体制的普遍的高度的发展是在战国、秦时，其远程则可上溯至春秋。

（二）官社时代（战国至秦至汉初）

大致说来，总的历史趋势是，至于战国，随着松散虚构的"王土"制渐次进于高度发展的普遍的真正的土地国有制，而其社会生产组织亦同时自邑社共同体进展为政社合一的官社乡里制度。

战国、秦时，土地国有制高度发展，实行"普遍的真正的土地国有制"，同时实行着"国家普遍授田制"。这便构成了官社经济体制的根基。所谓"普遍"也者，概无例外之谓也。"在普遍土地国有制下"，"一切土地所有权皆在国家"；所谓"真正"也者，即"非虚构"，而"具有实际的经济内容"之谓也。"研究土地国有制问题，不能简单地把它当作国家对地皮的单纯占有，而必须把它当作社会生产关系体系来进行综合分析，换言之，应首先把它看作是以土地国有权为基础的统治剥削关系。因之，不仅要确定它的法权形式，而且应确定其经济内容"，"国家掌握全国土地所有权，并且运用土地，通过各种不同形式的田宅授受制度，使作为主要生产资料的土地与直接生产者结合起来"，以索取直接生产者的土地产品[①]。"官社经济体制模式"在时间与空间上都具有普遍性，代表着一定历史阶段的社会形态，它是由古代农村社会共同体——邑社，向比较自由的汉代国家半官社个体小农经济支配形式过

[①] 张金光：《试论秦自商鞅变法后的土地制度》，《中国史研究》1983 年第 2 期。

渡的普遍历史过渡形态。

官社经济体制这种社会历史体系和理论模式中具有如下一些主要观点：

官社经济体制的经济基础，是普遍土地国有制及其普遍国家份地授田制。

官社经济体制，融国家政权行政、社会、政治、经济、生产、军事、精神文化等为一体，实为一以政治行政为筋骨框架的多面社会立体组织体。

官社经济体制的组织形式，其首要特点，简言之，可谓"政社合一"，详言之，实是以国家基层行政为统绪，以农为本，包括农业社会生产、军事以及社会、经济、精神文化生活等在内的一切服从于国家政治、同国家政治行政的一体化，其基本框架结构，乃是以政府行政系统进行编民、编农，甚至于编军，在这个"合一"体中，"政"是筋骨，是统绪，是绳贯，是支配一切、统帅一切的。在这里，国家政治行政支配经济生产、进而支配一切表现得最为充分，"政社合一"制不仅表明了官社的性质，而且是区别官社与邑社的重要标志之一。中国古代社会历史之所以走到"政社合一"的官社地步，那是因为在农业社会里，政治权力本是支配一切、笼罩一切的。因之，在官社消亡之后，而社会历史却是依然如此。这便是官社虽不存，而官民对立的社会结构格局却终未变。这就是中国历史的根本特点。

官社体制下，农业生产的基本管理原则，是实行各种类型的份地分耕定产承包责任管理制度。

官社体制下，国家授田份地农的社会、经济生活以及精神文化生活均走向模式化。

官社体制下，生产具有国家行政指令下的集体性、统一性和强制性。

官社体制下，乡里基层行政组织的权力之重大与繁多，职能与功能之复杂，皆绝非后世乡官所可比；由于实行份地授田，甚至换土易田，使民生经济带有均衡性，民间缺少阶级分化，没有体制性的地主阶级产生；国家／政府—社会、官—民对立格局，是当时社会阶级结构的基本特点，亦是其时社会阶级矛盾对立与对抗的支配形态，官—民结构及其对立成为社会关系的支配形式，当时的社会，便是以"君子"官僚为主体，构成统治主阶级，他们同时是剥削阶级。国家／政府、官，居于绝对的、决定性的强势支配地位，而社会、民则处于被支配的弱势地位，是完全被动的角色。这在中国古代历史上，便早已构成一个最基本的、最突出的社会历史特点。官方的一切行事与作为，皆决定着民间社会的命运，其安危、治乱、兴衰、存亡皆赖之。国家政府的代表便是大大小小的官僚群，他们既是国家一切律令法规的制定者，同时又是执行者，国家权力通过他们来具体运作，达于民间社会。因之，国家权力恰成为他们图谋私利的工具，权力转变为财富，乃是不替之铁律。在中国历史上，以及人们的意识形态中，政权（政府）与国家不分，执政者与国家权力不分（"朕"即国家是最为集中的概括。"朕"亦即官僚群的集中代表者，是统治主阶级的首领）。官社体制以缩影的形式包涵并展现了后日历史中的不替之律：官方及政治权力总是支配一切的。这种国家—社会体制，即官—民体制，亦即国家体制式社会生产关系，构成了历代王朝盛衰的同一个原因。

官社经济体制实行多样化产品分配方式：助耕官田法、份地农分耕定产责任制法、"先实公仓，收余以食亲"法、税敛法（贡法）即"校数岁之中以为常"的分成定额法、"三官分职，资相为业"，亦即"各尽所能，相贸以功"法。

总而言之，在强有力的"普遍的真正的土地国有制"基础上，产生了"政社合一"的"官社经济体制"。官社经济体制模式在中国历史上具有较为普遍的规律性。凡是在强有力的土地国有制或集体所有制下，官社经济体制大抵是一种支配形态，其他如满洲早期的八旗制度，金的猛安谋克制度等，亦可以看作是一种官社体制。前些年我国的人民公社体制，亦可视为一种官社体制。其与古代官社体制虽有本质的不同，但在形式和某些特点上，与之亦确有相似之处。因为它们赖以产生和存在的基础有其相同的一面。

要我们提供一种具体的具有详细组织结构的完整官社组织样板，是不现实，也是不可能的。因为迄今为止，所见一切文献与考古材料还不能给我们提供一部较详的官社组织法，不仅现在不可能，将来也不可能。因为这种现代意义上的系统的典制，在那个时代就根本不具备。但是，从历史实际出发，对现有材料经过综合细致的分析，在诸多典制的相互关联中，却完全可以翻然透析出一种在学术史上从未被认知的带有普遍意义的社会经济体制模式，这也是事实。这种社会经济体制模式，是无法用传统的"五种生产方式"说中奴隶制或时兴的新兴地主封建制形态去概括、解释、挂靠的，与传统的农村公社理论框框也格格不入。对于这种新认知的模式，笔者用"官社经济体制"模式去概括、称谓，并以之解释当时的社会。在战国、秦时，其具体的组织形式可以理出数种类型来。不过，应当指出，其具体形式还可能更多，这里只是就文献所提供的可知情况而论列。这几种也并不是封顶之数，而这几种在有些地方也可能结构为一种或两种形式，或者是一种递进的历史过程。今以秦简《厩苑律》"以四月"条为例而略作分析以见其一般。

为了说明秦在商鞅变法后官社存在的一些较具体的情况，这里有必要分析一下睡虎地秦简《厩苑律》"以四月"条。律文曰："以四月、七月、十月、正月肤田牛。卒岁，以正月大课之，最，赐田啬夫壶酉（酒）、束脯，为旱〈皂〉者除一更，赐牛长日三旬；殿者，谇田啬夫，罚冗皂者二月。其以牛田，牛减絜，治（笞）主者寸十。有（又）里课之，最者，赐田典日旬；殿，治（笞）卅。"可以说，迄今为止，所有秦简秦律的研究者，对于此律之内容皆未得其要旨，更未能触到此律所反映的社会生产经济结构之本质。学者或以官营农业，或以官营牧业去解释，此亦皆不沾其皮毛。《厩苑律》此条，用人们惯闻的较自由的散户小农乡村的观念和理论亦同样是无法解释的，然若以官社理论体系论之，便可迎刃而解。笔者以为，其实这是秦官社经济体制的一种典型的生产结构模式。

律文言"又里课之"，此对耕牛养用之里课也。前所言"最，赐田啬夫……"，以下则为乡课。

首先应指出，这里所说的田（乡）、里，不是一种特殊性的若国营农业般的组织，而首先是国家政府普遍的基层社会行政组织，同时又是普遍的国家份地农的社会农业经济生产组织。从对耕牛饲养、使用的评比、赐罚，皆由政府以国法论之，尤其是皆以国家普遍徭役制标准论之来看，只此一点便足以表明这种组织绝不是什么民间散户农民的生产，亦非带有特殊意义的国营农业系统，而是带有普遍意义的即与国家行政编组一致的，亦即政社合一的社会集体性生产组织。这正是一种典型的官社经济体制模式。这一组织具有如下特点：

第一，乡田合一。战国、秦时，"乡"与"田"这两个概念的内涵、实质及其间之关系，过去是不明白的。对于"乡"，长期以来虽熟视，且亦能道，然实不着其本质之边际。对于"田"，则更不知有此概念（作为一组织而言）。至于对"乡"、"田"之关系的认识，则更无从谈起。战国、秦的乡绝不仅是人们所通常理解的单纯行政的"乡"，它同时是一个生产组织，而且还是一个社会组织。"田"，早先曾作为官职名称存在过，如双名"田畯"、"治田"、"大田"等，此等田官有时径以单名"田"称之。《月令》"命田舍东郊"之"田"便是。待官社之兴后，"田"又在习惯上成为这种官社生产组织的称谓，同时它还具有乡的行政职能。如"田啬夫"、"田典"、"典田"以及赵之"田部吏"等之"田"皆可作如是观。这种"田"同时具有基层行政的职能，这是必须知晓的。也可以说，"田"就是社，后政府设乡与共理，乡就是乡部，与田合一。《厩苑律》"以四月"条中，虽未出基层乡官之名，亦未明出基层乡政之事，但却完全可以肯定地说，此中的"田"官同时执行着乡政，则是毫无疑问的。评比田牛，为皂者除更，如此生产之优劣，却以国家标准徭役之行政加以劝勉，只此一点便足以明证此田事与基层行政必是合一的。在《田律》中，规定田啬夫与乡部之佐共同在田间监督管理生产事，可证此等田官同时做着乡官行政的事情。然而必须明辨的则是，乡与田的关系，却不能理解为是两套组织，实则乡、田是二而一的东西，乡田合一，皆指同一个组织。自生产言之，乡本即称"田"，作为普遍的农业社会生产组织即以田统称之，乡是最基本的一个层次，同时又是基层政权行政组织。秦之乡本无乡啬夫之称，此田啬夫一身而二任焉。这就是乡田合一，亦即政社合一。商鞅变法，"集小乡邑聚为县"。昔学者皆以为是设县行政，外此而无他。诚然设县行政是不错的。然以吾观之，此说并不全面，也可以说是极其片面的，并未触到事物最本质的东西。其实这项改革本质的、更重要的方面则是确立官社经济体制的体系,将民间农业社会生产纳入国家行政系统,并且创立了乡里政社合一的组织系统。乡官不仅以行政治民,更重要的则是直接代表国家政府分配土地使用权,且组织生产、监督管理生产,因而实际上掌握着官社成员的经济命脉,卡住社民的脖子。国家也便由此而对民间社会实行着直接的更有效的控制。此乃典型的官社经济体制形态。

第二,此"田(乡)"、"里"既然是政社合一的组织,因之,"田(乡)"、"里"的管理者——"田啬夫"、"田典"——其职权亦是政社合一的。他既有乡行政职能,又同时具有组织、管理生产的职能。这位田啬夫所管辖的范围与对象就是田(乡)、里邑落,也就是《史记·商君列传》所称商鞅变法后"乡邑大治"的"乡邑"、"集小乡邑聚为县"的"乡邑聚"及其农夫们。此"田"即乡。在邑曰乡,在野曰田,乡、田其实一也(自不同侧面言之,则殊其名。又,在三晋,赵有"田部吏",其职为既管收赋税,又管户口。管户口即管对人的行政治理。可见,他的职能也是双重的,亦透露了政社合一的色彩。亦可见战国时各地其社会水平具有共性。《孟子·滕文公上》之"乡田同井",更明显表示为政社合一),是一种政社合一的组织。另有《田律》云:"百姓居田舍者毋敢酤(酷)酉(酒),田啬夫、部佐谨禁御之。"这里的"百姓",就是秦普通的国家份地农,春耕时出居田野,"田啬夫、部佐"要监督他们的生产劳动。此"部佐"即乡佐,"田啬夫"即后日之乡啬夫。可见,此"田"就是孟子所谓"乡田同井"的"田"。皆为政社合一的官社经济体。

就其历史渊源而言,"田"、"邑"、"里",在古代本就是对邑社群体从不同角度的称谓。西周金文中有赐田、邑、里的记载。啬夫亦本为邑社领袖。秦律中的田、里以及田啬夫、田典都与古邑社有着历史渊源关系，不过早已皆非古貌了。"田"、"里"等已政社合一。以生产论，则可曰田；以行政论，则可曰乡，这就是乡部的产生。乡田合一，亦即政社合一，此为典型官社形态。秦简中的田啬夫既管生产，又为乡政之长，一身而二任焉。里亦如之。而"田"所辖之人户其身份也是双重的，自政言之，他既为国家之编户，而自生产言之，则又是官社组织之份地农。可称之为"田"农，亦可曰官社社员。田啬夫以行政手段来督课份地农从事生产。秦的田啬夫管理生产，由上引《田律》及《厩苑律》皆可证。"田"且自有经济，由秦《效律》所云"都田啬夫""坐其离官属于乡者"可证。银雀山汉简《田法》篇，载明田啬夫主持授田，并主管督耕"课民"，与秦简是一致的。综上所述，可见田啬夫、田典既是乡官，又直接组织并管理生产。云梦龙岗秦简透露，至秦末，其乡部尚有"稷官"，里级职有"典田"。稷官可签发出入禁苑从事农耕以及其他工技作务的通行凭证。可见从其称谓到其职事都是主要涉及地方基层行政和以农业为主的生产事宜的职务，这是毫无疑问的。简文中所透露的秦乡里此等职能是很特殊的，后世不见。这正是官社经济体制的特点。正是通过此政社合一体的漫长历史过程，才逐渐过渡到汉代后半官社个体小耕农的散户乡村。

第三，田夫——以牛田者（亦即律文所言"主者"，即主田者，亦即耕者）、皂者皆括在其中，只是"田"内分工的不同——的身份是双重的。他们使用着集体共养之田牛进行生产，经济生产共同体成员的色彩还是很浓的；而律文更明显地表明他们乃是国家行政编户，担负着国课更徭等庶务。此即政社合一之表象也。

第四，农牧分职而结合，资相贸功为业。田、里共养耕牛，民户分散使用。不过要受着国家行政的督课管理。这也正是在官社经济体制下，政府基层行政管理生产之职能的表现。田（乡）、里组织（乡、里是官社组织的两个层次）有自己的，亦即属于集体的田牛，"田（乡）"中有"牛长"主管其事，又有皂者专司田牛的养牧。此皂者就是田（乡）、里的耕牛饲养员。田（乡）、里之人皆有权使用田牛，即"以牛田"。不过，养用之不善是要受到处罚的，或罚劳，或打板子。这类田牛的养用，与国营牧场的放牧性质是绝对不同的。有的学者将此当作国营牧业，这是完全错了的。秦简《厩苑律》"将牧公马牛"条反映的才是国营牧业情况。这种牧业带有游牧性质。律云"将牧公马牛，马牛死者，亟谒死所县"，可为之证。"将牧"条中的饲养放牧者有"隶臣"，又有"徒食牛者"，身份不一。"以四月"条中的"皂者"，与"主田者"，皆系国家编户，亦即官社成员，显与上述将牧者的身份不同。且"以四月"条中的主要饲养方式当为圈养。"将牧"者乃为"公马牛"，即为国家官府所有。其养的目的，在于为官府"乘服"等用提供马牛。而本条所示，乃为社民间集体所有、所用，且主要为民间耕田提供畜力。"以牛田者"不是借用；不付出任何代价，只是因为使用不善而造成牛掉膘，有关人员才受到惩罚。"公马牛"与"田牛"迥异，"公马牛"属官府，而"田牛"属"政官合一"的田社。

可见，其生产具体组织形式，采取农牧分职授业，相贸以功的方式。在一个经济体内，凡采取这种具体生产组织形式的地方，其经济生产都带有一定的集体性，不然是无法"资相为业"的。

这里的农牧分职，不是从事于商品生产，而是官社体内为谋生计而实行的生产分工。"皂"者养牛，"以牛田者"耕田种地，其粮食当是共同调集分配的，不然是无法维持分职者的生计与再生产的。这种具体的生产组织形式，与《吕氏春秋·上农》篇的实行"三官"分职，"男女贸功，资相为业"之法，以及银雀山汉简《田法》之"皆以所长短官职之"，"明示民，乃为分职之数，齐其食饮之量，均其作务之业"之制，皆是属于同一个体系。本条《厩苑律》所反映的乃是农牧既分职而又相结合的乡村官社经济体的状况。秦简《厩苑律》"以四月"条，与《秦律杂抄·牛羊课》中的评比繁殖率，以及《吕氏春秋·季春纪》中的"游牝于牧"，皆为当时官社经济体制之下的牧群管理制度，"评比"、"游牝"、"乡赘合游"，皆为官社组织牧业生产之职能。用复除国家徭役之法劝养田牛，此乃政社合一体制之典型反映。待官社消亡，乡村变为纯粹乡官统治下的散户私有个体小农乡村，便无此习惯与立法的必要了（汉已不见）。偶有为之者，则竟被誉为了不起的清官循吏之德政。组织管理生产，在官社体制下，是政府的责任，而今却成了德政，这便是不同历史时代的反差。

第五，生产的强制性。大量的文献证明，官社体制下，社民耕种田地是带有极大的强制性的，是在政府官社的监理与统一指令下从事于生产活动的。《周礼·地官》"载师"职文曰："凡宅不毛者有里布；凡田不耕者出屋粟；凡民无职事者出夫家之征。"又"闾师"职文曰："凡庶民不畜者祭无牲，不耕者祭无盛，不树者无椁，不蚕者不帛，不绩者不衰。"诸如此类的国家政府立法，都是官社对其成员的强令耕织畜牧的规定。这在汉后就不见了。《吕氏春秋·上农》篇："民不力田，墨乃家畜（蓄）。"银雀山汉简《田法》对粮食生产少者则有罚为"公人"之制。秦商鞅变法后，则有对"怠而贫者，举以为收孥"的规定。秦简《田律》明定田啬夫等要"禁御"百姓生产者的某些行动。本条《厩苑律》规定，对田牛养用不善者要罚劳若干日，乃至打板子。这都是在官社体制下，政府管理生产的强制性立法。若《公羊传·宣公十五年》何休注曰："吏民春夏出田，秋冬入保城郭。田作之时，春，父老及里正旦开门，坐塾上，晏出后时者不得出，莫不持樵者不得入。五谷毕入，民皆居宅，里正趋缉绩，男女同巷，相从夜绩，至于夜中，故女功一月得四十五日作，从十月尽正月止。"这里的里正与父老是基层政府官员。在其管理下的里民，其生产与生活的步调是极其集体统一而一致的，且带有极其强烈的强制性。上述皆为处在不同历史阶段的官社经济体的状况。

第六，战国、秦之乡里，与汉之乡里，其性质各不相同，此必明辨。秦乡里最具特色的便是它首先具有社会生产组织的职能。这在汉是没有的。《汉书·百官公卿表》关于秦乡里职掌的叙述，是不确切的，是以汉制代替秦制，应当修正。

综上所述，毫无疑问，《厩苑律》"以四月"条给我们透露出一种官社经济体制的多种信息。这是过去学术界所从来不知道的。这里所提供的官社经济体模型，其大致面目是：这种官社分田（乡）、里两个层次。这与其政府基层行政的级数是一致的；秦政府基层田（乡）、里行政吏员及其所治理之民，其职责、身份都是双重的，亦即是政社合一的：以农牧为主，分职合作，多种经营，生产生活具有极强的强制性和统一性；经济具有一定的集体性。仅此数点，便可足见这种广泛的特殊的农业生产经济体制，绝不是传统的"五种生产方式"说中的奴隶制和地主封建制两种模式所可容纳得了的。

本条《厩苑律》不是狭隘的地方土政策，而是秦之国法，具有极其广泛的普遍的概无例外的适应性，因之，其所透露的官社经济体制模式亦同样具有广泛和普遍的意义。由此观之，过去所争论的这个社会是奴隶制还是新兴地主封建制，其实是连边也不沾的事情。那都是从一个假想的而并非放之四海而皆准的既定模式出发的强为挂联靠合的套数，而不是从中国历史实际出发。因之，其结论一出，便离题千里。

一般说来，待土地国有制高度发展，在国家份地授田制下，原来行政控制下的邑社也便解体，而发展为以行政为统绪的高度发展的政社合一的官社制度。银雀山汉简《田法》类型是这种官社体制的典型代表之一。上引《厩苑律》中的田里组织或秦的"乡邑"，则是官社的另一种形式，与《田法》式有所异。不过其皆为政社合一的官社则无殊。

笔者归纳有青川秦牍《更修为田律》型、《吕氏春秋·审分》篇型、《礼记·月令》型、《吕氏春秋·十二纪》型、书社型等，此不赘述。

不过，若将其加以比较之，则可大致确认为一个递进的历史过程。如：《月令》、青川秦牍秦武王二年《更修为田律》皆言修封埒、正疆畔事，然却明显表现为不同时代的事情。何以知之？由此同类事件安排在不同时间进行知之也。《月令》皆于春正月"修封疆，审端经术"，定是新开封疆，反映的是土地定期重分、换土易居下的情况。《更修为田律》于秋八月修封埒正疆畔，此显然是在维持旧封疆。此非土地重分之情节，而是土地使用较为固定时的景象。一般说来，此与耕作制度即农业耕作能力以及技术装备条件相一致。由此可知，青川型当后于《月令》型。

（三）半官社时代（汉至唐）

何以称半官社？一因，汉自文帝废止国家普遍授田制，官社之基础消失了，然前代官社之遗风尚存于世。二因，国家虽时有计口赋民公田之举，又有北朝隋唐五朝均田制实行，然其国家授田则不如官社下严格、足量，生产管理不如此前严整，对于生产和生存条件的满足与保障力度不够强。

第一,在先秦至两汉的历史上,普遍存在着一种总名为"弹(或曰单、僤)"的乡村社会组织。这种组织的存在,乃是先秦至两汉乡村社会之所以区别于后世乡里社会的重要标识之一。汉代乡村保留着比较明显的古代官社共同体的影子,乡民间保留着比较密切的社会经济以及精神文化生活方面的诸多共同联系,从这些民间社会组织——不论是官办的还是民办官控的,抑或是民间自为的组织来看,其间所表现出的其时乡里民间社会自治、自助的精神还是很浓厚的;同时乡官权力重,政府对乡村社会的控制能力强,显示出前代官社共同体的遗风。

在传世的汉代官印中,以"弹"、"单"等为名者甚多,约有近百方。可见这类组织在历史上确曾是普遍存在过的。这种组织的存在,又恰是先秦至两汉之乡村社会区别于后世乡里社会之标识所在。然而对于这种社会组织,学术界至今却尚未做出系统的具体的专门研究,以至于障碍着对于当时乡村社会历史真正面貌的正确、具体、深刻的认识。可以肯定地说,这些组织的性质、内部组织结构与面目并不尽相同,然由于文献阙文,至今我们还无法做出更全面的研究。不过,这种组织虽于传世文献记载中疏略阙文,然于传世著录的或晚近发现的金石资料中却略可详于文献所得。于此有限的记载中,却仍可约略窥其大概。文献著录的有四块东汉碑,碑文记录着当时建立了一种名曰"弹"、"单"的组织,主要涉及赋役问题。从总的方面来看,碑文都提到在大致相同的背景下,为着大致相同的目的,为了解决同类的问题,而组建了一种社会组织,这种社会组织的状况,尽管其具体面目各有所异,但是其共同性还是主要的。历来也有不少学者曾涉及此组织,然而详细与综合地触及其社会本质的系统研究则尚付阙如。以今日之史学视野观之,这些资料所透露的社会信息，无疑是至为珍贵的，对于重新正确审视汉代乡村社会真正的具体的本来面貌，无疑是最为重要的资料，由此为窥探秦汉乡村社会具体的真正的面貌提供了一个新的视角和解释框架。

"正弹"系官办完给徭役的组织，可谓之官"弹"，非民间事。虽说是"因民所利"，然毕竟带有一定的强制性。既然为解决国家徭役而设，有涉人员当系全部徭役适龄者。

"正弹"所涉及事项重大，范围广泛，非里闾所能独自为之者。"弹"系由县组建，报请郡府批准。碑侧尚刻有郡府的批文。《鲁阳碑》尾刻有四乡啬夫之职名，可见此弹尚有乡政府合作其事，共同组建并管理之。总之，此"正弹"是以县为单位，各乡或设有分部组织。

"正弹"有经费。既为雇役，则须有一笔数量相当可观的经费，这是"正弹"赖以确立并维持下去的经济基础。"弹"有钱粮，是没有问题的。《昆阳碑》云："□耕千耦，梵梵黍稷。"又有"单钱"。正弹经费的来源大致有三：一为赋敛；二为官府公田之收；三为正弹积储钱货之利息。正弹经费，当初主要来自赋敛。弹组织有耕田事宜。东汉时，各县乡还是有不少官（公）田的。《昆阳碑》谓"□耕千耦，梵梵黍稷"，《鲁阳碑》残留有"……□□□储"的字样，都透露出了政府有耕官田备积储的消息。这些官田，抑或是用募雇来的役卒来共耕以为正弹经费之入的。

"正弹"实行均轻赋敛，平徭役的原则。"正弹"组建的背景便是赋役"烦苛"，以及在徭役之政中，贫富劳苦不均的现实，搞得怨愁之声载道。组建官弹的目的在于"愍念烝民，劳苦不均，为作正弹，造设门更"，而使"富者不独逸乐，贫者不独"劳苦（《汉酸枣令刘熊碑》）。

"正弹"具有明显的生产事宜、互助精神与"弹劝"。应当承认，"正弹"于其调贫富、均劳逸、平徭役之中，自然还是有些互助精神在的。"正弹"的"弹劝"之义也还是很明显的。其不仅平徭役,均轻赋敛,而且有合耦计耕之事。"□耕千耦,梵梵黍稷"之语,既包括组织乡民耦耕乡里公田之事,也包括了民间的合耦相佐助之意。《昆阳碑》云"劝导有功",《鲁阳碑》云"咸用殖殷",《刘雄碑》曰"岁为丰穰",都透露了正弹有组织生产之事宜。此正弹平徭合耦的活动就其历史渊源而论,还是与官社经济体制的古老传统相联系着的。

除"正弹"之外,汉尚有"街弹",实属无疑。"街弹"的活动、作用及其性质如何?

一是为"治稼穑"而于"街弹之室""合耦"。二是趋其耕耨。此即《汉书·食货志上》之所谓"趋泽"。督劝里民及时耕作,此本即汉基层政府组织从官社经济体制下接过来的乡里管理生产的传统。三是既组织相庸佐助,则必有先后次序的商定,何者先耕,何者后耕,此即《周礼》之所谓"行其秩序"者也。"街弹"其事,乃是官社经济体制之遗存。

第二,北朝隋唐五朝实行均田制对个体农民实行授田耕垦,以为国家提供租赋税役。此正如北魏太和九年(485)诏所言:"诸民年及课则受田,老免及身没则还田。"(《魏书·食货志》)

《唐律疏议》卷十三《户婚律》"里正授田课农桑"条:"诸里正,依令授人田,课农桑。"在均田制基础上,有租庸调法的国家索取制度、府兵制度产生(府兵制实是建立在国家授田制基础上征兵制)。此为其时国家基本制度。所谓"课农桑",不仅是理赋税,还包括了农桑等生产事宜的管理职能。

《魏书》卷一一〇《食货志》载:"诸初受田者,男夫一人给田二十亩,课莳余,种桑五十树,枣五株,榆三根。非桑之土,夫给一亩,依法课莳榆枣。奴各依良。限三年种毕,不毕,夺其不毕之地。于桑榆地分杂莳余果及多种桑榆者不禁。诸应还之田,不得种桑榆枣果,种者以违令论。地入还分(应还之份田。——引者)。"种莳计划皆有统一规定。此仍为一种带有国家指令性农业的性质,犹有前世国家普遍授田制下,统一管理生产事宜之遗趣。

国家均田制决定了此时府兵制度的建置。《资治通鉴》卷一八七《唐纪一》"武德二年七月"条:"初置十二军,分关内诸府以隶焉。皆取天星为名。以车骑府统之。每军将、副各一人,取威名素重者为之,督以耕战之务。由是士马精强,所向无敌。"《新唐书》卷五十《兵志》:"(武德)六年,以天下既定,遂废十二军,……居岁余,十二军复,而军置将军一人。军有坊,置主一人,以检察户口,劝课农桑。"这是国家授田制下兵农合一制。

从府兵制的建置,反复言"督以耕战之务"、"劝课农桑"来看,其仍不离自战国以降,在普遍土地国有制及国家授田制之下确立的普遍征役(包括兵役)制之本,此仍在传统官社体制下的兵农合一制范围之内。

此期有大土地所有者,然其性质与欧洲庄园经济绝不相类,可称为大田庄,数量也并不普遍,且亦未取得支配地位。

(四)国家—个体小农时代(宋至清)

至中唐,均田制破坏,建中(780—783)后两税法行。从此,国家再不为田立制度,对民间土地占有之差距再不过问而听任之。国家所着眼计较者尽在财政税役之入。从这层意义上说,国家完全丧尽了自战国孟轲所言"制民之产"的功能,无视民之生存基地些许保障,而纯粹变成一种聚敛机构。南宋叶适言:"自汉至唐,犹有授田之制,则其君犹有以属民也；犹有受役之法，则其民犹有以事君也。盖至于今，授田之制亡矣。民自以私相贸易，而官反为之司契券而取其直。"（《水心别集》卷二《民事上》）官民之间变成了一种更加赤裸裸的聚敛关系。国家权力的寄生腐败性更加暴露无遗。

朱熹言："古者苛剥之法，本朝皆备。"（《朱子语类》卷一一〇）其实宋朝之苛捐杂税比之五代还多，名目繁多到时人已不可备言。宋承唐和五代之遗制，夏、秋两税仍是乡村主要土地税种，是计亩而征的。此为所谓"正税"。然决不可以此计较民庶负担之轻重。扰民之甚尽在苛捐，所谓苛政猛于虎也。宋代两税之附加税名目繁多，诸如支移、折变、加耗、义仓、各种附加税钱等，不胜枚举。此为大项，而其细目，更不可胜述。

胥吏渔利百姓，自古已然，而揽户承揽赋税，却是宋的创造。"民听命于揽子，则又备费矣。"（刘子翚《屏山集》卷二《维民论中》）

承宋、金之旧，元代有杂泛（力役）差役（职役）。职役是唐、宋之后兴起的役目，其重要性日增。全体民户都要派充当役（元代人的户籍身份与前代大不相同，是按职业划分为诸色户计的，有军、站、民、匠、儒、盐、僧、道诸色户之别）。有些民户宁肯以破产——卖掉生存基地之法来避役，所谓"半顷薄田忧户役，近来贱卖与人耕"（元淮《农家》）。

自唐均田制破坏，战国以降的"制土分民"之制便宣告彻底终结。国家对民间土田占有不均之情况已不悉知，亦不屑一顾，赋役不均已病入膏肓。

自杨炎两税法之行，其后国家变法屡见不鲜，然从本质而言，皆为政府理财，目标皆在于确保从民间索取最大化的财利，而为民之生计者无一在焉。诸如宋之王安石变法、明之一条鞭法、清之摊丁入亩皆不出此也。农民之最起码的生存条件底线——足量土地"恒产"——不得政府保障,而却让土地承载了国家最基本的赋役之源。

即如有明一代,政府所加于民之索取之苦罄竹难书。河南、山东一带,徭役繁重,尤其是科差杂泛,民不堪其供。如治河之役都是随时兴发的,属于杂差之徭,向为无底洞,扰民之甚者也。据《明史》卷一八二《马文升传》载,中州沿河两岸,岁役不下五六万人,山东、河南等地塞决之夫不下二十余万。《世宗实录》卷十八"嘉靖元年"条载:"河南山东修河人夫,每岁以数十万计,皆近河贫民,奔走穷年,不得休息。"《孝宗实录》卷一七六载弘治十四年(1501),监察御史顾潜奉命至北直隶、山东及河南印马,回京奏报曰:"近历养马地方,如永平、顺德、广平三府,地狭人稀。大名虽颇殷富,然皆苦徭役繁重。真定、保定、河间三府俱冲要地,供亿军旅,至于累月夫役动用万人。山东兖州、东昌、济南,河南开封、卫辉、彰德,境滨河海,沙卤地不可耕,又路当接递,曳挽人夫夜不及息,民困已极,庐舍几空。况重以马政追征,买补相继,困益极焉。"

明人于慎行《兖州府志·田赋志》:"序曰:国家田赋之制,无虑二十取一,较之《禹贡》亦非溢也。然而田野之氓,或呻吟转徙,不任公家之租税,何哉?法本轻而后稍滋重也。有因事而加赋,或已竣而未除,有缘灾赐租,或已收而他抵,有褒益于盈虚,而阴移其敛,有羡溢于铢两而明朘其膏。此赋不均平而民无告也。……赋出于田,其类凡四:曰夏税,曰秋粮,曰丝绢,曰马草。而土贡、盐钞、课程附焉。"其《户役志》"序曰:国家取民之法,因地制宜,不可比而一也。江以南,赋重而役轻,其民苦于租税;江以北,赋轻而役重,其民苦于更徭。……徭役之法,出于户口,其类有四:曰力差,曰银差,曰里甲,而马政别记焉"。

一般说来，有明一代，江南赋重役轻，江北则是役重赋轻。这只是就南北之区其各自的赋役之科的比例而言，然就农民而言，则是赋役皆重，遂构成了民之不堪承受之重负。明代赋役之重，早已积重难返，正如于公所言，改革之方，"讲究擘画"，"几无遗策"。大致说来，至嘉靖年间，渐归拢为条鞭之法，然始终未能解决赋役之重、征课之繁的问题。而农民之重负并未减轻。

于氏在《户役志》末附录了隆庆元年（1567）户部尚书葛守礼《宽农民以重根本疏》。葛守礼是反对一条鞭法最力的人，于隆庆元年做了六个月的户部尚书。他在这篇《疏》文中写道："臣筮仕为彰德府推官，历观河南人物殷富，沃野盈畴，其时赋役尚如旧也，后有巡抚河南者，以江南之法行之河南，按地科差，始将租庸调之征，并之于地，有家有身者皆不与焉。于是农民嚣然丧其务本之心，地愈多者苦愈甚，富者贫，贫者逃，而田卒污莱，弃为萑莽。如修武等县极目不见其界。及臣为巡抚，入其境，见田野荒芜，黎民憔悴。咨访其故，始知为以地科差之害。夫江南以地科差，盖收入既多，又十年始一应差，故论地亦便。若河之南北，山之东西，地多瘠薄沙碱，每亩收入不过数斗，而寸草不生亦有之，且又年年应差，并之于地，无怪农民失所也。既而放告，有卫辉府淇县民至舍原价，空以地归原主，一日而具状者二百人。中亦有原主抵告者。随而审之，云：当时为贫卖地，今地归于我，将何办差？一人必欲归，一人苦不受，时亦无可奈何。乃叹曰：土地生物以养人，财用于是乎出，至使人恶之如是，为法之弊，以至此哉！乃谕而遣之。即查复旧规田地，令纳本等税粮，及驿地站粮丝绵绢布，门户人丁则应力差等役，民乃喜若更生又乐种田，而逃亡者亦渐复业焉。未几迁官，而继之者不察，又复以地科差，今其患未已，不知凋弊作何状，此亦可以为戒矣。近北直隶乃又仿而行之，计地征银，农民丧气，无计得脱田亩，将来畿内荒芜，必可立见。闻之此法又将浸淫及于山东。夫山东地大半滨海，盐碱沙薄，甚至不毛，民已苦包粮，若再加之以差，民不至尽逃，地不至尽荒不已也。先此独以纳粮负累，民亦逃亡，见今沂费郯滕之间荒田至二万余顷，人烟继绝，周回几百里。庙堂之上，经画招徕开垦者二十余年，竟无一人归尺地垦者。倘科差之风不止，则举山东为沂费郯滕，在数年之间尔，可不畏哉！臣农家也，习知农苦。"葛守礼提出要皇帝"明诏严禁以地科差"。条鞭之法，在当朝便毁誉各有所加，此亦确为事实。于慎行基本支持葛尚书的意见，通过这篇疏文，将其时农民所受赋役之苦述说得淋漓尽致。

或言此时期有资本主义萌芽产生，地主经济亦未取得支配地位。这一时期决定其基本社会形态的乃是"国家—个体小农"之结构关系。

总的来看，中国历史的进程无疑是以国家权力为中心运转的，国家权力支配一切，由其规定、规范了中国历史的基本进程，决定并塑造了中国社会历史的基本面貌；中国国家的核心权力是土地国家所有权。本乎此，大致可将中国古代（周至清）社会形态分为四个递进相续的时期：邑社时代（西周至春秋）、官社时代（战国至秦至汉初）、半官社时代（汉至唐）、国家—个体小农时代（宋至清）。此正是从中国历史内在的基本实践发展逻辑出发，揭示了中国历史自身之规律性。

（原载《文史哲》2010年第5期）

从不同文明产生的路径看中国早期国家的社会形态

沈长云

中国早期国家即我国历史上的夏商周三代。长期以来，有关这个时期的社会形态作为史学研究的一个重要课题，一直受到人们的广泛关注。因为这个时期中国才始由原始社会进入到文明社会，其社会形态的论定，关系到对以后中国社会演进方向的认识。坚持中国按所谓"五种社会形态"依次演进的学者从概念出发，认为中国早期国家阶段属于奴隶制社会，并认为自己这种坚持就是在坚持马克思主义的社会形态学说，是在维护人类共同的历史发展规律；反对者则从对具体历史的考察出发，认为夏商周三代没那么多奴隶，构不成所谓奴隶社会，中国无奴隶社会乃是对中国历史合乎实际的实事求是的解答。双方的争论持续多年，最近似又有加剧之势。笔者亦曾致力于中国古代社会形态的研究，有人把我划入中国无奴派的范畴，实际上"中国无奴隶社会"并不能概括我有关认识的全部内容，也不能回答论者对于我提出的所有问题。为了更好地阐明自己的观点，我想换一个角度，从马克思主义有关人类文明产生的论述谈起，从源头上来看各地区奴役与压迫制度的产生是否走的都是同一条路径，即奴隶制产生的路径。如果不是，那么中国古代文明亦即中国古代奴役与压迫制度的产生到底走的是哪一条路径，以及按照这条路径走下去的早期中国应当是一种什么社会形态。

一、两条不同的文明产生的路径

在马克思主义以及当代人类学者的语汇里，"文明"与"国家"实际上是一个概念，"国家是文明社会的概括"[①]，文明的产生意味着国家的形成。而按马克思主义的常识，国家又不过是一种阶级压迫的工具，因而文明即国家形成的过程，也就是阶级压迫关系产生的过程。那么，古代世界各地区阶级与阶级压迫关系产生的路径是否是一样的呢？回答是否定的。根据马克思主义理论，各地区阶级压迫关系的产生应当有两条不同的路径，恩格斯的《反杜林论》对此有明确的论述。在这部重要的马克思主义经典著作里，恩格斯将阶级压迫关系或换言作"统治与奴役关系"，他称这种统治与奴役的关系是通过两条道路产生的。其中第一条道路，他是这样叙述的：

> （在许多民族的原始农业公社中），一开始就存在着一定的共同利益，维护这种利益的工作，虽然是在全体的监督之下，却不能不由个别成员来担当：如解决争端；制止个别人越权；监督用水，特别是在炎热的地方；最后，在非常原始的状态下执行宗教职

[①] 《马克思恩格斯选集》第4卷，人民出版社2012年版，第193页。

能……这些职位被赋予了某种全权,这是国家权力的萌芽。①

这里提到的"原始农业公社",可以大致笼统地比作古代从事农业生产的氏族部落,或现时中国学者习惯称呼的"族邦",或一些中外学者理解的"酋邦"。恩格斯认为:在这些原始共同体内,有一些维护或管理共同体整体利益的职务,这些职务不得不由个人来承担。这些负有管理职责的人员(他们应是氏族部落中各级领袖人物)一开始充当的角色,显然具有社会"公仆"的性质(社会"公仆"的称呼见下引恩格斯文),但由于这些职位被赋予了某种全权,因而也可以视作国家权力的萌芽。这种萌芽当然还要继续生长,恩格斯接着说:由于生产力的提高和人口的增长,使这些单个的公社集合为更大的整体,并导致建立新的机构来保护共同利益和反对相抵触的利益:

> 这些机构,作为整个集体的共同利益的代表,在对每一个公社的关系上已经处于特别的、在一定情况下甚至是对立的地位,它们很快就变得更加独立了,这种情况的出现,部分地是由于职位的世袭……部分地是由于同别的集团的冲突的增多,使得这种机构越来越必不可少了。在这里我们没有必要来深入研究:社会职能对社会的这种独立化怎样逐渐上升为对社会的统治;起先的公仆在情况有利时怎样逐步变为主人……在这种转变中,这种主人在什么样的程度上终究也使用了暴力;最后,各个统治人物怎样结合成为一个统治阶级。②

---

① 《马克思恩格斯选集》第3卷,第559页。
② 《马克思恩格斯选集》第3卷,第559页。

这里谈到，各单个的公社由于有了共同利益，并为了保卫这种共同利益和反对相抵触的利益而结成更大的整体（大致相当于现时学者所说的族邦联盟或酋邦联盟），这些更大的整体当然又有了新的机构作为整个联合体的共同利益的代表。由于它们处在各单个的公社之上，处理着更大范围的事情（例如同其他部族集团的冲突，包括战争，或者更大规模的水利事业的修筑等），使得它们原有的管理职能逐渐发生了"独立化"的倾向。这种倾向的进一步发展，更形成为对社会的统治，于是，原本是为维护共同体集体利益的机构变成为凌驾于各单个公社之上的权力机构，原本的社会"公仆"也变成了社会的"主人"，也就是压在公社其他各阶层人员之上并可以对他们使用暴力的统治者阶级。

至于另一条统治与奴役关系产生的路径，即一般教科书所说的奴隶制关系产生的路径，恩格斯也对之作了很好的描述。他称：原始公社内农业家族自然形成的分工首要引起贫富分化，以及旧的土地公有制的崩溃并让位于各个家族的小块土地耕作制；当生产力水平发展到人的劳动力所生产的东西超过了单纯维持劳动力所需要的数量时，一些富裕家族就会利用战争中获取的俘虏来充当这样的劳动力，强迫使用他们的劳动以获取剩余价值，这样就出现了奴隶制，并且这种制度会很快在那些超过旧的公社的民族中，发展成为占统治地位的生产方式[①]。

这样两种不同的统治与奴役的关系是否可以混为一谈，或者可以像过去一些人那样，把前一种统治与奴役的关系也混称作"奴隶制"关系呢？笔者以为是不可以的。至少，恩格斯便没有把这两种统治与奴役的关系混作一谈。因为这二者之间的区别是那样的鲜明。按照现在研究奴

---

① 《马克思恩格斯选集》第 3 卷，第 560 页。

隶制问题的专家的说法，奴隶制是建立在对原始共同体以外的人员，亦即对在战争中抓获的外族俘虏的奴役压迫基础之上的，而前一种统治与奴役关系则是建立在原始共同体内部成员阶级分化基础之上的。就前一种统治与奴役关系而言，那些作为统治者与压迫者的社会的"主人"原本只是共同体的上层管理人员，或者就是共同体各血缘组织的首领及其近亲，而沦为被剥削与被压迫者的劳苦大众，原本就是普通的公社组织的下层人员，是与各氏族贵族或氏族首领血缘关系疏远的下层平民。这样一种贵族对平民的剥削压迫关系是没有任何理由被说成奴隶制的。

从恩格斯的论述中还可以体会到，上述两种统治与奴役关系的产生一样的历史悠久，并且前一种统治与奴役关系发生的范围似乎更为广泛。有学者认为：古代独立发展的各氏族部落内部，在原始氏族社会末期出现的最早的剥削形式都是奴隶制[1]。这显然是不符合恩格斯《反杜林论》有关论述的精神的。恩格斯没有列出哪些地方的文明是由社会"公仆"到社会的"主人"这样一条统治与奴役关系产生的路径发展而来的，他只提到这种"社会的主人"包含有"东方的暴君或总督"，也包含有"希腊的氏族首领"和"克尔特人的酋长"。笔者认为，所谓"东方的暴君或总督"应该就是古代东方文明古国的专制君主，"希腊的氏族首领"和"克尔特人的酋氏"的产生既与他们同时，则应是古典之前西欧地区暨古代希腊部落集团的首领。按照马克思和恩格斯的理解，远古欧洲在进入奴隶社会之前，也一样经历过与亚洲类似的部落社会结构的。从这个角度来看马克思、恩格斯的社会形态学说，也就能够理解他们为什么将"亚细亚的"置于"古代的"社会形态之前了。

---

[1] 廖学盛：《奴隶占有制与国家》，《北大史学》第2辑，北京大学出版社1994年版。

二、中国古代文明产生的路径与夏代国家的建立

中国古代文明的产生,无疑也是走的恩格斯所指出的头一条统治与奴役关系产生的路径,即社会的统治者阶级(社会的"主人")是由原始公社各个血缘集团的首领(社会"公仆")发展变化而来的这样一条路径。不容否认,我国原始氏族社会的后期已经出现了社会分化,出现了财富占有不均和社会地位的不平等,有了富裕家族和普通贫困家族的区别。但是,那些富裕家族的家长却实在都是些氏族部落的首领,或他们的近亲。以后各个部落联合而成的更大集团(部落集团、族邦联盟)的领袖人物一开始的情况也是这样的。对于这种状况下的各个共同体的首领及其职事人员,我们还可以把他们归纳为社会"公仆"的范畴,因为直到国家产生前,他们在很大程度上都还是在为共同体的利益执行着管理者的任务。试看古代文献对那些传说中的"圣贤"的描述:

> 黄帝能成命百物,以明民共财,颛顼能修之,帝喾能序三辰以固民,尧能单均刑法以仪民,舜勤民事而野死,鲧鄣洪水而殛死,禹能以德修鲧之功,契为司徒而民辑,冥勤其官而水死,汤以宽治民而除其邪,稷勤百谷而山死……①

这些圣贤实际上都是部落或部落联合体的首领,文献记他们对共同体各

---

① 《国语·鲁语上》,徐元诰撰,王树民、沈长云点校:《国语集解》,中华书局2002年版,第156—158页。

种事务的管理是那样的尽心尽责,恪尽职守,以至于不少圣贤都死在他们所任职务的任上,这显然符合原始共同体社会"公仆"的形象。然而,曾几何时,他们中的一些人或他们的后嗣子孙的身份却发生了变化,变成了凌驾于普通民众之上的专制君主,也就是社会的"主人"。这种变化的原因,想必不可用他们个人品质的优劣或致力于道德修养的勤惰来加以说明,而是如恩格斯所指出的,由于他们所承担的管理职能所发生的对于社会的"独立化"倾向所致。用现在的话说,即是他们的权力本身被"异化"的结果。

这里看得最清楚的莫过于我国历史上第一个专制王朝——夏的产生。传说夏代以前,中国还经历过一个由"五帝"统治的时期。但所谓"五帝",实不过是上古各地方一些部落或部落集团的首领。文献称那时的中国尚处于一个"天下万邦"的政治局面,"邦"实只是一些氏族部落的称呼,或如近时一些人类学者所说是一些酋邦。夏应当便是在古代一些近亲氏族部落或酋邦联合的基础上产生的。而其产生的过程,即如恩格斯所言,经历了一个部落集团的上层管理人员由社会"公仆"蜕变为社会的"主人"这样一条统治与奴役关系产生的路径。

这要从我国历史上长期流传的禹治洪水的故事谈起。从各方面的情况看来,禹治洪水传说当有其真实的历史素材,过去一些疑古人士笼统地怀疑它是不对的。作为禹所领导的部落,夏后氏原本居住在古河济之间,并以位于这个地区中心的帝都濮阳为其首邑[①]。那个时候,以濮阳为

[①] 关于夏后氏的起源与夏代历史地理问题,过去王国维曾提出"夏自太康以后迄于后桀,其都邑及他地名之见于经典者,率在东土,与商人错处河济间盖数百岁"的观点,以后杨向奎又曾写过类似主张的文章。笔者在他们二人的启发下,自 20 世纪 90 年代初亦曾作过系统研究,尤其是从考古学角度指出早期夏人确实是居于古河济之间的古老部族。这个问题可参阅笔者《夏族居于古河济之间的考古学考察》(《历史研究》2007 年第 6 期)等文章。

中心的这个地区及其附近由于气候环境的变迁，已变成为十分适合人类居住的地域。这里地处一望无际的黄河中下游平原，河流纵横，湖泊遍布，土质肥沃而疏松，物产丰富，交通便利，且处于各个文化区中间的位置，最能吸引四周居民来这里垦殖与居住。而根据历史记载，那时也确实有许多氏族部落迁来此处，使这里留下许多著名氏族部落的足迹，例如尧、舜、禹的部落，秦、赵氏族祖先伯益的部落，以及楚人祖先颛顼和祝融的部落，等等。然而由于这里处于中国中部太行山与东部泰山两个高地之间的平原低洼的地势，又往往极易发生洪涝灾害，这就迫使人们要付出极大的艰辛来对付这种灾害，以解决低地人们的生存与发展问题。禹应该就是领导当地部落人群治理洪涝灾害的一位部落联合体的首领，或众多领导人们治理洪水的部落首领的集合性的人物。

  文献记载中的禹，原本也是一位勤于为民的社会"公仆"，孔子称他"卑宫室而尽力乎沟洫"（《论语·泰伯》），孟子说他为治水"八年于外，三过其门而不入"（《孟子·滕文公上》），韩非子更说他"身执耒臿，以为民先；股无胈，胫不生毛，虽臣虏之劳不苦于此矣"（《韩非子·五蠹》）。但是，由于治水需要长时间、大规模地集中人力物力，要对各部落人力物力进行调配、指挥和统一管理，在这个过程中，禹难免要利用联合体赋予自己的职权对各族邦施加更多的影响，甚或强制、干预。然而这样一来，就势必使原来较为松散而缺乏约束力的联合体发生性质的变化，促使联合体的领导机构发生权力集中的倾向，并逐渐凌驾于各个氏族部落之上，以致最终过渡到把各部落沦为自己臣属的具有专制主义性质的权力机构。而禹则因长期担任领导治水的职务，在众氏族部落中树立了自己及自己家族的权威，由原来的夏后氏（原称有崇氏）部落的首领，继任为部落联合体的首领，再发展成为君临众氏族部落之上的拥有世袭权力的夏代国家的君主。

根据史籍，禹之获得对部落联合体的支配，还得力于他指挥众部族结成的军队对敌对的三苗族进行的战争。这种以维护联合体共同利益为号召的战争，当然也有利于他集中联合体下属各个部落的人力物力，同时，由于战争的胜利，也有利于提高禹及其家族的威信。

现在，学术界普遍承认夏是我国文明社会出现的第一个王朝，同时也不否认禹治洪水在我国历史上造成的深远影响，然而在谈到夏代国家的形成时，不少人却不愿意把它与禹治洪水的事情联系起来。笔者认为，这则深入人心的古代传说的意义是不好被轻轻带过的。昔日考古兼古史学者童恩正先生说："虽然我们不同意卡尔·威特福格尔过分强调水利的重要性的意见，但是从大量的历史记载来看，中国的第一王朝——夏朝的建立，确实与水利有密切的关系。……从史实看来，中国国家权力的形成，极可能与防御和集体的水利事业有关，而与土地所有制没有直接的关系。"笔者认为童先生的分析是符合上述恩格斯论述的精神的。

这里恐怕还要回答一个学者可能提出的质疑：你上面说的，到底是中国古代阶级压迫关系产生的问题，还是国家产生的问题？这两个问题难道是可以混为一谈的吗？是的，对于中国早期国家而言，这两个问题确实可作为一个问题来加以认识。不仅对于中国，对于其他走的是恩格斯所指出的第一种统治与奴役关系产生路径的国家和地区来说，都可以这样认识。也就是说，恩格斯在《反杜林论》中所讲的，既是两种阶级压迫关系产生的道路，也是两种不同性质的国家产生的道路。尤其是对前一种阶级压迫关系产生路径的分析，这样的意思更为明显。他说这些地方原始农业公社中为维护某种共同利益而设立的职位"被赋予了某种全权，这是国家权力的萌芽"，说由社会"公仆"变成的社会"主人"们结成为一个统治阶级，这种统治属于"政治统治"，都可以理解为是在讲这些地方国家形成的问题，当然也是在讲这些地方阶级关系形成的过程。直到 1890 年，恩格斯在致康·施米特的一封信中还说："社会产生它不能缺少的某些共同职能。被指定去执行这种职能的人，形成社会内部分工的一个新部门。这样，他们也获得了同授权给他们的人相对立的特殊利益，他们同这些人相对立而独立起来，于是就出现了国家。"① 可见，恩格斯一直坚持自己的观点，即原始公社某些社会职能的执行者可以通过自己权力的"独立化"变成与社会相对立的统治者集团，同时导致国家的出现。实际上，恩格斯的这个论断正好点到了古代中国乃至整个古代东方社会形态的一个要害，即它们的亚细亚生产方式的特征。

三、夏商周三代的社会形态问题

迄至今日，在从事古史研究的学者中，认为中国古代有过一个奴隶社会的人可以说是越来越少了。因为史实表明，在整个中国上古及古代初期，作为社会主要生产者的广大贫苦百姓，无论是商代的"众人"，还是西周春秋时期的"庶人"，乃至战国秦汉时期的编户小农及小手工业者，都不是什么奴隶。中国古史学界的这个倾向连史学界以外一些从事历史唯物主义哲学研究的学者也不得不认真面对了，但是他们却仍然坚持所谓"五种社会形态"的依次演进是人类社会发展的规律。我想这

---

① 《马克思恩格斯选集》第 4 卷，第 609 页。

些先生的坚持是持续不了多久的，因为他们的观点不符合历史发展的逻辑。他们忘记了古代中国属于人类少数几个早期原生的文明，忘记了我们的文明是在东亚这片广阔的地域自然生长发育起来的，并在以后的历史发展中未曾中绝，因而我们的道路很大程度上便反映了人类社会发展的规律。如果说中国古代未曾经历过奴隶社会，那就很难说"五种社会形态"的依次演进是人类历史发展的规律。实际上，中国古代文明发展的道路并不特殊，世界许多文明民族走的都是如同中国这样的发展道路，倒是经历了奴隶社会的古希腊罗马那段时期的历史有点"特殊"。

鉴于这种情况，目前一些仍旧致力于中国早期国家即三代社会形态研究的学者已不再停留在这个时期是否奴隶社会的争论上了，大家所关心的，乃是用一个什么样合适的政治经济学术语来给三代社会重新定性。据笔者了解，学者们已经给出了多种有关三代社会形态的新说，有将它归于马克思所说的亚细亚社会形态的，有将它归入封建社会的，也有称之为"世袭社会"的。在笔者前一段时间参与其事的《中国大通史》的写作班子中，"导言"部分的作者径称中国的三代为"宗法集耕型家国同构的农耕社会"。还有一些别的说法。这些，自然都表现了学者勇于探索的精神，不过也都多少有可商之处。这里只想对有较多人们采取的"封建社会"说发表一点看法。

笔者是不太赞成将夏商周三代说成是封建社会的。过去文献中屡见"封建"一词，指的是西周时期封邦建国的政治制度，与今天人们使用的作为一种社会经济形态的封建制度并不是一回事。马克思、恩格斯在谈到封建社会形态时，总是着力强调它的两个主要特征：一是封建的土地等级所有制，一是封建农奴制。前者即是人们经常提到的封建采邑制。恩格斯说："采邑关系，即分封土地以取得一定的服役和贡赋"，乃是"整个封建经济的基本关系"①。我国三代贵族对土地的占有，实际上是氏族组织内部各级贵族按照宗法血缘关系对族内财产分等级占有的结果，与土地的封授并没有太大的关系。即使在西周，各级贵族之间亦主要是血缘宗法关系，与通过土地封授而建立起来的封臣与封君相互之间的权利与义务关系并不能同日而语。众所周知，西周的宗法制乃是建立在周天子作为姬周族的最高宗主同时拥有对天下土地人民最高所有权和统治权的基础之上的，而马克思说："封建主义一开始就同宗法式的君主制对立。"②这难道不应当引起我们深思吗？

至于农奴制度，就更非三代的"众人"或庶人的劳动可比了。文献记载商代"众人"和西周庶人的劳动都属于集体劳动的性质，并非中世纪农奴在份地上从事的个体劳作。说到贵族对"众人"、庶人的剥削方式"助"法，笔者认为亦不必将它解释为劳动地租，而应是一种氏族贵族对族内下层民众的役使方式（或可称为"族长役使制"），尽管这种役使带有徭役剥削的性质，却是氏族贵族在祭祀共同祖先的名义下进行的。作为氏族下层的"众人"或庶人对本宗贵族的依附关系也是有的（如《诗经·豳风·七月》所示），但却与欧洲中世纪的农奴对农奴主的隶属关系有本质的区别，因为农奴主与农奴之间不存在血缘上的同族关系。农奴主对农奴实行的是一种人身占有，农奴对农奴主来说只是"土地的附属品"，可以被买卖和转让；三代"众人"和庶人作为与贵族同族的普通族众，则仍然享有某种政治上的权利，如充当本族的族兵、参

---

① 《马克思恩格斯全集》第21卷，人民出版社1979年版，第453、457页。
② 《马克思恩格斯全集》第4卷，第176页。

与本族的祭祀活动及议政等，这些都表现了三代社会不同于欧洲封建社会形态的性质。

那么，把三代归入亚细亚生产方式的社会有何不可呢？按照马克思的东方理论，我国继原始社会以后的社会形态就应该是亚细亚生产方式。从原则上讲，把三代归入亚细亚生产方式的社会是没有什么问题的。马克思、恩格斯有关亚细亚社会形态的理论总的说来是有充分依据的，也是我们观察包括中国在内的古代东方不同于欧洲社会发展道路的一个锐利的思想武器。笔者只是顾虑到，按照马克思、恩格斯的说法，亚细亚生产方式在整个东方延续了十分长久的时间，不仅产生时间早，以后又与西欧所经历的奴隶社会、封建社会并行，一直持续到近代资本主义产生以前，这样长的时间，东方社会不能说没有一点变化，因而我们是否可以给这几千年的东方社会的历史划分一下阶段，以示其在同一个亚细亚社会形态下前后不同的特征。拿古代中国来说，战国前后社会就有不小的变化，此实为学界同仁所公认，那么我们便也应当为几千年的中国历史作一些适当的阶段划分。

笔者曾经设想将夏商周三代（包括春秋）称为早期亚细亚社会，这是基于笔者曾经提出的一个观点，即我国战国时期才开始具备典型的亚细亚生产方式的特征[①]。既然如此，夏商周三代便只能说蕴含了某些亚细亚生产方式的因素，或它的某些不发达的特征。一些国际人类学者也有类似的看法，如苏联学者A.M.哈赞诺夫就明确表示过，从许多方面来看，早期国家是亚细亚社会直接的前身，只不过比较不发

---

① 沈长云：《亚细亚生产方式在中国的产生及相关历史问题》，《天津社会科学》1991年第2期。

达罢了①。看来,我们能为这个"早期亚细亚社会"找到一个适当的概括就最好了。

经过反复思考,笔者还是认为过去南开大学著名史学家雷海宗先生给出的解答最为合理。他在否定世界历史上存在过一个奴隶社会的同时,提出将上古前期出现的最早一批古国的时代归结为铜器时代,并提出是否可以将这个时期称作"部民社会"。他说铜器时代亦即部民社会的特征是:生产力较为低下,主要的生产工具——农具仍以木石为主,剩余产品极为有限;由宗法关系所维系的氏族公社仍然完整;土地在理论上为各公社所有,实际则掌握在各家族之手,由家长主持;农民的身份是自由的或半自由的"部民";国家规模相对较大,并往往呈现出一种原始的专制主义。应当说,雷先生对"部民社会"的解释,基本上是符合我国三代社会的实际的。至于"部民"一词,也源自我国古籍。现在我国研习先秦古史的学者一般称夏商周普通的社会成员为"族众",实际上,"族众"就是"部民","部民社会"一词可以说较好地概括了三代社会最基本的人群结构的性质。

当然,我们还有必要补充说明雷先生对于自己所提出的"部民社会"与马克思提出的亚细亚生产方式二者关系的考虑。他说:"马克思称铜器时代为亚细亚生产方式的阶段。我们认为马克思的判断,在一百年后的今天也没有理由予以怀疑,新资料的积累只足以更加强马克思的判断,唯一的问题是名称的问题。我们今天知道这是普遍全世界的一个大时代,并非亚洲所独有。仍用马克思的原名而予以新的解释,也无不可。但如

---

① 〔苏联〕A.M. 哈赞诺夫:《关于早期国家研究的一些理论问题》,《古代世界城邦问题译文集》,时事出版社 1985 年版,第 280 页。

可能，最好是另定新名。""中国历史上有'部民'一词，指的是半自由身分的人民。日本在由原始社会向阶级社会转化时，借用了中国这个名词，称呼当时日本社会中由氏族成员转变出来的一种半自由身分的人民。我们是否可以考虑称铜器时代为'部民社会'？"① 可见，雷先生是拥护马克思的亚细亚生产方式的理论的，他之所以要给这个时期的古代中国及亚洲社会形态起一个新名，实是出于"亚细亚生产方式"非亚洲所独有，而"部民社会"一名更适合古代亚洲暨古代中国这样一种考虑。不难看出，雷先生与我们的想法是十分接近的，我们采用雷先生的"部民社会"的概念来为夏商周三代社会定性，似乎也更加顺理成章。

（原载《文史哲》2014 年第 5 期）

---

① 雷海宗:《世界史分期与上古中古史中的一些问题》,《历史教学》1957 年第 7 期。

郡县制时代

—— 由权力建构与社会控制论秦至清的社会性质

李若晖

在由秦至清的漫长历史中，中国社会始终处在两种政治—经济形态的此消彼长之中：一是国家权力直接统治原子化的个体臣民；一是大量人口沦为世家大族或地主的私属。相应地，中央集权对内控制的主要障碍就是地方与宗族势力的膨胀。国家机器为了有效地控制社会而独占全国土地支配权，并竭力将臣民束缚在土地上；流官制的确立与科举制的推行，使国家权力深入宗族内部，最终迫使宗族必须依附于国家权力来保持地位；由平民组成的军队完全置于国家权力掌握之中，确保了专制权力下的全民身份平等。由此，最高权力与个体臣民之间的一切中间力量被扫荡殆尽，从而缔造出一个强大到极点的君主，一个萎缩到极点的社会，以及一个个沉默到极点的奴仆化个体。而这三者赖以实现的行政体制，就是郡县制。因此，郡县制构成了中国秦至清两千余年间的基本社会关系。先秦时期的封建制社会是以血缘关系划分民众并建构国家权力，秦至清的郡县制社会则是以地缘关系划分民众并建构国家权力。

一、由礼法之别观周秦之变

《汉书》虽系东汉班固所撰,但卷三十《艺文志》实本于西汉刘向刘歆父子的《七略》,该篇六略之序及下各家小序,皆源自向歆父子《辑略》①。其中《诸子略》法家小序一篇,事关周秦以来华夏数千年格局之演变,今析论如下。其言曰:

> 法家者流,盖出于理官。信赏必罚,以辅礼制。《易》曰:"先王以明罚饬法。"此其所长也。及刻者为之,则无教化,去仁爱,专任刑法,而欲以致治。至于残害至亲,伤恩薄厚。

此论以法为法家所独擅,而"仁爱教化"即指儒家之礼制。所谓不可"专任刑法",也就是说不可使法家执国柄。为国必本于礼制,而以法家为辅,此固儒门之通义。可见该序核心,即基于儒学立场,讨论礼法关系:最劣者乃专任刑法,荡绝仁爱;最佳者为以法辅礼。由史实言之,最劣者即秦之暴政,此实汉儒过秦之论,一以贯之。最佳者则当日之汉制,礼主法辅。处于其间者,一为纯任礼制之姬周,一为法主礼辅之六国。由此,这篇法家小序所论,实际上总括了千年礼法之陵替:理官本为周礼职官之一,亦即刑罚本为礼制的一部分。春秋末年晋郑铸刑鼎,成文法颁布,法独立于礼,并开始对礼制进行破坏,直至秦政的弃

---

① 参见余嘉锡:《目录学发微》,台湾艺文印书馆 1987 年版,第 59—61 页。

绝礼义。汉兴以来儒学对于法家的驯化，最终奠定以法辅礼的格局。

无疑，此篇之中最为重要的关键词，便是"辅"字。"辅"是一个动词，这里表述一种关系。要构成一个关系，必须有二者。二者如何可能？换句话说，就是这二者如何区分？"区分"这个概念本身不构成任何实际的区分，于是我们必须回到文本，找到有待区分的真实对象——"礼"、"法"。二者能够构成区分，在于其间有共同的基础。瞿同祖先生认为："儒家法家都以维持社会秩序为目的，其分别只在他们对于社会秩序的看法和达到这种理想的方法。"[①] 达到各自理想的方法，即是儒家之礼和法家之法。那么，"礼"和"法"的区分何在？瞿先生认为：

> 儒家着重于贵贱、尊卑、长幼、亲疏之"异"，故不能不以富于差异性，内容繁杂的，因人而异的，个别的行为规范——礼——为维持社会秩序的工具，而反对归于一的法。法家欲以同一的，单纯的法律，约束全国人民，着重于"同"，故主张法治，反对因贵贱、尊卑、长幼、亲疏而异其施的礼。两家出发点不同，结论自异。礼治法治只是儒法两家为了达到其不同的理想社会秩序所用的不同工具。[②]

瞿先生以有等差之"异"与无等差之"同"分别概括"礼"与"法"，并以等差之有无为"礼"、"法"之区分。单纯从逻辑上来看，的确是

---

① 瞿同祖：《中国法律与中国社会》，中华书局2003年版，第292页。
② 瞿同祖：《中国法律与中国社会》，第309页。

很完美的。但从经验事实来说，则期期以为不可。儒家的核心价值为"仁"，"仁"是经由"礼"来实现的。《论语·颜渊》云：

> 颜渊问仁，子曰："克己复礼为仁。一日克己复礼，天下归仁焉。为仁由己，而由人乎哉？"颜渊曰："请问其目。"子曰："非礼勿视，非礼勿听，非礼勿言，非礼勿动。"颜渊曰："回虽不敏，请事斯语矣。"

所以刘丰先生归结为"仁内礼外"①，谭承耕先生亦谓"仁"是"礼"的内容，"礼"是"仁"的形式②。《论语·颜渊》又云："樊迟问仁，子曰：'爱人。'"③但儒家既以礼行仁，必然导致爱有等差④。因此，若去除"礼—仁爱"之等差，所得到的并非"法"，而是墨家的"兼爱"。《墨子·兼爱中》："视人之国若视其国，视人之家若视其家，视人之身若视其身。"所以《墨子·非儒下》批评儒者"言亲疏尊卑之异"。孟子则批评墨者夷之曰："天之生物也，使之一本，而夷子二本故也。"（《孟子·滕文公上》）甚且直斥"杨氏为我，是无君也。墨氏兼爱，是无父也。无父无君，是禽兽也"（《孟子·滕文公下》）。荀子也不满墨家"僈差等，曾不足以容辨异，县君臣"（《荀子·非十二子》）。瞿先生固然引用了法家"同一精神"的论述，如商鞅云："所谓一刑者，刑无等

---

① 刘丰：《先秦礼学思想与社会的整合》，中国人民大学出版社 2006 年版，第 121—122 页。
② 谭承耕：《〈论语〉〈孟子〉研究》，湖南教育出版社 1990 年版，第 30—31 页。
③ 李泽厚先生《孔王再评价》认为这句话标明了仁的基础。见氏著：《中国古代思想史论》，安徽文艺出版社 1994 年版，第 22 页。
④ 费孝通《乡土中国》（生活·读书·新知三联书店 1985 年版）称之为"差序格局"，参见第 21—28 页。

级,自卿相、将军以至大夫、庶人有不从王令犯国禁乱上制者,罪死不赦。"(《商君书·赏刑》)韩非子云:"法不阿贵,绳不挠曲,法之所加,智者弗能辞,勇者弗敢争,刑过不避大臣,赏善不遗匹夫。"(《韩非子·有度》)然而正如栗劲先生所说:"法家虽然标榜'刑无等级',但是,这仅仅指的是适用法律,而所适用的法律的内容却仍然是有等级的。"① 也就是说,瞿先生混淆了立法平等和司法平等。立法平等是指法律不是按照某一社会集团的特殊利益和意志制定(这是立法不平等),而是按照全体社会成员的利益和意志制定的。显然,法家之法只能是立法不平等的。如商鞅之军功爵制就规定:"明尊卑爵秩等级,各以差次名田宅、臣妾衣服以家次。"(《史记·商君列传》)此即立法不平等。杜正胜先生即明言:"秦爵与封建爵位互有异同,它们各给当时社会树立一套身份制度。""商鞅虽然开创一个新社会,他并不要打破阶级制度,只想改变封建阶级的内容而已。"② 所谓"刑无等级"、"法不阿贵",是指的司法平等,亦即所有人都必须遵守法律,如有违犯,都要受到法律所规定的处罚。如果从司法平等的角度看礼,恰恰是违反礼制规定,无论何人都会受到舆论的指责。《论语·述而》:"陈司败问:'昭公知礼乎?'孔子曰:'知礼。'孔子退,揖巫马期而进之,曰:'吾闻君子不党,君子亦党乎?君取于吴,为同姓,谓之吴孟子。君而知礼,孰不知礼?'巫马期以告。子曰:'丘也幸,苟有过,人必知之。'"国君违礼,同样受到指责,这样说来,又何尝不是遵礼之平等呢?童书业先生即指出,春秋时伦理观念与后世不同:

---

① 栗劲:《秦律通论》,山东人民出版社1985年版,第121页。
② 杜正胜:《编户齐民:传统政治社会结构之形成》,台湾联经出版事业有限公司1990年版,第333、335页。

郡县制时代
——由权力建构与社会控制论秦至清的社会性质

左氏书在"忠"、"节"二德上,大体尚合春秋及战国初期人之观念。如"弑君"之赵盾,左氏引孔子语竟评为"古之良大夫"(宣二年),又称之为"忠"(成八年)。春秋初年,周、郑交质,左氏载"君子曰"仅谓:"信不由中,质无益也……君子结二国之信,行之以礼,又焉用质?"于"挟天子以令诸侯"、抗击王师、"射王中肩"之郑庄公,则赞扬备至。陈大夫泄冶因谏陈灵公"宣淫"而被杀,左氏引孔子评之曰:"《诗》云:民之多辟,无自立辟。其泄冶之谓乎!"(宣九年《传》)反以为泄冶多事当死。此皆春秋时人之伦理观念与后世大有不同者。左氏"凡例"竟言:"凡弑君称君,君无道也;称臣,臣之罪也。"(宣四年)"郑公子归生弑其君夷",书法曰:"权不足也。"并引君子曰:"仁而不武,……""宋人弑其君杵臼",书法曰:"君无道也"(文十六年)。此类思想皆属早期儒家之思想,孟子以后即基本上不可见。①

论者或谓在刑罚方面,《周礼》有"八议"之条。但是法家也有以爵抵罪的法令。如张金光先生即指出秦简《司空律》规定:"公士以下居赎刑罪、死罪者,居于城旦舂,毋赤其衣,勿枸椟欙杕。"这是对有爵犯事者的优待。又《游士律》规定:"有为故秦人出,上造以上为鬼薪,公士以下刑为城旦。"这是爵位不同,虽同罪而亦不同罚②。

关于"礼"、"法"之别,费孝通则有另一种看法:

---

① 童书业:《春秋左传研究》(校订本),中华书局2006年版,第245页。
② 张金光:《秦制研究》,上海古籍出版社2004年版,第756页。

> 礼是社会公认合式的行为规范。合于礼的就是说这些行为是做得对的，对是合式的意思。如果单从行为规范一点说，本和法律无异，法律也是一种行为规范。礼和法不相同的地方是维持规范的力量。法律是靠国家的权力来推行的。"国家"是指政治的权力，在现代国家没有形成前，部落也是政治权力。而礼却不需要这有形的权力机构来维持。维持礼这种规范的是传统。①

费先生指出"礼"是靠传统来维持，"法"是靠政治权力来维持，亦即二者之别是赖以维持的权力不同。但从逻辑的角度看，费先生在此只是将有待区别的二者作了替换，并未真正告诉我们二者之区分为何。因此我们可以接着问：传统和政治权力的区分又是什么呢？费先生还有进一步的说明：

> 礼并不是靠一个外在的权力来推行的，而是从教化中养成了个人的敬畏之感，使人服膺；人服礼是主动的。……法律是从外限制人的，不守法所得到的罚是由特定的权力所加之于个人的。人可以逃避法网，逃得脱还可以自己骄傲、得意。道德是社会舆论所维持的，做了不道德的事，见不得人，那是不好；受人吐弃，是耻。礼则有甚于道德；如果失礼，不但不好，而且不对、不合、不成。这是个人习惯所维持的。十目所视，十手所指的，即是在没有人的地方也会不能自己。②

---

① 费孝通：《乡土中国》，第50页。
② 费孝通：《乡土中国》，第52页。

一言以蔽之,"礼"与"法"的区别即在于强制力的有无①。一般认为,强制力"是指在人际之间的交往过程中,双方中的任何一方为强迫对方服从于己方的意志所使用的力量。强制力的实质是在违背对方意愿的情况下,单方面的强加行为。从其表现形式来说,强制力不是精神力量,而是一种物理力量"②。强制力的实质即在于以暴力手段违背他人意愿。于是,它显现的前提条件就是作为对象的人具有意愿。然而,法作为社会规范违背人们的意愿建构社会好理解,礼怎样顺从意愿建构社会呢?

二、周"礼":自然秩序

西周后期逆钟言,叔氏命逆"用摄于公室仆庸臣妾、小子室家",裘锡圭先生据以得出,"叔氏命家臣管理'小子室家',正是'族长操纵家族的全部财产权'的反映"。他进而指出,结合古代典籍和铜器铭文来看,在典型的宗法制度下,不但小家之长(一般是父亲)和小宗之长是全家和整个小宗之族的财产的支配者,大宗宗子也是整个宗族的财产的支配者。在宗法制度下,君统和宗统实际上是合一的。周天子是天

---

① 有人会质疑难道礼就没有包含强制的内容,或者说法就没有包含不强制的内容吗?在经验之中,的确可以在礼里面找到带有强制性的内容。比如说礼有具体的仪式,仪式本身的执行不允许自由发挥,任意行礼。这当然是强制,但这不是礼的根本。礼的一套仪式虽然带有强制性,但它本身不是为了强制力而设计的。整体而言,法就是为了强制他人才制定的。任何一套哪怕再自由的规范,都必然带有强制性。否则岂不是所有的东西都是法了,也就等于说任何东西都没有区别了?同样的,"礼之用,和为贵"。礼是为了人伦关系的和谐而制定的。但礼一旦制定出来,当然对身处其中的人是有制约的,这强制力不是主观制造的,而是客观形成的。

② 李晓明:《非强制行政论》,吉林人民出版社2005年版,第2页。

下的大宗,也可以说是地位最高的宗子。在名义上,全国的土地和人都归他所有,即所谓"溥天之下,莫非王土;率土之滨,莫非王臣"(《诗经·小雅·北山》)。侯外庐先生《中国古代社会史论》认为周代宗法制度下的所有制"不但土地是国有形态(贵族宗子所有),生产者也是国有形态"。宗子指宗族之长,周王就是全国最高的宗子,把贵族内部各级宗子对财产的支配权歪曲地表现出来的贵族宗族共有(这种共有不消说是很不完整的)称为"贵族宗子所有",应该说是比较妥当的。裘锡圭先生还认为,宗子对宗族财产的支配权,跟一般的私人所有权是有本质区别的。宗子是以全宗族代表的身份来支配宗族财产的。"庇族"、"收族"对宗子来说不仅是一种美德,且是必须承担的义务。李亚农在《中国封建领主制和地主制》中说:"卿大夫的采邑……非他一个人所能独享,他还负担着养活全族的责任。……他必须把他所得的土地,再分给奉他为大宗的小宗们。"这是很正确的。实际上,宗子对宗族财产的支配权歪曲地反映了宗族的财产关系。所以宗子的室家就是"公室","入于公"跟交给宗子支配也是一回事。侯外庐等所著《中国思想通史》第一卷说:"在宗法政治之下,西周贵族阶级的代表人物是公子公孙。古'公'字不是指公私之公,而指公族之公……。"其实在贵族宗族内部,这两种"公"是统一的①。裘先生另文指出,在宗法制度下,统治者可以把全国各宗族的人都看作自己的亲属。《尚书·吕刑》的"族姓",显然不仅是指王族的族人而言的。《国语·越语上》说勾践"栖于会稽之上"时号令三军曰:"凡我父兄昆弟及国子姓,有能助寡人

---

① 以上参见裘锡圭:《从几件周代铜器铭文看宗法制度下的所有制》,载吴荣曾编:《尽心集》,中国社会科学出版社 1996 年版,第 127—136 页。

谋而退吴者，吾与之共知越国之政。"这里所说的"我父兄昆弟及国子姓"，甚至包括了越国国都里的全部国人。所以"百姓"一称既可以指本族族人，也可以泛指全国各宗族的族人，也就是整个统治阶级，是一点儿也不奇怪的①。孙曜先生论宗族观念有云："封建制度，本系由家族关系扩大而成。当时所谓国，所谓天下，皆不过一大家庭耳。……盖宗法社会决无人权之可言。无论何人，只认其为族中之一分子，而不认其个人人格之存在。……故个人之人格，即隐于全族之内。个人对外之行为，全族常代为负责。观左氏所记灭族之事，所在皆有。"②因此，周代的权力建构和社会控制实际上是通过严格到僵化的等级制度来实现的。周礼等级制度包含两个方面：一是世官制。沈文倬先生尝言：周礼"爵可世袭，官是否随之世袭？史书虽无明确记载，而西周鼎彝铭文中，授官时常有'更乃祖（或考）司某事'，更读为赓，训'续也'。据此而知，宗周存在过世官制度。学者是子或孙，教者是父或祖，这使教、学更为方便……世官制度在西周曾实行过——不仅显要的冢宰司徒，还有一般属吏的左右走马。而且，某些学术或技能较强的职位，将被某氏所独擅，史某、师某这种世官将非他姓所能问津，世官也有可能成为世学呢！"③钱宗范先生也认为："贵族世世代代继承上一代的职位，固定做其一种官，也就是说一种官职永远由其一族的族长来承担，这一族的成员也世代从事族长所管理的某一种职业。以谓'学在王官''官有世功，则有官族'，即指此类的世官。"④《周礼·地官·大司徒》施十有二

---

① 裘锡圭：《关于商代的宗族组织与贵族和平民两个阶级的初步研究》，《古代文史研究新探》，江苏古籍出版社1992年版，第314—315页。
② 孙曜：《春秋时代之世族》，中华书局1936年版，第35—36页。
③ 沈文倬：《略论宗周王官之学》，《菿闇文存》，商务印书馆2006年版，第436页。
④ 钱宗范：《西周春秋时代的世禄世官制度及其破坏》，《中国史研究》1989年第3期。

教,"十曰以世事教能,则民不失职"。郑玄注:"世事,谓士农工商之事,少而习焉,其心安焉,因教以能,不易其业。"贾公彦疏:"父祖所为之业,子孙述而行之,不失本职,故云以世事教能,则民不失职也。"《周礼·冬官考工记·总叙》:"巧者述之,守之世,谓之工。"郑玄注:"父子世以相教。"又五材之工下,郑玄注:"其曰某人者,以其事名官也。其曰某氏者,官有世功,若族有世业,以氏名官者也。"贾公彦疏:"其曰某氏者,其义有二:一者,官有世功,则以官为氏,若韦氏、裘氏、冶氏之类是也;二者,族有世业,以氏名官,若凫氏、栗氏之等是也。"《左传·隐公八年》:"官有世功,则有官族,邑亦如之。"杜预注:"谓取其旧官、旧邑之称以为族。皆禀之时君。"《左传·僖公九年》:"宋襄公即位,以公子目夷为仁,使为左师以听政,于是宋治。故鱼氏世为左师。"杜预注:"子鱼之后,以王父字为氏,曰鱼氏。其后子孙,世为左师之官。"《左传·襄公十年》:"子孔当国,为载书以位序听政辟。"杜预注:"自群卿诸司,各守其职位以受执政之法,不得与朝政。"孔疏引服虔曰:"郑旧世卿,父死子代。今子孔欲擅改之,使以次先为士、大夫,乃至卿也。"据服虔之说,子孔的改革实际上触动了周礼等级制度的第二点,也是更为关键的一点,即等级层次的不可变更。《左传·昭公七年》载楚申无宇曰:"天有十日,人有十等,下所以事上,上所以共神也。故王臣公,公臣大夫,大夫臣士,士臣皂,皂臣舆,舆臣隶,隶臣僚,僚臣仆,仆臣台。马有圉,牛有牧,以待百事。"襄公九年,楚子囊曰:"晋君类能而使之。……其卿让于善,其大夫不失守,其士竞于教,其庶人力于农穑,商工皂隶,不知迁业。"《左传·隐公三年》载石碏有谓"夫贱妨贵,少陵长,远间亲,新间旧,小加大,淫破义,所谓六逆也"。《左传·成公二年》:

新筑人仲叔于奚救孙桓子，桓子是以免。

既，卫人赏之以邑，辞，请曲县、繁缨以朝。许之。仲尼闻之曰："惜也，不如多与之邑。唯器与名，不可以假人，君之所司也。名以出信，信以守器，器以藏礼，礼以行义，义以生利，利以平民，政之大节也。若以假人，与人政也。政亡，则国家从之，弗可止也已。"

反之，据《左传·僖公二十五年》，晋文公请隧，襄王弗许，曰："王章也。未有代德，而有二王，亦叔父之所恶也。"许倬云先生在考察了西周墓葬习俗后得出："严整的封建等级化及其礼仪，在西周中叶以后已渐渐发展成形。墓葬习俗即反映这种制度化的等级。……规整的礼仪也代表统治阶层内部秩序的固定，使成员间的权利与义务有明白可知的规律可以遵循，减少了内部的竞争与冲突，增加了统治阶层本身的稳定性。相对的，统治阶层也为了安定而牺牲其灵活适应能力。"① 此即《新书·阶级》所言："古者圣王制为列等，内有公卿大夫士，外有公侯伯子男，然后有官师、小吏，施及庶人。等级分明而天子加焉，故其尊不可及也。"相应地，礼也逐渐成为"规范、衡量人的行为的正义原则"②。因此在周礼体系中，反对使用暴力，强调以德服人，对中华民族造成了深远的影响。如《左传·庄公八年》，庄公不许伐齐师，曰："不可，我实不德，齐师何罪？罪我之由，《夏书》曰，皋陶迈种德，德乃降。姑务修德以待时乎！"可见"礼"正是从正面规定了君子之修养，并由此建构了国家权力与社会控制。此正王

---

① 许倬云：《西周史》，生活·读书·新知三联书店1994年版，第162—165页。
② 陈来：《古代思想文化的世界》，生活·读书·新知三联书店2002年版，第213页。

静安所论:"欲观周之所以定天下,必自其制度始矣。……此数者皆周所以纲纪天下,其旨则在纳上下于道德而合天子诸侯卿大夫士庶民以成一道德之团体。周公制作之本意实在于此。"① 费孝通先生也说:"礼并不是靠一个外在的权力来推行的,而是从教化中养成了个人的敬畏之感,使人服膺;人服礼是主动的。礼是可以为人所好的,所谓'富而好礼'。"②

但周礼体系到了西周后期却渐渐难以为继了。李峰先生指出,周王与供职于中央政府的贵族官员们的关系只能用"恩惠换忠诚"这样的交易来形容。当西周早期的大扩张结束后,中央政府持续的土地赏赐政策在一点点地抽干王室财富的同时,也导致渭河谷地贵族阶层的力量一天天膨胀。由于土地无法再生,周王向官员分发的土地越多,他继续这么做下去的可能性就会越小。在这场游戏中,自杀式的政府运转注定周王将成为失败的一方。至西周晚期,西周国家中两对最基本的关系——中央王室与地方封国、王权与贵族力量——中,周王丧失了自己的控制力,西周国家的基础自然也不复存在③。西周晚期厉宣诸王曾希望力挽狂澜,重振声威。《国语·周语下》载周太子晋谏灵王曰:

> 自我先王厉宣幽平而贪天,祸至于今未弭。……自后稷之始基靖民,十五王而文始平之,十八王而康克安之,其难也如是。厉

---

① 王国维:《观堂集林》卷十《殷周制度论》,《王国维遗书》第一册,上海书店出版社 1983 年版,第 467—468 页。
② 费孝通:《乡土中国》,第 52 页。
③ 李峰著,徐峰译:《西周的灭亡:中国早期国家的地理和政治危机》,上海古籍出版社 2007 年版,第 162—163 页。

始革典,十四王矣。

韦昭注:"革,更也。典,法也。厉王无道,变更周法,至今灵王十四王也。"可见厉王确有重大改革。但书缺有间,传世文献仅见《国语·周语》所载二事。《国语·周语上》:

> 厉王说荣夷公。芮良夫曰:"王室其将卑乎!夫荣夷公,好专利而不知大难。夫利,百物之所生也,天地之所载也,而或专之,其害多矣!天地百物,皆将取焉,胡可专也!所怒甚多,而不备大难,以是教王,王能久乎!夫王人者,将导利而布之上下者也,使神人百物无不得其极,犹日怵惕,惧怨之来也。故《颂》曰,思文后稷,克配彼天。立我烝民,莫匪尔极。《大雅》曰,陈锡载周。是不布利而惧难乎,故能载周以至于今。今王学专利,其可乎?匹夫专利,犹谓之盗,王而行之,其归鲜矣!荣公若用,周必败!"既,荣公为卿士,诸侯不享,王流于彘。

许倬云先生论曰,厉王的罪名,"专利"一项,《国语》本文并无正面交代。但细玩文义,有数点可以析出。第一,利大约指天然资源,是以谓之"百物之所生","天地之所载"。第二,利须上下均沾,是以王人"将导利而布之上下"。第三,荣夷公专利的结果,是"诸侯不享"。厉王之时,西周王室颇有紧迫的情形。外有国防需要,内有领主的割据。周室可以措手的财源,大约日渐减少。费用多,而资源少,专利云乎,也许只是悉索敝赋的另一面。这是时势造成的情况,厉王君臣未必应独任其咎。然而,这种情势,也意指封建领主间,那种宝塔式的层级分配制度，已濒临崩解了①。

　　正如赵伯雄先生所言，文献及金文材料表明，周王拥有对"天下"的统治权。这种统治权是至高无上的，至少在名义上，溥天之下谁都得承认天子的至尊地位。因此西周是拥有主权的政治实体。然而西周这种对天下的最高统治权仅行使到邦君这一层次（各邦的最高统治层），并不贯彻到社会结构的末端，所以这种统治权事实上有一部分被分割了，由天子分别授予了庶邦的邦君。所谓"授民授疆土"就是指这种统治权由天子到邦君的转移。而邦君一旦被赋予这种统治权，在领地之内就有相当大的独立性。事实上，邦君就是国家主权在这块领地上的体现者。这种情况可称作"主权的分散性"。一方面，存在着某种统治天下的最高权力；另一方面，这种最高权力又事实上被分割②。孙曜先生则指出诸侯内部诸侯之于卿大夫也是同样情形："盖世族于其封域以内，固俨然君也。其家臣及私属心目中，只知有家主，而不知有国君。此于秦以后之集权政体举全国之人心统于一尊者异其势，故重阶级，明分际，一毫不得紊乱。观楚无宇言人有十等，可见一斑。所言虽未必果为各国通行之制，然各国自诸侯以下有许多阶级，必为可信之事。名分之间，上尊下卑，虽属井然有序；然而神阻气阂，上下之间，划为若干段落，痛痒决不相关，真阶级制度之奇观矣。……以理度之，世族既多为各国之宗亲，国存与存，国亡与亡，宜乎对于国家有爱护之诚。然考之事实，适得其反，往往置本国利害存亡于不顾，楚之伍员其最著者也。……宗法社会不但个人人格不存在，即国家亦为宗族观念所笼罩。一班世族，但

---

① 许倬云：《西周史》，第307—308页。
② 赵伯雄：《周代国家形态研究》，湖南教育出版社1990年版，第94页。

知有宗而已，心目中无国家也。"①周王既以"天之宗子"的身份执掌大宝，那么从宗法制的角度来看，天下即当为宗族共有，王只是享有最高支配权而已。从现代财产权利的角度来看，绝对私人所有权"是排斥其他一切人的，只服从自己个人意志的领域"②。显然，宗法制度非但未为周王提供支配天下的绝对权力，而且恰恰对这种绝对权力进行了限制。因此，厉王之"专利"，正是要将原由宗族共同拥有的财产权利据为一己之私，排斥其他贵族的分有，使之"只服从自己个人意志"。换言之，厉王在中国历史上第一次追求财产权利的个人私有。这样一来，厉王必将亲手毁坏周天子统御天下的正当性基础，被破坏的意识形态在残缺了普遍真理一极之后，只余下赤裸裸的暴力。《国语·周语上》所载厉王弭谤，则是将王权凌驾于国人之上，以臣民为奴仆。当经济上的以天下为私产与政治上的以臣民为奴仆相结合，绝对的专制君权便呼之欲出了。但这绝对君权的胎体无法躁动于宗法封建的社会结构之中，厉王被流放，表明绝对君权与宗法封建制度已成为势不两立的仇敌。

面对春秋世族之祸，清儒顾栋高叹曰："世卿之祸，小者淫佚乱越法，陨世丧宗，或族大宠多，权逼主上，甚者厚施窃国，陈氏篡齐，三家分晋，故世卿之祸几与封建等。"③为什么连周天子都没能掌握绝对权力？因为他较之后世专制皇帝少了立法权。在世官体制下，天子虽然掌握了最大的权力，甚至也掌握了相当的立法权，但立法的立法权，或者

---

① 孙曜：《春秋时代之世族》，第32—38页。
② 马克思：《资本论》，人民出版社1975年版，第695页。
③ 顾栋高：《春秋列国卿大夫世系表序》，《春秋大事表》中册，中华书局1993年版，第1203页。

说任一法律的正当性,却是以世官制为基础的。某一职官的祖先,那个既是人更是神的传说人物,赋予了他的子孙掌管这一职守,包括相关律法的合理性与合法性。一言以蔽之,所有法律的立法权不为现世的任何人所掌握,它只属于祖先,或者作为祖先的神,哪怕王朝灭亡也难以改易,某一位具体的君主更无力剥夺,——这当然不是在否定某一具体的官员甚至家族被免职,但相对于所有职官构成的世官制来说,周天子也无力改变这一格局。成为世族衰落、专制兴起的关键者,即为"铸刑鼎"。即在诸侯国中,握有最高权力的人试图自行立法:

> 三月,郑人铸刑书。叔向使诒子产书,曰:"始吾有虞于子,今则已矣。昔先王议事以制,不为刑辟,惧民之有争心也。犹不可禁御,是故闲之以义,纠之以政,行之以礼,守之以信,奉之以仁;制为禄位,以劝其从;严断刑罚,以威其淫。惧其未也,故诲之以忠,耸之以行,教之以务,使之以和,临之以敬,莅之以强,断之以刚;犹求圣哲之上、明察之官、忠信之长、慈惠之师,民于是乎可任使也,而不生祸乱。民知有辟,则不忌于上。并有争心,以征于书,而徼幸以成之,弗可为矣。夏有乱政,而作《禹刑》;商有乱政,而作《汤刑》;周有乱政,而作《九刑》:三辟之兴,皆叔世也。今吾子相郑国,作封洫,立谤政,制参辟,铸刑书,将以靖民,不亦难乎?《诗》曰:'仪式刑文王之德,日靖四方。'又曰:'仪刑文王,万邦作孚。'如是,何辟之有?民知争端矣,将弃礼而征于书。锥刀之末,将尽争之。乱狱滋丰,贿赂并行。终子之世,郑其败乎?肸闻之,'国将亡,必多制',其此之谓乎!复书曰:'若吾子之言,侨不才,不能及子孙,吾以救世也。既不承命,

敢忘大惠！'"（《左传·昭公六年》）①

冬，晋赵鞅、荀寅帅师城汝滨，遂赋晋国一鼓铁，以铸刑鼎，著范宣子所为刑书焉。仲尼曰："晋其亡乎！失其度矣。夫晋国将守唐叔之所受法度，以经纬其民，卿大夫以序守之，民是以能尊其贵，贵是以能守其业。贵贱不愆，所谓度也。文公是以作执秩之官，为被庐之法，以为盟主。今弃是度也，而为刑鼎，民在鼎矣，何以尊贵？贵何业之守？贵贱无序，何以为国？且夫宣子之刑，夷之蒐也，晋国之乱制也，若之何以为法？"（《左传·昭公二十九年》）

近代以来，学者大都以西方法律史为参照，将铸刑鼎比附于古罗马之十二铜表法，以之作为中国成文法的颁布，视为历史进步的标志。秋风则一扫旧说，指出这是由"古典贵族共和"转向君主专制的关键一步：

> 在古典中国的政体中，法律的创制和解释之权，是一种与统治权并列、独立于统治权之外、另外拥有自己的来源的权力。这才是古典判例法的真正意义：统治的权力归君主，但发现和解释法律的权力却并不归君主。相反，法律由一个大体上世袭的贵族群体所保存和解释。正因为他们的权力独立于君王，因此，法律本身也就在君王的权力之外生长。因此，君王的权力是有限的，因为它缺乏

---

① 有学者引用《周礼·秋官·大司寇》悬法象魏之文，以为西周即已公布法律。邢义田先生《秦汉的律令学》一文认为："《周礼》所述或有所本，然更近于战国以降，法家诸子所鼓吹的公布法令的思想。春秋时代虽已有平民教育，然真能识字之一般庶人恐极有限。即使宪令公布，其条目似亦非一般小民能确切了解。春秋中晚期以后，平民教育渐发达，民智渐开，平民的权益不再是贵族可以任意轻重，公布成文刑书乃成必要与有意义的举动。"见邢义田：《秦汉史论稿》，台湾东大图书公司1987年版，第258页注39。

专制君主任意发布法律的权力。这正是古典贵族共和制下的宪政元素。而颁布成文法的郑、晋二国，已经出现了郡县制的雏形。从某种意义上说，封建与郡县制的区别，在政体上，实际上就表现为贵族共和制与君主制之间的区别。郡县制必然导致君主权力的无限加强。在这种君主制下，君主在掌握（并扩大）了统治权之外，又掌握了法律之权。这是君主专制的基本含义。因此，从一开始，成文法就是与君主专制同时出现的。如本书作者所指出的，成文法的理论支柱正是《管子·任法》篇中的一句话："生法者君也，守法者臣也。"法律不再由世袭的法律家群体所保存和解释，相反，它成为君主进行统治的一件工具。由郑晋两国实际掌握统治权力的人颁布成文法，不啻告诉臣民：你们必须服从统治者所颁布的法律，而且，只有统治者所颁布的成文条文才是真正的法律。①

如果"礼"是纳上下而成一道德团体以建构国家权力与社会控制，那么法是如何建构国家权力与社会控制的呢？

三、秦"法"：人为秩序

若说"礼"是从高端将人作为君子而提出"德"之要求，"法"则是从低端将人作为利欲之物而论证"刑"之必要。《韩非子·备内》："王良爱马，越王勾践爱人，为战与驰。医善吮人之伤，含人之血，非

---

① 秋风：《孔子反对铸刑鼎的宪政含义》，载陈明、朱汉民主编：《原道》第十辑，北京大学出版社 2005 年版，第 142—154 页。

骨肉之亲也,利所加也。故舆人成舆,则欲人之富贵;匠人成棺,则欲人之夭死也。非舆人仁而匠人贼也,人不贵则舆不售,人不死则棺不买,情非憎人也,利在人之死也。"所有人都基于利害,所有人都在算计。《韩非子·饰邪》:"君臣异心,君以计畜臣,臣以计事君。君臣之交计也,害身而利国,臣弗为也;富国而利臣,君不行也。臣之情,害身无利;君之情,害国无亲。君臣也者,以计合者也。"于是一切最终都是一场交易。《韩非子·难一》:"臣尽死力以与君市,君垂爵禄以与臣市。君臣之际,非父子之亲也,计数之所出也。"一句话,"他是把一切的人看成坏蛋的"①,因此必须以严刑峻法治国。

"法"既基于强制力,而强制力是以违背意志为前提。于是逻辑上必须有被违背的意志之外的一个意志存在,并由该意志来执行对于被违背意志之违背。该意志同时还必须掌握强制力,否则将无法达成对于他人意志之违背。具有这两个条件的人,在当时历史环境下,只能是君主。《管子·任法》:"夫法者,上之所以一民使下也。"君主既掌握强制力,于是同时也就是"法"的执掌者。也就是说,"法"是依据君主的意志与利益来制定,并体现和贯彻了君主的意志和利益。在先秦思想中,此一观念被表述为"君生法"。《管子·任法》:"圣君亦明其法而固守之,群臣修通辐凑以事其主,百姓辑睦听令道法以从其事。故曰:有生法,有守法,有法于法。夫生法者,君也;守法者,臣也;法于法者,民也。君臣上下贵贱皆从法,此谓为大治。"于是,君主也就高于法。虽然的确有要求君主也守法的声音,如《管子·法法》:"虽圣人能生法,不能废法而治国。"马王堆帛书《黄帝书·道法》:"故执道

---

① 郭沫若:《十批判书》,东方出版社1996年版,第390页。

者,生法而弗敢犯也,法立而弗敢废也。"但既然"权势者,人主之所独守也"(《管子·七臣七主》),"权者,君之所独制也"(《商君书·修权》),在现实中,实际上并没有任何政治力量可以制衡君主,客观上便造成君居法上的事实。《史记·商君列传》:"于是太子犯法。卫鞅曰:'法之不行,自上犯之。'将法太子。太子,嗣君也,不可施刑。刑其傅公子虔,黥其师公孙贾。"可见君主在刑罚之外。到了韩非更是明确主张:"为君不能禁下而自禁者谓之劫,不能饬下而自饬者谓之乱。"(《韩非子·难三》)《史记·张释之冯唐列传》载,文帝以惊跸者付廷尉,释之当罚金。文帝怒,释之曰:"法者天子所与天下公共也。今法如此,而更重之,是法不信于民也。且方其时,上使立诛之则已。今既下廷尉,廷尉,天下之平也,一倾而天下用法皆为轻重,民安所措其手足?唯陛下察之。"虽明确表示廷尉不可更法之轻重,但却无力约束君主法外施刑。汉酷吏杜周所谓"前主所是著为律,后主所是疏为令"(《史记·酷吏列传》),表述的正是"君主即法律"。其极致,便是"主独制于天下而无所制也"(《史记·李斯列传》),"人主无过举"(《史记·叔孙通列传》)。由此,君主便成为专制独裁君主,其政体也由分权体制变为中央集权体制。上引费孝通先生认为,礼基于传统,因而是自然性的社会规范。那么基于政治权力之强制力的法,是以君主为基点的,也就是说,法是人为制定的社会规范。于是周秦之变的核心,即由礼变为法,也就是社会规范由自然性变为人为制定。这一新的人为社会规范必须将整个社会重新组织,承担这一重任的政治制度,便是郡县制。

四、郡县制及其确立

　　法既然基于强制力,那么法得以成为新的社会规范就离不开强制力的保障。作为法之保障的强制力是由军队提供的,因此保证军队对于"君—法"的忠诚,亦即君主对国家武力的独占与独制便成为新的社会规范能否确立的关键。山东六国此前都实行过变法,但真正成功的却只有商鞅在秦的变法。因为只有商鞅变法真正做到了军队对于新法的彻底拥护。个中的奥秘,便是军功爵制。

　　杜正胜先生的研究表明,山东六国虽然也推行过军爵制,但这是"贵族的专利品,和一般士卒无关;性质更近封建之爵,而与秦国军功爵不类。文献所见,山东列国一般士卒的赐爵只有吴起一例。魏武侯时代,吴起为西河守,欲攻夺邻境秦亭,乃下令曰:'有能先登者,仕之国大夫,赐之上田宅。'(《韩非子·内储说上》)国大夫当是一种官爵,是否为系列爵等中的一环则不可考。此令应对所有士兵而言,但史籍仅此一见,吴起后来奔楚,他在魏亦未建立类似商君的等爵制度。山东列国鼓舞军队士气的方法与秦不同,原则上爵禄分途,有爵者虽有禄,有禄者不必有爵,爵施于官吏大臣,行伍士卒有功则只能赏禄而已。从先秦文献的记载来看,爵与禄的划分非常显著。"如《荀子·强国》:"古者明王之举大事立大功也,大事已博,大功已立,则君享其成,群臣享其功:士大夫益爵,官人益秩,庶人益禄。是以为善者劝,为不善者沮,上下一心,三军同力。"士大夫、官人、庶人与爵、秩、禄截然区分。杨倞注:"官人,群吏也。庶人,士卒也。秩、禄皆谓廪食也。"官人与士大夫、庶人相区分，盖约略相当于《礼记·王制》所谓"庶人在官者"，故而亦无爵可赏。《管子·立政九败解》亦以"射御勇力之士不厚禄，覆军杀将之臣不贵爵"对言。战国晚期韩割上党与秦，上党归赵。赵王派平原君接收，所予封赐为："请以三万户之都封太守，千户封县令，诸吏皆益爵三级，民能相集者赐家六金。"官吏益爵，平民赏金，截然分辨①。

  真正的平民获得爵位，应始于商鞅变法。《盐铁论·险固》："传曰，诸侯之有关梁，庶人之有爵禄，非升平之兴，盖自战国始也。""庶人之有爵禄"，正是指商鞅爵制而言。西嶋定生先生概括其意义为："作为荣誉的位阶制度扩展到了民间。"②在西嶋先生看来，爵制秩序就是国家秩序。以皇帝为中心，使所有的官吏庶民都参加到这个爵制秩序中来，人人都作为这一结构的成员而被安排到一定的位置上。也就是说，这一秩序结构与当时皇帝支配的结构是一致的。秦汉帝国基本的支配关系，是皇帝与人民的直接的支配、被支配关系，只有皇帝是支配者，所有的人都应有皇帝进行直接的或者是个别的人身支配；在皇帝权力之外再蓄有私权被看作是对国家秩序的阻碍。认为皇帝权力并不靠地方权力之媒介，却应贯通于族和家而及于每个人身之上。从而，在这个支配结构中，连看来像是直接与人民相接触、事实上掌有权力的官僚，也是分掌着皇帝的权力，没有皇帝的权力也就没有他们的权力了。这样，站在这个一元化统治结构的峰顶的皇帝，因而就是无上的掌权者；如果我们注

---

① 杜正胜：《编户齐民：传统政治社会结构之形成》，第383—392页。
② 〔日〕西嶋定生著，武尚清译：《中国古代帝国的形成与结构：二十等爵制研究》，中华书局2004年版，第112页。

意到这一点,则所谓专制君主一词,就是与此相当的①。概言之,"商鞅改革的目的就是为了建立一个能够对其全部人口实施总体控制的中央集权的科层制国家。建立这样一个国家的主要意图在于最大程度地从社会中汲取人力与物质资源以更有效率地进行战争"②。

与军功爵制相应的主要社会待遇,便是授田。此前,封建社会中,贵族建立宗族之本便是土地。刘师培《左庵集》卷二《释氏》曰:"《左传》隐八年云:'胙之土而命之氏',是氏即所居之土,无土则无氏。……未有无土而可称氏者也。《书·舜典》孔疏云:'颛顼以来。地为国号,而舜有天下,号曰有虞氏,是地名也。'此其确证。"③商鞅变法,军爵一级得"益田一顷,益宅九亩"(《商君书·境内》),正是通过军功赏爵授田,剥夺原封建贵族的土地,从而实现土地的普遍国有。张金光先生确凿地证明了,商鞅实行的田制改革,其实质就是土地国有化。他把立足于村社土地占有制基础上的多级分享同一块土地所有权的多层结构,简化为普遍国有与私人占有的二级结构。这主要是通过两种手段和渠道来完成的。一是取消分土而守的封侯、采邑制,代之以郡(商鞅变法时秦尚未设郡级)县制,并重新以新的军功"家次""名田宅"(《史记·商君列传》),并令宗室等无军功者不得属籍。秦自孝公以后,掣肘王权的特种贵族势力终难形成,以及大土地占有者不多,其根本原因就在于土地所有权高度集中在国家手里,强大的王权就是高度集中起来的土地所有权。二是在村社解体的大潮中,通过"集小乡

---

① 〔日〕西嶋定生著,武尚清译:《中国古代帝国的形成与结构:二十等爵制研究》,第447页。
② 赵鼎新:《东周战争与儒法国家的诞生》,华东师范大学出版社2006年版,第112页。
③ 刘师培:《左庵集》,《刘申叔遗书》下册,江苏古籍出版社1997年版,第1220页。

邑聚为县"(《史记·商君列传》)、"壹山泽"(《商君书·垦令》)等措施,完成了对村社土地所有权的集中和垄断。由此秦国把土地所有权高度集中起来,在土地国有化的基础上,由国家统筹"为国分田"(《商君书·算地》),"制土分民"(《商君书·徕民》),确立并发展了官社经济体制,使小民摆脱了封君、村社等的控制,而直接成为国(君)的臣民,通名于上,列为编户,纳租税,服徭役,以供军国之需。适应这种土地所有权集中的需要,则有直属于中央调动的各种行政系统机构的设立,以分掌兵刑谷货诸事。宗族,乃至大家族本身也成为变法打击的目标。张先生指出:"秦孝公用商鞅变法,对家庭制度严厉推行分户析居的改革政策,规定'民有二男以上不分异者倍其赋'(《史记·商君列传》)。按照《仪礼·丧服传》所说,在宗法制度下,原是'昆弟之义无分'的。秦政府推行最小型家庭政策,强令分析,把家庭单位析到骨肉之间已无可再析的地步为止。这是对宗法制度的彻底否定。"军功爵制度在社会家庭方面引起革命。第一,切除一切旧宗法世袭传统势力之家存在的根子。第二,可抑制新的历久不衰的宗族集团的发生。自商鞅变法后,秦政权内部始终没有形成一个掣肘王权的宗族集团,其原因亦在于此。第三,军功爵制使小人物上升有了可能,使个体小家庭有机会崛起。总之,新的军功爵制不承认有任何永世不变的传统势力存在(按,这里要补充一句,君主除外),它改变了家庭内部关系,也使家庭外部形态改观,促使旧家庭形态分解,新家庭制度确立。秦社会政治领域中无宗权存在,便根本不能造成与王室以及政府对抗的力量[①]。杜正胜先生称之为"军爵塑造新社会":"商君变法,按照军功授爵,师法封建

[①] 张金光:《秦制研究》,第1—2、458、468页。

阶级秩序的旧精神,灌注战国编户齐民的新生命,巧妙地融合爵禄与战功,施用在能征惯战,深具戎狄习性的秦人身上,建立了爵禄为里、战功为表的等级爵制。爵级变成军队组织的灵魂,社会阶级的架构,和人生追求的目标。"[1] 正是从封建束缚中解放出来的个体农民,在军爵制所铺就的金光大道上迸发出了巨大的热情和力量,成为秦席卷天下一统中华的基础。我们可以把商鞅变法所造就的这种社会变革称之为"裂变"。

山东六国也程度不同地进行了变革,其裂变的结果便是处士横议,辩士纵横。如何禁绝"五蠹",将已经原子化的个人纳入国家掌控之中?杜正胜先生将商鞅之法归纳为"以军领政"和"闾里什伍"。"以军领政"即行政系统和军队组织密切配合。理论上,行政系统有一户,军队组织有一丁,集乡里之民而成军,战时,乡里长官即是军队各级首长,故曰:"卒伍成于内,则军正定于外。"(《汉书·晁错传》)"什伍"原是军队的组织,在兵制与行政制度改革过程中,"作内政而寄军令"(《国语·齐语》),以军法部勒民政,军队组成单位遂变成闾里组织的细胞[2]。张金光也指出:"对村社进行转化,即转化为一种新的政社合一的官社经济体制,这也是一个以政治行政为统帅的,将国家政治行政、社会经济生产、精神文明、乃至于军事等一体化的系统工程。"[3] 但是在伍制基础上发展起来的告奸连坐之制,实际上是取消社会,而代之以军国体制。由此必将造成一个阴森冷酷的社会。《韩诗外传》卷四:

  古者八家而井。……八家相保,出入更守,疾病相忧,患难

---

[1] 杜正胜:《编户齐民:传统政治社会结构之形成》,第358页。
[2] 杜正胜:《编户齐民:传统政治社会结构之形成》,第126—139页。
[3] 张金光:《秦制研究》,第364页。

相救，有无相贷，饮食相招，嫁娶相谋，渔猎分得，仁恩施行，是以其民和亲而相好。……今或不然。令民相伍，有罪相伺，有刑相举，使构造怨仇，而民相残。伤和睦之心，贼仁恩，害士化，所和者寡，欲败者多，于仁道泯焉。

李卿女士通过对西汉、西凉和西魏时期出土文书中家庭成员构成的统计分析，表明这一时期以一对夫妇及其未婚子女所组成的核心家庭占80%，与父母或已婚子女同居的主干家庭只有15%，与已婚兄弟姐妹同居的联合家庭仅仅占5%。通过对出土文献资料、文献记载及全国户口统计资料的分析考察得出结论：秦汉魏晋南北朝乃至隋唐时期的家庭结构始终是以五口之家的核心小家庭为主。分析早期同居共财家族难以维系的原因，有经济条件限制、家族关系中的离心倾向、战乱影响等[①]。秦晖先生统计走马楼吴简中的姓氏，其反映的情况为："哪怕最简单的宗族组织都是难以存在的。"[②] 杜正胜先生则敏锐地发现，春秋中晚期至汉初，尤其是战国以下三百年是平民姓氏形成的阶段，姓的意义还未若后世之绝对。由《偃师约束石券》《犀浦东汉残碑簿书》等可见，至少"汉代基层聚落的成员关系，血缘因素不能估计太高"。但是"聚落人群没有血缘关系者，藉着里邑的建构和标帜，以及成员的生产、赋役、社交、祭祀等活动，也凝结为一紧密的共同体"。可见，封建变为郡县，建立地方制度，先后承袭的痕迹相当显著，基层的聚落邑里大抵未变[③]。

---

① 李卿：《秦汉魏晋南北朝时期家族、宗族关系研究》，上海人民出版社2005年版，第43—81页。
② 秦晖：《传统中华帝国的乡村基层控制：汉唐间的乡村组织》，《传统十论》，复旦大学出版社2003年版，第6—22页。
③ 杜正胜：《编户齐民：传统政治社会结构之形成》，第192—198、97页。

因此，商君之"分异令"与其说是针对普通民众的，不如说是针对世家大族的，因为聚族而居正是世家大族成立的必要条件。

西周之"国"、"野"虽然众说纷纭①，但城郭之外仍有大量人口居住，却也无可置疑②。从早期"县"的意义来看，也可以清楚地看到这一点。"县"并非郡县之"县"的本字。《春秋穀梁传·隐公元年》："寰内诸侯，非有天子之命不得出会诸侯，不正其外交，故弗与朝也。"范宁注："天子畿内大夫，有采地，谓之寰内诸侯。"陆德明《释文》："寰音县，古县字。一音环，又音患。寰内，圻内也。"杨士勋疏："寰内者，王都在中，诸侯四面绕之，故曰寰内也。""寰内"即《礼记·王制》之"县内"，郑玄注："县内，夏时天子所居州界名也。殷曰畿，周亦曰畿。"颜师古《匡谬正俗》卷八"县寰"条曰：

> 宇县、州县字本作寰，后借县字为之。……末代以县代寰，遂更造悬字，下辄加心，以为分别。……左太冲《魏都赋》云，殷殷寰内。此即言宇寰耳。读者不晓，因为别说，读之为环，则妄引环绕之义。斯不当矣。

李家浩先生认为：

> 周代的"县"是指国都或大城邑四周的广大地区，如《国语·周语中》："国无寄寓，县无施舍，……国有班事，县有序民。"这里所说的"国"即指国都，"县"即指国都四周的广大地区。天

---

① 赵伯雄：《周代国家形态研究》，第158—219页。
② 杜正胜：《编户齐民：传统政治社会结构之形成》，第97—110页。

子称王畿为县即由此而来。古代从"瞏"声之字多有环绕义。《汉书·食货志》"还庐树桑",颜师古注:"还,绕也。"《国语·越语下》"环会稽三百里者以为范蠡地",韦昭注:"环,周也。"《汉书·高五王传》"乃割临淄东圜悼惠王家园邑尽以予菑川",颜师古注:"圜,谓周绕之。""县"指环绕国都或大城邑的地区,本是由"还"(环)派生出来的一个词,所以古人就写作"还",或写作"瞏"、"寰";因为是区域名,所以又从"邑"作"鄹";用来表示这一意义的"县"则是一个假借字。①

环绕国都意义的"寰"见于西周金文,字作"还":

    唯三月既生霸乙卯,王在周,命免作司徒,司郑还林暨虞暨牧。赐戠衣、鑾。对扬王休。用作旅将彝,免其万年永宝用。(免瑚)

    唯王元年四月既生霸,王在减庡。甲寅,王格庙,即位,夷公入右师旋即位中庭。王呼作册尹克册命师旋曰:备于大左,官司丰还左右师氏。赐汝赤市、䋃黄、丽敨,敬夙夕用事。旋拜稽首,敢对扬天子丕显鲁休命。用作朕文祖益仲尊簋,其万年子子孙孙永宝用。(师旋簋)

李家浩先生指出,免为穆王时人,而穆王曾以郑为别都。《穆天子传》:"吉日丁酉,天子入于南郑。"郭璞注:"今京兆郑县也。《纪年》:'穆王元年,筑祇宫于南郑。'《传》所谓'王是以获没于祇宫'者。"可

---

① 李家浩:《先秦文字中的"县"》,《著名中年语言学家自选集·李家浩卷》,安徽教育出版社 2002 年版,第 28—29 页。

见,"郑"、"丰"都是周都,那么"郑县"、"丰县"之"县"就都是国都之"县"。这一现象是值得注意的。免瑚铭文林、虞、牧相当于《周礼·地官》"司徒"的属官"林衡"、"山虞"、"泽虞"和"牧人"。林衡掌管林木,虞人掌管山泽,牧人掌管畜牧。司徒是掌管土地之官,故周王任命免为司徒,管理郑县地区的林、虞、牧诸事,与《周礼》所记司徒的职掌相符合。至于师旐簋的"备于大左",郭沫若先生解释为"就大左之职"。他说"《左传》文七年,宋之官制有左右二师,此大左殆即左师"。杨宽先生说"'大左'即指'大师'之在左者,故简称为'师',连同人名叫做'师旐'"。这些意见都是可取的。"师氏"是师旐的长官。古代军队的编制是和居民的编制密切结合的。"丰县左右师氏"所属的军队,可能是由丰县的居民编制而成。"大左"高于"师氏",故周王命师旐就任"大左"之职,掌管丰县左右师氏。李先生进而指出,据有关资料,西周、春秋时期,各国都实行过所谓的乡遂制度,或叫作都鄙制,把国都或大城邑称为"国"或"都",把国都或大城邑四周的地区称为"野"或"鄙"。"县"与"鄙"的意思相近,如上引《国语·周语中》所说的"县"。所以古书上常见"县鄙"连言,以指国都或大城邑四周的地区。如《左传·昭公二十年》:"县鄙之人,入从其政。逼介之关,暴征其私。"《吕氏春秋·孟夏纪》:"命司徒循行县鄙。命农勉作,无伏于都。"此外,《左传·襄公三十年》记载晋国有绛县。绛是晋国国都。绛县即指晋国国都绛四周的地区。丰县、郑县之县与此绛县之县用法相同,可以参证①。

由此可知,西周文字资料中的"县"属于县鄙之县,那么春秋战

---

① 李家浩:《先秦文字中的"县"》,《著名中年语言学家自选集·李家浩卷》,第16—30页。

国文字资料中的"县"属于什么性质呢?考春秋齐器叔弓镈曰:"公曰:弓,……余赐汝莱都朕勝,其县二百。"李家浩先生认为,古代的"都"除了指国都外,还指有城郭的大邑。铭文以"都"与"县"对言,"都"当是指"朕勝"城,"县"当是指"朕勝"城四周的广大地区。"其县二百"的意思是说"朕勝"的"县"中之邑二百个。叔弓镈的"其县二百"可与下录《左传·襄公二十八年》"其鄙六十"比较:"与晏子邶殿,其鄙六十,弗受。"杜预注:"邶殿,齐别都。以邶殿边鄙六十邑与晏婴。"齐桓公时,管仲治齐,曾提出"参(三)其国而伍(五)其鄙"的政策,实行"国"、"鄙"分治。关于鄙制,《国语·齐语》说:"制鄙:三十家为邑,邑有司;十邑为卒,卒有帅;十卒为乡,乡有乡帅;三乡为县,县有县帅;十县为属,属有大夫。五属,故立五大夫,各使治一属焉;立五正,各使听一属焉。"据此,齐国"鄙"的行政组织分为四级,第一级为属,第二级为县,第三级为乡,第四级为邑。邑是基层的行政组织,故齐国在赏赐土地和夺回赏赐土地的时候,即以邑为单位。如鲍叔镈:"鲍叔有成劳于齐邦,侯氏赐之邑百又九十又九邑,与郭之民人都鄙。"《论语·宪问》:"问管仲,曰,人也,夺伯氏骈邑三百,饭疏食,没齿无怨言。"叔弓镈的朕勝"县"所属的邑,大概是像《齐语》所说的"三十家为邑"这种小邑[①]。

《吕氏春秋·孟夏纪》:"命司徒循行县鄙。命农勉作,无伏于都。"可知县鄙制中,田地在县而不在都,农夫在县而不在都,则其财赋出于县而不出于都;农夫亦即战士,则其甲兵亦出于县而不出于都。上引师旋簋言

[①] 李家浩:《先秦文字中的"县"》,《著名中年语言学家自选集·李家浩卷》,第20—32页。

"官司丰县左右师氏"，可见丰都之甲兵在县。《左传·成公七年》：

> 楚围宋之役，师还，子重请取于申、吕以为赏田。王许之。（杜预注：分申、吕之田，以自赏）申公巫臣曰："不可。此申、吕所以邑也，是以为赋，以御北方。若取之，是无申、吕也（杜预注：言申、吕赖此田成邑耳。不得此田，则无以出兵赋，而二邑坏也），晋、郑必至于汉。"王乃止。

申、吕之田即申、吕之县，为其兵赋所出，无此不得成邑。银雀山汉简《孙膑兵法·擒庞涓》："平陵，其城小而县大，人众甲兵盛，东阳战邑，难攻也。"李家浩先生释曰："这里所说的'县'应是指平陵城所属的'县鄙'，用的自是'县'的古义。此句的意思是说平陵县县城的规模小，而县的辖区大。"① 平陵的"人众甲兵盛"自然不是在小城，而是在大县。可见战国时代，"县"仍然在一定程度上保留着"县鄙"一义。上引《吕氏春秋·孟夏纪》之语也当作如是观。由此可知西周春秋时作为城乡对立的"都（城）鄙（县）"对立是真实存在的，且某城之县鄙中的田地人民常被切割分别赐给不同贵族。但战国时，随着社会变革的深入，"裂变"使民众成为原子化的个体，君主遂亟须将全国民众重新组织，置于其绝对掌控之中。前述"闾里什伍"之制，还停留在乡里基层，而县的设置，则是将城邑乡野合为一体，统一管理，从而最大程度确保农事上人地合一，战事上军民合一。即如上引之"平陵，其城小而县大"，"县"的词义当然是"县鄙"之古义，但这句话也表明平陵的县

---

① 李家浩：《先秦文字中的"县"》，《著名中年语言学家自选集·李家浩卷》，第32—33页。

令①可以统一支配城邑和县鄙的所有人力物力对抗敌军。因此,"县"的词义虽存古义,但却是在新的,也就是郡县制的背景下被运用的。

"寰"既为畿内,则畿内之公邑亦得称"县"。《周礼·秋官·县士》:"掌野",郑玄注:"都县野之地,其邑非王子弟、公卿大夫之采地,则皆公邑也,谓之县。"孙诒让《正义》:"其有余地,不为王子弟、公卿大夫采地者,则王使大夫治之,皆谓之公邑,亦皆谓之县也。"②孙氏复于《地官·叙官》县师下,总结"全经凡言县者有四",其一即"此县师及县士所掌之县,为四等公邑之通名"③。揆诸出土文物,"县"之用字颇为杂错。上文已举西周金文作"还",此外齐作"县",燕作"还"、"寰",三晋作"鄹"④,秦作"县"⑤,楚作"县"⑥。而晋之县用字既正,其性质也最近《周礼》。如温县等本处成周王畿,《左传·成公十一年》:

> 晋郤至与周争鄇田(杜《注》:鄇,温别邑),王命刘康公、单襄公讼诸晋。郤至曰:"温,吾故也。故不敢失。"刘子、单子曰:"昔周克商,使诸侯抚封,苏忿生以温为司寇,与檀伯达封于河。苏氏即狄,又不能于狄而奔卫。襄王劳文公而赐之温,狐氏、阳氏先处之,而后及子。若治其故,则王官之邑也,子安得之?"晋侯使郤至勿敢争。

---

① 《簠斋古印集》1·15·3 有"平陵县左廪玺",可见平陵为行政之县。陈介祺藏拓,中国书店 1990 年版。
② 孙诒让:《周礼正义》第十一册,中华书局 1987 年版,第 2806 页。
③ 孙诒让:《周礼正义》第三册,第 654 页。
④ 李家浩:《先秦文字中的"县"》,《著名中年语言学家自选集·李家浩卷》,第 19—27 页。
⑤ 袁仲一、刘钰:《秦文字类编》,陕西人民教育出版社 1993 年版,第 261 页。
⑥ 李守奎:《楚文字编》,华东师范大学出版社 2003 年版,第 539 页。

襄王赐邑见《左传·僖公二十五年》：

> 戊午，晋侯朝王。王飨醴，命之宥。请隧，弗许，曰："王章也。未有代德，而有二王，亦叔父之所恶也。"与之阳樊、温、原、欑茅之田。晋于是始启南阳。……赵衰为原大夫，狐溱为温大夫。

其余各县，如平阳、杨氏等亦多在晋之内地，不似楚之县皆居边鄙[①]。而晋楚多以大邑为县。洪亮吉《更生斋文甲集》卷二《春秋时以大邑为县始于楚论》曰：

> 春秋时，楚始以大邑为县。……《左传》宣十一年，楚子入陈，杀夏征舒，因县陈。十二年，郑伯对楚庄王曰："使改事君，夷于九县。"杜预注："楚灭九国以为县，愿得比之。"《正义》言：楚灭诸国见于经传者，哀十七年称文王"县申、息"，庄六年称"楚灭邓"，十八年"克权"，僖五年"灭弦"，十二年"灭黄"，二十六年"灭夔"，文四年"灭江"，五年"灭六"又"灭蓼"，十六年"灭庸"，凡十一国。苏氏、沈氏以"权"为小国，"庸"先属楚，除二国外，为九也。襄公二十六年，伯州犁言："穿封戌，方城外之县尹。"此见于《左传》者也。其见于《史记·楚世家》者，则子革对灵王曰："且入大县而乞师于诸侯"，又惠王之十年，"是岁也，灭陈而县之"是也。此外，则晋自文襄以后，大

[①] 当然晋也有边县，但楚无内县。参见马保春：《晋国历史地理研究》，文物出版社2007年版，第42页。

邑亦名县。《左传》僖公三十三年，晋襄公"以再命命先茅之县赏胥臣"；宣十五年，晋人"赏士伯以瓜衍之县"；襄公二十六年，楚声子欲复椒举，谓令尹子木曰："晋人将与之县，以比叔向"；昭公五年，蒍启疆谓楚子曰："韩赋七邑，皆成县也"，又云"因其十家九县，其余四十县"云云。二十八年，晋杀祁盈及杨食我，"分祁氏之田以为七县，分羊舌氏之田以为三县"是也。盖春秋时，已有改封建为郡县之势，创始于楚，而秦与晋继之。至战国，而大邑无不为县矣。①

故其后"县"得与"国"、"都"等互称。

　　（楚灵）王曰："昔诸侯远我而畏晋，今我大城陈、蔡、不羹，赋皆千乘，子与有劳焉。诸侯其畏我乎！"对曰："畏君王哉！是四国者，专足畏也。（杜预注：四国，陈、蔡、二不羹）"（《左传·昭公十二年》）

　　（子革）曰："若入于大都，而乞师于诸侯？"（楚灵）王曰："皆叛矣！"（《左传·昭公十三年》）

　　（右尹）曰："且入大县，而乞师于诸侯？"（楚灵）王曰："皆叛矣！"（《史记·楚世家》）

上文已引《左传·僖公二十五年》襄王赐晋文公王畿之邑，一方面是因为晋之尊王，一方面是因为回绝了文公请隧。那么，文公以温、原为

---

① 洪亮吉：《更生斋文甲集》，《洪亮吉集》第三册，中华书局2001年版，第983—984页。

县,并且使用"鄩"这样的写法,是否有保留王畿公邑性质的念头呢?《左传·僖公二十五年》:

> 晋侯问原守于寺人勃鞮,对曰:"昔赵衰以壶飧从径,馁而弗食。"

增渊龙夫据以认为文公"似乎不是把这二邑赐给赵衰和狐溱作为单纯的采邑"。正因为文公要将这二邑作为公邑,所以才需要考虑人选的忠诚度。而且"守"是守卫的意思,显然是替国君守卫原县。于是,增渊龙夫得出二点:"一、同是直属于君主的邑,有的可称为县,有的不然。二、同是称为县的邑,有的是君主的直辖地,有的不然。"[①] 也正是在县大夫(令、长)的任命上,终结了世袭制,从而开启了流官制的先河。

(原载《文史哲》2011年第1期)

---

① 〔日〕增渊龙夫:《说春秋时代的县》,载刘俊文主编:《日本学者研究中国史论著选择》第三卷,中华书局1993年版,第194、196页。

"选举社会"的概念
——秦汉至晚清社会形态命名初探

何怀宏

我想尝试性地提出一个"选举社会"(selection society)的概念,这个概念是承解释自西周至春秋的"世袭社会"(hereditary society)的概念而来[①],我提出它来是想用它解释中国主要文化圈从秦汉至晚清社会演变的主要趋势,以及在历史发展中所终于形成的一种自成一体的社会形态。

显而易见,与我此前提出的"世袭社会"概念相比,"选举社会"的概念更易引起争议。所以,首先在此说明"选举社会"概念中一个特定的、容易被混淆的方面是有必要的,亦即其中使用的"选举"一词完全不同于现代流行的"选举"概念。假如是在一百多年前的中国提出"选举社会"这一概念,那时也许更需要特别解释的是"社会"(society)而不是"选举",因为那时"社会"还是一个很新

---

① 参见拙著《世袭社会——西周至春秋社会形态研究》。

"选举社会"的概念
——秦汉至晚清社会形态命名初探

的概念①，而"选举"的概念却较为人们所熟悉。不过，在中国进入近代以前，人们心目中所谓的"选举"又与现在人们心目中的"选举"不同，它不是指人们投票选举代表、议员或者自基层到最高层的各级领袖，而完全是指另外的、今人已经相当陌生却正是我们现在所要叙述的东西。而由此一古代概念的完全更新，也正好可以从一个侧面见出天翻地覆的百年世变。

因此，首先需要说明的是，这里所说的"选举社会"概念中的"选举"，显然是取其古义，而不是取其今义，并且是取其古义的广义，而不是取其狭义。"选举"一词早已见诸古代文献②，其狭义或是指古代文献认为在三代就已存在的"乡举里选"，或是指从西汉起已确定地形成制度的察举（荐选）③，这种狭义的"选举"常提出来与后来的"科举"（考选）相对而言，如元代陈佑三言"今之议者互有异同，或以选举为尽美而贱科第，或以科第为至公而轻选举"④。但如果要概括自察举到科举的全部历史，叙述古代选拔人才入仕的全部内容，则古人常用"选举"一词来作此概括，这就是自唐代以来历代正史的"选举志"，以及

---

① 中国古代早就有"社"、"会"乃至"社会"这些词（参见陈宝良：《中国的社与会》，浙江人民出版社1996年版），但"society"意义上的"社会"却是一个近代才来自日文的新词。王汎森在《傅斯年早期的"造社会"论》（《中国文化》总第14期，1996年12月）一文中指出：1887年黄遵宪在《日本国志》中已提到"社会"一词，但当时并未引起注意，后来由于严复的译介，曾有一段"群"与"社会"并用的时期，大体上从甲午之后到义和团运动之间是"群"的概念流行，此后有一段时间，两者交迭使用，到辛亥革命前四五年，"社会"一词才取代"群"的概念而流行。又据富永健一说，明治以前，日语中没有"社会"这个词。一般认为，它是1875年由《东京日日新闻》的主笔福地源一郎作为英语Society的译文而创造的。见氏著：《社会结构与社会变迁》，云南人民出版社1988年版，第31页。
② 如《后汉书·陈蕃传》："自蕃为光禄勋，与五官中郎将黄琬共典选举。"
③ 汉人以为此是仿三代的"乡举里选"而行。
④ 转引自张英、王士禛、王惔等撰：《渊鉴类函》第六册，卷137。

《通典》中的《选举典》，《通志》中的《选举略》，《文献通考》中的《选举考》以及《十通》后续作者所取的用法①。而我现在所使用的"选举"，也正是这样一种本来意义上的用法，即不仅包括古代选举前期的"荐选"（"察举"），也包括后期的"考选"（"科举"）。

一、"中国古代的选举"与"现代选举"

中国古代的"选举"（selection）与源自西方、现在流行的"选举"（election）虽然中文字面相同，但在实质内容方面却无疑有着根本性的差别。《布莱克维尔政治学百科全书》"election"词条的作者巴特勒指出：该词源于拉丁语动词"eligere"（意为"挑选"），虽然起源甚早，但现代含义上的、作为民主前提的自由和普遍的选举，其历史实际上只有两个世纪。选举是一种具有公认规则的程序形式，人们据此而从所有人或一些人中选择几个人或一个人担任一定职务。"选举制度"词条的撰稿人波格丹诺说，选举制度是一种向候选人和政党分配公职，把选票转换成席位的方法②。按科特雷与埃梅里的意见，现代的"选举"（election）可以被定义为由种种程序、司法的和具体的行为构成的一个整体，其主要目的是让被统治者任命统治者③。又迈克尔·曼主编的《国

---

① 《清史稿》中的《选举志》第一次既包括了旧选举，又包括了"新选举"的内容，其中叙述了清末议员的选举。新意义上的"选举"一词来自日文对英文"election"的意译。
② 〔英〕戴维·米勒、韦农·波格丹诺编，邓正来主编：《布莱克维尔政治学百科全书》，中国政法大学出版社 1992 年版。
③ 〔法〕让-马里·科特雷、克洛德·埃梅里著，张新木译：《选举制度》，商务印书馆 1996 年版，第 8 页。

际社会学百科全书》的"选举"词条说,选举是较大的群体为自己提供一个较小的领导群体的一种方法①。我们或许可以说:现代选举是以"多"选"少",以"众"选"贤"("贤"不含褒贬义),即通过多数自下而上地来选择实施统治的少数。

现代"选举"(election)可以从三个方面去把握,即谁参与、做什么和怎样做。人们可以参与选举的范围在近代经历了一个不断扩大至普选的过程,财富与性别不再成为限制,而人们一般是通过投票来进行表决,选出一个或一些人来代表他们的意见或者实行对全社会的治理。现代选举主要是一种投票,比如说选举国家元首或政府首脑,理论上是所有公民参加,至少也是多数人参加才有效,它对几乎全部选民来说只是选举他人,但最后被选上的这个人却要成为最高决策者,竞选者提出一定的政策纲领,通过一定的组织(一般是政党)来进行宣传,来动员群众和争取选票;它是大众的,或者说"民主"的,虽说大众仍可被操纵,但至少它在形式上是"民主"的。它是自下而上的选择,理论上是不应该有任何先定的、意识形态的实质内容的限制的,而是要一切以民意或曰众意、多数意见为定。它也必须容有选择对象的多种可能,使人们有选择的自由才符合"选举"的本义。选举的胜利者常常不止是一个人,而是一个集团(政党),于是胜利者的更迭是可以带来国家方针政策的某些改变的。由此还可以和平地更换统治者,并为现代政府提供一种合法性的基础。

而中国古代的"选举"(selection)则可以说是由统治者自上而下地来选择治理者,或者说是以"贤"选"贤",即还是通过少数来选择

---

① 〔英〕迈克尔·曼编,袁亚愚译:《国际社会学百科全书》,四川人民出版社1989年版。

少数,但它又是被相当强韧地客观化和制度化了的,不以个人的意志和欲望为转移①。它是一种自上而下的选择。从理论上说,虽然也是几乎所有人都不被排斥在外,但实际上却总是只有很少数人参加或被选,甚至只有少数人参加,更少人被选才能顺利运作,参与者或被选者不是选他人,而实际上是自己被选或自荐,最后或者是通过他人的推荐②,或者是通过客观的考试而被选中。选中者自然是一批人,而非一个人,他们亦非成为最高决策者,而只是成为君主制下的官员或者获得任官资格。竞选者所依凭的主要是体现在个人自身的德行、才能、名望、族望,或者文化修养,每次的被选中者也不构成一个统一的集团而仍是一些个别的人,每次选举也不带来国家政策上的改变,而只是为统治阶层输送新血。所以,它总是精英的,从形式到实质都是少数人的一种活动。它的选择标准是受到某种先定的实质内容的限制的,也不涉及国家和政府合法性的根本基础,但它为社会提供了一种稳定的、可以合理预测的期望,对社会资源的分配、社会分层的确立以及个人地位的变迁意义至关重大。

至于"中国古代的选举"与"现代选举"的类似点以及可以有何种联系,则是一个值得继续探讨的问题,但我们在此主要是从两者的区分立论。下面,我想继续察看亲历这一段生活的古代中国人的社会历史观和近代以来提出来解释这一段历史的主要解释模式,再阐述据以提出"选举社会"概念的一个新的观察角度,以及必要的理论说明和初步的史实验证。

---

① 比方说,它与立足于个人意志的、个别的"选接班人"完全不同。
② 古代推荐仍是自上而下而非自下而上的推荐,亦即"以贤选贤"而非"以众选贤",此乃与"文化大革命"期间推荐工农兵学员上大学很不同之处,虽然"文化大革命"中的推荐最后实际上还是转为要由权力机关或权势人物的幕后运作来决定,但仍有一层名义上的牵制。

二、古代中国人的社会历史观

　　这一题目是一个很大的问题,但使我们感兴趣,并能够在此探讨的只是这样一个比较特殊的问题,即古代中国人是否提出了明确的社会基本结构或形态的范畴,建立了系统的社会理论来概括自己所处的社会,解释他们所亲历及传闻的历史?这一问题并不意味着他们没有自己的社会观和历史观,而是问古人有没有采取系统的方式来阐述他们的社会历史观,形成一种明确的社会理论?

　　对这一问题自然很难遽然作答,但如果说中国历史上确实不见如柏拉图、亚里士多德所提出的那种类型的系统社会理论,于是,随之而来的一个问题就是,如果说古人没有提出这种理论,那是一些什么样的情况使他们没有这样做?

　　人们可以方便地指出古代中国和现代中国境况的不同:古代中国人长期生活在一个文明程度颇高,自我感觉是"中央之国"的国度里,他们和其他精神文化和社会组织方面甚高的文明社会基本上是相互隔绝,没有发生多少联系,因而根本无法形成系统的比较,更遑论缺乏比较的动机和压力①。由此,我们或可指出"社会观"范畴所隐含的一个特点:即它总是意味着某种其他的类型,意味着其他的可能性(alternatives)。而在古代中国,无论是从其自身的历史,还是从其与别国的交往中,我们看到,实际上是相当缺少这种其他的可能性的。

---

① 另外,中国人也是一个较少纯粹思辨兴趣的民族,很少作乌托邦的社会理论的系统思考。

我不欲分析造成这种情况的广泛而复杂的各种因素，而只限于指出，由此形成的古代中国人的独特的社会观和历史观本身，又反过来加入和影响了这一过程，延续和巩固了这一情况，我们现在主要也就是想从这种观念本身来说明上面提出的问题：为什么古代中国人没有（尽管也许是无须，甚至是不屑于）明确地提出自己的系统社会理论来解释中国的历史发展？

在古代中国并不缺乏有关社会政治结构的功能性分析和描述（使用的并非今天我们所熟悉的概念），甚至也不乏有关社会起源的理论，先秦时期荀子、墨子、孟子等对此早已有精到的论述[①]。在古代中国，纵向的历史意识极为发达，相当缺乏的主要是社会变迁和变革的理论，再加上没有一种空间的展开，没有可资比较的对象，一种横向的、比较的"社会类型"的概念自然就不易从内部产生。

不过，我们还是可以先来注意古代中国人所使用的类似于"社会"的概念，如"群"、"世"、"天下"等。其中"群"与"独"相对，较多地用来说明社会的起源，如荀子的"明分使群"。"世"则类似于一个历史时代下的社会概念，如《商君书·开塞》说："然则上世亲亲而爱私，中世上贤而说仁，下世贵贵而尊官。"《韩非子·五蠹》也说："上古竞于道德，中世逐于智谋，当今争于气力。"不过，在此我们想特别注意一下"天下"这一概念。

"天下"最直接的意思是指在天之下的大地（古人以为地在天之下），是指"世界"，但当时的"世界"实际上主要还是指中国，因而

---

① 有些西方学者，如与马林诺斯基齐名的布朗（Brown）曾说，社会学的老祖应当是中国的荀子。参见费孝通：《文化：传承与创造》，《中国书评》1995年第7期。

"选举社会"的概念
——秦汉至晚清社会形态命名初探

"天下"自地域而言是中国,自人民而言是百姓,且非贵族的"百姓",而是"编户齐民"的百姓。它常与"天子"、君主乃至与君臣相对,也就意味着与政治、国家相对而言的"社会"。此一区别在顾炎武一段著名的话里表现得最为明显。他说,易姓改号只是"亡国",人无仁无义而至于率兽食人,人将相食才是"亡天下","保国"只是君臣、肉食者的"责任",而保天下才是所有人的责任,亦即"保国者,其君其臣、肉食者谋之;保天下者,匹夫之贱,与有责焉耳矣"(《日知录》卷十三《正始》)。"保国"与"保天下"当然有联系,但顾氏在此强调的是国家与社会之间的区别而非联系;对两者间的联系,他只提到一句"知保天下,然后知保其国",也是强调社会对国家的重要性和优先性[①]。古人还常上以"天"、"天命",下以"天下"、"民"、"百姓"形成对"天子"(君主权力)的某种观念上的制约,认为天之设君并不是为天子一人,而是为天下所设,天下是天下人的天下[②]。

值得注意的是,古人所理解的"天下"是相当单纯一贯的,如董仲舒说:"古之天下,亦今之天下;今之天下,亦古之天下。"(《汉书·董仲舒传》)对"三代"及其之后,孔子说:"殷因于夏礼,所损益,可知也;周因于殷礼,所损益,可知也。其或继周者,虽百世,可知也。"(《论语·为政》)而对秦汉以后变化了的中国社会,柳宗元仍然说:"继汉而帝者,虽百代可知也。"[③] 我们今天对任何一种制度及社会的未来,都不敢再有这样认为其不会大变的信心。古代中国确实有一种数千年一

---

① 此意后来扭转为"国家兴亡,匹夫有责",显是对顾氏的理解有误。
② 如《吕氏春秋·贵公》:"天下,非一人之天下也,天下之天下也。"魏源《默觚·治篇三》:"故天子自视为众人中之一人,斯视天下为天下之天下。"
③ 柳宗元:《封建论》,《全唐文》第六册,中华书局1987年版,第5876页。

贯的连续性，不仅生活在这块土地上的种族基本上没有改变①，其政治、思想、信仰和文化也没有发生如西方历史上那样大的变化转折。

这也许可以有助于解释为何古代中国人虽然也注意到了春秋战国期间那样一场社会大变动，并有"封建废而郡县行"，"封建废而选举行"②，"爵非世及，用贤之路斯广"③，"于是三代世侯世卿之遗法始荡然净尽，而成后世征辟、选举、科目、杂流之天下矣"④等种种描述，但他们并没有给春秋之前或战国之后的中国社会一个明确的社会学概括，没有提出诸如"封建社会"、"世袭社会"这样一类总体性的社会类型或基本结构的概念，因为这种概括是要在某种共时性的或历时性的根本差异的对比中提出来的，而中国的情况是，在与西方遭遇之前，它所达到的外部处境还没有出现这种鲜明对比的社会类型的可能。古代中国的社会结构和文明程度高于其周边的部族（至少它自己乃至对方都这样认为），而其本身历史上发生的变动也尚不足以提出相当独立的社会类型。

除了这种外在的不可能，还有一种内在的不可能则与中国人的历史观念和时间意识有关。这种历史观念接近于一种循环的历史观念（如果不说是一种希望复古的历史观的话）。严复说："尝谓中西事理，其最不同而断乎不可合者，莫大于中之人好古而忽今，西之人力今以胜古；中之人以一治一乱、一盛一衰为天行人事之自然，西之人以日进无疆，既盛不可复衰，既治不可复乱，为学术政化之极则。"⑤先秦时期，已有阴

---

① 钱穆曾喻之为中国文明是一个人（种族）连续跑，而西方文明则是换人（种族）的接力跑，中国历史上虽然不断融入种族的"新血"，但无明显的民族更换。
② 王夫之：《读通鉴论》第一册，中华书局1975年版，第1—2页。
③ 李百药：《封建论》，《全唐文》第二册，中华书局1987年版，第1447页。
④ 赵翼：《廿二史札记》，中国书店1987年版，第22页。
⑤ 严复：《论世变之亟》，《严复集》第一册，中华书局1986年版，第1页。

阳五行、"五德终始"等循环不已的思想流行。《周易》所展示的一个变动世界亦是一个在大圆圈中无限循环往复的世界:"一阖一辟谓之变,往来不穷谓之通。"(《易传·系辞上》)中国最有影响力的几位思想家老子、庄子、孔子都程度不同地表现出一种对以往时代的向往,表现出一种社会历史循环往复的观点。孟子说"五百年必有王者兴"(《孟子·公孙丑下》),大致五百年是一个圆圈;现实主义地主张"法后王"的荀子,在放长眼光时也认为"千岁必反,古之常也"(《荀子·赋》);董仲舒认为,改朝换代是黑统、白统、赤统"三统之变"的依次循环[①];王充说:"文质之复,三教之重,正朔相缘,损益相因,圣贤所共知也。古之水火,今之水火也。今之声色,后世之声色也。鸟兽草木,人民好恶,从今而见古,以此而知来。千岁之前,万世之后,无以异也。"(《论衡·实知》)而最通俗、最为人所熟知的一种循环论大概是《三国演义》的开篇:"话说天下大势,分久必合,合久必分。"[②]

中国的纪年法也都可以说是作为其表征,由这种循环观产生,反过来又加强着这种循环观的。无论是天干地支的纪年还是按一个王朝年号的纪年,都是始而复终、终而复始的,一个个逝去的王朝像一个个大圆圈,而一个个接替的皇帝像一个个小圆圈,王朝告终或皇帝死去,纪年即重新开始。它们没有如公元(亦即西元)纪年法那种以一个年份将历史截然分成两段,又不断指向未来的直线和屡加迭进的性质。而一个人记录自己生命的方法也是循环的,如记以生肖,则十二生肖周而复始,

---

① 董仲舒:《春秋繁露·三代改制质文》。另参见顾颉刚:《五德终始说下的政治和历史》,《古史辨》第五册,上海古籍出版社1982年版;陈俊华:《论董仲舒的循环史观》,《台湾师范大学历史学报》1996年第2期。
② 民间广泛流传的一些谚语也反映了这种历史观,如"三十年河东,三十年河西"。

以天干地支纪年亦复如此。一个甲子六十年，差不多正好是古人的平均寿命，或者说，是一个人从懂事（有自我意识）到死亡的大致时段，人在这一生中要数次碰到自己的本命年。

将这一循环的历史观念和时间意识上升到更抽象的哲学层次，与自然、宇宙的运行相连，并给予了明确具体的阐述和预测的是宋儒邵雍。邵雍认为，自然的历史可以"元会运世"来计算。他根据一年十二月，一月三十日，一日十二时辰，一时辰三十分的数字来规定一元的时间及其变化：一世为三十年；一运为十二世，计三百六十年；一会为三十运，计一万零八百年；一元为十二会，计十二万九千六百年。"一元"代表自然的一次大生灭。在这一过程中，首先"天开于子"，于第一会（子会）中产生了天；其次"地辟于丑"，于第二会（丑会）中产生了地；最后"人生于寅"，于第三会（寅会）中产生了人。自此以后，发展到第六会（巳会）为唐尧盛世；发展到第七会（午会）为盛极而衰的夏商周到唐宋时期；以后到第十一会（戌会），万物将归于消灭；最后是十二会（亥会），天地也将归于消亡。这样从始到终的"一元"共计十二万九千六百年。以后自然的历史仍然按照既定的阶段、时间照样循环下去，以至于无穷。其间人类的历史还可以"皇、帝、王、霸"来划分阶段。这四个阶段的情况是：

三皇之世 ——"以道化民者，民亦以道归之，故尚自然。"

五帝之世 ——"以德教民者，民亦以德归之，故尚让。"

三王之世 ——"以功劝民者，民亦以功归之，故尚政。"

五霸之世 ——"以力率民者，民亦以力归之，故尚争。"（《皇极经世书·观物内篇》）

邵雍又认为："所谓皇、帝、王、霸者，非独谓三皇、五帝、三王、

"选举社会"的概念
—— 秦汉至晚清社会形态命名初探

五霸而已。但用无为则皇也,用恩信则帝也,用公正则王也,用智力则霸也。霸以下则夷狄,夷狄则是禽兽也。"(《皇极经世书·观物外篇》)按照这个标准,他判定五霸以后直到宋代的历史是:汉代是"王而不足";晋代是"霸而有余";隋代是"晋之子也";唐代是"汉之弟也"(《皇极经世书·观物内篇》)。也就是说,在人类历史中,又各自有大大小小的循环,大圆圈中又套着小圆圈,人类乃至宇宙的历史,就是这样由一串串小圆圈组成的大圆圈[①]。

这种循环往复的观点与线性进步的观点之别,又不仅仅是简单的中西之别,而且也是古今之别,并与人们的时间意识紧密相关。历史学家古列维奇(A.J.Gurevich)指出:当人类学会了测量时间并精确地加以分割后,也就发现自己成了时间的奴隶,时间观念在现代人的头脑中逐渐呈现出它的不可逆性。在古代,时间是具体的、可感的,每隔固定时间,那以前存在的又会重新出现,时间观念服从于季节性的周期变化的事实,与淳朴的农民心灵有关。许多创造了伟大的古代文明的民族都持有循环的时间意识,没有什么能比对时间的解释更清晰地表明古代文明和现代文明之间的显著差别:现代社会几乎完全受着矢量时间的支配,而时间在古人的意识中仅仅起着很小的作用。但在基督教诞生时期发生了一个重要的变化,基督教在放弃异教的循环世界观后,从《旧约》中

---

① 尼采亦有一"永恒轮回"的思想可资比较。尼采认为:世界是按照极其漫长的时间周期,即所谓"生成的大年",周而复始地永恒循环的;这个周期因为过于漫长而实际上无法测量,但又是完全确定的;在这个永恒循环的过程中,世上的一切,包括我们每个人以及我们一生中的每个细节,都已经并且将要无数次地按照完全相同的样子重现,绝不会有丝毫改变。参见周国平:《尼采与形而上学》,湖南教育出版社1990年版,第220页。周国平并评论说:"我们必须把一切细节的绝对重复当作尼采纯粹个人的幻觉从这个理论中剔除,而仅仅观其大体。……这样,一个允许改变细节的轮回就为人的自由留出了余地,因为,从整个宇宙无限生成的眼光看,人的自由不正限于改变细节吗?"见该书第236页。

汲取了把时间体验为一种末世论过程的观念，即热烈地期待着救世主的降临。历史时间既在量上，更是在质上被清楚地分为两个重要的时代，即基督前（公元前）和基督后（公元后）。人类的历史可以以"基督"为中心简洁地理解为"基督将要降临，基督正在降临，基督已经降临"。时间变成了矢量的、线性的和不可逆的。然而，在基督教中，尽管时间是矢量的，它并未摆脱循环观念，而仅仅是对这种观念的解释发生了根本变化。真理与时间无关，也不随时间而变。更重要的变化则是从"圣经时间"向"商人时间"的转变。近代的时间观念开始永久地以一条直线，从过去，经过一个称作现在的点，向未来"延伸"。现代的时间变得急若流星，不可逆转和难以捉摸[1]。时间且被看作是一种极为有用的东西、一种物质价值的来源（例如"时间就是金钱"）[2]。

　　一幅循环的世界图景在一个已经习惯了"进步"观念的现代人看来无疑是难以忍受的[3]，但在古代中国人看来却极为自然，他们会相当平和地接受这一点。至少，他们生活在一个并不相信"未来一定比现在好"或"明天一定比今天强"的氛围中而依然安之若素，依旧保持着生活的平静甚至相当快乐的心境。古人也时而会有对理想社会的期望，但此时他们憧憬的对象亦不在未来而在远古，但像"复三代"、"复井田"、"复封建"这样的理想也并不曾认真地实行，因为稍微清醒地考虑一下

---

[1] "一天等于二十年"的"革命时间"观念亦可视为是这种现代时间的一个变种或一个亚型，包括积极的"只争朝夕"。

[2] 〔苏〕A. J. 古列维奇：《时间：文化史的一个课题》；〔法〕路易·加迪等著，郑乐平、胡建平译：《文化与时间》，浙江人民出版社 1988 年版。又可参看布克哈特反对近世"为无休止的改变提供正当性的证明"，见其《世界历史沉思录》，金寿福译，北京大学出版社 2007 年版。

[3] 虽然一个现代人的平均寿命也只是六七十年，他却希望有一个千百年乃至数万年的进步图景来支撑其生命，并希望差不多全部放于尘世。

社会情势，就知其不太可能。宇宙、社会的大循环纵有，个人的生命相对于此一大循环来说毕竟太过渺小。对个体生命来说，最重要的还是这一生命的过程。古代中国人的心态基本上是保守的，秦以后，历史上真正尚变、尚革的著名政治家大概只有王莽、王安石等寥寥几人，他们也只是主张上层改革，而非社会革命，并且依据的是"托古改制"的名义。

古人强调历史的单纯一贯、循环往复也是为了强调"道"的一贯、"纲常"的一贯、"人伦"的一贯，此正如董仲舒所说"天不变，道亦不变"（《汉书·董仲舒传》）。朱子所说"纲常万年，磨灭不得"①，"三纲五常，礼之大体，三代相继，皆因之不能变。""其所损益，不过文章制度小过不及之间，而其已然之迹，今皆可见，则自今以往，或有继周而王者，虽百世之远，所因所幸亦不过，岂但十世而已乎？"②此正是朱熹注释子张问"十世可知"孔子答以"百世可知"一节。"纲常"的社会也就是名分等级的社会（《汉书·董仲舒传》），春秋战国之变并没有变掉这一等级社会，后世的社会变化也没有积累到足以使人预见一个新社会的程度，古人在思想资源及客观条件上难以设想，在思想兴趣上似也缺乏足够的动力去设想还有另外的社会形态。

三、现代"封建社会"的解释模式

然而，当中国与西方遭遇，突然发现一个与自己在社会形态上全然

---

① 黎靖德编：《朱子语类》卷二十四，中华书局1986年版。
② 朱熹：《论语集注》，《四书章句集注》，中华书局1983年版，第59页。

新异，在实力上又远超过自己的文明时，传统单纯和循环的社会历史观即告破产。中国人相当迅速地接受了一种线性、单向、不可逆转、不断进步的历史观与时间观①，而在一个短暂的各种西方社会理论在中国舞台上竞争的时期之后，经由俄国人解释的一种社会理论终于占据了支配的地位，成为普遍流行的观点。这一观点按照斯大林简化了的"五阶段"模式，对中国的历史也尝试进行相应的分期（在具体分期的问题上却引起许多争论）。它第一次使广大中国人开始用社会形态的眼光来看待自己的历史，并在学术上结出了丰硕的研究成果。

现在，我们已经相当习惯了便捷地以"封建社会"模式解释中国两千多年来的社会历史，以"封建"指称我们的文化传统的基本性质和主要成分，不假思索地使用"封建专制"、"封建大一统"这样一类字眼，而并不思考这样的语词组合从其本义来说其实是自相矛盾的②，"封建社会"的模式成了解释中国历史占主导地位的模式。虽然近十年来，大陆亦有一些学者开始相当谨慎地使用或回避这类概念，甚至尝试提出新的解释范畴③，这类概念依然不仅在广泛的社会层面为诸多部门和领域，如新闻、广播、电视、学校所共享，也在相当程度上仍为文化学术界具有不同甚至对立思想倾向的学者所共享，具有虽在削弱、但在大陆仍居主

---

① 一位思想史学者曾经推测其原因说："我时常想中国（至少汉民族）是一个极其现实的（或重实利的）民族，所以她可以毫不在意地接受任何信仰（如三教并存，各种宗教与巫术并存，乃至再加上洪秀全的天父、天兄），其实正是由于她并不真正信仰任何东西。轻而易举地就接受一个信仰，轻而易举地就放弃一个信仰，都是出于同一个原因。"见何兆武：《历史理性批判散论》，湖南教育出版社1994年版，第14页。
② "封建"意味着分封，意味着权力分散，因而，如果是"封建"就不可能是中央集权，不可能是君主一人"专制"，不可能是天下"大一统"。
③ 海外包括西方学者的质疑自然早已出现，并有种种有关中国社会历史的解释，如"官僚帝国制社会"、"治水社会"、"家产官僚制社会"、"宗法社会"等。

"选举社会"的概念
——秦汉至晚清社会形态命名初探

导地位的影响。

我曾经在《世袭社会》一书中对"封建社会"解释模式的由来和内容作了较为详细的说明①，故此处仅作一点补充。我想指出："封建社会"显然是相当晚近才出现和流行的一个概念，其在目前含义上的论定迄今不过五六十年，总之，它是一个相当"现代"的概念，与几千年来中国传统社会中人对自己所处社会的解释相当不同乃至对立。古人认为"封建"盛于周代，至秦帝国建立，"封建"即已废除而改行中央集权的"郡县"；而持"封建社会"说的郭沫若一派则认为春秋以前是"奴隶社会"，战国至秦正好是中国进入"封建社会"的开始。其他如"西周封建"、"魏晋封建"等派虽把封建社会的上限或者提早到西周，或者推迟到东汉、魏晋，但都肯定晚清以前一两千年的中国社会基本上是"封建社会"，因为在近代"资本主义社会"（在中国是变形为"半殖民地半封建社会"）之前，必须上接一个"封建社会"，否则就不符合社会由"封建社会"发展到"资本主义社会"的科学规律和客观必然性，就无法解释中国革命首先作为一种资产阶级民主主义革命的性质、任务、动力和对象。惯常的思路大致是：在资本主义社会之前怎么可能不是封建社会？如果不是，岂不意味着社会发展阶段模式和规律甚至于唯物史观的失效？如果不是，这场革命要依靠谁，联合谁，反对谁，夺谁的权，革谁的命岂不是没有着落？这一思路渐渐成为一种潜在但却公认的前提，它并不总是出现，因为它已经变得毫无疑义。

"封建社会"的模式是在 20 世纪这一动员和革命的时代提出来的，而这一时代越来越显示为仅仅是一种社会形态向另一种社会形态转移的

---

① 参见拙著《世袭社会及其解体：中国历史上的春秋时代》（生活·读书·新知三联书店 1996 年版）第二章 "'封建社会'的概念"，以及引言"解释中国社会历史的另一种可能性"。

过渡时代。北伐时期革命的主要锋芒是指向"封建军阀","反封建"首先是指"反军阀"①。这时所指的"封建"还主要是从政治上层的角度观察,所说的"封建军阀"中"封建"之义与古人的"封建"亦无大的违拗,虽然失去了"亲亲"色彩,却可以类比于唐代的藩镇割据等,是与中央集权、大一统相对而言的"封建"。国民党领导的北伐战争首先是指向国家统一,基本上没有广泛地触动社会下层,未变革农村的土地关系。而要进行大规模的社会革命,"打倒军阀"显然是不够的,还要把农村中的"地主"、富户列为革命的对象。而革命的主要对象由"封建军阀"向"封建地主"的转移也意味着观察角度从政治向经济、从社会上层到整个社会的转移。"封建地主"的概念意味着一个系统的"封建社会"的理论已经呼之欲出。郭沫若在 1930 年的《中国古代社会研究》中明确地抛弃了"封建"的古义,提出了以地主与农民的经济关系和阶级对抗为基础的新的"封建社会"的概念,这一概念经由毛泽东的《中国革命与中国共产党》等著作成为定论,在中国共产党成功地动员群众参与土地改革和革命战争,最后夺得政权的过程中起到了巨大的作用,在 1949 年以后与旧传统实行彻底决裂的"继续革命"中也依然发挥着生动、持久的效力②。

"封建社会"模式的政治意义自然非同小可。其学术意义则主要在于把中国学者的注意力引向社会的经济层面,引向被统治的下层,而这

---

① 参见潘洪其:《近代以来中国社会史讨论中"封建"概念的演变》,《学人》第 4 辑,江苏文艺出版社 1993 年版。
② 黄仁宇在其《赫逊河畔谈中国历史》、《放宽历史的视界》、《资本主义与二十一世纪》等近著中反复强调 20 世纪国民党改造了传统社会的上层结构,而共产党翻转了下层结构,中国大陆 20 世纪 80 年代以来的改革则是在重订上下之联系,20 世纪中国社会的变迁最终显示出一种宏观、长远的"历史的合理性"。

一点恰是中国传统学术比较忽略的方面。所以，它确实使中国学者在研究历史上一向被忽视的社会下层人们的历史，研究"除去了政治的历史"方面发挥了积极的作用。

然而，由于它极强的政治目的性，又由于它是在革命战争或准备战争的时期作为动员大众的工具相当仓促地提出来的，它就不能不带有很强的工具特点和批判否定的色彩。由于号召要推翻"三座大山"，中国几千年的历史几乎被看成一片黑暗或至少相当阴暗。而当今天的社会已脱离动荡的过渡时期而进入一个较为和平安定的时期，人们的心态也由造反转为建设，就不能不对以前激烈地反对传统和非难历史的看法有所修正，但问题还在于，这种看法所依据的理论也有需要修正之处。对于一个中国学者来说，另一个重要的问题是，由于中国流行的社会理论原本是在现代社会中提出来的，是西人分析近代资本主义社会的一个结果，以之解释中国独特的数千年文明史就不免使人怀疑：它是否确实具有解释者所以为的那样强的解释力，是否确实能够吻合中国历史的真相。于是，出于尊重历史、探究历史真实的目的，似乎有必要尝试一种新的、更合乎史实，也更合乎古人对自己历史的理解的解释性社会理论。

四、"官僚帝国社会"的解释模式

我们还有必要注意另一种源自韦伯的，以前在海外、现在在国内也颇有影响力的"官僚帝国社会"的解释模式，这种模式大致认为中国春秋时期及春秋以前是"封建贵族社会"，战国至秦以下则为"官僚帝国社会",这一模式主要着眼于国家和政治体制的变迁,在一些外国学者以及怀疑"奴隶—封建"社会演进线索的中国学者中颇为流行,各种"专制社会"或"帝制社会"的解释似也与此有关。

马克斯·韦伯在他的统治社会学中,区分出传统性统治与合法性统治,传统性统治以"家产制"和"封建制"为两极,在这两极之间又有一些中间的形态,他认为"父权家长制结构"(Patriachale Struktur der Herrschaft)是传统性统治的原型,这并不是说一般性的传统性统治就是父权家长制统治,而是说可以把它解释为父权家长制统治的派生物。"家长制的"(Patriarchale)是指以一个礼仪意义上的最高祭司长来呈现世袭神性的家父长制。或如经典所描述的,最高祭司长的神性原先是通过指定继承人的方式来传递,后来才转变成世袭的[①]。"封建制"(Feudalismus)则是指许多在各个地域自然产生的小领主世袭地领有各自的地域,这些领主通过同中央君主(国王)结成封臣关系,把自己的领地变成国王封授的采邑,以此取得国王的保护,作为效忠的报偿。但他们与国王之间并无忠孝关系,国王也不能向领主土地上的人民摊派徭赋。在封建时代,采邑制度是与世袭神性的等级层次相一致的。在中国,分封制废止之后,俸禄制度则与取而代之的官僚行政相适应,在秦朝统治时期,就已经制定出俸禄的固定等级,汉袭秦制,将俸禄分成授钱和授米等诸多等级,这意味着封建主义的全面废除。一个凭个人功绩而获官职的政权建立了起来。社会秩序里的封建要素逐渐消退,而"家产制"(Patrimonialismus)则成为儒教精神的根本的结构形式。韦伯认为,中国从秦汉帝国到明清达二千年的大规

[①] 〔德〕马克斯·韦伯著,洪天富译:《儒教与道教》,江苏人民出版社1995年版,第48页。

"选举社会"的概念
——秦汉至晚清社会形态命名初探

模统治基本上就是这种形态。家产官僚制度在政治上是与封建制度以及任何世袭等级的划分相对立的。这种对立合乎古典儒家的伦理学说,因为它以人的原则上的平等为前提,以个人能力和功绩为标准。中国的皇权为了防止封建等级制的复辟,亦即防止官吏从中央集权中独立出去,采取了一套举世闻名、成效卓著的办法:实行科举,以教育资格而不是出身或世袭的等级来授予官职,这对中国的行政和文化都具有决定性的重要意义。在中国,和西方一样,家产官僚制是个稳定的核心,并以此为基础而形成一个庞大的国家。但是,官僚制运行的"精神",在中国与在西方却是非常不一样的。与封建制相比,家产官僚制这样一种统治形态的主要特征是中央集权:首先在中央有专制君主的君权,同时有靠忠孝情感与国王联系起来的家臣集团。家臣集团以忠孝关系与中央君主联系着,被赠予国王的一部分土地和人民而分散于全国。在这种统治形态下,君主一元化地、集权地统治全部国土和人民,家臣集团只是在一定时间内作为中央派出的官员来治理地方。尽管该地区人民缴纳的一部分租贡会变成家臣的收入,但因为是中央摊派的徭赋,因此还是全属于君主,更不可能世袭。君王可以把自己的家计需要作为徭赋摊派给各地,作为给官员的报酬,君主则发给他们俸禄[①]。

艾森斯塔得(S.N.Eisenstadt)试图从社会结构的角度来观察政治体系,他的研究集中关注一种历史上的,或者说非现代的中央集权的官僚帝国或政权,他把自汉至清的中华帝国与古埃及、巴比伦帝国、古罗马帝国、拜占庭帝国、阿拉伯哈里发国家和从封建体系衰落时期

---

① 〔德〕马克思·韦伯著,洪天富译:《儒教与道教》,第43—47、58、63、171页。

到绝对专制时期的欧洲国家等都列入这一类型之下，统称为"中央集权的历史官僚帝国"或简称为"历史官僚社会"。然而，在下面一点上他不同于韦伯，他所称的"家产制"（Partrimonial）帝国另有所指，例如像加洛林王朝等，而中国并不属于这类国家。"家产制"确实是一个容易混淆的概念，尤其是当与"官僚制"合称的时候更是如此①。将秦汉至晚清的中国官僚系统称之为皇帝的"家臣"也低估了这一系统的政治独立性，更不用说构成中国官员主体的士阶层自有其价值和信仰的道义系统。

艾森斯塔得认为：中央集权的官僚政权的主要特征，是政治领域的有限自主性。这表现于：1. 统治者，以及政治斗争参与者的自主政治目标的发展；2. 政治活动和政治角色的有限分化的发展；3. 把政治共同体组织为一个中央集权单位的企图；4. 专门性的行政组织和政治斗争组织的发展②。它们大部分产生于家产制的帝国，或者封建制的社会，或者城邦国家，从社会分化的角度上看，是处在缺乏分化的传统社会（家产制或封建制的社会）和高度分化的现代社会（现代官僚社会）之间。家产制或封建制的社会与历史官僚社会可能在政治目标和统治者的合法性的内容上相类似，然而，它们在政治活动和政治组织的分化程度及其政治目标的精致化和专门化程度上存在着重大不同。与历史官僚社会相比，家产制体系和封建制体系的特征是：1. 明确的地域性中央集权的缺乏；2. 即便不是完全一致的，也是紧密对应着社会、政治和经济的等级制的存在；3. 政治领域较少地表现为一个具有特殊组织和自主目

---

① 王容芬译《儒教与道教》（商务印书馆 1995 年版）中将洪天富所译"家产官僚制"另译为"世袭官僚制"，则更易产生误解。"家产"实际上只是指皇权，或可译为"家国官僚制"。
② 〔美〕艾森斯塔得著，阎步克译：《帝国的政治体系》，贵州人民出版社 1992 年版，第 20 页。

标的领域，在家产制社会和封建制社会之中，行政官员总是被视为君主、某些领主或氏族的私人官员。官员对他们及其资源的重大依赖，使之无法成为自主的组织。而历史官僚政治体系与现代官僚政治体系之间的主要差异则在于后者具有如下特征：1. 政治活动以及"被统治者"角色的巨大分化，以及统治机构的各主要方面的"权力分割"的出现；2. 政治权利被分配给了被统治者——如同选举制度所反映的那样，以及由之而来的社会之中远为宽广的政治活动范围；3. 在决定政治目标上各个群体的参与可能；4. 专门性的政治组织和行政组织，特别是专门性的党派政治组织的长足发展；5. 统治者的传统的、世袭的合法性类型的衰落，统治者政治权利拥有者及其代表的正式负责制的日益制度化；6. 围绕权力和获得执政地位的竞争在形式或实际上的某种制度化[①]。

在上述"历史官僚社会"的类型中，中国又是被作者作为一种具有深厚性文化取向的、农业官僚占支配地位的东方社会来叙述的。传统中国的官僚属于同时为君主和公共事务服务的。艾森斯塔得认为，在"历史官僚社会"的身份等级制中，我们已经看到了固定的、先赋的和特殊主义的标准的某种衰落。在社会组织的某些部分中，发展出了成就的标准。对于先赋的、特殊主义的活动内容与某种以成就为标准的流动和录用制度的结合，艾森斯塔得认为中国的士人可能是最好的例证。中国的科举制度，提供了以成就为标准的主要流动通道。与此同时，考试的内容、习得的象征都显然是弥散性的、非专门化的；这些内容完全由儒教传统构成，不包含任何专门化活动或知识。尽管

---

① 〔美〕艾森斯塔得著，阎步克译：《帝国的政治体系》，第25—26页。

跻身于精英的途径在很大程度上是"开放的"、以成就为基础的，在分层和社会组织领域之中，还出现了"自由的"流动资源，亦即能够成为那种灵活的群体和组织的潜在源泉，但是，精英内部的组织价值观、生活方式和吸收成员的标准和程序，显然还是先赋的、弥散的甚至是传统的。由于所有这些原因，非精英转化为精英的规模以及精英对非精英群体的直接依赖，就都是有限的了。这样，尽管通行成就和普遍主义标准的许多场所的发展，削弱了这些社会的特殊主义和等级—先赋性的社会体系，但是它们并没有占据主导地位。而且，它们或多或少地与这一体系的先赋性因素相调适了，并且在其中占据了关键性的、却又是第二位的重要地位。艾森斯塔得的这一观点正是我想质疑的，尽管他和韦伯都注意到了中国自秦汉开始的选举制度发展所带来的重大变化，但仍然把这种变化视为是次要的，而我则认为这是涉及社会结构的根本变化。

总之，上述"官僚帝国社会"的解释模式确实抓住了春秋战国期间世变的一个关键，深深地触及到了中国一种数千年一以贯之的突出政治、重视官制的特点，以及一种权力、财富、地位、名望等资源紧密地结为一体的特点。秦汉以后的中国确实是成了一个君主集权的官僚帝国，并日益向更严密、更完备的官僚帝国的方向发展。

但"官僚帝国社会"的模式与其说是一个社会形态、社会学的概念，毋宁说是一个国家形态、政治学的概念①，其主要的注意力与其说是注意官僚与社会下层的关系、社会的等级结构、政治上层的社会构成及其补充渠道，毋宁说是更注意官僚与君主的关系、官僚本身的政治功

---

① 也许正由于它不是一个独立自足的社会解释理论，所以它可以方便地与其他的社会解释模式结合，比如与"封建社会"的模式结合，而它当然也能与"选举社会"的模式相容。

能、官僚帝国的合法性及理性因素等。并且，按此模式，较能解释由春秋战国至秦汉这几百年间的政治发展，却不易解释此后近两千年中国历史富有意义的社会变化，尤其不易显示出中国文化的固有特色。所以，我们还希望眼光更为向下，不仅注意皇权之下的官僚，更要注意中国传统社会的基础及其与政治上层的关联。

五、一个新的观察角度

　　社会学家克莱伯（Ian Craib）说："每一回你观察世界的角度有所移动时——无论是多么轻微的移动，你就会看到前此未曾看过的事物。"[1] 我们现在正是想尝试从另一个新的角度来观察中国历史。

　　前面说到，古代中国人没有提出一种系统的社会理论来解释他们所经历的历史[2]，而现代以来逐渐占据了支配地位的一种"五阶段论"的社会发展模式，却明显地不仅带有强烈的现代西方的色彩（如集中于经济原因），而且带有中国所处的20世纪这一激烈动荡的过渡时代的特定色彩（如集中于阶级斗争）。且不说这样一个强调不断变动和造反的理论是否适合于一个正欲进入长治久安的社会之需，对于兴趣尤其在过去而不在未来，尤其在对历史的学术性解释而不在对未来行动及决策的政治性预测的学者来说，心平气和地立足于中国自身的历史（当然也要有一种世界的眼光），大概能使我们更恰如其分地看待我们祖先的历史，从

---

[1] 〔美〕克莱伯著，廖立文译：《当代社会理论》，台湾桂冠图书有限公司1986年版，第332页。
[2] 甚至今天的中国人也很难说是已经独立地从中国自身的历史中引申出了一种自己的社会理论。

而也更接近历史的本来面目。

由于上述"封建社会"模式的支配性影响，1949年以来的大陆学术界一直不重视对中国古代选举制度的研究，此一领域是为冷门中的冷门。在迄至20世纪80年代初之前的三十多年中，笔者仅见有张晋藩等著的薄薄一册《科举制度史话》及商衍鎏的《清代科举考试述录》出版。20世纪80年代中期以来，此类书籍先是有王道成《科举史话》及许树安《古代的选士任官制度与社会》等，后来黄留珠考证甚详的《秦汉仕进制度》及宏观叙述的《中国古代选官制度述略》，阎步克选材精审、叙述连贯的《察举制度变迁史稿》等亦纷纷问世。程千帆《唐代进士行卷与文学》、傅璇琮《唐代科举与文学》等著作深入细致地研讨了科举与文学的关系。90年代以来，此类书籍明显增多，显示出一种繁荣，然而质量尚参差不齐，其中有一些在材料之爬梳、考订方面反不如以前之精审，而是常为泛泛的叙述，有些著作则过于注意如状元等鼎甲人物或者奇闻轶事。台、港近半个世纪来则不间断地有研究科举的著作推出，但总的来说，这些研究与大陆近几年的著作一样，主要还是一种制度史的研究，并因受孙中山思想的影响，特别注意于选举后期的考试制度。而当大陆学界进入21世纪以来，在对选举制度，尤其是科举制度的深入细致的研究方面，从资料的分析整理到实物的收集方面，都有了一个很大的发展。围绕着科举废除一百年，也有过一阵"科举热"，且有越来越多的人认识到，科举不仅是一种考试制度或教育制度，而且具有一种基本的政治制度乃至社会结构的含义。

海外一些学者受到欧美社会科学的影响，又有从社会流动的角度来研究古代选举者，其中成就最著者如何炳棣《明清社会史论》，其英文书名直译为《中华帝国的成功阶梯》，副标题即为"社会流动的方面，

1368—1911"①，作者通过对大量功名获得者家世资料的量化处理与统计，发现明清社会上层的垂直流动程度甚至是现代西方国家也难以企及的。作者在此引入了社会学的概念，然而主要是从社会流动，而非从社会结构着眼②。

社会的垂直流动意味着个人在社会等级阶层之间的地位变化。除了某些简单和原始的社会，所有社会大概都存在某种垂直的社会流动。在欧洲中世纪的封建社会，上升流动的一条捷径是通过教会③。过去一般认为，现代工业社会里的垂直流动（特别是个人的垂直流动）现象要比以前的社会为多，但新的研究表明，即使如此，其数目亦属有限④。

涉及社会流动的一个较极端观点是普兰查斯（N. Poulantzas）所提出的。他认为，即使所有的资产者一天一天（或一代又一代）地下落到

---

① Ho, Ping-ti, *The Ladder of Success in Imperial China-Aspects of Social Mobility*, 1638-1911, Columbia University Press, 1962. 又见 Chang, Chung-li, *The Chinese Gentry: Studies on Their Role in Nineteenth-century Chinese Society*, University of Washington Press, 1955; R. Marsh, *The Mandarin*, The Free Press of Clencoe, 1961。

② 贾志扬（John Chaffee）在其所著《宋代科举》（台湾东大图书公司1995年版）一书中认为：科举考试的制度化及其广泛应用主要出现在宋朝，因此宋朝可谓历史上第一个考试取向的社会，他说他试图阐明这个考试取向的社会的历史和社会结构。继 E. A. Kracke 指出科举考试推动了社会向上流动之后，他进一步认识到考试具有连接社会和政治的重要意义。其作用涉及：皇室的目标、官僚人事安排、社会地位、地方士绅社会的形成、地方的发展以及家庭结构和作用的变化。他还指出：宋代考试的重要性超出中国之外，因为中国考试本身具有相当的世界史意义，西方传统诸如民主、人权和自由在欧洲和美国以及世界各地一再被确认，但很少有人认识到现代社会的另一个普遍特征——学校和考试不但用于教育青年人，并且在选择员工和区分地位中起着关键作用，而这一特征正是发源于中国而并非西方的。得西方耶稣会士和其他晚明和清朝的观察家之赐，精英政治的中国模式为启蒙哲学家们提供了有利的模式，并帮助铸造了现代西方社会。但考试取向的社会有一个令人困扰的"应试教育"的问题。

③ 可参见司汤达的小说《红与黑》。

④ 参见《简明不列颠百科全书》第七卷，中国大百科全书出版社1986年版，第120—121页。

工人们的位置，或工人们一天一天（或一代又一代）地上升到资产者的相对位置，资本主义的本质也没有发生任何变化，因为总会有资产者和无产者的位置，这是资本主义关系再生产的主要方面。普兰查斯的观点是一种相当极端的结构决定论的观点，在他看来，重要的是社会结构，与社会结构中的人毫不相干。泰洛德（Claude Thelot）不同意这一观点，他指出，在此，个人或家庭的命运没有被当作注意的中心，且社会结构与结构内人的流动规模之间并非互不相关。他认为，一种社会地位可以世袭的等级制社会，和另一种新一代青年人都可以有机会发展的社会，在本质上不是一回事[1]。

最深刻地影响着社会流动的自然是社会的基本结构，然而，许多对社会流动的研究往往是孤立的量化研究，没有与社会结构发生联系。这正如波兰社会学者韦索沃夫斯基（W.WesoIowski）等所批评的一样[2]。而我不仅想注意社会结构对流动的影响，还想注意一种也许只有在中国历史上才有的现象，即一种制度性的上升流动不仅已成为持久的结构性流动，而且这种结构性流动已使社会形成一种流动性结构，即流动已进入了社会的基本结构并成为其持久不变的成分。在我看来，仅仅从社会流动入手，还不足以透出秦汉至晚清这两千多年来社会变动的深度与广度，尤其是不足以透出它与西方社会形态相比的自身特色。中国在这种历史发展中，社会已渐渐由一种封闭和凝固的等级社会，转变成为一种开放和流动的等级社会——此即为"选举社会"。

---

[1] 〔法〕泰洛德著，殷世才、孙兆通译：《父贵子荣——社会地位和家庭出身》，社会科学文献出版社 1992 年版，第 2 页。
[2] 参见 Bogdan W, Mach & W. WesoIowski, *Social Mobility and Social Structure*, Routledge & Kegan Paul, 1986。作者试图沟通马克思与韦伯，以他们的共同点为起点，将马克思的阶级结构理论与社会流动的研究结合起来。

"选举社会"的概念
——秦汉至晚清社会形态命名初探

我们还须再观察一下"结构"的含义。布罗代尔（F. Braudel）指出，"结构"一词在"长时段"问题中居于首位。在考察社会问题时，"结构"是指社会上现实和群众之间形成的一种有机的、严密的和相当固定的关系。所有的结构都具有促进和阻碍社会发展的作用。这些阻力表现为人及其经验几乎不可超越的限制。可以设想，要打破某些地理格局、生物现实、生产率限度和思想局限是何等困难的事。对历史学家来说，接受长时段意味着改变作风、立场和思想方法，用新的观点去认识社会。他们要熟悉的时间是一种缓慢地流逝，有时接近静止的时间①。这是一种与在现代人中流行的急遽变化的短时段时间观相当不同的时间观，这也正是我们所要采取的时间观，即如明人张和仲所谓的"千百年眼"②。断代的或更为局部的时间和地域的研究或能更真切地展示细节，但有时我们不得不对一个较长的历史单元作出一种社会结构的解释。

琼斯（Jones）说，近年来社会学对历史研究的最主要影响是引入了阶级与社会结构的概念③。社会"结构"或"组织"（structure or organization）的概念借自物理学与解剖学，有多种看待社会结构的模式，如强调个性、强调类型差别的文化模式型，强调共性、强调普遍原理的结构功能型，以及强调矛盾、斗争的冲突型④。后一种模式也许较适于描述一个过渡时期的社会变迁，而要描述一个较持久的社会类型，则可能最好诉诸前两种模式的某种结合。这也涉及我们所欲采取的一个观

---

① 转引自蔡少卿编：《再现过去：社会史的理论视野》，浙江人民出版社 1988 年版，第 54—57 页。
② 参见张和仲：《千百年眼》，《笔记小说大观》第十五册，江苏广陵古籍刻印社 1983 年版。
③ 转引自蔡少卿编：《再现过去：社会史的理论视野》，第 235—237 页。
④ 参见《简明不列颠百科全书》第七卷，第 120—121 页。

点,即希望从和平、从合作中看进展。

除了历史文化的因素之外,我在社会结构的形式定义方面相当接近于布劳(Peter Blau)的观点。布劳指出,在词典里,"结构"通常被定义为由一些相互依赖的要素和部分所组成的事物。"社会结构"的定义就是由下述这些基本要素所确定的:不同的社会位置、社会位置占据者的数量以及位置分化对社会关系的作用。根据这一定义,一个社会结构既是由不同部分组成的,这些不同部分又是相互关联的,即一方面是社会的分化、分层,另一方面又是社会的弥合、整合。社会结构的一个根本特征就是各种形式的不平等和异质性相交叉的程度或者各个方面的社会差异发生关联的范围。布劳还指出学术界有关社会结构的两点歧异:1. 它是指社会关系的经验结构还是指理论模式;2. 它主要应是微观的还是宏观的分析[1]。

富永健一把社会结构定义为构成社会的如下各种要素间相对恒常的结合,这些构成要素可以从接近个人行动的层次(微观层次)到整个社会的层次(宏观层次)划分出若干阶段,按照从微观到宏观的顺序排列为:角色、制度、社会群体、社区、社会阶层、国民社会。他认为在这些阶段的哪一个层次上进行结构分析,是社会结构概念化时的层次选择问题。社会阶层或分层(social stratification)同社会群体及社区一样,是由一定的界线所划定的人们的集合,但它不像社会群体那样以内部有互动的积累为条件,也不像社区那样以居住地域的共同性为前提。而国民社会是与现代国民国家的地理广延相吻合的最大社区,对现代社会阶层的分析通常是以国民社会为单位来进行的,因此它可以说是国民社会

---

[1] 〔美〕彼特·布劳著,王春光、谢圣赞译:《不平等和异质性》,中国社会科学出版社 1991 年版,第 1—3 页。

"选举社会"的概念
——秦汉至晚清社会形态命名初探

的横切面。富永健一指出,在社会阶层定义中所使用的关键概念是"社会资源"(social resources);所谓"社会资源",是对满足个人需求或实现社会系统的功能先决条件所有用的、因之人人都想得到而又相对稀少的、为此从个人的观点和社会的观点出发赋予其价值的有形及无形的对象。社会阶层亦即社会资源在国民社会内部不平等分配的状态,是指一种基于社会资源的不平等分配的地位划分。将 20 世纪美国型的社会阶层概念与 19 世纪欧洲型的阶级概念相比较,社会阶层的研究具有分析性、多元性、过程论和实证性的特征[①]。

我所取的观察社会结构的角度自然也可以说是属于一种广义的、基于全体社会的社会阶层的分析,但我所涉的不是现代社会中那种相当松散、微殊、变换和多元的社会分层,而是历史上的一种严格、悬殊、一元和数目很少的等级分层,而且,我所集中注意的是个人在其间的流动。等级阶层与流动结构可以说是我把握中国传统社会形态的两个基本点。

贝尔(Bell)倾向于认为现代社会的几个主要领域是分离的,社会可分为社会结构、政体和文化三个部分,社会结构主要指经济、技术和职业制度,是决定社会上个人生活的主要组织的结构,如个人的职业分配、青年人的教育、政治冲突的调节等。社会结构不是一种社会现实的"反映",而是一种概念性图式的"反映"。思想靠发现一种表达基本格局的语言来认识自然,犹如爱因斯坦曾经说过的:"理论决定着我们所能观察的问题。"概念性图式的基础是中轴原理。例如,对托克维尔来说,平等是说明美国社会的中轴原理;对韦伯来说,合理化过程是理解

---

① 〔日〕富永健著,董兴华译:《帝国的政治体系》,《社会结构与社会变迁——现代化理论》,云南人民出版社 1988 年版,第 19—21、71、76—77 页。

西方世界从传统社会变为现代社会的中轴原理；对马克思来说，商品生产是资本主义的中轴原理；对阿隆来说，机械技术是工业社会的中轴原理[①]。

而我在考察中国社会结构的历史形态时所关注的中心问题是什么呢？这个中心问题又是否可以作为考察它的一个恰当基础呢？我所关注的中心问题，从社会的角度来看，可以说是广义的社会资源（包括政治权力、经济财富和社会地位与声望，或可简称为"权、钱、名"）的不断再分配，统治阶级的不断再生产；从个人的角度来说，则是个人在一个社会中所能有的合理期望，个人所不断寻求的上升途径和发展机会。借用政治学者拉斯威尔（H. Lasswell）的话来说，我关注的主要问题是：谁得到什么，什么时候得到，怎样得到[②]。这些人们所欲得到的东西，当然是那些普遍为人珍视、能使自己超出社会水平线，从而也总是显得匮乏的资源。而究竟哪一些人能够得到，他们以什么方式、按什么标准得到，在我看来，就构成了社会分层结构的基本轴心。

我认为，这种资源分配或者说归谁所有的问题确实是划分社会形态的一个基本标志，而不论我们如何理解这类资源的范围或者在其中最强调什么——如生产资料，或者政治权力、法律身份等，这种强调只涉及不同的社会历史形态，并且，划分不同的社会历史形态恰恰有必要不使用一元的标准，而是使用多元的标准。贝尔说，财富、权力和地位的分配问题，"对于任何社会来说都是中心问题"[③]。布罗代尔也

[①] 〔美〕丹尼尔·贝尔著，高铦、王宏周、魏章玲译：《后工业社会的来临——对社会预测的一项探索》，商务印书馆1986年版，第13—18页。
[②] H. Lasswell, *Who Gets What, When, How*. 可参考台湾时报文化出版企业有限公司译本。
[③] H. Lasswell, *Who Gets What, When, How*, p.54.

"选举社会"的概念
——秦汉至晚清社会形态命名初探

认为：要把皮埃尔，布迪厄（P. Bourdieu）的激进社会学理论应用于过去，并打一开始就承认任何社会的基本任务是实现社会上层的再生产[①]。然而，近代以来，人们常常容易对社会资源作过于狭窄的纯经济的理解。

我曾经在实际构成为本书前编的《世袭社会》的"引言"中指出：现代社会中的人们划分社会结构往往有这样一个特点，即极其重视经济因素的作用，认为它对社会结构来说具有决定性的意义。但是，当我们将此一原则应用到历史上的社会形态的时候，尤其是应用到非西方的历史社会形态时，却宜有一种自我反省和警惕，因为中华文明确实表现出与西方文明相当不同的特点。如果说西方的封建社会是一个相当"武化"的封建社会，中国在春秋战国之前的封建社会就已具有浓厚的礼乐"文化"的色彩；古代中国那些左右形势的人们，看来也不把经济发展作为他们的首要目标，不把经济财富的不断和大量地增长作为人们幸福的主要成分。而在春秋战国之后的中国社会中，文化道德因素对社会等级分层的作用似乎愈加重要和明显。

这就回到了我为什么要提出"世袭社会"和"选举社会"这样一对概念的考虑，它们意味着一种观察角度。简单地说，提出这一类范畴所依据的标准从社会历史的角度看就是社会的分层以及不断的再生产，尤其是统治阶层的不断再生产；从个人发展的角度看就是看社会提供给个人的上升渠道和发展条件，看在这个社会中生活的人们有多少实现和发展自己的机会。在此我对社会结构的理解是实质性的，即社会的等级分层结构，注意的中心是社会分层与人的发展之间的关系。

---

① 〔法〕布罗代尔著，顾良、施康强译：《15 至 18 世纪的物质文明、经济与资本主义》第 2 卷，生活·读书·新知三联书店 1993 年版，第 523 页。

在中国几千年的传统社会中，由于有一种政治权力、经济财富与社会名望这三种主要价值资源联为一体的情况，而政治权力又是其中表现最突出的，所以"仕"成为主要的出路，对"仕"的强调可以说是一种数千年的一贯制。就像现代社会相当"突出经济"一样，在中国社会的漫长历史中，也一直有一种"突出政治"的色彩，但是，如何能够入"仕"，究竟以什么方式、按什么标准入"仕"，对于社会等级分层来说还是更关键、更优先的问题，而在这方面，秦汉之后的中国显然摸索着走出了一条在世界文明中极为独特的道路，需要我们做出一种恰当的解释。

六、"选举社会"的概念如何能够成立？

我所做的研究是希望对中国社会的历史结构及其变迁提出另一种有别于流行观点的观察角度、另一个解释的社会理论框架。这一解释的框架并非是社会的经验构成，而只是我提出的一个试图用来把握中国社会历史的一种宏观的概念模式、一种假说，亦即一种类似于韦伯所说的"观念类型"（ideal type）或"纯粹类型"（pure type）。

然而，即便是一种尝试性的假说，提出这样的解释历史的概念必须回答两方面的问题：第一个方面是从理论上说明它所取的观察立场或角度是否恰当，它本身是否在逻辑上能够首尾一贯地成立，亦即我上一节试图说明的主要从社会资源的分配来观察中国社会结构的历史变迁是不是一个合适的角度；第二个方面则是还要提供历史史料的证据，尽量实际地验证所提出的基本解释概念。而且，在我看来，从理论和逻辑上说

"选举社会"的概念
——秦汉至晚清社会形态命名初探

明"选举社会"这一概念如何能够成立，如何能够言之成理固然重要，更重要的还是要将这一假说性的概念验之于这一段历史，看看它对史实是否有足够的解释力，因而是否能使"选举社会"这一概念相对于其他解释概念来说确实具有一种新的阐释意义。

在此，我们想首先提示一下"选举社会"得以成立的一些制度前提，然后再初步观察一下古代选举在中国传统社会中所达到的地位和影响。为此，我们先来看一下我们所理解的传统社会的基本格局。这一基本格局主要是指秦汉以来，一直延续到清廷覆亡时的传统秩序，其间虽有种种变化，但其基本特征却没有改变，这些基本的特征包括：

1. 君主集权制。君主处于一个至尊的地位，他虽然也在某种程度上要受天命、祖宗成规乃至某些法律的制约，但基本上来说，他是最高权威者，是权力与法律之源。

2. 官僚制。在这君主之下，则运作着一套以文官为中心的官僚制度。

3. 社会等级制。社会上始终存在着两大等级，即与君主一起进行统治的士人官员阶层和接受统治的农工商阶层。

4. 社会秩序与伦理秩序的融合。我们这里所说的伦理秩序是家族伦理、亲亲原则，即传统所理解的"伦理"的基本含义。在春秋以前，这种融合也体现在政治制度的层面，其中最突出的是封建制，在秦汉之后，这种融合则主要表现在观念和意识的层面以及体现为社会基层的宗法制度。

这其中，政治上的官僚制和社会的等级制对选举社会的确立至关重要：没有一个专门的、非世袭却又不断需要吐故纳新的常备官员队伍，选举制就根本不可能产生；而"古代选举"的本意，也就是要由下举上，把一些符合其标准的人推到社会的上层。而假如没有一种等级制，也就无所谓上下了。

我们现在来简略观察一下古代选举在中国传统社会中所达到的地位，首先看由选举入仕的官员在政治上的重要性。根据黄留珠的研究，在两汉作为察举常科的孝廉已列出的 307 人中，任用情况可考者计有 183 人。其中由孝廉拜官授职者为 159 人，占 183 人的 86.9%；察孝廉后又被辟除者为 16 人，占 8.7%；举孝廉后被再察举者（例如察举茂才等）8 人，占 4.4%，孝廉所拜授的官职，中央属官约占 69.8%，地方官吏约占 30.2%，中央官分别属于光禄勋、少府、太仆、将作大匠和城门都尉，而又以光禄勋属官最为集中（约占 53.5%），其次是少府属官（约占 13.1%）。地方官主要是郡国长官的高级助手（约占 5%），以及县级长官（约占 20.8%）。郎官在孝廉拜授的诸官职之中，所占比例最大，超过 50%。所以《汉官仪》关于"郡国举孝廉以补三署郎"的记载，确实反映了孝廉任用中的规律性现象。孝廉拜授官职，其秩最高者为千石，不过这部分人所占比例很小（大约不超过 9%），秩六百石者为数也不多（约占 11%），而绝大多数还是秩六百石以下的低级官吏（约占 80%）①。作为察举特科的茂才，其被举后的使用绝大多数是县令或相当于县令一级的官职，汉制规定，郎中秩比三百石，而县令秩千石至六百石，显然茂才的使用远较孝廉为重。还有个别茂才，起家则拜二千石，虽属特例，但亦同样反映了茂才任用之重。这里明显存在着一种升迁关系：孝廉—三署郎—茂才②。同样是作为察举特科的被举为贤良方正者的资历，绝大多数都是现任官吏（或故官出身者），以及州郡的属吏。贤良方正经过对策，高第者所授官职基本都秩比六百石以上，个别特殊

---

① 黄留珠：《秦汉仕进制度》，西北大学出版社 1985 年版，第 143—145 页。
② 黄留珠：《秦汉仕进制度》，第 172—173、186 页。

"选举社会"的概念
——秦汉至晚清社会形态命名初探

情况者,起家即为九卿①。黄留珠据此认为,与茂才、贤良方正比较,孝廉的任用规格是比较低的。事实确实如此,但如果我们考虑到茂才、贤良方正多为已入仕者,而孝廉多为初入仕者,是由一介草民转登仕途,则其最初的任用又绝不低,至少在总体上不低于后来远为辗转艰难的科举时代的初入仕者,另外我们还须注意他们最后可以达到的地位。

这种最后地位可以科举时代的宰相为例,根据黄留珠的统计,唐代科举在选官中的地位进一步提高,首先反映在高级官员中特别是宰相中科举出身者的比重不断上升。宰相中科举出身者的比例,唐太宗时期为3.4%,唐高宗时期为25%,武则天时期已达50%②。唐宪宗时期宰相总数29人,进士所占的比例为58.6%;穆宗时期宰相总数14人,进士占57.1%;敬宗时期宰相总数7人,进士占85.7%;文宗时期宰相总数24人,进士占75%;武宗时期宰相总数15人,进士占80%;宣宗时期宰相总数23人,进士占87%;懿宗时期宰相总数21人,进士占81%③。黄留珠据此指出,进士出身者在宰相中逐渐占据多数,标志着科举制在选官中主导地位的完全确立。而到宋以后,科举更是完全占据了支配地位,整个北宋的71名宰相中,有64名为进士或制科出身,除去一些特殊情况,真正不由科第而任宰相者,仅有3人④。明清以后,首相宰辅更是以科甲为重,科甲又尤以入翰林为重。《明史·选举志》论一代宰辅出身说:"成祖初年,内阁七人,非翰林者居其半。翰林纂修,亦诸色参用。自(英宗)天顺二年(1458)李贤奏定纂修专选进士,由是非

---

① 黄留珠:《秦汉仕进制度》,第172—173、186页。
② 黄留珠:《中国古代选官制度述略》,第200—201页。
③ 黄留珠:《中国古代选官制度述略》,第204页。
④ 黄留珠:《中国古代选官制度述略》,第270页。

进士不入翰林，非翰林不入内阁，南、北礼部尚书、侍郎及吏部右侍郎，非翰林不任。而庶吉士始进之时，已群目为储相。通计明一代宰辅一百七十余人，由翰林者十（之）九。"清代汉人官大学士者共119人，皆为科举出身，且除左宗棠一人系举人出身以外，皆起家进士①。

我们再看科举在社会上的地位和影响。陈寅恪说："进士之科虽设于隋代，而其特见尊重，以为全国人民出仕之唯一正途，实始于唐高宗之代，即武曌专政之时。及至玄宗，其局势遂成凝定，讫于后代，因而不改。"②至唐德宗贞元时，韩愈《上宰相书》中已经谈道："今天下不由吏部而仕者几稀矣"，"方闻国家之仕进者，必举于州县，然后升于礼部吏部，试之以绣绘雕琢之文，参之以声势之顺逆，章句之短长，中其程式者，然后得从下士之列，虽有化俗之方，安边之画，不由是而稍进，万不有一得焉"③。宋代科举在社会上的地位更加重要，已成为社会上人们一条主要的上升之阶，而对寒畯甚至是唯一的出路，虽圣人亦不能免。朱熹就曾言："居今之世，虽孔子复生，也不免应举。"④《今古奇观》中一篇《老门生三世报恩》的小说中，一位46岁的老秀才鲜于同也这样说："只是如今是个科目的世界，假如孔夫子不得科第，谁说他胸中才学？……不止于此，做官里头还有多少不平处，进士官就是个铜打铁铸的，撒漫做去，没人敢说他不是。"《儒林外史》中的选家马二先生也说："举业二字是从古及今人人必要做的。……就是夫子在而今，也要念文章、做举业，断不讲那'言寡尤，行寡悔'的话。何也？就日日讲

---

① 朱彭寿：《旧典备征》卷一之五《汉大学士人数》，中华书局1982年版。
② 陈寅恪：《唐代政治史述论稿》，上海古籍出版社1982年版，第22页。
③ 马其昶：《韩昌黎文集校注》卷三，上海古籍出版社1998年版。
④ 转引自《清会典事例》卷三八九《礼部·学校·训士规条、考试规条》乾隆五年《训饬士子文》。

"选举社会"的概念
——秦汉至晚清社会形态命名初探

究'言寡尤,行寡悔',那个给你官做?孔子的道也就不行了。"又说:"人生世上,除了这事,就没有第二件可以出头。不要说算命、拆字是下等,就是教官、作幕,都不是个了局。只是有本事进了学,中了举人、进士,即刻就荣宗耀祖。"明朝末年进士金声,原来家庭极为贫困,遂题书斋联曰:"穷已彻骨,尚有一分生涯,饿死不如读死;学未惬心,正须百般磨炼,文通即是运通。"由于政治权力、经济财富和社会名望等种种资源都与此相连,所以,社会上有"一路通,路路通"之谓。而要求"学而优则仕"的结果,则是社会上从上到下都极其鼓励读书,如宋真宗《劝学文》:"富家不用买良田,书中自有千钟粟。安居不用架高堂,书中自有黄金屋。出门莫恨无人随,书中车马多如簇。娶妻莫恨无良媒,书中有女颜如玉。男儿欲遂平生志,六经勤向窗前读!"王安石《劝学文》也说:"读书不破费,读书利万倍。……窗前读古书,灯下寻书义。贫者因书富,富者因书贵。"传统社会上下长期流动的结果大致造成了一个弥漫着书香的世界,使中华民族成为世界历史上一个最具书卷气的民族,甚至目不识丁者也知"敬惜字纸",普遍有一种对于文字、文献的崇拜。

或说古代选举只是涉及少数人,被选上者更少,为何说它竟造成了一种社会的结构?然而,不仅少数居上、少数治理正是无论中外传统社会结构的真相(甚至也是现代社会隐蔽的真相)①,而且,我们还须注意到古代选举,尤其科举的宏大场面和某种表演性质,各种仪式的耸动视

---

① 由此,批评以往文字的历史只是"帝王将相"史、"才子佳人"史而主张颠倒过来,就可能陷入一种矛盾:或者坚持现在的价值"应当"而不管历史的真相,或者不得不为了历史的真相而放弃现在强烈的价值诉求。并且,如果说过去的历史就已经是大众占据舞台,担任主角,过去的王朝也就不是一片黑暗而需要革命了。

听对于旁观的大众的广泛影响①。科举考试有各种层次，一般人所能直接接触的还是初级功名的人，然而，甚至最初级的层次也有其社会效应。如清代湖南桂阳县地处万山之中，读书者绝少，偶有一二生监，其尊无对，物稀为贵。某令尝撰一联纪其实曰："鱼龙鸡凤鸭孔雀，贡阁廪尚童翰林。"②这正好可以印证社会学中"参考群体"的理论。齐如山曾经在《中国的科名》一书中逐一分析各级功名的社会意义，他指出，童生本不算一种科名，可也是一层阶梯，哪怕只考过一次县考，以此他在官府中就有了名，否则在国家机构中是没有姓名的（只是数目中的一个，这数目还不一定是真的），而一报考，则姓名载于国家学校的人名簿上，比平民稍受优待，例如：遇诉讼写状纸可写"童生某人"，堂上虽还须跪着回话，但县官问话总较客气，年老者则县官可命起而回话（秀才以上都不跪，平民则均不许站）；小考时社会给的面子更大，到处受优待，甚至不自爱者多有闹事，有事县官也得稍稍庇护，因怕误了考试，担待不起；去世后，神主可写："侍赠登仕郎。"

考秀才时，县城、四乡均有跑报的团体，出榜日，有应考者之家必彻夜等候，报喜人到，则不仅本家、街坊均起来共贺，并到亲戚家报喜，到一家时先放三声炮，以便合村皆知。秀才在政治方面多于平民的特权有：1. 秀才与知县、教官等上公事，可写禀帖（平民只能写呈子），显得亲近得多，有些私信色彩。2. 秀才只可传讯，无大事不可拘提，过堂时站立回话，这样，与之打官司的平民说话就气馁得多，遇

---

① 中唐赵儹《李奕登科记序》（《文苑英华》卷七三七）："于是献艺输能、擅场中的者，榜第揭出，万人观之，未浃旬而名达四方矣。近者佐外藩，司言中禁，弹冠宪府，起草粉闱，由此与能，十恒七八。至于登台阶、参密命者，亦繁有徒。所谓选才授爵之高科，求仕滥觞之捷径也。"

② 徐珂编：《清稗类钞》第二册《考试类》，中华书局1984年版，第559页。

"选举社会"的概念
——秦汉至晚清社会形态命名初探

有大罪先要革去秀才功名再动刑,遇小过应受责,知县也不许打而得交教官责罚,且只许打手板。所以,在杭州有句俗语叫秀才作"屁股盖儿"①。3. 地方公事秀才可禀见县官(私事仍不行),平民则什么时候都不行。因进士都做官,举人居乡者也不多,秀才在乡村社会中的情形可以说占据最高的地位。乡间有顶戴之人多是秀才,称呼总是"先生",婚丧必请秀才,所以北方俗谚有谓"秀才不可不进,席面多吃几顿",又说"秀才吃的真是美,小米白面偎着嘴"②,秀才还可以改换门闾,屋门一般七尺,秀才家则七尺三寸,总要高三寸,秀才还可以少出一些地丁钱粮③。

如此,由选举所得的功名就不仅是民间人要想出头,尤其是要想获得社会上的最佳地位而舍此未由的途径,在观念上也深深地影响到了民众中的渴望、艳羡、尊敬和畏惧之情。陈独秀在其回忆录中表示虽不同意但却理解他母亲崇重科举的思想:"因为在那一时代的社会,科举不仅仅是一个虚荣,实已支配了全社会一般人的实际生活,有了功名才能做大官……普遍的吉利话,一概是进学,中举,会进士,点状元;婆婆看待媳妇之厚薄,全以儿子有无功名和功名大小为标准,丈夫有功名的,公婆便捧在头上,没有功名的,连用人的气都得受;贫苦农民的儿子,……如果能够跟着先生进城过一次考,胡乱写几百字交了卷,那怕第一场就榜上无名,回家去也算得出人头地。穷凶极恶的地主们,对这

---

① 钟毓龙:《科场回忆录》"甲小试",浙江古籍出版社1987年版。
② 齐如山家乡一村三百家,能天天吃白面的仅四五家,偶尔吃的十几家,而除过年外一年不得吃者则总一百余家,而齐如山说他家乡尚非穷村,当然这是晚清衰落时的情况。
③ 齐如山:《中国的科名》第二、六章,杨家骆主编:《中国选举史料·清代编》,台湾鼎文书局1977年版。又中唐姚合即有诗云:"阙下科名出,乡中赋籍除。"载《姚少监诗集》卷一《送喻凫校书归毗陵》。

一家佃户，便另眼看待，所以当时乡间有这样两句流行的谚语：'去到考场放个屁，也替祖宗争口气。'"① 韦伯曾经指出，在中国中举儒生的头上有一种卡里斯马（Charisma）的光环，这一点从《儒林外史》中胡屠户对中举前后的范进态度判若两人，以及在壮胆打了喜极而疯的范进一掌以后，马上就觉得自己的手"隐隐地疼将起来"中，也可以得到旁证。

我们还可以从作为清代启蒙读物的道德语录中流传最广的《增广贤文》一书，看到古代选举对于塑造社会心态的广泛而深刻的影响，而这些语录本身又是社会现实状况的一种反映。反映了对子弟上升入仕之路唯有读书应举一途认识的语录如民间流行本《增广》："家无读书子，官从何处来。""欲昌和顺须为善，要振家声在读书。""万般皆下品，唯有读书高。""学在一人之下，用在万人之上。""士者国之宝，儒为席上珍。""欲求生富贵，须下死功夫。""一举首登龙虎榜，十年身到凤凰池。十载寒窗无人问，一举成名天下知。""书中自有千钟粟，书中自有颜如玉。"同治中周希陶重订《增广》："要好儿孙须积德，欲高门第快读书。""救人一命，胜造七级浮屠；积金千两，不如一解经书。""贫不卖书留子读，老犹栽竹与人看。""传家二字耕与读。"而相对于读书来说，财富是很靠不住的，例如："积金千两，不如多买经书。有田不耕仓廪虚，有书不读子孙愚。""积钱积谷不如积德，买田买地不如买书。"依赖于门第出身的世家也早已成往事："好学者则庶民之子为公卿，不好学者则公卿之子为庶民。""蒿草之下还有兰香，茅茨之屋或有侯王。无限朱门生饿殍，几多白屋出公卿。""榜上名扬，蓬门增色。"

总之，纵观自秦汉至晚清这两千多年的总趋势，说古代选举在政

---

① 《陈独秀文章选编》下册，生活·读书·新知三联书店1984年版，第556—557页。

"选举社会"的概念
——秦汉至晚清社会形态命名初探

治上和社会上的地位愈来愈重,最终达到了一个以"学而优则仕"为重心的"选举社会",应当说是大致不差,有相当多的历史证据可以支持的[①]。

当然,本文非常初步的叙述只是一个开始。"选举社会"的概念还必须从以下三个方面予以进一步的系统阐发和说明:一是中国古代选举的发展究竟如何影响到了社会的结构,如何造成了一个主要依赖于选举来分配社会资源的社会?二是这种选举的基本原则和标准是什么,成效如何?它按照这种标准是否基本上达到了它的目的,履行了它的社会功能?三是这一社会的内在矛盾是什么,它如何摆脱自己的困境,又如何在近代由于外来的因素而不得不归于终结?这一讨论的主旨是对中国经战国这一过渡时代所进入的直至晚清的两千多年的历史发展,提出一种有别于流行观点的社会学阐释,以便为诠解中国自秦汉至晚清这一迥异于西方的独特"历史之谜"(梁漱溟语),提供一条新的合理思路。笔者希望借由"世袭社会"、"选举社会"的概念,能对中国历史构成一个比较完整、互相补充的社会理论解释框架。

但是,我们又不仅仅是要指出中华文明的特殊性,我们也注意到传统社会向现代社会转化的某种普遍性,在中国的传统社会中,实际上也已包含有丰富的现代因素,中国也有向"现代"发展的某种趋势,只是在发展中呈现出与西方迥然有别的特点而已。中国两千多年来先为荐选

---

① 从西汉到东汉,察举已经发展到了一个在入仕各途中至重至显的地步,但是,其后魏晋时期向门第世家的发展,却使选举社会的发展似乎呈现出一个"之"字形。魏晋南北朝,尤其是东晋时期需要作为一个特例来处理。但即使在那一个时期,王权对世族还是保留了一种远非春秋时代所能比拟的凌驾地位,有助于支持王权的察举制度也时强时弱地始终存在。而退一步说,我们甚至也可以考虑一种社会形态并不一定要是连续的,它也可以是非连续的。

("察举"),后为考选("科举")的选举制度的演变,体现了一种进入社会上层的单一的最大机会平等的发展。这一平等的趋向与西方封建制社会崩溃以后的平等潮流既有相合之处,同时又有自己的显著特色,中国也可说是以自己的方式参与了托克维尔以"平等的潮流"所概括的一个走向"现代"的世界性历史进程。我们甚至可以说,古代中国已经在某些方面率先承受了"现代性"的负担与困境。因此,"选举社会"的解释范畴也是一种想从中国的内部探究中国的过去与"现代"的关系,并开始从自身的角度反省和批评"现代性"的尝试。

(原载《文史哲》2010年第6期)

历史分期命名标准刍议

冯天瑜

墨子说:"凡出言谈则不可而不先立仪而言。"[①] 又说:"顺天之意,谓之善言谈;反天之意,谓之不善言谈。……故置此以为法,立此以为仪。"[②] 墨子强调的"立仪",就是确立法度、准则,若无合理的、公认的标准,讨论问题、拟定名目必然散漫无着落。回顾中国历史分期讨论长期聚讼不决,原因之一,便是在"封建"等核心论题上未能做到"先立仪而言"。

一、名辨之学不可轻慢

历史分期的命名颇费斟酌,却又切关紧要,绝非如陶希圣所说,"名词之争""很无意义"。

历史分期的命名,直接牵涉到历史述事的时空维度的把握,牵涉

[①] 《墨子·非命下》,上海书店1986年版。
[②] 《墨子·天志中》。

到史学概念古今转换、中外对接的合理性问题。陶希圣等论者关于中国史分期的言论，之所以前后矛盾，原因之一，就在于轻视"名词之争"，忽略概念辨析。陶希圣在论史时，"封建"等关键词一再出现概念混乱，以致遍读陶著，我们实在难以把握陶希圣及其一派的中国史分期说，也无法确认其所论"封建社会"究竟为何物。当然，对命名问题采取轻慢、随意态度的，并非只有陶希圣等中国社会史论战的某些参加者，大而言之，这是形式逻辑不发达的中国的一种积习的表现，故需要从历史源流上略加追溯。

（一）名辨之学及其沉寂

中国先秦时代本来有着相当丰富的关于名相问题的思想学说，儒、墨、道、法诸家都热衷于讨论名实关系（"名"指名称、概念，"实"指事实、实在）。老子将"无名—有名"作为对子加以论述："无名天地之始，有名万物之母。"① 意谓在天地判分前的元始混沌期，是"无名"的；万事万物出现分野，方为"有名"。故老子认定"无名"是本原的，所谓"道隐无名"②；老子又肯定"有名"是天地万物被区分的基础。老子意在破除名相的遮蔽，直追本体；又将"名"赋予本体，以便识别。孔子倡"正名"，所谓"名不正，则言不顺；言不顺，则事不成"③。视厘定名分为发言、成事的前提，正名是确立社会规范、政治秩序的必需。墨子主张"取实予名"，提倡名实之"辩"，"夫辩者，将以明是非

---

① 《老子》第一章，上海书店1986年版。
② 《老子》第四十一章。
③ 《论语·子路》，中华书局1980年版。

之分,审治乱之纪,明同异之处,察名实之理,处利害,决嫌疑"。"以名举实,以辞抒意,以说出故"①。商鞅学派论"名",重在"定名分",通过"正名定分"确立等级秩序,认为"故夫名分定,势治之道也;名分不定,势乱之道也"②。

战国中期以降,因社会之"实"变更剧烈,这种变化必然在"名"的转换上有所反映,不免出现"奇辞起,名实乱"③的情形,于是"名辨之学"大盛,除儒、墨、道、法诸家巨子探讨此题外,惠施、尹文、公孙龙等人更专研此道,惠子"合同异"(强调同一性),公孙龙子"离坚白"(强调差异性),形成以"坚白同异之辩"为务的"名家者流",又称之"辩者"、"察士"、"形名家"。晚周确乎是一个多"辩"的时代("百家争鸣"即此之谓),"明同异"、"察名实"的名辨之学在这个多"辩"的时代得以发展。

儒家出于规范社会秩序的目的,注重"定名分",认定"为政"须以"正名"为先。子路问孔子:您出掌国政,首先做什么?孔子答曰:"必也正名乎!"④ 荀子发展正名说,主张"制名以指实,上以明贵贱,下以辨同异"⑤,而其"制名之枢要",在"循名责实"、"名闻而实喻"⑥。

名家为一另类,它把儒家为"正政"服务的正名说,引向研讨名与物关系的纯逻辑学层面,这是执着于经验理性的儒家所不能容忍的。于是,不法先王、不遵礼制而专事概念辨析的思辨派——名家,便成为

---

① 《墨子·小取》。
② 《商君书·定分》,上海书店 1986 年版。
③ 《荀子·正名》,上海书店 1986 年版。
④ 《论语·子路》。
⑤ 《荀子·正名》。
⑥ 《荀子·正名》。

儒家排斥、攻击的对象。如荀子深责名家"好治怪说，玩琦辞，甚察而不惠，辩而无用，多事而寡功，不可以为治纲纪，然而其持之有故，其言之成理，足以欺惑愚众"①，批评可谓苛刻。至两汉，不仅经学家拒绝名家，司马迁、班固两位大史笔，虽肯定名家的正面价值（如《史记·太史公自序》称名家"控名责实，参伍不失，此不可不察也"），但揭名家之短都毫不留情，或曰"苛察缴绕"②，或曰"苟钩𢮿折乱而已"③。此后，酷评名家成为时尚，名家退隐出中国学坛。

（二）近代名学复兴

自汉儒冷落先秦名家以来，在"经验理性"轨道上运行的中国学术主流，往往把对名相的追索、探究，视作"无用之辨"，讥为"屠龙之术"。这种蔑视名辨的文化氛围，养成以思维模糊性为高明的传统观念，关键词内涵游移、外延随意伸缩，并不被认作是讨论问题时在偷换概念，反而美其名曰"纵横八极"、"游刃有余"。这种诗化的、不太注重形式逻辑的思维方式，大概是妨碍中国文化近代转型的原因之一。

晚清墨学复兴，"墨辨"被重新申发，是近人救正上述偏弊的一种努力。而严复、章士钊等译介西方逻辑学，则是救正上述偏弊的又一种努力。严复1902年将英人穆勒的《逻辑体系》翻译成《穆勒名学》（原作6卷，严译全书之半），重点介绍归纳法，并取用先秦名家的核心术

---

① 《荀子·非十二子》。
② 《论六家之要指》，《史记·太史公自序》，中华书局1980年版。
③ 《汉书·艺文志》，中华书局1980年版。

语"名"题写书名,把西方逻辑学意译为"名学",颇能传神。严复称名学为"一切法之法,一切学之学"①。章士钊在《逻辑要指》中力倡"逻辑"一名,说此学启发神智。这种对名学的倡导,意在提升国人对名辨之学的认识水平。

与严复、章士钊意向相似,刘师培有感于"中邦名学,历久失传,亦可慨矣"②,特重申先秦的正名之道,从孔子"首倡正名"讲到荀子"有循乎旧名,有造乎新名"。又博引《左传》的"名以制义",《庄子·逍遥游》的"名者,实之宾也",《尹文子·大道上》的"形以定名,名以定事,事以验名"。刘氏还注意到"近世泰西巨儒倡明名学",介绍其归纳派和演绎派,又以荀子思想与之比较,认为"演绎者,即荀子所谓大别也"③。刘氏发现西学重视"界说"(下定义),特别指出:"西儒以界说为解析名义之词,所以标一名所涵之义也。"刘氏主张在解字析词的小学的基础上,吸纳西方名学,他说:"若小学不明,骤治西儒之名学,吾未见其可也。"④刘师培试图会通中西名学,以提高中国人名相之辨的水平。其论虽流传不广,却指出了中国学术补偏救弊的一条正道。

今日我们重温严复、章士钊、刘师培肯认名辨之学,重视"解析名义"的言论,有助于提高对于命名重要性的认识。具体到历史分期问题,严、章、刘之论也颇具启发意义。

中国历史分期的论争,断断续续已进行了大半个世纪,但始终聚

---

① 〔英〕穆勒著,严复译:《名学》,商务印书馆1981年版,第2—3页。
② 刘师培:《刘师培辛亥前文选》,香港三联书店1998年版,第219页。
③ 刘师培:《刘师培辛亥前文选》,第218页。
④ 刘师培:《刘师培辛亥前文选》,第219页。

讼未决，其故何在？撇开政治性原因不论，之所以在历史分期上众说纷纭、莫衷一是，乃由于未能将核心术语（如"封建"）的"名义"解析清楚，各家各派都有自己的"封建观"，甚至一家、一人也有变幻无常的"封建观"。这样的历史分期论战，名为辩论，实为自说自话。诚如王亚南先生1931年在《封建制度论》中所说："中国竟有许多历史学家社会学家在采取这种方法，所以论来论去，总没有抓住要领。"[①]

二、试拟历史分期命名四标准

自1929年中国社会史论战开始以来的近80年间，中国史分期讨论时起时伏，却不绝如缕，各种辩议层出不穷，各家各派使用的分期名目，歧义极大，成了"任意梳妆打扮的小姑娘"。这个中因由，在于前文论及的忽视名辨的偏弊，在于将"名词之争"视作"无意义"的认识惯性，鉴于此种情形，在讨论历史分期之先，有必要预为确定历史分期的命名标准。如果学界能在命名标准上取得共识，历史分期的探讨可能会顺畅一些，而不至于像王亚南所说的，"论来论去，总没有抓住要领"。

（一）历史分期命名标准

关于历史分期诸阶段的命名，笔者试拟如下几条标准。

其一，命名须准确反映该时段社会形态的实际，概括该时段社会、

---

① 王亚南：《封建制度论》，《读书杂志》1931年4—5合刊·中国社会史专号，第35页。

经济、政治、文化的本质属性,此谓之"制名以指实"。

其二,若借用旧名,必有引申,以达成与旧名的间隔,如此方能形成区别于旧名的新术语。然而,新术语的引申义与旧名本义虽然发生跳跃,但又必须遵循旧名本义指示的方向,全然背离本义即为不通之名,此谓之"循旧以造新","新义"对"旧义"既别有创获,又保持内在联系。

其三,命名须观照相对应的国际通用术语,其内涵、外延均应与之吻合或接近,以与国际接轨,而不可闭门造车,此谓之"中外义通约"。

其四,汉字是表意形声文字,所拟名目应能从字形推索其义,而不可形义错置,此谓之"形与义切合"(音译词不在此列)。

此外,命名应当简洁明快,便于理解,寓深意于浅近之中。

以上卑之无甚高论,却并非主观的先验设定,而是从历史分期命名的经验教训中试加提炼而来。所拟四条,未必精当、周到,仅供参考,亟望贤达教正。

名副其实,是制定名目的基本准则,所谓"制礼定名,合从事实,使名实相副"[①],故历史分期之"名"须反映历史之"实",概括历史段落的本质属性,不应有争议;"中外义通约",在文化日益国际化的当下,也不难理解。然而,命名还须"循旧以造新"则不一定全被认同,而弃此一条,前述"制名以指实"也将落空。

(二)旧名衍新名:间距化与因袭性的统一

"循旧以造新",是由汉字词的固有特性出发拟定的制名标准。

---

① 《旧唐书·礼仪志一》,中华书局 1982 年版。

汉字具有多义性，往往一义多字，一字多义，甚或一字多音多义。日本江户时代古学家荻生徂徕在论及华、和（日）语文的异同时，谈到汉字"有一训被多字者焉，有一字兼多训者焉"①。正因为汉字具有多义性，汉字词便有可能发生含义的跳跃，导致"间距化"，使得同一词形下的"新名"与"旧名"内涵及外延均发生明显变化。不过，这种"间距化"引申，应当以原词的本义为起点，依其指示的方向推衍。如此，旧词赋新义方具备语文逻辑的合理性，人们才可以在理解中使用，或在使用中理解。

常见的旧词生新义的方法是，从原词的古义出发，令其含义缩小、扩大或转化。如"教授"，原为动词，意谓传授知识；宋代以降，衍为偏正结构名词，宋代府州设教授，负责教诲生员；明清府学设教授，训导生员，"教授"成了掌管学校课试的学官名称。"教授"的今义是翻译 professor 获得的，特指大学教师中的最高职称，与"教授"本义有别，但此一新含义显然是沿着旧名本义指示的方向做出的合理引申。

又如"物理"，古义泛指事物之理，明末方以智的《物理小识》所用"物理"演化为"学术之理"，主要指自然科学之理。"物理"的今义是在翻译 physics 时获得的，收缩为自然科学中的一个门类，研究分子以上层面的物质变化规律（分子发生变化，则是化学研究的领域），此种新含义也是沿着旧名本义指示的方向做出的合理引申。

再如"组织"的古义是纺织，有排列组合序列的意思，今义是在翻译 sosiki 时获得的，转化为机体中构成器官的单位，进而引申为社会中按某种任务和系统结合成的集体（organization），此种新含义仍然与旧

---

① 〔日〕荻生徂徕：《译文筌蹄·题言十则》，河出新房社 1997 年版。

名本义保有联系。

三例新名，含义均发生引申，形成与旧名的间距，方衍为负荷别种意蕴的新术语；但旧名向新名演绎时又保持了承袭性，两者间有语义发展的内在逻辑可寻。上述汉字新名与旧名的含义虽然有泛与专、宽与窄的区别，或者所指发生了更改，但其意蕴却存在着意义关联，新旧词义间保持着承袭与变异的张力，因而使用者稍运神思，便可发现二者间的演变轨迹，对词义的古今推衍、中西对接，有所会心，易于受用。

（三）意译新名应能从词形推及词义

汉字词义演化另有一法，便是"借形变义"。此法的要领在于，保持该词词形，抛弃原有词义，通过变换构词法，演化出新义来。如"现象"本为汉文佛词，指佛或菩萨现出形象，近代日本哲学家西周在《人生三宝说》中借此古典词翻译 phenomen，指经验所提供的并借助于感觉领悟的事物，是感性直觉的对象，与"本质"相对应。以后，"现象—本质"共同组成辩证法的一对范畴。"现象"在中西词语对译时发生古义向今义的演变，是"借形变义"的显例，而负荷新义的"现象"一词，符合汉语的基本语法，从词形可以推衍出新词义来，故可以理解。

又如"民主"，旧名原为偏正结构名词，本义"民之主"，相当于"君主"，近代来华的美国新教传教士丁韪良以其意译 democracy（音译德谟克拉西），改为主谓结构，变义为"民自主"、"民作主"。当人们对"民主"一词的构词法的辨识，由偏正式变为主谓式，含义的变更也不难理解。

上述皆为汉语旧名向新名的合理转化之例。然而，如果古典汉字词转变为新术语,既与古汉语义毫不搭界,也不切合对译词的西义,又无法从汉字词的词形推导出新的词义来(改变构词法也不能演化出新义来),也即新词义不仅与旧词义全然脱钩,也与词形毫无关涉。其新义全然是外在强加的,便是一种"误植词"。

　　术语概念误植带来的不良后果,常会超越语言学范围而直达思想文化层面。美国汉学家费正清的《剑桥中华民国史》指出,某些西方概念汉译后,往往发生变异,如 individualism 是欧洲启蒙运动后表述人权和尊重个性的褒义词,译成汉语"个人主义",则演化为"利己"、"自私"的同义词,基本上成了贬义词。此外,如"自由主义"、"权利"等译词,也有从英语原来的褒义转变为汉语词贬义的情形。这表明,异文化的通约殊非易事。而如果术语不能通约,异文化的互动则会陷入困境。正因为如此,更有必要指明术语概念误植的问题所在,揭示其在古今中外语文坐标系上于何处发生偏差,在哪里出现脱轨,以引起相关学科疗救的注意。

三、秦以下两千年称"封建社会":名实错置、形义脱节

(一)将秦至清命名"封建社会"不符合四标准

　　如果上述历史分期命名标准大体可以成立,再用以衡量我们早已"日用而不辨"的泛化"封建"及其组建的"封建社会"等词组,就会发现:以其命名秦汉至明清两千余年的社会形态,多有文化错位之处:

　　1."封建社会"不能反映秦至清两千余年间中国社会的基本属性,

无法表述"田土可鬻"和"专制帝制"等核心内容，故有悖于"制名以指实"。

2. 称秦至清两千余年为"封建"，此"封建"泛义与"封建"主义（封土建国）指示的方向截然背逆，故有悖于"循旧以造新"。

3. 泛化"封建"义与对译的英文术语 feudalism 的含义（封土封臣、领主采邑制）两不相靠，故有悖于"中外义通约"。

4. 无法从"封建"词形索引出秦汉以降的"土地可以买卖的地主制、中央集权的专制帝制"诸义（从"封建"词形只能索引出与之相反的"封土建国"义，故有悖于"形与义切合"）。

（二）笔者的反思过程

由所受教育使然，笔者本人也长期信从并使用泛化的"封建"一名，不仅教学曾反复宣讲秦始皇为"封建专制第一帝"，而且 1988 年以前刊发文章，无不指称秦至清为"封建社会"。不过，笔者素有"概念癖"，喜欢对名称问个"为什么"，近十余年来在对照中国史学元典、国外史籍与中国当下史书的过程中，发现"封建"一名的语用差异甚大，遂对流行的泛化封建观产生怀疑，进而由怀疑发展到试作名目取代之，1989 年曾将秦汉至明清的社会形态初拟为"宗法—专制社会"，以避免把封建制已成陪衬的秦以后两千余载称"封建社会"[①]。这当然只是一种粗略的修正方案，并不令人满意，"取实予名"、"循名而责实"的

---

① 参见拙著《中华文化史》上编第四章中的"中国'封建制度'辨析"，又见该章第三节"宗法—专制社会结构下的伦理—政治型文化范式"，上海人民出版社 1990 年版，第 226—230、231—262 页。

思考仍然在继续进行。

秦汉以降的中国社会的"实态"究竟如何呢？简言之，秦至清的两千年社会颇不同于殷商西周（变化从晚周已开启端绪），显著特征之一是土地可以买卖、转让，地主—自耕农经济占据主导；显著特征之二是专制主义的君主集权政制覆盖全社会。这种经济—政治结构与古称"封建"的殷周领主经济和封邦政治大相径庭；与西欧中世纪庄园采邑制经济、封君封臣、主权分裂的政制差异巨大；同日本中世及近世的藩国林立的公武二元制度也明显有别。故无论从"封建"的古义还是西义论之，秦汉至明清的两千余年都不应以"封建社会"相称。

那么，非封建的秦以下两千余年何以名之呢？

笔者在 1990 年出版的《中华文化史》书中草拟"宗法—专制社会"一名，这较之"封建社会"，庶几切近秦汉以下历史之"实"，却又并不周全，因为该名仅指出秦至清的社会—政治结构特征，尚未揭示此一历史阶段的经济制度特征，而经济形态是社会形态的基石，诚如恩格斯所说："每一历史时代的经济生产以及由此产生的社会结构，是该时代政治的和精神的历史的基础。"[①] 在概括社会形态时，经济形态不得缺位。秦汉以下两千余载，土地私有的"地主—自耕农制"（简称"地主制"，与"封建领主制"相对应）是一种渐趋强势的存在，它与中央集权的"专制帝制"（"封土建藩"相对应）互为表里，又同宗法制紧密结合。宗法制、地主制、专制帝制三者组成一以贯之的整体，决定了秦至清两千余年的社会形态，既不同于"古"（如殷周封建制），又不同于"外"（如欧洲中世纪、日本中世及近世）。

---

① 《马克思恩格斯选集》第 3 卷，人民出版社 1995 年版，第 223 页。

经过反复追究、勘比，笔者的学习心得为："封爵建藩"之制（即"封建制"）在秦以下的列朝并未消弭，然仅为"偏师"，而秦至清的制度主体，是贯穿性三要素——宗法制、地主制和专制帝制，故而秦汉至明清的社会形态，似可以"宗法地主专制社会"称之，如此庶几达成"制名以指实"这一命名的基本目标。

（原载《文史哲》2006年第4期）

中国社会形态的四个层面及其历史分期

郭 沂

引 言

社会形态及其演变不但是历史学的基本问题,也是人文社会科学的一个基本理论问题。切实地研究这个问题,对于正确认识我们所处的时代与未来社会的走向,具有重大意义。关于中国的社会形态及其演变,目前占主导地位的仍然是马克思根据西方历史提出并由斯大林总结的五种生产方式论。但是,这种学说是否符合中国历史的实际,却一直受到怀疑,五六十年代和80年代都曾有热烈讨论。目前,这个问题重新成为学术界的热点。

我以为,在讨论这个问题之前,首先应该明确判定社会形态的标准与根据。

顾名思义,五种生产方式论主要是按照生产方式来判定社会形态的。最近,刘泽华先生提出了分层次地把握社会形态的新设想。他认为有三个层次的问题:其一是基础性的社会关系形态问题。基础性的社会关系即阶级关系以及其他各种社会关系。它是由社会生产力的发展状况决定的，而生产方式决定着社会的基本面貌。其二是社会控制与运行机制形态问题。马克思说过，行政权力支配社会，这对认识中国传统社会有提纲挈领的指导意义。中国传统社会的最大特点是"王权支配社会"。其三是社会意识形态与范式问题，王权主义是整个中国传统思想文化的核心。刘先生按照这三个层次论述了中国社会形态的特点，但没有把这个问题和历史分期联系起来[①]。

尽管我不能完全赞成刘先生的具体论述，但他这种分层研究社会形态的方法可谓有识。我进而认为，不但可以从不同层面把握社会形态，而且还可以把社会形态本身分为若干层面。社会形态的每个层面不但有各自的特点，而且有各自的发展规律，我们甚至可以据此分层次地进行历史分期。

我仍然沿用传统的概念，把社会形态分为社会经济形态、社会关系形态、社会政治形态和社会意识形态四个自下而上的层面，并以之探讨中国的社会形态和历史分期。

鉴于原始社会或史前时代为世界各民族所共同经历，这个时期世界各民族的社会形态大同小异，而学术界对中国原始时期的社会形态争议也不大，所以本文从略。进入文明时代以后，各民族的文化逐渐异彩纷呈、个性突显，而有关学术争议也层出不穷，故本文着重讨论进入文明时代以来的中国社会形态。

---

① 刘泽华：《分层研究社会形态兼论王权支配社会》，《历史研究》2002 年第 2 期。

一、社会经济形态及其历史分期

　　社会经济形态和社会关系形态大致都属于生产方式的范畴,过去学术界对有关问题的讨论已经相当深入细致,所以下面首先简略地阐述一下笔者在这方面的看法。

　　中国经济形态及其演变可以分为三种形态和相应的三个阶段,即农业社会、农商社会和工商社会。

　　春秋以前,尽管也存在手工业、商业、渔牧业等,但当时社会经济的主流为农业,是为农业社会。

　　自战国到洋务运动以前的中国经济,大致可以分为三大部门,即农业、手工业和商业。其中,农业和手工业是产业经济,商业是交换经济或市场经济。在产业经济中,又以农业为主,手工业为辅。过去,人们对这个时期商业的发达程度认识是不够的。最近何兹全教授指出:"春秋战国之际社会的大变化,是由自足自给的自然经济为主的农业经济向商业交换经济、城市经济转化。由战国开始,交换经济的发展、城市经济的繁荣,一直维持到东汉,有六七百年。""可以大略地说,汉代城市人口占总人口的40%左右。"[①] 宁可教授则认为,中国商品经济的另一次大发展是在唐宋以后:"唐宋以后,可以看出商品经济市场、货币、城市等与以前不同的发展,农产品尤其是经济作物如茶、棉的商品化、区域性市场的扩大及市场网络的逐步形成,日用品如粮食的长途贩运,纯

---

① 何兹全:《中国古代社会形态演变过程中三个关键时代》,《历史研究》2002年第2期。

经济性市镇的兴发，贵金属白银的使用，土地买卖的兴盛，土地的转佃，出现了定额租、货币代租乃至货币地租，封建国家田赋征取从实物劳役逐渐向货币转化，封建国家对经济、商品和市场的管理、控制也逐步松弛，等等，都显示了商品经济的进一步发展。"① 可见，商品经济已经成为当时非常重要的一个部门。所以，我把从战国到洋务运动以前这个阶段整体地称为农商社会。

19世纪60年代兴起的洋务运动，标志着中国开始引进西方的大工业生产，也标志着中国经济形态开始发生又一次转变。西方学者将现代西方社会称为工业社会。经济全球化浪潮不可避免地将中国纳入这一经济体系之下。工业社会的重要特点，是商品经济或市场经济的加强和农业经济的削弱。因此，我按照自己的思路，将洋务运动以来的中国经济形态笼统地称为工商社会。

由于历史的原因，中国工商社会经历了异常曲折和痛苦的过程。洋务运动以后，在帝国主义列强的殖民统治下，中国民族工业艰难地发展，逐渐形成了一定的规模。1949年以后，整个世界处于冷战状态，中国重新实行闭关锁国，这严重干扰了工商社会的正常发展。至十年"文化大革命"期间，中国国民经济走到崩溃的边缘。1978年十一届三中全会以来，中国推行改革开放政策，取得了令全世界瞩目的巨大经济成就。放在大的历史脉络上来看，中国的改革开放运动，是重建工商社会，或者说是将工商社会的建设和发展纳入健康道路上的过程。

---

① 宁可：《中国社会形态研究中应当注重的一个方面——商品经济》，《历史研究》2002年第2期。

二、社会关系形态及其历史分期

中国社会关系形态也可分为三种形态和相应的三个阶段，即贵族社会、士人社会和公民社会。

金景芳先生曾把夏、商、西周、春秋、战国归为奴隶社会，并把当时社会分为两个对立的阶级，一个是君子，即自天子至士的阶层，属统治阶级。另一个是小人或野人。士之下为庶人工商皂隶牧圉，也可称为小人，他们和野人都从事体力劳动，属被统治阶级。[1] 钱穆先生也表达了类似的观点。他在《中国历史精神》一书中指出，当时的中国社会存在两个对立的阶级，一是贵族阶级，二是平民阶级。当然，贵族居支配地位，属统治阶级。鉴于此，我把战国以前称为贵族社会。

按照钱穆先生的看法，秦汉以后的中国，不是一个阶级社会，而是一个流品社会，是一个分为士农工商四流品的社会。其中，士是一个参加政府的特殊流品。也就是说，秦汉以后的政府，由士人组成；秦汉以后的政府，变成了士人政府；秦汉以后的社会，由士人来领导和控制。在这个意义上，我把从秦汉至明清这个阶段，称为士人社会。

辛亥革命以后，受西方社会形态的影响和中国自身的原因，中国开始步入公民社会。现代意义上的公民，是指具有一定的国籍，享有宪法和法律所规定的公民基本权利，并必须履行宪法和法律所规定的公民基

---

[1] 金景芳：《论中国奴隶社会的阶级和阶级斗争》，《中国社会科学》1980 年第 3 期。

本义务的人。在公民社会，尽管人们从事着不同的职业，人们之间的社会地位也存在着一定差别，但在法律面前，所有公民具有同等的地位，这是以往的贵族社会和士人社会所无可比拟的。公民社会和现代国家、市场经济是相辅相成的。

由于历史的和现实的诸多复杂的原因，中国公民社会的建立也命途多舛。但随着中国改革开放运动波澜壮阔地发展，市场经济日趋成熟，进一步建设公民社会，已成为有识之士的共同目标。

三、社会政治形态及其历史分期

中国社会政治形态及其演变要复杂一些，大致经历了五种形态即五个阶段，它们是圣权时代、王权时代、霸权时代、皇权时代和民权时代[①]。

圣权时代指五帝时期。关于五帝，史学界有两个基本判断，一是传说中的上古帝王，二是属原始社会末期。我以为这两个判断都需要重新考量。

其实，古书中有大量有关五帝的记载，而《史记》开卷便是《五帝本纪》。由于时代久远，这些记载难免有失真之处，但不可因而判定五帝为传说中的人物，甚至怀疑和否定他们的存在。

据报道，中国考古工作者在山西省襄汾县陶寺村也就是尧都平阳故地的发现表明，大约距今4200年至4500年，即尧舜时期，中国古代国家可能已经形成。首先，从墓葬规格和随葬品看，当时已有阶级的

---

① 这里的几个"权"字颇费踌躇，我曾考虑使用"道"字或"政"字，皆感不确，最后还是用了"权"字，以体现马克思行政权力支配社会的论断。

划分。其次，发掘出写有文字的陶器和用红铜制造的铜铃等物件。而更重要的是发现了可能为城墙的夯土建筑，极可能就是尧舜时期的古城遗址。也就是说，古代国家形成的主要标志即城址、阶级、金属及文字都已具备①。如果这项考古发现得到进一步证实，那么它不但有助于消除尧舜的"传说"色彩，而且也表明当时的中国已经走出原始社会，进入文明时代。

先秦各家各派几乎都把五帝称作圣人。在他们看来，五帝既是帝王，又是圣人，当时的政治是一种圣人政治。这是我提出圣权时代之说的主要根据。

那么，这种圣人政治具有什么特点呢？不妨引用郭店简《唐虞之道》的阐述：

> 唐虞之道，禅而不传。尧舜之王，利天下而不利也。禅而不传，圣之盛也。利天下而弗利也，仁之至也。故昔贤仁圣者如此。身穷不贪，没而弗利，穷仁矣。必正其身，然后正世，圣道备矣。
>
> 尧舜之行，爱亲尊贤。爱亲故孝，尊贤故禅。孝之放，爱天下之民。禅之传，世无隐德。孝，仁之冕也，禅义之至也。六帝兴于古，皆由此也。爱亲忘贤，仁而未义也。尊贤遗亲，义而未仁也。
>
> 禅也者，上德授贤之谓也。上德则天下有君而世明，授贤则民兴孝而化乎道。不擅而能化民者，自生民未之有也。②

---

① 据2000年6月15日香港《文汇报》报道。
② 李零：《郭店楚简校读记》，载陈鼓应：《道家文化研究》第17辑，生活·读书·新知三联书店1999年版。

这些论述虽有一些理想色彩，但也一定有其基本的事实依据。据此，我以为圣权时代政治的主要特点是"爱亲"、"尊贤"、"尚德"（"上"宜读作"尚"）、禅让，而其中最根本的是政权交替方式——禅让。尽管许多先秦古籍载有尧舜禅让的事迹，但自古一直有人否定这种说法，甚至断定它出于后人假造。现在《唐虞之道》的出土，为禅让说提供了有力的证据。

王权时代为夏、商、西周。这个"王"字，特指三代诸王，所以这里的"王权"也是特指，和一般意义上的王权有所不同。

王权政治的主要特点，自国内而言，是废除禅让制，实行王位世袭制，并在此基础上逐渐形成了一套宗法制。自国际而言，是中央共主（夏商周前后相继）和四方侯国的关系，势如众星捧月。不过，这种中央共主在很大程度是名义上的和形式上的，因为它不能真正地控制四方侯国。西周初年在政治体制上的重大创举是分封制，这实质上是周王室通过武力对四方侯国进行殖民统治。其结果，不但强化了对四方侯国的控制，而且也使宗法制得到完善。

平王东迁，周室式微，诸侯并起。其成就霸业者，先有春秋五霸，后有战国七雄。它们起初还打着尊王攘夷的旗号，后来干脆自立为王。周室名存实亡，终于为秦所灭。纵观春秋战国之政治局势，一决于霸权。是为霸权时代。

公元前221年，秦始皇灭六国，完成统一，中国政治形态又为之一变。其最大特色是大一统和郡县制，当然这两方面是相辅相成的。由此形成的局势再也不是过去那种中央共主和四方侯国的关系了，而是中央和地方的关系。这种政体一经确立，特别稳定，竟绵延两千余年，至1912年孙中山推翻满清、废除帝制方告结束。在这两千年里，尽管也时有分裂，但总起来说，统一是常态。另外，地方行政建制也常有变动，但其实质却是与郡县制一脉相承的。秦始皇确定最高统治者的称号为皇帝，具有象征意义，这个称号也一直沿用了两千余年，所以我称这个时期为皇权时代。

辛亥革命以后，中国政治形态就开始向民权时代过渡。但是，由于种种因素的干扰，这个过渡极其艰难。可以说，民权政治，正是目前中国政治体制改革的方向。这种政治形态与过去的根本不同是，主权在下，即主权在民，而从圣权时代至皇权时代，都属于自上而下的政治体制。另外，过去那几种政治形态的转化，都是中国内部自身演变的结果，可以说是自发型的。而民权政治是在外来文化传入的背景下开始的，可以说是外源型的，所以我们应该很好地借鉴和吸收国外在这方面的经验教训。

民权社会和社会关系形态中的公民社会是密不可分的。

四、社会意识形态及其历史分期

社会意识形态大致包含宗教、人文主义、科学主义（或理性主义）等主要方面。根据它们的相互关系以及在历史上的消长起伏来看，中国的社会意识形态及其演变大约已经经历了四种形态和相应的四个阶段，即宗教时代、宗教人文一体时代、宗教人文独立时代和科学时代，并即将进入第五种形态和相应的第五阶段，即人文主义时代。

提起中国传统宗教，人们自然会联想到道教和佛教。然而，牟钟鉴教授发现，除此之外，中国历史上还有"一种大的宗教一直作为正宗信仰而为社会上下普遍接受并绵延数千年而不绝",这就是中国宗法性传统宗教或原生型宗教。牟教授指出:"中国宗法性传统宗教以天神崇拜和祖先崇拜为核心,以社稷、日月、山川等自然崇拜为羽翼,以其他多种鬼神崇拜为补充,形成相对稳固的郊社制度、宗庙制度以及其他祭祀制度,成为中国宗法等级社会礼俗的重要组成部分,是维系社会秩序和家族体系的精神力量,是慰藉中国人心灵的精神源泉。"① 中国宗法性传统宗教的发现和提出,是对中国思想史研究的重要贡献。我进而认为,这种宗法性传统宗教就是中国的国家宗教,即国教。本文所说的宗教,主要指国教。

早在中国跨入文明时代之初,也就是三皇五帝时期,中国宗法性传统宗教就已经形成了,并成为后来夏商周三代的国家宗教。在殷周之际以前,尽管人文主义已经开始孕育、萌芽,但总起来说,当时社会意识形态的主流是国家宗教,所以我称这个时期为宗教时代。

王国维先生率先提出,殷周之际中国文化发生过一场巨大变革,后来学者们普遍认为那是一场宗教改革运动。我则以为,它首先是一场宗教批判运动、人文主义运动,然后才是一场宗教改革运动。

以文王、周公为代表的周初文化精英由殷之代夏、周之代殷的历史,对传统宗教进行了一次深刻、彻底的反思,终于发现并非"天命不僭",而是"天命靡常","惟命不于常",甚至"天不可信"。至于夏、殷两代的废替,皆因"惟不敬厥德,乃早坠厥命"。原来,社会发展变化的最终根据,并不是神秘莫测的天命,而是人的德行。摒弃天命,注重人事,显然是对传统宗教的根本否定和彻底批判,标志着中国人文主

① 牟钟鉴:《走近中国精神》,华文出版社1999年版,第243页。

义的形成。

不过，在这同时，文化精英们又巧妙地将这种人文主义、这种宗教批判的成果纳入宗教的体系之中。周公提出"皇天无亲，惟德是辅"，主张"以德配天"。在这里，天仍然是人格神，只不过能够根据人的德行扬善罚恶而已。另外，周公还制定了一整套祭祀礼仪制度，用人文主义成果来强化宗法性传统宗教。这一切都意味着宗教改革。

周公等文化精英们之所以一方面进行宗教批判，开创人文主义，另一方面又将人文主义纳入宗教，进行宗教改革，大概是由于宗法性传统宗教一直作为国教具有巨大的影响力和教化功能，也就是说他们是出于社会、政治、信仰等方面的考虑。

这样就形成了一个奇特现象，自周初至春秋中叶的思想界，宗教和人文主义合为一体，共同组成了主流意识形态；或者说宗教和人文主义一体两面，分别扮演着不同的角色。关于这个特点，相传文王所作的《周易》一书表现得最为明显。从马王堆帛书《要》篇得知，孔子早已发现《周易》的内容包含三个层面，即赞、数和德，其中，赞和数属于宗教，德属于人文主义。这就是宗教人文一体时代。

在我看来，形上学是哲学的命脉，或者说具有形上学的思想才可称得上哲学，而先秦的形上学便是子贡所说的"性与天道"。以是观之，西周时期人文主义的核心是一个"德"字。此"德"字不是后来的"德性"，而是"德行"，乃形下概念。故知当时的人文主义非形上学，则非哲学。

值得注意的是，从《诗经》、《左传》等文献看，西周春秋之际，人文主义有了实质性的进展，这就是性与天道问题的提出，或者说人性论和与之相对应的义理之天的形成。人之所以有"德行"，是因为有

"德性"，而"德性"是天所赋予的，这个"天"就是义理之天，它是当时人文主义的最高概念。人文主义的义理之天和宗教的主宰之天相抗衡，便逐渐拉开了人文主义和宗教的距离，二者所组成的一体也逐渐演变为两体，终于它们都相对独立了。我以为，春秋末叶老子和孔子所建立的哲学体系，标志着人文主义的独立，从此历史便进入了宗教人文独立时代。

尽管如此，由于历史渊源和其他方面的原因，作为两种性质不同的意识形态的人文主义和宗教之间仍有千丝万缕的联系。二者相互支持，相互补充，相互影响，相互渗透，并导致你中有我，我中有你。就是说，这种人文主义含有宗教的因素和性质，这种宗教也含有人文主义的因素和性质。在这个意义上，这种宗教可以称为"人文主义宗教"，这种人文主义也可称为"宗教人文主义"。但是，如果我们因此将这种人文主义当作宗教，并冠之以"人文主义宗教"，或者将这种宗教当作人文主义，并冠之以"宗教人文主义"，都是不合适的，因为宗教因素之于人文主义，人文主义因素之于宗教，都居于相当次要的地位，并非主流，故不可以之定性命名。

五四新文化运动不但结束了中国的宗教传统，而且结束了中国的人文主义传统，当然也结束了宗教人文独立的时代。自那以来，一直到现在，一种舶来品成了中国意识形态的主流，那就是科学主义。所以，我把近一百年的历史称为科学时代。

照理说，信仰是非理性的、非科学的。宗教可以成为人们的信仰，人文主义也可以成为人们的信仰，唯独科学不具备这种特性。然而，在这个特殊时期的中国，科学代替了信仰，甚至科学变成了信仰。科学主义不但是意识形态的主流，而且成了信仰的主流。不过，科学和信仰毕竟禀性各异，不可同日而语。可以说，这种信仰是虚幻的、苍白的，总有一天会轰然倒塌。时至今日，科学主义的弊端已日益彰显。人们惊呼，中国陷入了信仰危机！中国变成了人文主义的荒漠！一个拥有悠久的宗教传统和人文主义传统的国家，突然失去自我，甚至陷入信仰危机，变成人文主义的荒漠，这怎能不让人们痛心疾首！

如何才能摆脱危机，走出荒漠？学者和政治家们不约而同地想到了传统。的确，对于有着五千年文明史的中华民族来说，传统就是她的精神家园。目前，弘扬传统文化的呼声越来越高涨。不过，人们对传统宗教和传统人文主义的态度还是有所区别的。大致地说，传统人文主义受到了比较充分的肯定。可以预见，在不久的将来，中国将进入人文主义时代，这在很大程度上是以复兴传统人文主义为基础的。不同的是，由于宗教为精神鸦片的说法影响甚深，一时还难以消除，加之其他复杂的原因，人们对传统宗教的态度还是有所保留的。所以，传统宗教虽然也有所恢复，但它能否重振雄风，恢复国家宗教的地位，还是一个未知数。

五、一般意义上的社会形态与历史分期

不难看出，中国的社会经济形态、社会关系形态、社会政治形态和社会意识形态呈现出不同的历史发展阶段，其各个阶段的转换时代也不尽相同，有重叠，也有交叉。

虽然将社会形态分为这四个层面，但这并不意味着我们不能从整体上把握社会形态。可以说，四者共同构成了社会形态的整体。当然，各

个层面在整体性的社会形态或者说一般性的社会形态中的地位是不同的。在这四个层面中，何者是最根本的、决定着整个社会形态基本格调的层面呢？答案是：社会政治形态。马克思行政权力支配社会的论断是千真万确的。所谓行政权力，是社会政治形态的核心内容。

同样，社会政治形态的演变也是判定一般性历史分期的主要根据。古今中外几乎所有的历史著作都以政治演变为主要线索，道理就在这里。

这就是说，一般意义上的社会形态，主要指社会政治形态；一般意义上的历史分期，主要是指社会政治形态的演变阶段。也就是说，在一般意义上，中国自有文明以来，经历了圣权时代、王权时代、霸权时代、皇权时代和民权时代五种社会形态和发展阶段。

如此，"生产方式决定着社会的基本面貌"的看法需要进一步分析。我的理解是，生产方式或经济形态首先决定着政治形态，然后通过政治形态才能决定社会基本面貌。换言之，直接决定社会基本面貌的是政治形态。如果只能把决定社会基本面貌的因素理解为那些基本的东西，我想，人类赖以生存的地球算得上最基本的因素了，我们总不能根据地球的自然演化来判定社会形态吧！所以，在整个社会形态中，经济形态只是基本的层面，而不是根本的层面，它对社会基本面貌的影响是间接的。关于社会经济形态乃至社会关系形态在中国历史中的作用，学者们的讨论已极其详备，兹不赘述。

其实，社会意识形态同样决定着政治形态并进而决定社会基本面貌。就是说，社会形态的形成固然取决于生产方式，但同时它也取决于意识形态、学术思想。

何兆武先生在其新作中批判了那种历史是不以人的意志为转移的传统观念，阐述了人的思想和意志对历史发展的深刻影响甚至决定作用：

"既然历史的进程不以人的意志为转移,那么人的意志的努力对于历史的进程便无能为力,也无所作为;努力也罢,不努力也罢,都是毫无意义的和不起作用的。但事实却又大谬不然。全部人类的历史乃是彻头彻尾贯穿着人为的努力的;没有人的意志的作用,就没有人类的文明史,而只能是人类的自然史(可以与蚂蚁史、蜜蜂史或猴子史之类等量齐观),——尽管历史结局往往不符合人们原来的愿望。归根到底,历史终究是人的思想和意志所创造的,没有它就没有人类文明(或野蛮)的历史。故而经典的说法便有:人民,只有人民才是创造世界历史的动力。"①

按照这种看法,社会意识形态理所当然地会对社会政治形态亦即一般意义上的社会形态及其演变发生极其深刻的影响甚至决定作用。我以为,欧洲进入和走出中世纪、中国没有中世纪都是显证。

古希腊哲学的最初形式是自然哲学,然后才转向人,从而具有人文主义性质,但它没有经过殷周之际那样的宗教反思和批判运动,这就为宗教留出了一定的空间。所以,在希腊哲学发展的后期,哲学终于和来自东方的宗教合流了,由此导入中世纪。然而,正是由于西方没有经历过殷周之际那种宗教反思和批判运动,所以西方的哲学和宗教始终禀性各异。其哲学是理性的、人文主义的,其宗教是非理性的、神本主义的。终于,经过文艺复兴运动,哲学与宗教又一次分道扬镳了。就这样,西方重新确认了久违的人文主义传统,并跨入近现代社会。可以说,西方的近现代文明是西方人的思想从中世纪的枷锁中挣脱出来的结果,所以它表现出对中世纪激烈批判的意识。

但是,由于经历了殷周之际的宗教反思和批判运动,所以从那时

---

① 何兆武:《社会形态与历史规律》,《历史研究》2002年第2期。

起,中国的思想就一直贯穿着人文主义。可以说,人文主义是中国历史的一个基本特点。正因如此,中国没有中世纪,也不存在什么封建社会,就像不存在奴隶社会一样。也正因如此,中国人没有必要从中世纪的枷锁中挣脱出来,重新认定人文主义传统,因而也不可能经历像西方那样的文艺复兴运动。

多少年来,在西学的一片凯歌中,学者们千方百计地用马克思的五种社会形态来对中国历史进行分期,费尽心思地寻找中国历史上的文艺复兴运动,煞有其事地猛烈批判中国的封建主义、专制主义,……所有这一切,皆迹近无的放矢。诚然,中国古代社会有它的弊病、有它的缺陷,甚至严重的弊病和缺陷。然而,这就是封建主义吗?这就是专制主义吗?让我们来看一下对中国历史极有造诣的钱穆先生的意见吧:"谈者好以专制政体为中国政治诟病,不知中国自秦以来,立国规模,广土众民,乃非一姓一家之力所能专制。故秦始皇始一海内,而李斯、蒙恬之属,皆以游士擅政,秦之子弟宗戚,一无预焉。汉初若稍稍欲返古贵族分割宰制之遗意,然卒无奈潮流之趋势何!故公孙弘以布衣为相封侯,遂破以军功封侯拜相之成例,而变相之贵族擅权制,终以告歇。博士弟子,补郎、补吏,为入仕正轨,而世袭任荫之恩亦替。自此以往,入仕得官,遂有一公开客观之标准。'王室'与'政府'逐步分离,'民众'与'政府'则逐步接近。政权逐步解放,而国家疆域亦逐步扩大,社会文化亦逐步普及。总观国史,政制演进,约得三级:由封建而跻统一,一也(此在秦、汉已完成)。由宗室、外戚、军人所组之政府,渐变而为士人政府,二也(此自西汉中叶以下,迄于东汉完成之)。由氏族门第再变而为科举竞选,三也(此在隋、唐两代完成之)。惟其如此,'考试'与'铨选',遂为维持中国历代政府纲纪之两大骨干。全国政事付之官吏，而官吏之选拔与任用，则一惟礼部之考试与吏部铨选是问。此二者，皆有客观之法规，为公开的准绳，有皇帝（代表王室）所不能摇，宰相（政府首领）所不能动者。若于此等政制后面推寻其意义，此即《礼运》所谓'天下为公，选贤与能'之旨。就全国民众施以一种合理的教育，复于此种教育下选拔人才，以服务于国家；再就其服务成绩，而定官职之崇卑与大小。"① 钱先生对这个问题有许多精辟的论述，由于篇幅所限，我们只能引用这个小的片断。

当然，我们说人文主义是中国历史的一个基本特点，是就主流而言的，并不能因此否定中国政治传统中含有专制主义因素。有时这种专制主义因素还是很突出的，如秦始皇的专制统治，是人所共知的。另外，钱穆先生在《中国历史精神》一书中说元、清两代也是皇帝专制。他进一步指出："西洋人来中国，只看见清代。今天的中国人不读历史，也不知清代故事，只随着西洋人说话，因此大家说中国政治是专制的，积非成是，我来述说历史真相，反而认为是故发怪论了。"

所以，中国古代至少没有西方那种封建主义和专制主义。如果说中国有西方意义上的专制主义的话，那应该是斯大林主义传入以后的事情，而"文化大革命"是其顶峰。所以，中国的许多问题，我们应该好好反省自己，直面现实，不要总是把账算到古人的头上，总是把祖宗当作替罪羊，总是王顾左右而言他。只有这样才能真正地、切实地提高自己，发展社会。

（原载《文史哲》2003 年第 6 期）

---

① 钱穆：《国史大纲·引论》，商务印书馆 1996 年版，第 14—15 页。

论中国"封建主义"问题
——对中国前现代社会性质和发展的重新认识与评价

荣 剑

一、问题的由来及意义

封建主义,作为一种制度,也作为一种文化,曾被广泛视为人类社会普遍经历过的一种社会形态。当代表一种先进大工业生产社会形式的资本主义社会从封建主义的母胎中诞生时,封建主义既被看作是一种束缚先进生产力的枷锁,又在某种意义上被看作是一种孕育先进生产力的唯一社会形式。这样,进入现代历史进程的具有不同历史背景和制度背景的国家,似乎都要和封建主义发生联系,封建主义仿佛和资本主义一样,也似乎成了人类社会不可逾越的"卡夫丁峡谷"。

《剑桥中国秦汉史》的作者认为:"不论是非马克思主义史学家,或是马克思主义史学家,都对封建主义(feudalism)一词的正确使用感到困扰。""对马克思主义者来说,分期是一个大问题。从奴隶制向封建主义(马克思主义意义上的)过渡是理所当然的,唯一的问题是什么时候过渡。"① 的确，依据马克思主义传统的、也是权威的观点，中国社会和西方社会一样，都要经历一个封建主义阶段，这是毫无疑义的。马克思的社会形态理论，长期以来被看作是封建主义所具有的普遍"世界历史"性质的主要理论依据。在此背景下，中华人民共和国成立以来的中国学界在探讨和诠释中国传统社会的性质和发展时虽然存有巨大分歧，提出了诸如中国封建主义始于"西周"说、"战国"说、"秦统一"说、"魏晋"说等不同观点，但这些分歧似乎并不妨碍他们得出一个共同的结论：近代以前的中国社会和西方社会一样，在向现代性社会转变时（不管这种转变是以资本主义的形式出现还是以社会主义的形式出现），都背负着封建主义的巨大历史遗产。这意味着，对传统社会的批判和超越，就是对封建主义的批判和超越。

中国学界并非没有人认识到上述关于中国社会封建化的种种不同描述所包含的历史和学理上的问题，有关质疑可以上溯到 20 世纪 20 年代前后的一些论著，如梁启超《先秦政治思想史》、胡厚宣《殷周封建制度考》、张荫麟《中国史纲》及钱穆《国史大纲》等。在这些著作中，封建主义作为一种制度被严格限定在西周时代，至于"三代"以后的中国社会是在何种社会形式下运行，则被赋予了与封建主义有别的其他说法。如钱穆就认为："近代中国社会确有不少封建势力在盲动，却不能说中国二千年来的社会传统，本质上是一个封建。更不能本此推说，中国二千年来的文化传统，本质上也是一封建。"② 这些说法显然试图限定封建主义在中国历史上的时间界限而不是将其无限延伸至中国现代转型

---

① 〔英〕崔瑞德、鲁惟一编，杨品泉等译：《剑桥中国秦汉史》，中国社会科学出版社 1992 年版，第 35—36 页。
② 钱穆：《国史新论》，生活·读书·新知三联书店 2001 年版，第 36 页。

的前夜。这和所谓的封建主义"西周"说是有根本区别的。著名史学家翦伯赞曾经是"西周"说的主要代表人物，他在《先秦史》一书中令人信服地描述了西周时代中国社会的封建化进程，但他把这一历史进程同样纳入在西周以降的中国社会的演变中。在他看来，秦始皇统一中国揭开了中国"中期封建社会"的序幕，中国由此从初期封建制走向专制主义的封建制。

值得注意的是，在有关中国社会封建化的不同理解和诠释的背后，可以清楚地看到"普世主义"历史观的影响。当人们普遍把封建主义的"普世性"作为认定中国传统社会性质无可质疑的前提，并进而将其认定为马克思历史观的题中应有之义时，他们忘记了，"普世性"的观点是属于黑格尔历史观的独特产品。黑格尔在力求超越"原始的历史"和"反省的历史"的局限性时建立了"哲学的历史"的观点，按照这种观点，世界历史是由理性主宰的"合理过程"，是"世界精神"的"合理的必然的路线"，"世界精神"是在世界存在的各种现象中显示它的单一和统一的本性，而且这种本性必须表现它自己为历史的最终结果。黑格尔通过历史哲学的剃刀对历史的剪裁，使历史呈现在人们面前的不再是一幅杂乱无序的图画，世界历史由此具有了它的规律性和普遍性的本质，以及由低向高发展、由简单向丰富展开的特性。但遗憾的是，德国哲学深刻的背面往往就是它无可避免的片面、绝对或极端。马克思在晚年之所以拒绝俄国民粹派理论家米海洛夫斯基强加给他的荣誉：把关于西欧资本主义起源的历史概述变成关于人类社会一般发展道路的历史哲学理论，就在于他清醒地看到，按照黑格尔的"普世性"方法建构起来的"一般历史哲学理论"并不是一把万能钥匙，由此可以把握在不同历史环境中所产生的完全不同的结果。对马克思来说，他一生都在致力于揭示人类社会发展的规律性和"世界历史"的普遍意义，力求把历史发展中的每一个要素都放置在它"完全成熟而具有典范形式的发展点上"加以考察，但他并没有因此忽视历史发展的各种特殊性和可能性，对历史规律的逻辑叙述从来都没有被用来当作实际的历史进程。

马克思在运用历史和逻辑统一的方法建立起来的社会历史观，长期以来对史学研究有重要的影响，问题在于，后人在运用他的理论分析和诠释社会历史现象时往往会犯和米海洛夫斯基同样的错误。用马克思的社会形态理论把中国社会在近代以前的漫长时期纳入"封建主义"的框架内，并以此试图证明中国社会发展和西方社会发展的同一性，很可能就是属于这样的错误。因为马克思在任何地方和任何意义上都没有说过东方社会（当然包括中国社会）在历史的演进中经历了封建主义阶段，更不用说东方社会在资本主义的前夜还在遭受着封建主义梦魇的折磨。相反，马克思明确认为，东方社会在前资本主义阶段根本不存在着"社会形态"意义上的封建主义。

的确，马克思在 1859 年《政治经济学批判》"序言"中把亚细亚的、古代的、封建的和现代资产阶级的生产方式看作是社会经济形态演进的几个时代，试图以此揭示人类社会从低级形态向高级形态发展的必然性和规律性。但就是在这一时期，马克思的研究表明，当他试图在逻辑上确立亚细亚生产方式在人类社会发展序列中的原初地位时，并没有否认该生产方式在历史上所表现出来的特殊性质和特殊的发展道路。他很清楚，在世界历史进程中，亚细亚生产方式并不是人类社会早已灭亡的只是残留在社会古地质层的社会形态，相反，它和其他社会形态长期并存，完全在自己的轨道中独立发展；而且，它比资本主义社会以前的任何一种社会形态都有着更顽强的生命力,当西方的奴隶社会和封建社会依次解体时,亚细亚社会却依然能够顽强地生存下来。这意味着在前资本主义时期社会形态的演进中存在着两条路线,即"自由的小土地所有制解体,以及以东方公社为基础的公共土地所有制解体"①。

在马克思的概念系统中,封建主义是西方中世纪的社会形态,是《资本论》手稿中所提到的"日耳曼所有制形式"的同义语,是"资本的洪水期前"的历史。虽然马克思并未系统集中阐述封建主义的所有特征,但曾在自己的不同著述中多次提到封建主义的主要特征:人身依附、大地产、等级制、政治强制等。在他看来,由于土地公有制的崩溃程度、种族和血缘的松弛程度以及个性的发展程度不同,"日耳曼所有制"不仅在历史上、也在逻辑上比"亚细亚所有制"和"古代所有制"更接近于资本主义的母体。所以,马克思认为:"资本主义社会的经济结构是从封建社会的经济结构中产生的。后者的解体使前者的要素得到解放。"② 在他看来,什么样的生产方式会代替旧的生产方式,取决于旧生产方式本身的性质。这就是说,封建社会的性质决定了该社会向资本主义社会演变的可能。

由于把封建主义看作是西方中世纪特有的社会形态,是近代资本主义的历史和逻辑前阶,马克思根本否认这种社会形态和东方的或古代的社会形态有什么同一性,他也反对用这种社会形态作为衡量前资本主义时期其他社会形态的唯一尺度。这些看法在马克思的晚年得到了进一步的阐述。他在摘录柯瓦列夫斯基和菲尔等人的著作 —— 史称

---

① 《马克思恩格斯全集》第 46 卷,人民出版社 1985 年版,第 471 页。
② 《马克思恩格斯选集》第 2 卷,人民出版社 1972 年版,第 221 页。

"人类学笔记"时,对有关作者所谓的东方社会的"封建化"观点提出了批评。在柯瓦列夫斯基看来,东方的公社土地所有制的解体过程等同于西方的封建化过程。例如,他认为,印度农村公社在其解体的过程中,也达到了盛行于中世纪的日耳曼、英国和法国的那个阶段,出现了一系列和中世纪的"马尔克权利"和"公社权利"一样的权利,出现了"封建的占有"。对此,马克思有过重要的评论。他在摘录柯瓦列夫斯基关于"穆斯林统治时期印度土地所有制的封建化过程"一节时,有时把"封建化过程"改写为"所谓封建化过程";有时打上引号,以示区别。当柯瓦列夫斯基把存在于印度的"采邑制"、"公职承包制"和"荫庇制"混同于西方的封建化制度时,马克思评论道:"由于在印度有'采邑制'、'公职承包制'(后者根本不是封建主义的,罗马就是证明)和'荫庇制',所以柯瓦列夫斯基就认为这是西欧意义上的封建主义。别的不说,柯瓦列夫斯基忘记了农奴制,这种制度并不存在于印度,而且它是一个基本因素。"[①] 马克思在另一处还这样写道:"根据印度的法律,统治者的权力不得在诸子中分配,这样一来,欧洲封建主义的主要源泉之一便被堵塞了。"[②] 针对柯瓦列夫斯基把土耳其的统治者在阿尔及利亚建立的"军事移民区"命名为"封建的"做法,马克思认为"理由不足"。在马克思看来,在柯瓦列夫斯基的整部著作中,对所谓东方社会的封建化过程的描述,"都写的非常笨拙"。因为柯瓦列夫斯基把西方的封建主义模式完全机械地照搬到东方。马克思在摘录菲尔的著作时,对后者把东方的村社结构看作

---

① 《马克思恩格斯选集》第 45 卷,人民出版社 1985 年版,第 283—284 页。
② 《马克思恩格斯全集》第 45 卷,第 312、269、274 页。

是封建主义的观点提出了尖锐的批评："菲尔这个蠢驴把村社的结构叫做封建的结构。"① 这表明马克思坚决反对用一个统一的西方式的封建化标准来衡量东方社会，反对把人类社会历史简单地、机械地挤压到欧洲模式中去。

由上可见，把中国社会的封建化问题纳入到马克思社会形态理论的框架内来解决，如果不充分估计到马克思关于东方社会的全部或主要观点，将不可避免地导致形而上学的后果。马克思不能为那些以他的名义或以他的理论所做的把历史"普世化"或"单线化"的错误承担责任。但是，马克思关于东方社会的非封建化理论同样也不能作为我们研究中国社会封建化问题的立论基础，他在批评柯瓦列夫斯基等人所作出的结论不能成为我们评判中国社会性质及其发展道路的主要理论依据。马克思理论的重要意义在于提供科学的研究方法而不是提供现成的结论，因此，研究中国社会的封建化问题，必须彻底摆脱"普世主义"历史观的影响，既要反对任何形式的"西方中心论"倾向，也要反对在马克思主义面目下的各种教条式的做法。用英国学者佩里·安德森（Perry Anderson）的话来说："凡是在封建欧洲之外的历史领域进行的严肃的理论探讨，都必须会取代传统的一般性比较（同欧洲的比较），实事求是地建立一种具体而准确的社会形态和国家体系的类型学，这种类型学尊重它们各自结构和发展的重大差异。只有在无知的黑夜，一切不熟悉的形象才会具有相同的颜色。"②

---

① 马克思评论菲尔的话引自《马列主义研究资料》1987年第1期，第16页。
② 〔英〕佩里·安德森著，刘北成等译：《绝对主义国家的系谱》，上海人民出版社2001年版，第567页。

二、封建主义的形成及其典型形态

"封建主义"这一概念并不是和封建主义的历史进程与生俱来的,相反,当这一历史进程即将终结时,一些学者才开始注意并研究这个自罗马帝国崩溃以来已持续了一千年的社会时代的某些现象和特征。在16世纪的法国文献中,"封建"的概念首先是和中世纪特有的土地制度——"采邑"(feudum)及有关法律相联系的。随后人们进一步发现,中世纪广泛存在的"封臣制"、"采邑制"、"农奴制"及其法律体现表明这一时期的社会制度与它前后相连的两个社会制度有着根本的区别。到了法国大革命时期,"封建主义"成了旧制度的同义语,同时也就成为资产阶级革命所要摧毁的对象。托克维尔(Tocqueville)的言论极具代表性:"大革命彻底摧毁了或正在摧毁(因为它仍在继续)旧社会中贵族制和封建制所产生的一切,以任何方式与之有联系的一切,以及即使带有贵族制和封建制最微小的印迹的一切。"[①] 19世纪以来,封建主义成为欧洲中世纪的主要标志、"黑暗时代"的主要象征。

那么,封建主义是如何产生的呢?当罗马帝国的庞大结构一夜之间轰然倒塌时,在其废墟上何以"一定"建立起封建主义的城堡?对这个问题,马克思提供了纲领性的回答。他在《德意志意识形态》中指出:"封建主义决不是现成地从德国搬去的;它起源于蛮人在进行侵略时的军事组织中,而且这种组织只是在征服之后,由于被征服国家内遇

[①] 〔法〕托克维尔著,冯棠译:《旧制度与大革命》,商务印书馆1996年版,第60页。

到的生产力的影响才发展为现在的封建主义的。"① 这里，马克思精辟地看到了封建主义形成的两个重要因素，即我们现在通常所谓的"日耳曼因素"和"罗马因素"。安德森在其《从古代到封建主义的过渡》中对马克思的上述观点作了更加精确的概括："原始的方式和古代的方式的灾难性碰撞，最终产生了遍布整个中世纪欧洲的封建秩序。西方封建主义是罗马和日耳曼传统的融合的特有结果。"② 美国学者汤普逊（J. W. Thompson）在其名著《中世纪经济社会史》一书中也持相同观点。在他看来，"在日耳曼制度同罗马制度融合的过程里，无论在精神或职能方面，都有着为两种制度同时各起作用的余地"③。他把这种融合简洁地概括为：罗马贡献了财产关系，日耳曼人贡献了人身关系，它们的结合构成了封建制度的主要内容。由此，汤普逊把中世纪的封建社会看作是一个有机的、由不同种族成分和不同制度因素混合在一起的社会。

把欧洲中世纪封建社会看作是"日耳曼因素"和"罗马因素"融合的产物，这只是从社会发生学的角度来说明这个社会得以形成的构成要素，它们还不足以完全解释封建主义的典型特征，因为在"日耳曼因素"和"罗马因素"的漫长融合过程中（至少约有四百年的时间），它们实际上都在新的社会历史条件下发生了质的变化。就"罗马因素"而言，在罗马帝国后期所存在的隶农制、庇护制、田庄制、大地产等这些罗马特有的财产关系并未原封不动地被日耳曼人照搬到中世纪；而所谓的"日耳曼因素"，即在蛮族的原始军事组织中保留下来的附庸制、保

---

① 《马克思恩格斯选集》第1卷，人民出版社1972年版，第81页。
② 〔英〕佩里·安德森著，郭方译：《从古代到封建主义的过渡》，上海人民出版社2001年版，第130页。
③ 〔美〕汤普逊著，耿淡如译：《中世纪经济社会史》上册，商务印书馆1961年版，第255页。

护制、委身制及其相应的效忠观念则在后来的历史进程中演变为各种人身依附关系。在马克思看来,这些不同的社会要素的融合并由此推动一个新的社会的产生,归根到底,是由生产力的变化和发展所决定的。他在评价日耳曼蛮人征服罗马帝国后将选择何种社会形式时指出:"定居下来的征服者所采纳的社会制度形式,应当适应于他们面临的生产力发展水平,如果起初没有这种适应,那末社会制度形式就应当按照生产力而发生变化。"① 欧洲封建主义形成的历史证实了马克思的观点。

欧洲中世纪的历史是从公元476年西罗马帝国的灭亡开始计量的,但封建主义的历史并不是同时立即开始,毋宁说在8世纪法兰克宫相查里·马特实行著名的采邑改革之前,欧洲进入了封建主义的史前期。如同资本的原始积累一样,封建化也需要在一个历史进程中完成它的原始积累。抛开当时繁芜复杂的历史现象,封建化的这种历史积累主要表现在两个方面:一方面,伴随着罗马帝国政治上的崩溃,土地的私有化导致土地的不断集中,形成大地产及其组织形态——田庄,同时也不可避免地形成了无地农民——隶农对大地产所有者的人身依附。另一方面,日耳曼蛮族在不断侵入罗马帝国直至摧毁这个帝国时,它原先固有的原始公社土地所有制在罗马私有化的巨大影响之下也趋于解体,土地的分化和集中也像罗马一样开始出现,原来基于血缘和效忠观念所形成的军事组织如亲兵制逐渐被一种新的"投献"和"委身"的形式所取代,具有封建色彩的人身依附关系在日耳曼的社会组织中开始占据主导地位。欧洲封建主义在这两方面所完成的历史积累最终为一个新的社会形态的出现奠定了基础。查里·马特在8世纪实行的采邑改革揭开了欧

---

① 《马克思恩格斯选集》第1卷,第81页。

洲封建化的正式帷幕。这一改革的核心内容是：废除墨洛温王朝无条件赏赐贵族土地的旧制，代之以替封主服兵役为条件来分封土地，是为采邑。如果受封者不履行他所承担的义务，封主可以随时收回采邑。采邑不得世袭。马特采邑改革的目的是为了加强王权，但在实际的历史进程中，采邑制度不可逆转地演变为封臣们的世袭领地。在查理曼帝国时期，土地的封建等级所有制取代采邑制而最终成为欧洲中世纪的主要经济基础，由此构成封建主义的典型形态，即日耳曼形态。

马克思在《资本论》手稿中把日耳曼形态或"日耳曼所有制形式"看作是封建主义社会形态的同义语，就如同他把"古典古代"看作是奴隶制的同义语一样。面对复杂的历史现象，他从来都是要求把研究对象放置在"典型的发展点"上加以考察，以致必须把现象形态上某些差别抽象掉。对封建主义的理解也是一样。虽然在日耳曼人统治的幅员广大的领土内，存在着众多的王国和不同的政治组织，但典型意义上的封建主义还是能够从奔腾不息的历史主流中被观察和概括出来。

首先，土地的封建等级所有制是封建主义的基础，也是它最典型的特征。这种土地所有制的核心内容是，在承认全部土地归封建主所有的前提下，实行领主逐级分封，即国王把大部分土地分封给教俗大封建主，大封建主又把其中的部分土地再分封给中小封建主。在上的是封主，在下的是封臣；封主和封臣之间订有契约，形成一定的权利和义务关系。封建的土地等级所有制就其实质而言，是一种超经济强制，是封建主阶级通过政治权力对社会主要资源——土地的强行分配，并由此制约政治权力的构成和运用。

其次，在土地的等级所有制的基础上，封建庄园代替了农村的马尔克公社和自由农民的家庭组织，成为中世纪封建社会的基层组织。封建领主把他分封到的土地划成庄园经营，庄园的土地分为领主直领地和农奴份地。前者由农奴耕种，产品归领主所有；后者则由农奴在剩余时间里由自己经营。从封建庄园的性质看，它不仅是一个经济实体，而且也是一个政治实体。封建领主在其领地内拥有行政司法权力，拥有军队，行使对农奴的政治统治。这意味着公权和私权的高度合一，由此必然导致中央王权的衰退。

第三，土地的等级所有制构成了以人身依附为核心的社会关系，正如马克思在《资本论》中所说的那样，在中世纪，"必须有人身的依附关系，必须有不管什么程度的人身不自由和人身作为土地的附属物对土地的依附，必须有真正的依附农制度"①。人身依附关系构成了中世纪封建社会的基础。

在欧洲封建化过程中所产生的土地等级所有制、领主庄园制以及人身依附关系可以被认为是封建主义最典型的特征，或者说是封建主义"典型形态"的主要内容。土地所有权和政治统治权高度合一的情况，直接导致了该社会形态所特有的后果。从政治上看，公共权力被分割，王权衰落，诸侯坐大，民族分裂；从经济上看，土地被依附于权力，人身被依附于土地，社会资源不能自由配置，土地成为"硬化的私有财产"（马克思语）；从文化上看，在基督教占据意识形态支配地位的同时，为维系社会各个阶层普遍的人身依附关系形成了契约性的文化和法律观念。

汤普逊认为，封建制度可能是中世纪人们当时所能想象到的最合适的政体，"按当时的时间、要素和条件论，在欧洲除了封建制度外，

---

① 《马克思恩格斯全集》第25卷，人民出版社1972年版，第891页。

再没有其他的政府形式和社会形式可能实行的"①。法国学者卡尔迈特（Calmette）在其《封建社会》一书中明显地按马克思的方式强调了封建主义的"自然历史"性质："封建制度不管它与先行的制度有多么大的不同，都是来自先行的制度。无论是革命，还是个人的意志都无法将其制造出来。它出现于漫长的进化道路，封建性属于我们称之为历史中的'自然事件'或者'自然事实'的范畴。"② 依照两位作者的上述观点，封建主义的产生和存在对于欧洲而言是一个无可抗拒的历史进程，其中所包含的历史合理性和规律性总是会透过历史表象向人们显现出来。但封建主义的"自然历史"性质在多大的历史空间存在，则就必须通过对具体的社会历史条件的分析来加以判断。如果说封建主义对欧洲是一个必然的甚至是合理的过程，那是否意味着这样的过程"一定"会在所有的国家适时地发生？或者说，当其他国家在它的历史进程中出现了和欧洲封建主义相类似的历史现象时，这些现象是否也可以用"封建主义"来加以概括？进而言之，如果对上述问题予以肯定回答的话，那是否意味着封建主义作为人类必须普遍经历的社会形态一定是资本主义的历史和逻辑前阶？很显然，对这些问题的回答，直接关系着如何认识中国社会的"封建化"问题。

三、中国社会的"封建化"何以可能？

中国社会的"封建化"问题对中国史学界和哲学界的主流而言，显

---

① 〔美〕汤普逊著，耿淡如译：《中世纪经济社会史》上册，第328页。
② 转引自〔德〕诺贝特·埃利亚斯著，王佩莉、袁志英译：《文明的进程》，生活·读书·新知三联书店1999年版，第34页。

然是一个不称其为问题的问题，分歧可能仅仅在于中国的封建主义起始于何时，而这些分歧似乎也并不妨碍人们形成这样的共识：中国社会和西方社会一样，也经历了封建主义的历史阶段，这个历史阶段直至晚清帝国的崩溃才宣告终结。与这种把封建主义不分青红皂白地普遍地推而广之的"普世化"做法相反，西方学术界的主流观点是，反对把封建主义"普世化"，进而把封建主义排除在东方社会之外。以研究西欧中世纪封建社会而闻名的法国年鉴学派代表人物马克·布洛赫（Marc Bloch）就反对把东欧的斯拉夫的广大地区归入于西欧的历史进程，认为东欧的完全不同的社会结构和特殊的发展轨迹不能和它们西部的邻邦相提并论，就像不能把欧洲和欧化的国家与中国和波斯混为一谈一样[①]。如此看来，这是否意味着封建主义只是西欧所特有的历史现象，是东方社会不曾出现也无法重复的社会组织？

笔者认为，不加分析地、削足适履地把中国社会近代以前的漫长历史纳入封建主义的框架内，和同样不加分析地把中国社会某个时期的历史完全排除在封建主义之外，都是犯了同样的形而上学的错误。在"世界历史"形成之前，各民族国家由于不能超越自然地理条件的制约而形成大致相同的发展模式，更无法形成统一的文化，这就为某些历史现象诸如封建主义制度涂抹上独特的地域性的色彩提供了可能。但不同的民族国家即使在完全互不联系的背景下，依然可能产生一些相同的历史现象。社会有机体在适应于外部环境和应付各种挑战的过程中，演化出相同的内部构成是完全可能的。重要的是在于，把具体的历史问题放置在具体的历史环境中来予以分析。

---

① 参阅〔英〕佩里·安德森著，郭方译：《从古代到封建主义的过渡》，上海人民出版社 2001 年版，第 5 页。

从某种意义上说，中国社会曾经经历了封建化的历史阶段是不言而喻的，即使按照西方封建化的典型标准，也能清晰地看到封建主义实际构成了中国历史的一个重要方面。确切地说，封建主义是中国成文历史的开端。据司马迁的记载，传说中的黄帝开国就是从封建开始的。到了夏代，"禹为姒姓，其后分封，用国为姓"（《史记·夏本纪》），可谓开了"封建"之先河。如果说夏商二代由于缺少信而有征的文献而不能对这一时期的所谓"封建化"妄下结论的话，那么，西周的历史则能为人们提供一幅关于中国封建主义起源和发展的完整图画。

周人克殷，封建立国，曾被后人誉为是中国历史上的第一次"革命"，所谓"汤武革命，顺乎天而应乎人"。按王国维的说法："中国政治与文化之变革，莫剧于殷周之际。"在他看来，殷周之际的大变革，从表象上看，是一姓一家之兴亡，但就实质而言，则是"旧制度废而新制度兴、旧文化废而新文化兴"。自殷以前，天子诸侯君臣之分未定，商人兄弟相及，已无封建之事。周命维新，即致力于制度创新，完成了三项重大的制度改革："一曰立子立嫡之制，由是而生宗法及丧服之制，并由是而有封建子弟之制，君天子臣诸侯之制。二曰庙数之制。三曰同姓不婚之制。此数者，皆周之所以纲纪天下。"[①] 王国维对殷周之际制度变革的诠释无疑具有开创意义，但在钱穆看来，王国维似乎还未完全洞察到周人"政治上的伟大能力"，也就是说，西周的制度创新应在一个更大的范围内来予以认识。

---

① 王国维：《殷周制度论》，《观堂集林》卷十，第二册，中华书局1959年版，第451、453—454页。

实际上，史学界对西周封建制度的起源、性质、构成和特点已有许多精辟的论述，一些著名的马克思主义史学家如吕振羽、范文澜、翦伯赞等都主张"西周封建说"，而其他一些具有不同理论背景的历史学家如张荫麟、吕思勉、许倬云、黄仁宇等，则在不同时期分别对西周封建主义的历史现象进行了卓有成效的研究，至今已发表了许多重要的成果。综合这些研究成果，我们能够清晰地观察到西周封建化过程中所表现出来的一些历史特点。

首先，从社会发生学的观点来看，周人以蕞尔小邦，崛起渭上，取代文明程度较自己为高的大邑商；并选择"封建"来整合各种社会、政治和经济资源，具有某种客观必然性。史载武王克殷，夜不能寐，考虑的是强大的商王朝何以会崩溃，其部族联盟何以会分崩离析；而新兴的周王朝"未定天保"，又怎能避免前朝的下场呢？面对这样的现实问题，武王和周公选择了"封建亲戚，以蕃屏周"，在当时的社会条件下，这可能是唯一的选择。因为面对幅员辽阔的领土、被征服的"殷顽民"和散布四处的各个部族邦国，西周政权根本不可能迅速建立并实行它的中央集权统治。它只能采取"分权"的管理模式，即把政治统治权分封给血缘关系最近和最具利害关系的宗族或异族成员，由他们分别治理其封地，以此确保西周王朝的长治久安，因此就有了周公"兼制天下，立七十一国，姬姓独居五十三人"的政治局面。这种政治局面表明，西周的政治权力体系是二元的，形成了天子之权和诸侯之权。

其次，分封制下的政治权力的分割或分配，实际上也是社会主要资源——土地和人民——的再分配。所谓"受民受疆土"以及被称之为封建三要素的"赐姓"、"胙土"和"命氏"这些说法，揭示了政治权力和经济利益的统一性。许倬云在其《西周史》中认为，"赐姓"是赐服属的人民,"胙土"是分配居住的地区,"命氏"则包括给予国号、告诫的文辞及受封的象征。因此,西周的分封制有别于裂土分茅别分疆土的意义,在许倬云看来,"分封制下的诸侯,一方面保持宗族族群的性格,另一方面也势须发展地缘单位的政治性格"①。这个见解是深刻的。封建主义的基本的政治单位,往往都具有宗法性、血缘性、地域性和经济性等不同特征;而正是这些不同的特征,潜藏着封建主义发展的多种可能性。

第三,周天子对诸侯分封土地和人民,在法理上意味着他拥有对土地的最终所有权。"溥天之下,莫非王土",表明西周的土地制度从形式上看是一种国家所有制,因为周天子是国家的人格化代表。在土地的国家所有制的基础上实行的土地分封制,既是政治权力的下移,也是经济权利的某种让渡。诸侯在其受封的领地内行使对土地的占有权和使用权以及再次授封权,意味着土地国有制的变异,由此潜伏着土地私有化的发展态势。土地的逐级分封所形成的土地等级占有制,不仅直接产生了不同的分配关系,如"公食贡,大夫食邑,士食田,庶人食力"(《国语·晋语四》);而且也产生了土地占有者之间的等级依附关系,所谓"王臣公,公臣大夫,大夫臣士"(《左传·昭公七年》);社会的等级秩序由此形成。

第四,宗法制作为血亲关系的制度化是西周封建制的基石之一,是"周人改制之最大者",其核心是"亲亲"关系,是严嫡庶之辨,是嫡长子继承制,其衍生物是大宗小宗之别。嫡系谓之大宗,庶系谓之小宗。宗族内部秩序等级分明,目的在于"息争",防止天子诸侯继统时出现僭越篡权行为,维护政权的稳定和权力更替的"合法"性。在王国

---

① 许倬云:《西周史》,生活·读书·新知三联书店1994年版,第150页。

维看来，宗法制下的"亲亲"关系是政治上"尊尊"关系之统，"亲亲"效及于政治，直接关系着"天位之前定"、"诸侯之封建"、"天子之尊严"。殷商的失败，有中丁以后九世之乱，全在于不合"尊尊"之义，又无远近尊卑之分①。可见，相较于分封制的分权而言，宗法制则侧重于最高主权和最高宗权的统一和集中。"亲亲"（宗统）和"尊尊"（君统）的结合，确是西周政治制度的伟大创新，是封建主义体制下统治者自我管理和自我约束的卓有成效的方式。

第五，为进一步巩固分封制和宗法制，西周政治制度的奠基者周公，在摄政六年之时，开始"制礼作乐"，构建了一整套礼仪制度，制定了以君臣关系为核心的社会行为规范，由此开创了封建主义的政治文化。所谓"殷人尚鬼，周人重礼尚文"，就集中地反映了西周时代的文化倾向："礼"，是作为宗法制的文化形态而出现的。"礼"的基本准则是"明尊卑"、"别贵贱"，是扬"天子之尊"，宜"赐命之宠"。侯外庐因此把"礼"的核心视为"别"②，是非常精辟的概括。"礼"的各项制度化，如册封、赐命、朝觐、祭祀、巡狩、车马服章、钟鼎彝器、诗书文典、干戚乐舞等，其实质都是为了维护社会的上下有序、贵贱有别、尊卑有等的局面。从根本上说，也是为了在封建制的条件下形成天子和诸侯之间的良性的和谐的权利和义务关系。就权利而言，天子对诸侯在政治和经济上的"分权"，是以诸侯服从和维护天子的最高权力及荣誉为前提的；在此前提下，诸侯在其领地内享有最大限度的权力。就义务而言，为确保"天子之尊"，诸侯应对天子尽其受封时所约定的一切义务，

---

① 参见王国维：《殷周制度论》，《观堂集林》卷十，第二册，第458—473页。
② 参见侯外庐：《中国古代社会史论》，河北教育出版社2000年版，第230、235页。

如进贡、服役等。这表明,"礼"作为周公分邦建国的主要理念,其制度化的重要性在于把分封制下的相对分权和宗法制下的相对集权及君臣之间的权利和义务关系通过"文化"的方式结合起来,达到了孔子几乎一生都在赞叹的"郁郁乎文哉"(《论语·八佾》)的境界。

从西周"分邦建国"制度的发生、构成、内容、特征和后果来看,其封建主义的性质是十分典型的。即使按照欧洲封建主义的标准来衡量,西周封建化过程中所出现的土地分封化、政治分裂化、社会等级化、人身依附化、宗族宗法化这些历史现象,完全可以视作欧洲封建主义的孪生现象,是封建主义典型形态的正常表现。史学前辈吕振羽就把西周看作是封建制时代的"典范时期"①。齐思和则认为,"西周时代为中国封建制度之正式开始,其政治、经济、社会制度与西洋中古社会颇具根本相同之点。其不同者,仅枝叶问题"②。美国汉学家费正清和他的合作者也持相同的观点,他们在《剑桥中国秦汉史》中认为:"封建主义是否为说明周代社会政治形势特点的适当名词;如果是,它适用于将近八个世纪的整个时期,还是只适用于其中的某个时期。""与欧洲封建主义的相似点几乎完全足以说明把这个字眼用于周代开始的四个或五个世纪是有道理的。但是,在此以后,它必须在更严格的意义上只用来描述大诸侯国中不同程度地持续存在的封建状况的残余。"③其实,笔者的问题也在这里:如果说西周历史的封建主义性质是无可争议的话,那么,把封建主义完全排除在东方社会的历史之外,要么就是对历史的无知,要么就是西方中心主义的偏见。这是问题的一个方面。而问题的另一方

---

① 参见吕振羽:《殷周时代的中国社会》,生活·读书·新知三联书店1962年版。
② 齐思和:《中国史探研》,河北教育出版社2000年版,第132页。
③ 〔英〕崔瑞德、鲁惟一编,杨品泉等译:《剑桥中国秦汉史》,第35—36页。

面是，西周封建主义的历史进程及其观念能够被同样用来诠释它以后的历史进程吗？在笔者看来，这可能是问题更具挑战的一个方面。

四、封建化和中央集权专制的历史悖论

明末思想家顾炎武认为"封建之废，自周衰之日，而不自于秦也"。其根据是，从《春秋》终篇至"六国称王"的一百三十余年间，礼信尽废，不宗周王，不言氏族，不闻诗书，"邦无定交，士无定主"（《日知录》卷十三），可谓"礼崩乐坏"。同一时期的王夫之则把春秋战国之交看作是"古今一大变革之会"（《读通鉴论·叙论四》）。的确，自周平王于公元前770年东迁洛邑开始东周历史以来，周王室日趋衰落，诸侯竞相争霸；出现了"礼乐征伐自诸侯出"、"陪臣执国命"的政治格局和"社稷无常奉，君臣无常位"（《左传·昭公三十二年》）的社会现象。西周遗留下来的封建制度面临着前所未有的变革。这个变革应当在社会转型的意义上来予以认识。

周革殷命，封邦建国，是中国历史上第一次社会转型，其实质是夏商二代的部族联盟向封建的诸侯联邦的转型，是氏族的国家形态向封建的国家形态的过渡和演进。在西周的封建化进程中，周天子通过分封的方式向诸侯分配土地、人民和权力，形成孟子所言的"诸侯有三宝：土地、人民、政事"（《孟子·尽心下》）；其政治后果必然是形成天子之权和诸侯之权的二元结构，形成国中之国。在这种权力结构中，周天子在法理上、道义上和名分上虽然拥有对诸侯的最高支配权，拥有"共主"地位，但是，这种权力结构内在地包含着政治权力和经济利益重新

配置的所有因素及条件，包含着封建主义天然的离心倾向。

政治权力和经济利益的重新配置，在春秋时代主要表现为诸侯争霸，在战国时代则主要表现为土地兼并①。其实质一方面是政治权力的彻底分化和传统政治秩序的破坏，二元的权力结构向多元的权力结构转变；另一方面，随着旧的政治权力中心——周天子共主地位——无可挽回的衰退，新的政治权力中心——强势诸侯——开始崛起。在此背景下，整合新的政治资源的方式也发生了根本性的变化，新的强势诸侯在争夺霸权和土地的过程中，不再参照封建的方式来建立和维持自己的统治。土地为诸侯所垄断的事实使分邦建国几无可能，而周天子法统地位的实际丧失也使强势诸侯按传统的分封方式来分配其土地失去了法理和道义上的依据。这就为新的政治整合方式的产生并取代旧的封建的方式创造了条件，多元的权力结构由此潜藏着向新的一元的权力结构演变的可能。

春秋战国时代，通过诸侯争霸和土地兼并所呈现出来的新的政治整合方式具有其鲜明的历史特征。从经济上看，主要表现为土地制度的私有化，传统的土地国家所有及封建等级占有制趋于瓦解。史载齐国管仲于公元前685年率先采用"相地而衰征"的新税法，后有晋国作"爰田"制度，进而有鲁国"初税亩"制度，至公元前408年秦国实行"初租禾"。这些新的土地政策和制度的实行，表明土地私有化已取代土地分封制而成为新的土地分配方式。到战国时代，各诸侯国普遍实行的按户籍身份授田制和军功赏田制，反映了土地私有化程度的进一步提高。从政治上看，与土地私有化相适应的是政治权力的下移和分化过程，所

---

① 参阅杨宽：《战国史》，上海人民出版社1998年版，第2页。

谓"圣王不作，诸侯放恣，处士横议"(《孟子·滕文公下》)。不仅有诸侯对周天子的非礼，更有卿大夫对诸侯的僭权。著名的如鲁三分公室和四分公室、"三家分晋"、"田氏代齐"，都是当时权力分化和整合的标志性事件。权力下移的同时，诸侯争霸中新的政治权力中心也在形成。春秋时期是轮流坐庄，霸主迭起；战国时期则是七国争雄，合纵连横。封建化的主要政治后果——分权和分裂，随着新的政治权力中心的崛起，逐渐被一种新的政治局面所取代，那就是集权和统一。这个历史使命由秦帝国完成了。

秦统一中国，是中国历史上第二次社会转型，是中国封建主义历史的正式终结，是中国中央集权专制主义时代的开始。由封建制走向中央集权专制，既是由封建制的内在矛盾和逻辑所决定的，也是由秦所代表的新兴的政治力量迎合了社会变革时期的主流并主动进行制度创新所决定的。事实上，在战国时代曾风行一时的变法改革的浪潮中，秦起初并未站在前列。率先进行变法的是魏国李悝，后实行变法改革的有赵国公仲连、楚国吴起、韩国申不害、齐国邹忌。这些变法改革的侧重点各有不同，但共同的目标是倡导法治，鼓励耕战，举贤使能，以富兼人，推广土地私有，革除世卿世禄，实行郡县制度。其实质是废除封建，实行集权。吴起在倡言变法时就认为："大臣太重，封君太众，若此则上逼主，而下虐民，此贫国弱兵之道也；不如使封君之子孙，三世而收爵禄，绝灭百吏之禄秩，损不急之枝官，以奉选练之士。"(《韩非子·和氏》)由于变法改革直接侵害了封建贵族的根本利益，使得各国的变法改革难以顺利进行，多以失败而告终。唯秦国后来居上，一意孤行，由商鞅实行在当时的历史条件下最彻底的变法改革，以制度创新完成社会转型。商鞅变法的主要内容是：厉行法治，奖励军功，鼓励耕战，重农抑商，废除井田，开阡陌封疆，建置郡县制度，统一度量衡，按户按人口征赋，革除氏族陋俗。这些变法措施的实行，为秦建立中央集权的专制国家奠定了重要的基础。虽然，商鞅因变法被车裂而死，但他建立起来的政治制度并未由此坍塌，政未因人亡而息，国却靠制度而兴。公元前221年，秦始皇统一中国，封建主义的千年历史终于终结，中国由此进入了中央集权专制主义的时代。

秦统一中国伊始，便面临着一个如何面对和处理封建制度的问题。以丞相王绾和博士淳于越为代表的主流意见是主张继续实行封建制，理由是："殷周之王千余岁，封子弟功臣，自为枝辅。今陛下有海内，而子弟为匹夫，卒有田常、六卿之臣，无辅拂，何以相救哉？"李斯则坚决反对这种观点，他认为："古者天下散乱，莫之能一，是以诸侯并作，语皆道古以害今，饰虚言以乱实，人善其所私学，以非上之所建立。"在他看来，秦一统天下，实行郡县制，功臣诸子以国家赋税论功行赏，可长治久安，"置诸侯不便"（《史记·秦始皇本纪》）。李斯的观点实际上代表着秦始皇的一贯主张和自商鞅变法以来所形成的中央集权专制主义的路线及实践，这是秦之所以能够战胜六国统一天下的根本保证。

秦行暴政，二世而亡，这和三代悠久的历史相比，似乎成了封建主义胜于中央集权专制的一个重要依据；"惩戒亡秦孤立之败"，似乎也成了秦帝国迅速崩溃的主要历史教训。刘邦底定天下后就打算吸取这个教训："窃自号为皇帝，而子弟为匹夫，内亡骨肉本根之辅，外亡尺土藩翼之卫。"（《汉书·诸侯王表》）基于这样的认识，刘邦在"汉承秦制"的基础上，引入封建制，建立郡县封国并具制度，大肆封侯封爵，似乎要开创一个中央集权专制主义和封建主义和平共处彼此取长补短的崭新局面。但这样的局面根本没有出现，相反，自刘邦决定封王的那天起，不管是封"异姓王",还是封"同姓王",汉王朝就再没有宁静过。封建主义所代表的分裂倾向,和中央集权专制主义所代表的统一倾向,构成了当时社会的主要冲突。解决这个冲突的唯一办法,是清除封建制度,限制直至取消诸侯的权力。用贾谊向汉文帝所上《治安策》中的话来说,"欲天下之治安,莫若众建诸侯而少其力。力少则易使以义,国小则亡邪心"(《汉书·贾谊传》)。到了景帝时期,鉴于诸侯日益坐大,已对中央集权形成致命威胁,晁错上《削藩策》,更加尖锐地提出,对诸侯的权力"削之亦反,不削之亦反。削之,其反亟,祸小,不削,反迟,祸大"(《史记·吴王濞列传》)。公元前154年,景帝用晁错之策开始削藩,平定"七国之乱",并在平乱后推出一系列法令和措施限制诸侯权力,规定诸侯只能衣食王国租税,无权过问王国政事,把王国的所有行政权及其官员均收归中央政权。到汉武帝时,中央政权推出了诸如"推恩令"、"左官之律"、"附益之法"等法令,继续严格执行"诸侯王不得复治国,天子为置吏"(《汉书·百官公卿表》)的政策,从制度上对苟延残喘的封建势力予以致命的清算。

由秦始皇统一中国开创中央集权专制统治,经刘邦立汉、"文景之治",至汉武时期,中国从封建制度向中央集权专制制度的社会转型和社会变迁基本臻于完成,借用黄仁宇的话来说,中国从此进入了帝国时期。但是,中央集权专制主义和封建主义的矛盾冲突并未完全化解,这个历史性的悖论在中央集权专制主义体制下反复出现,似要证明封建主义仍有顽强的再生力。特别是,当封建主义演化为一种文化和价值观念时,它对历史的影响更无法估量,它绝不会轻易随制度的消失而消失。王莽的"新"政改制和西晋制度就是对这种说法的最好注脚。

王莽"新"朝,被许多人视为历史闹剧,甚至被胡适看作是中国历史上第一次社会主义实验。但在笔者看来，这是封建主义的制度和文化在中央集权专制体制下第一次具有历史意义的复辟。王莽把握到了汉朝以来中央集权专制体制所面临的深刻矛盾：土地兼并导致社会贫富差距日趋扩大，流民流离失所导致社会动荡不已。为解决这些矛盾，王莽据《周礼》而实行封建制度：在土地制度上，恢复井田制，更名天下田曰王田；在经济制度上，恢复分封制，地分九州，爵分五等；在政治制度上，恢复周代官制，设四辅三司九卿二十七大夫等。总之，在言必称周公、行必据《周礼》的氛围里，王莽对中央集权专制的庞大机体强行打入了封建主义的锲子。和王莽改制所具有的封建意义相媲美的，是西晋政权在统一中国的短暂时期里，进行了中国历史上第二次封建主义复辟。这次复辟的彻底性在于，西晋统治者几乎完全恢复了西周的"分邦建国"制度，分封皇族子弟二十七人为王，封侯封爵不计其数，每个封国均是拥有土地、人民、军队和行政机构的独立国家。

和西周封建制度的最终结果一样，中国历史上这两次封建主义复辟也没有逃脱它内在的不可改变的命运，所不同的仅仅是后者存续的时间要短得多，只是历史的瞬间而已。王莽"新"朝仅维持十几年，它寄生于中央集权专制机体上的封建怪胎便被它自己的母体又重新吞噬了；而西晋封建化的可悲后果是"八王之乱"，统一的中央政权在饱尝了它自己种下的封建苦果之后，迅速分崩离析，最后演变成中国历史上时间最长的社会分裂。在以后漫长的历史进程中，社会分分合合，王朝更迭不已，长者三二百年，短者几十春秋；其间既有汉人一统天下，也有外族入主中原；但社会的政治、经济和文化体制一直被笼罩在中央集权专制主义的普照之光之下。

从中央集权专制主义和封建主义长期的历史悖论中，可以清楚地看到，中央集权专制主义是封建主义结构性矛盾的历史和逻辑的产物，前者赖以生存的制度是后者制度性崩溃的必然结果，而后者的存在和蔓延必定是对前者的消解。二者是完全不同的社会体系，具有完全不同的制度特征：

第一，从政治上看，封建主义是二元的或多元的权力结构，是权力的横向配置和权力的等级分层占有，是权力的下移和分化，其后果必定是国家的分裂。中央集权专制主义是一元的权力结构，是权力的纵向垂直配置，是权力的上移和集中，是民族国家的形成和统一。

第二，从经济上看，封建主义的土地所有制是国家所有制前提下的封建等级占有制，土地作为社会的主要资源是通过政治权力的等级分配而进行分级配置，土地随其占有者的身份可以世袭继承却不能买卖流转，处在硬化状态。中央集权专制主义的土地所有制是国家所有制和私有制并存，后者包括土地地主所有制和小农所有制，土地可以自由买卖和流转。

第三，从文化上看，封建主义的文化形态是思想史上的"子学时代"（冯友兰语），文化由于政治的多元化而具有多元性的品格，诸子百家争鸣，社会思想解放。中央集权专制主义是思想史上的"经学时代"，"独尊儒术"，注经释经，思想定于一尊，形成绝对的统一的意识形态。

第四，从人的身份上看，封建主义"礼制"的核心是"别"，是社会成员的等级尊卑秩序，所有人在社会中的地位都是预设的、固定的。中央集权专制主义"法制"的核心是"齐"，国家对社会成员实行编户齐民制度，所有人在法理上具有平等性，其社会地位是流动的、变化的。

中央集权专制主义和封建主义的不同的制度特征及其此消彼长的关系，表明二者不具有历史的共时性和制度功能的相兼性，它们是无解的历史悖论。从制度而言,在农业文明时代对社会各种资源进行整合和配置,中央集权专制主义显然拥有对封建主义更多的比较优势,这是它之所以取代封建主义而长期支配中国社会发展走向的根本原因。从社会发展而言,封建主义和中央集权专制主义是中国整个历史进程中两个前后相继的时代,由制度变迁所决定的社会转型一经完成便不可逆转。在"路径依赖"的刚性制约之下,中国自封建主义终结之日起,就注定无法摆脱中央集权专制主义的必由之路。

五、社会制度变迁中的"中国道路"

美国制度经济学派的代表人物道格拉斯·诺斯在他的著作中提出过这样的问题:"是什么决定了历史上社会、政治或经济演进的不同模式?"他自己对这一问题的回答是:"技术变迁与制度变迁是社会与经济演进的基本核心。"① 同样的问题在历史学家的视野里,可能有不同的回答,他们可能更关注既定的社会制度得以形成的自然地理背景,黄仁宇在其代表作《中国大历史》中就认为,易于耕种的纤细黄土、能带来丰沛雨量的季后风和变幻不定的黄河,"注定着中国农业社会的官僚机构必须置身于一个强有力的中央体系之下"②。二者比较而言,笔者更倾向于诺斯的观点。既定的社会制度绝非是其所处的地理环境的自然产物,后者对人类社会所构成的一系列挑战,与其说是人类制度性差异的

---

① 〔美〕道格拉斯·诺斯著,刘守英译:《制度、制度变迁与经济绩效》,上海三联书店1994年版,第123、138页。
② 黄仁宇:《中国大历史》,生活·读书·新知三联书店1997年版,第26页。

根本原因,——如魏特夫所言,"历史条件相同时,重大的自然差别可能导致决定性的制度差别"[①];毋宁说,自然的挑战只是既定的社会制度所要面对和解决的问题。制度选择和制度创新是由社会的、文化的、自然的和主体的多方面因素共同决定的。

如同封建主义之于中世纪的欧洲有其历史必然性一样,中央集权专制主义之于中国,也有其不可抗拒的历史原因。这并非是因为中国面临着黄河周期性的泛滥或为抵御来自游牧生存圈的巨大压力而不得不实行中央集权专制制度,以便它能够集中动员帝国的所有力量来应付各种挑战;而是因为这个制度是中国自封建主义终结以来,经过漫长的、自觉或不自觉的政治比较后所形成的唯一可能的政治选择,是整合各种社会资源和应付自然及各种外部挑战的唯一可行的政治形式。

汉王朝在继承秦制最终确立中央集权专制制度后,它所面临的主要挑战,既非来自黄河,也不是来自北部的匈奴,而是来自制度内部与日俱增的封建主义分离倾向和土地日趋集中所引发的制度危机。封建主义的分离趋势在经过文、景、武帝数朝持续不断的打击之后,已无以构成对中央集权体制的威胁,但它遗留下来的问题却是任何一个中央专制王朝都必须解决的。土地兼并及其引发的一系列社会政治问题,就是封建主义土地制度崩溃以来中央集权专制制度所面临的最主要的挑战。

封建主义土地制度崩溃的直接后果是土地的私有化,这是自春秋战国以来土地制度演变的一条主线。土地私有化最初是政治权力结构变化的结果,随着中央集权专制制度的建立,权力成为土地制度演变的最大政治动力。中央集权对国家权力的高度垄断,使其成为土地最直接的

---

① 〔美〕魏特夫著,徐式谷等译:《东方专制主义》,中国社会科学出版社1989年版,第3页。

和最终的分配者,其实质,是通过政治强制的方式,达到土地资源和人力资源在最大范围内的有效配置。所谓"使黔首自实田",表明秦帝国很清楚这样的道理:只有把土地和人民有效地结合在一起,才能保证经济发展,社会稳定。汉初实行"名田"制或"占田"制,其实就是"耕者有其田"。在当时因战乱导致土地大量荒芜闲置的情况下,中央政权有条件比较从容地对社会资源进行优化配置。哀帝时师丹对此有过总结:"孝文皇帝承亡周乱秦兵革之后,天下空虚,故务劝农桑,帅以节俭。民始充实,未有并兼之害,故不为民田及奴婢为限。"(《汉书·食货志》)正是土地和人力的有效配置,汉初的经济才得以迅速恢复和增长。但是,土地私有化的"潘多拉匣子"一旦打开,它所释放出来的魔鬼就再也无法收回来了。土地兼并,就是私有化的匣子里所释放出来的最主要的魔鬼。

自汉武帝起,土地私有化导致的土地兼并现象日趋严重,汉初土地配置的均衡状态被逐渐打破,用当时董仲舒的话说"富者田连阡陌,贫者无立锥之地"。为此,董仲舒向汉武帝上策曰:"限民名田,以澹(赡)不足,塞并兼之路。"(《汉书·食货志》)自此开始了汉政权的"限田"政策。这一政策的实质,是依靠中央集权的力量,强行干预土地的再分配和土地的自由流动。武帝时期,"限田"政策的主要打击对象是"强宗豪右",是禁止商业资本流向土地,严禁商贾占田。至哀帝时期,"限田"政策又进一步被制度化。哀帝绥和二年师丹建议限民名田后,丞相孔光和大司空何武等人具体制定了从诸侯王到豪富吏民的占田占婢限额,在中国历史上第一次以国家法令的形式确认了土地及奴婢私有的合法性,同时力图对私有化的程度予以限制和控制。

在中央集权专制的条件下,土地私有化并不是一个纯粹的经济现象。如同土地私有的最初起源是依靠政治权力的"第一推动"一样，土地的集中和兼并在很大程度上也是有赖于政治权力的支持。当然，这种政治支持绝不可能来自于中央政权，而是来自于从中央集权体系中分离出来的政治势力——军阀、豪强、世族、名门。这些分离的政治势力不同于传统的封建主义力量，它们不是通过分封的方式得以形成，而是在土地私有化的态势下，一方面通过政治权力和政治强制实行土地集中和兼并，另一方面又通过土地的集中和兼并巩固自己的政治地位，扩大自己的政治势力范围，正是因为在土地兼并的背后隐藏着深刻的政治因素，汉王朝的"限田"政策并未达到它想要达到的目的——通过"限田"来限制各种分离的政治势力；相反，自哀帝以后，土地兼并愈演愈烈，几成不控之势，最后导致王莽"新"政改制。

王莽改制的民意基础来自于对土地兼并的反动，土地的重新国有化（王田制）是王莽试图遏止土地兼并源头——土地私有化——所采取的根本措施，他在一夜之间宣布把全国的私田皆收归国有，由此受到的抵抗是可以想见的。"王田制"实行四年便草草收场，足见土地私有化的潮流并不能轻易为政治权力所改变。王莽的悲剧在于，他看到了一个时代的问题之所在，却从久已消失的时代中去寻找解决问题的办法。

刘秀奠定的东汉王朝结束了新莽所造成的社会混乱局面，也承接了王莽想解决而又未解决的问题。同样面对土地兼并及其可能潜藏的政治分离倾向，光武帝从政治和经济双管齐下，力求解决这两个长期困扰中央集权统治的主要问题。在政治上，他通过"退功臣而进文吏"等手段，抑制政治豪强势力的形成，全面加强中央集权，"惩数世之失权，忿强臣之窃命，矫枉过直，政不任下，虽置三公，事归台阁。自此以来，三公之职备员而已"（《后汉书·仲长统传》）。在经济上，刘秀采取了"度田"措施，即在全国范围内清丈土地，核实田赋，按等级、名分限制占有土地，其目的完全是为了抑制豪强、贵族和官僚们兼并土地的行为。由于这一政策不仅直接侵犯了大土地私有者的既得利益，也侵犯了中小土地私有者的根本利益，结果导致"郡国大姓及兵长群盗，处处并起"，迫使光武帝从妥协走向完全的放弃，最终是对土地兼并的无奈和放任。由于无法阻挡土地兼并的汹涌浪潮，东汉的历届王朝不得不面对由此引发的两个严重后果：一是失去土地的"流民"人数日趋增多，造成社会动荡不安；二是豪强势力坐地日大，拥兵自重，对中央政权构成直接的威胁。东汉晚期，中央集权体制又由于不断遭受来自外戚和宦官集团的轮番侵蚀而使权威尽失，"党锢之祸"则使皇权和士人全面决裂。汉中央政权终于在其失去对土地、豪强、士人的有效控制之后，毁于黄巾大起义和军事豪强割据的双重打击，结束了它四百年的统治，也开创了中国历史上时间最长的分裂时期——魏晋南北朝。

从两汉政权的演变中可以看到贯穿其始终的两条历史主线：在政治上对各种现实的和潜在的分离势力实行"限权"，在经济上对大土地私有者实行"限田"。这是由中央集权专制主义的内在本性和政治逻辑所决定的。汉王朝的终结以及它被一种更混乱的分裂局面所取代，并在一个时期里导致了封建主义的复辟，这并不表明中央集权专制主义的历史终结。相反，在东汉以来的历史进程中，从中央集权的制度危机中发展起来的豪强世族势力以及军阀割据、门阀政治的局面，虽然为封建主义及其各种变态形式的再次复兴提供了可能的土壤，但是，中央集权专制主义的政治逻辑并未改变，它不断地顽强地在制度变迁的过程中支配着社会演进，通过各种方式寻求其最合适的政治形式。隋唐帝国的出现，就是魏晋南北朝时期各种社会矛盾冲突的合乎逻辑的产物。

隋唐帝国作为中央集权专制主义的政权形式，在完成了结束政治分裂实现统一的历史任务之后，它和汉王朝一样，仍然面临着各种分离倾向的挑战，面临着土地兼并所引发的一系列社会政治问题的困扰。特别是，门阀制度的崩溃，作为社会精英集团的士人阶层处在离散状态，这显然需要新的政治整合方式将他们吸纳到中央集权体系中来；否则，他们又将重新成为各种豪强势力所依靠的政治力量。正是这些现实的压力，迫使隋唐帝国在继续执行和完善中央集权体制的传统做法的同时，进行制度创新。这主要表现在两个方面。在土地制度上，隋唐结合魏晋以来田制沿革的得失，推出"均田制"。其实质是：国家作为土地的最高所有者，按土地授予和簿籍授受相结合的方式，对上自王公百官下至庶民百姓，依法授田占田，平均地力，限制土地恶性兼并，最大限度地促进土地和人力的有效合理配置。在政治制度上，具有创新意义的是隋朝建立的"科举制"。"科举制"在法理上对社会成员都具有"机会均等"的意义，这足以使它取代以"九品中正制"为支持的门阀制度对政治机会的高度垄断而成为新的政治资源的整合方式。通过这种方式，社会中最具创造力的、对现政权也最具颠覆力的士人阶层，被整合到国家机器中，他们被培养成中央集权制度最忠实的维护者和管理者。

隋唐帝国的制度创新是卓有成效的，巨大的社会效应在各个方面都足以证明，它赖以存在的制度在当时的历史条件下，是新的文明增长的合理形式。但是，隋唐的中央集权体制仍然具有它的过渡性，这一方面表现在它还无法从制度上完全控制政治分离势力，藩镇割据直至"安史之乱"是唐中央集权所面临的最严重的挑战，虽然这可能是最后的挑战。另一方面，唐代"均田制"由于贯彻着国家超经济强制对社会经济运动的干预和控制，使它不可避免地陷入政治和经济之间的深刻矛盾，

论中国"封建主义"问题
——对中国前现代社会性质和发展的重新认识与评价

土地私有制自主运动的强大惯性足以摆脱笼罩其上的任何政治枷锁。唐中叶以来,"均田制"逐步被废弛,取而代之的是土地的重新私有化和土地的自由流动,权力开始从社会的主要经济领域退出。这表明,中央集权专制制度在经过长时期的历史磨合之后,终将迎来它的典型形态。

中央集权专制主义的典型形态是在大宋帝国完成的[①]。历史经验的长期积累,不仅为新的帝国的开拓者指明了时代的问题之所在,而且也揭示了解决问题的可能线索,创造了解决问题的社会条件。赵匡胤"杯酒释兵权",作为传统的防止藩镇割据卷土重来的一项重大举措,象征着政治分离倾向在制度意义上的终结。宋王朝在制度上做了近乎完美的设置以阻止那些军事将领拥兵自重,从而在信念上彻底摧毁了那些埋藏在人心底世界的分离主义念头,并培植起一种新的价值观念。所谓"择便好田宅市之,为子孙立永久之业"(《宋史·石守信传》)。财产从原来依附于政治权力的状态中解脱出来而取得了和权力相抗衡的某种品质,皇帝用货币和他的将军交换兵权,用"经济"的方式来消解政治上可能的冲突,标志着宋王朝进入了一个和以往不同的时代。这个时代最主要的特征是:对土地私有化采取自由放任政策,"不抑兼并"、"不立田制",土地私有制摆脱了它的政治外观而获得了历史上前所未有的活动空间,土地的自由流动取得了相对纯粹的经济形式。以往传统的土地兼并和政治豪强相结合所构成的对中央政权的分离趋势,在后者持续不

---

① 黄仁宇把唐和宋合之称为中国的第二帝国时代,似乎牵强,宋在制度上比唐更完善,主要体现在中央集权对政治权力的高度垄断和有效整合,从而基本解决了政治离心势力问题;在经济上,宋对土地私有化的放任,标志着政治和经济的相对分离,为经济发展创造了必要条件。唐和宋面临的时代问题迥然不同,是它们分属不同时代的根本原因。从时代的问题着眼,中央集权专制主义的历史似可分为三个时期:秦汉为第一帝国,隋唐为第二帝国,宋明清为第三帝国。

断的打击和限制下，已陷于瓦解姿态，政治豪强和土地兼并相互互动所引发的政治坍塌现象不复存在。和土地私有化的经济性质相适应，土地所有者的身份也随之发生变化：秦汉初期是军功地主，西汉中期至东汉是豪强地主，魏晋南北朝是世族门阀地主，从唐中叶至宋朝土地所有者则多为庶族地主。"科举制"配合土地制度的变革，历史性地完成了土地和政治权力的相对分离，士人不再是通过依附门阀等政治权贵或依附土地的方式，而是通过文化的方式，获得"布衣卿相"的政治机会。在这样的社会条件下，土地的私有化所导致的土地集中和兼并对中央集权制度不再会构成政治上的威胁，"限田"、"均田"政策也就失去了政治上的意义。土地的自由配置作为相对自主的经济运动，为中央集权专制主义的庞大上层建筑创造了大致适应的经济基础，并为社会财富日益增长提供了巨大的动力。

中国古代的中央集权专制主义，自秦汉奠基，经隋唐过渡，至宋基本完成了其制度变迁，其中包含着社会政治、经济和文化体制上一系列重大变化，由此为元明清的社会构成和社会发展规定了"路径依赖"，世界历史进程中的"中国道路"的独特性也由此得以体现。因此，无论是按照传统的五种社会形态理论，还是按照西方社会的发展尺度，都难以准确估量中国社会发展的独特意义。应该在一个更广阔的理论空间里探寻正确诠释和评价"中国道路"的理论和方法。

六、社会发展的历史观和历史价值观

中国在历史上经两次社会转型，最终确立中央集权专制主义的"路径依赖"，形成了与此相适应的体制和文化，并影响着中国第三次社会转型——从中央集权专制社会向现代性社会演进——的具体路径。这样一条社会发展路线，在传统的"马克思主义"的史学或哲学框架内往往是按照五种社会形态理论的逻辑来加以诠释。根据这个逻辑，中央集权专制主义的所有历史特征被强制地披上了封建主义的外衣，不同的社会制度的根本区别被掩盖了，社会转型意义上的历史分期被理论逻辑规定的发展模式所取代，世界范围内各社会形态按相同方式依次更替的统一图景就这样被描绘出来。

问题的症结何在？面对复杂的历史现象和历史进程，是以既定的历史观、哪怕是科学的历史观去剪裁历史？还是从历史事实出发去研究历史？是以逻辑来规范历史？还是从历史中发现逻辑？这无疑是两种不同的历史观。

历史观是历史的事实判断，是历史的科学观，用诺斯的经济学术语来说，是"历史的计量学"。历史观的核心使命是尽可能忠实地反映历史的实际过程，阐明历史发展的各种原因，透过各种历史现象揭示历史的本质和规律。简言之，历史观是历史的逻辑学。正确的历史观是着眼于从历史中发现逻辑而不是相反。唯物主义的历史观是由马克思创立的，它的基本要求是力求客观地揭示社会的基本构成要素及其相互关系，并从社会各构成要素的矛盾运动中揭示社会的变化和发展；它注重对社会发展动力的考察，总是依据生产力水平来估量特定社会的文明程度；它把人类社会的发展看作是一个自然历史的过程，并着眼于社会从低级形态向高级形态演进的趋势和规律。但是，唯物主义的历史观并不表明，社会形态的具体的演进路线一定是严格地按照马克思在逻辑上所规定的发展顺序依次进行。即使就西方社会的发展历史进程而言，实际历史时段根本就不是进化编年史的那种时空连续体,"古典古代"作为一个历史时期占支配地位的生产方式的灭亡并为封建的生产方式所取代,并不意味着它在未来的社会演进中将不再发挥任何影响。欧洲历史上的文艺复兴就是对"古典古代"的重新发现,由此构成了新的社会形态最重要的思想资源。佩里·安德森对此有过精辟的论述:"古代生产方式和封建生产方式的联结必然在欧洲产生出资本主义生产方式——这种关系不仅仅是历时系列,而且在某个阶段也是共时组合。"[①] 不仅如此,由于封建主义在欧洲范围的发展具有不同的历史特点和凭借着不同的社会条件,特别是在东欧,封建主义的历史进程由于各种外部影响的阻滞,特别是由于缺少"古典古代"的历史传统,才导致欧洲封建主义总危机的经济后果在这两个地区是截然相反的,最后在面向资本主义的历史机遇时开始了它们不同的制度变迁。

在欧洲历史进程中,社会形态的演进对不同的国家或民族具有不同的性质和意义,这一事实表明,即使在西方文明的中心地区,社会的发展和进化也不存在着一个统一的模式和"普世性"的路径;那么,对于距欧洲更为遥远的且在一个漫长的时期里根本无法实行制度碰撞和交融的中国来说,又有什么理由可以断定中国必须根据西方的道路演进?或者必须按照西方社会的发展逻辑即它在"典范的发展点"上所把握到的形式来衡量和规范中国所特有的历史进程和历史现象?如果是这样的话,中国的历史无疑就是某种"逻辑"的历史。

从历史本身的逻辑出发,中国的社会转型和制度变迁是依据它和西方社会完全不同的发展路径,如果一定要在"社会形态"的意义上概括

[①] 〔英〕佩里·安德森著,刘北成等译:《绝对主义国家的系谱》,第451页。

论中国"封建主义"问题
——对中国前现代社会性质和发展的重新认识与评价

和总结中国社会发展的历史分期,其标准决不能现成地从经典著作中照搬过来,或者按照西方社会的历史分期标准来切割中国历史。以往关于中国社会分期的历次讨论,之所以难以从中发掘出建设性观点,其根源就在于不是从历史出发来研究历史,不是从社会转型和制度变迁中来探寻历史分期的客观标准;而是从逻辑出发来研究历史,按既定的理论模式把不同的历史时期和不同的历史现象进行逻辑组合,以便描绘出中国按五种社会形态依次演进的完整途径。这样一来,产生了许多看似严肃其实荒唐的伪问题,如:"中国封建社会为何长期延续?""中国社会发展为何长期停滞?""中国社会为何不能自主进入资本主义?"这些问题的提出,不仅反映了在历史观上存在着重大偏差,即用逻辑来强制历史,而且潜在地隐含着价值判断上的失误。这就是笔者要强调的历史价值观的问题。

在历史观的领域,和科学精神相一致的是"价值中立"的原则,因为任何价值偏好的立场都将影响对历史事实判断的客观性和公正性。哈贝马斯(Habermas)批评马克思的历史唯物主义是一种历史客观主义,他认为马克思只是局限在技术的、工具的、组织的即生产力领域内描述历史,而对历史的另一面,即道德的、实践的、交往的因素缺乏足够的重视。这个批评是不能成立的。按照科学的历史观来看,历史进程的价值之维和构成历史主要内容的经济、制度、技术等因素一样,都具有客观性,都是自然历史的产物。历史进程中所表现出来的价值倾向、价值关怀和价值选择,同样也是历史观所要忠实反映和揭示的对象。

依据历史观的"价值中立"的原则,就不应当提出诸如"中国封建社会为何长期延续"或"中国社会发展为何长期停滞"这样的问题,因为这些问题本身已经包含着某种价值倾向或价值判断:西方社会由于率先完成向资本主义的演变而证明了资本的史前制度较之中国更具有价值的优先性，中国社会由于不能构造一个西方式的封建制度而无法自主地完成向资本主义的过渡。中国社会自近代以来和西方社会所形成的巨大差距，成为它们社会制度的价值评价的主要尺度。黄仁宇在他的著作中也提到："近代中国所面临的最大问题是传统社会不容产生现代型的经济体制。"[①] 如果说这个判断是正确的话，那是否意味着历史价值观的核心内容就是根据现代社会的尺度来评价传统社会？这样做，历史观的位置又将置于何处？

历史价值观是历史的价值判断，是按历史应有的性质和尺度来衡量历史，是价值对历史的规范，是历史的伦理学，用哈贝马斯的话说，价值规范是"社会进化的起搏器"。历史价值观的核心内容是依据特定的价值尺度对各种历史现象和历史进程的价值批判，是制度比较和社会比较的价值选择，它致力于对人类理想的社会状态的设计和追求，是社会进步和文明进化的主要思想动力之一。历史价值观是主体对客体的规范而不是客观描述，对相同的历史现象，不同的历史价值观基于不同的价值标准会有不同的价值评价。这就为历史统一的价值标准设置了疑问，历史的价值标准和历史的事实标准处在紧张的关系中。按照唯物史观的基本要求，历史评价的主要标准不是先验的超历史的，相反，它具有历史主义的性质，价值判断是基于事实判断，人们只能根据特定的历史环境和历史条件来评判历史。价值判断和事实判断的统一，是正确认识和评价中国历史的基本前提。

西方资本主义社会在不到一百年的时间里，所创造的生产力比过去

---

① 黄仁宇：《中国大历史》，第5页。

一切时代创造的还要多,它在制度上的优越性是中国的中央集权专制制度无法比拟的。正因为它唯一地来自于欧洲中世纪的封建制度,后者适宜于主动过渡到资本主义的历史事实是否表明,封建主义较之中央集权专制主义具有价值优越性?换句话说,我们应当依据怎样的标准来评价中央集权专制主义对于中国的深远意义?

佩里·安德森认为,和欧洲相比,中国早就具备了资本主义工业化的大多数纯粹技术前提,"中华帝国文明的整个发展在某种意义上可以看作是技术的威力和潜力在历史上最辉煌的展现和最深刻的实验"①。黄仁宇也表述过相同的看法,他认为中国在宋代就存在着向资本主义演变的可能。而大致在同一时期,中世纪的欧洲还没有完全摆脱"黑暗时代"的巨大阴影,它还处在"长期的冬眠"中(恩格斯语)。从这个意义上理解,在农业文明时代,中国的中央集权专制制度比西欧的封建制度更能有效地整合社会资源。这个制度的历史合理性已为它自身释放的全部效应所证实。制度的合理性和价值性的衡量尺度只能来自于制度本身的要素组合,以及这些组合是否有助于特定时代的生产力的发展和文明的进步。

按诺斯对制度的理解,一个有助于发挥"经济绩效"或能保证"报酬递增"的制度必须具备这些要素:有利于社会稳定的正式规则和非正式规则的存在,明晰的产权制度;有效的激励机制;符合相对价格变化的制度成本;为实施制度而创立的专门组织;以及政治或经济企业家的主观偏好。诺斯认为:"制度加上标准经济理论中的制约因素,决定了一个社会的机会。"②如果按照诺斯提供的制度要素来衡量,中国中央集

---

① 〔英〕佩里·安德森著,刘北成等译:《绝对主义国家的系谱》,第561页。
② 〔美〕道格拉斯·诺斯著,刘守英译:《制度、制度变迁与经济绩效》,第9页。

权专制制度在漫长的历史演进中通过不断的制度变革和制度创新，显然创造了符合那个时代要求的社会运行机制：建立了稳定的中央集权控制体系和与此相适应的法律体系；建立了整合社会政治资源的科举制度；建立了产权相对明晰的土地私有制度；建立了和中央集权相配合的社会组织；通过科举制形成了政治的激励机制，通过土地的自由流动形成了经济的激励机制。正是在这种社会运行机制的作用下，中国完成了政治和经济的相对二元化，从而不仅实现了物质文明的持续增长，而且在制度文明和精神文明诸方面均走在当时世界的前列。从这些历史事实出发，何以见得"中国社会长期停滞"？何以见得中国社会由于缺乏自主进入资本主义时代的直接动力而一定是它制度性失败的主要理由？

汤普逊在评价欧洲封建主义的历史"价值"时坚持了他一贯的历史主义立场，他并不是因为封建主义最后的光荣归宿而肯定它的历史合理性。在他看来，封建制度是当时历史条件下唯一可行的社会政治形式，其在符合时代条件和时代精神的新基础上，起着重新团结政府和社会的作用。他为此告诫人们："因为中世纪时代的思想与实践迥然不同于今天的思想与实践，我们不该错误地认为，过去的文明必然是比我们的文明低劣。封建制度虽已走过了它的历史过程，但它的基本原则——财产的占有须附有公共义务，巨大私人财产应对社会负有某种责任——还是良好政府和公平的社会关系的精粹所在。"① 对中国中央集权专制制度的评价，也应当遵循历史主义的原则。这一制度是历史主体经过长时期的社会政治比较和不同制度的反复碰撞后形成的必然选择，其历史的合理性内在于制度的合理性，其历史价值应当被充分地估量到。离开具

---

① 〔美〕汤普逊著，耿淡如译：《中世纪经济社会史》下册，第329页。

体的社会历史条件，批评中国在 10 世纪——西方还普遍缺乏教化的时代——不能有效地实行"数字管理"，以致不能完成向现代性社会的转变，这样的批评有"价值"吗？对于中国社会和西方社会的比较而言，在它们由各种不同的动力的推动下分别走向现代性社会之前，我们只能这样说：在这两种不同社会制度下，社会文明的进化程度是不同的，它们所能达到的物质财富的总量也是不同的；当然，由于它们社会结构的不同，它们未来的历史机遇和发展道路也是不同的。这里，不存在着一个总的统一的价值尺度，依此来衡量和评价它们不同的社会制度及其价值。它们的分别存在，对于"世界历史"而言，具有同等重要的意义。

资本主义通过暴力和征服，更主要的是通过商品和市场的力量，在人类历史进程中首次开创了"世界历史"时代。在这个时代，各民族国家以往互相隔绝、彼此孤立的状态被彻底打破了，取而代之的是各民族国家的互相往来和互相依赖，普遍的超民族的认同正在摆脱各种不同的民族局限和地域局限而取代民族国家内特殊的民族认同，黑格尔在哲学上把握到的世界统一的本质开始在实际的历史进程中显示出来。正是在"世界历史"时代，中国开始并终将完成它的第三次社会转型——向现代性社会的演变。中国以往赖以生存并曾经创造过辉煌于世的文明形态的社会制度，将不可逆转地向现代性社会赖以生存的社会制度转变。这对中国和世界都是伟大的历史性的转折。我们有理由期待：中国在新的社会制度中将创造比以往更伟大的文明形态。

（原载《文史哲》2008 年第 4 期）

中国封建社会的专制主义中央集权制度

宁 可

中国封建社会的国体即国家政权的阶级性质是地主阶级专政,政体即政权形式是专制主义中央集权制度。中国封建专制主义中央集权制度始于战国,成于秦汉,一直延续到清,历时两千多年,大体上与中国封建社会相终始,这在世界历史上是仅见的,是中国历史的一个特点,对中国历史发展的影响也是巨大的。中国的专制主义中央集权制度何以形成,具有什么特点,在两千年中有何发展变化,其发展变化的原因是什么,对中国历史起了什么作用,这些就是我们所要讨论的内容。

一、专制主义中央集权制度的形成

什么是专制主义中央集权制度?它的基本特征是什么?简单地说,它是把国家一切政治权力,诸如行政权、军权、司法权、立法权、财政权、监察权、选拔用人权等,高度集中到中央政府,最后集中到封建国家的最高统治者和代表——皇帝的手里,形成最高的、唯一的、绝对的政治权力即皇权。皇帝任命各级官僚机构的人员，令他们秉承皇帝的旨意办理政事、统治人民。自然，这仅是概约言之，在长达两千多年的封建社会，由于历史条件的变化，皇权有时强大，有时软弱，专制主义中央集权制度有时严密，有时松弛，其各个方面也有变化发展，总的趋势是逐步严密、强化，最后是僵化。

中国封建社会的政权组织形式同中国奴隶制社会不一样，中国奴隶制社会的政治制度或政权组织形式也是王国，但其基本特征是基于宗法血缘关系的贵族政治而非王权政治，政治权力相对分散在各级奴隶主贵族手中，西周可以说是它的典型形式。为什么中国奴隶制社会的政治制度或政权形式是贵族政治呢？这是因为，中国奴隶制社会的生产关系的基本形态即土地所有制形式，是奴隶主贵族领有农村公社形式的土地，即井田制。农村公社是原始社会末期的土地所有制形式及基本的社会组织形式。土地归村社所有，定期分配给成员的家庭耕作，村社成员并须集体耕种村社公共土地——公田，收获即应付村社公共活动的开支。到了奴隶制社会，氏族贵族演变成了奴隶主贵族，攫取了村社的权力，公共土地的收获也归了他们，而村社成员除负担公田劳动外，还要负担力役、军役和其他需索，成了集体奴隶。其他被征服或归附的部落氏族则也以村社为单位，成了集体奴隶，土地集体经营色彩突出，所有权相对稳定，各级贵族则以贡赋的形式，把自己剥削来的财物一部分上缴到上一级贵族，层层直到天下的共主——周王，所谓共主，即共同的主子，其下还有各级贵族，即下级的主子。这就是井田制。

这种实在的社会关系在形式上却倒了过来，即贵族们共同尊奉周王为天下的共主，土地名义上为王有（或国有），"溥天之下，莫非王土，率土之滨，莫非王臣"。土地和土地上的劳动者是紧密联系在一起的，这正是农村公社的特点。周王把这种土地连同土地上的人民中的相当大的一部分封给贵族——诸侯，诸侯就成了分封给他的土地及土地上的人民的最高领有者。诸侯又把他领有的土地人民按级分封给卿、大夫，卿大夫又把自己领有的土地人民分封下去，一直到士、庶人，土地、人民层层分割，这就是分封制。从原始社会末期所形成的氏族贵族沿袭下来的奴隶主贵族，还保留着父系氏族公社乃至以后的父系家族公社的宗法血缘关系为社会纽带的传统。即据宗法血缘关系，这些贵族既是统治者、首领，又是大家长，与属下既是统治与被统治的关系，又有家族的尊卑关系。被征服的氏族部落也同样以宗法血缘关系与统治的贵族结合起来（以婚姻关系或远亲血缘关系），集体受统治的族（周族）的统治者的奴役，血缘亲疏关系也就是政治上的贵贱关系。血缘离周王越近，地位越高，反之则越低。这样从周王开始，形成了一个经济、政治、血缘、社会相结合的严格的奴隶制的等级制，这种等级由于宗法血缘关系是世袭的，是长子继承制，这就使它严格而且稳定。贵族及其子弟无论贤愚不肖，甚至废疾、白痴均不能改变他在等级制中的地位与权力。具体地说，周王是全国人民的最高统治者（共主），又是土地的最高所有者，又是宗法制长子继承制下的长子、最高家长（大宗）；诸侯是周王最近的亲属、兄弟、儿子，对周王家族而言，是小宗，但在他领有的人民面前，诸侯又是他领有的人民的最高统治者，土地的最高领有者，还是他领有的人民的最高家长（大宗），诸侯的兄弟儿子卿大夫则是小宗，但卿大夫等在他领有的人民面前，又是大宗。以此类推，上级贵族对下级贵族既是统治者又是家长，下级贵族对上级贵族既是臣属又是子弟。政治地位的贵贱与家族关系的尊卑是一致的，而且也取决于领有土地臣民的多少，即经济权力的大小。经济、政治、社会地位三者不可分，经济权力的层层分割带来政治权力的层层分割及在大家族内的权力的层层分割。井田制、分封制、宗法制，就是中国奴隶制社会的三大基本特征。如果仅从政治制度的角度看，可以称之为贵族政治。

西周中期以后，封建生产关系开始在奴隶制社会内部出现，经过春秋到战国，地主土地所有制终于占据了统治地位。与此相对应，奴隶制的政治制度也发生了巨大变化，在战乱兼并中，周王朝瓦解了，井田制、分封制、宗法制无法维持。周王、诸侯、卿大夫的权力一层层逐次瓦解，到了战国，终于初步形成了与中国封建生产关系——地主制经济相适应的专制主义中央集权制度。

这种专制主义中央集权制度与奴隶制的贵族政治有什么不同呢？

1．地主阶级把政治权力集中到中央（中央集权），中央再集中到皇帝（专制主义），而非层层分割。皇权是最高的、唯一的、绝对的。

2．皇权或皇帝通过各级官僚机构和官僚来行使自己的政治权力。各级官僚机构和官僚对皇帝负责，地方行政制度是所谓的郡县制，由皇帝任命官僚去统治管理，可随时调换。中央机构亦然。贵族当然也有，但基本上排除在核心权力之外。如果要有权力，则要参加到官僚机构中去而起作用。他们参与权力机构有便利之处，可以掌握大权，但需作为高官，才能掌握大权。

3．除皇帝仍是以长子继承制以维持政权的连续性、稳定性，官僚是任命的，而非世袭的，随时可以调换罢免。官僚的选拔权原则上归皇帝，而由官僚机构来执行，即原则上凭才能德行而非血统家世。

4．家务和国事分开。皇帝和各级官僚不像过去的周王和贵族，国家就是家庭，家事也是国事，即所谓的"家国同构"。

第1、2条与分封制不同，第3、4条与宗法制不同。自然，这也是概略言之,并非事事如此,也有个发展过程,但大的方面应当是这样。那么,为什么中国的封建社会的政治制度是专制主义中央集权制度呢?我们说,它的经济基础或者根源是封建土地所有制——地主经济,这是一种与井田制很不相同的生产关系和经济体系。为什么在地主经济的基础上形成了专制主义中央集权制度呢?这需要先看看地主经济具有什么样的基本特征,当然也只能是概略的和主要的。这些特征在和西欧中世纪领主制经济(保留村社形式)的对比中,可以看出来,见下表:

中国封建社会地主制与西欧中世纪领主制基本特征比较表

	中国封建社会地主制	西欧中世纪领主制
(1) 所有权	地主对土地享有比较完全的土地所有权(与资本主义土地所有权也不完全一样)。正因为如此,倒不甚稳定	土地层层分配,领主只有占有权,然而世袭,却相当稳定
(2) 经营形式	土地分散经营——地主尽管占有大量土地,但一般不直接经营,而是分散给农民租种,农民生产有相对独立性,个体小生产性质相当突出,一家一户为一个生产经营单位	相对集中经营,庄园农奴制,有分散有集中,定期调整份地。森林牧场集中使用,庄园管理较强,个体小生产性质不如中国突出
(3) 剥削方式	租佃制——地主与农民是个人之间的租佃关系,带有契约性质(当然与近代资本主义契约也有所不同),可租私人,也可随时收回转租	定期分配式的份地制,土地由庄园统一分配调整,相对稳定
(4) 地租形式	实物地租为主——收获分成,这与个体经营方式有关,农户独立经营视同自己的土地,地租与自己的投入时间空间上不分,收获后实物才加以划分	劳役地租为主,耕领主的田,收获全归领主,与分配给自己的田在时间和空间上及收获物上,完全划分开来
(5) 依附关系	农民对地主的人身依附关系相对较弱,经济关系较强	人身依附关系较强,往往成为农奴
(6) 土地权转移	土地可以自由买卖(相对的,与近代不同),土地所有权转移相对迅速,地主与农民的地位相对地不稳定,可以互相转化。贫富分化明显,分化转移也快	一般不买卖

至于为什么中国封建社会开始不久即以地主经济为主，这应当从当时生产力性质的特点去探索，即春秋战国已形成了以精耕细作为特征的大陆集约型农业。至于为什么中国在春秋战国时期出现精耕细作的耕作制度而不是其他形式的耕作制度，而且一直成为两千年来中国传统农业的特征，这涉及中国的地理环境、人口以及冶铁技术及铁工具使用问题，这些问题这里不可能多讲，我们还是专门来看看为什么在地主经济基础上形成了专制主义中央集权制度。由上表列出的地主经济特征可知：

1. 许多地主把自己所有的土地分散租佃给个别个体农民耕种，个别地主与农民的关系更多的是一种租佃的经济关系，甚至是含有很大成分的契约关系。而由于中国传统农业的特色，佃农在自己租佃的土地上的生产活动是独立经营的。因此，农民对地主的人身依附关系较为薄弱。或者换句话说，地主对农民的超经济的强制较弱。这样，一个一个的分散地主对一个一个的分散的佃农，难于进行直接的政治统治。自耕农由于自己有土地，独立性更大，个别地主对之更难办了。

2. 地主阶级自身也是分散的，一般没有互相统属的经济关系与统治关系，这自然不是说封建社会没有等级制，但这种等级制常常不是表现为直接的统属，而只是身份的高低与特权多少的一种表征。至少，中国封建社会中的等级制不如西欧封建社会那样强烈。

3. 由于土地所有权可以通过土地买卖及其他非经济手段或经济手段与非经济手段相结合而随时予以转换，因此地主对土地的所有权及随之而来的权力保持不那么稳定（宋代有所谓"千年田换八百主"之说）。由于分散经营，土地买卖、贫富分化较易，地主中有一部分可破产失去土地下降为农民，而农民中富裕的人有一小部分通过土地购入也可以上升为地主。

4. 在地主——佃农关系之外，还存在着相当数量的自耕农。他们自有小块土地，也是分散的，这批农民一般非地主所能直接控制，尤其是政治控制。他们的经济地位的升降也很容易，下降即失去土地尤其容易。他们常常是地主土地兼并的主要对象。

由于上述原因，中国的地主不可能像西欧庄园主那样在自己领有的土地上与对农民的经济剥削加上超经济强制相结合，而对领有农民直接行使政治的统治或政治权力，不可能像西欧庄园主那样，在自己领地上将军权、行政权、司法权、财政权等集于一身，而是相反，中国的封建地主是把政治权力交出来，集中起来交给代表他们的皇帝及其下属的各级官僚机构，由皇帝通过其属下官僚机构代表整个地主阶级来行使政治权力，用这种办法来统治农民，其中包括自耕农；也用这种方式来协调地主之间的各种矛盾。单个的地主的土地所有权及其地位尽管不稳定，各级官僚的出处及其地位尽管不稳定，变化大，但这种方式却可以有利于整个地主阶级及整个政治体制的稳定与延续。

正因为这样，中国的政治出现了一些特点，例如：

1. 皇权是最高的、唯一的、绝对的，在皇帝之下，似乎一切人包括地主、农民都处在一种平等地位，全是皇帝的子民、属下，"王子犯法与庶民同罪"、"白衣卿相"；但是在皇帝面前，他们却全是一样的，"天皇圣明，臣罪当诛"（皇帝永远没有过错，错只是臣下的）之类的说法也流行起来。好像一切决定于皇帝，除了皇帝，大家全一样。这自然只是一种假象，然而也有其传播与信仰的基础。

2. 皇帝是皇权的代表，皇权是最高的、唯一的、绝对的，代表皇权的皇帝也就是最高的、唯一的、绝对的，因此，皇帝在政治中作用很大。然而，制度、权力同代表这个权力的人之间还是有差别的。皇帝是人不是神，皇位主要是由长子继承，或在皇族里择人继承，人为的因素很大。本来皇帝集中这么多的权力，就是人治，这样一来，人治、法治的问题就更突出了。有圣君、明君、贤君，有守成之君，有庸君，有昏君，还有暴君。不同的皇帝在不同的历史条件下行使皇权自然不一样，而谁当皇帝却往往又无可选择。于是，中国政治史出现了许多波澜。另一方面，正由于皇权集中于一人之手，制约的机制不多，公开性也不大，因此，皇权有很大可能被权臣、近臣、佞臣、奸臣、亲贵等窃取。所谓"挟天子以令诸侯"是历史上时常出现的现象，而其极致则是皇宫中为皇帝服役、地位卑贱的宦官的擅权，他们假皇帝之名把持政事，乃至挟持皇帝、废立皇帝、杀掉皇帝。这种情况使得一方面由于前述的专制主义中央集权制度本身的特点，而具有稳定性与延续性；另一方面，则由于皇帝的不同及掌权官僚集团的不同，包括贤相、奸相、近臣、佞臣以及宦官窃权等而致封建政权跌宕起伏，一会儿是××之治（文景之治、贞观之治），一会儿是政治大败坏，演出一幕幕不同的活剧，甚至是离奇怪诞的活剧。

3. 由于地主阶级对国家的统治是由中央经过各级官僚机构来进行的。地方官僚机构主要设在城市，城市成了政治网络中的节点。因此中国的封建城市的起源和职能更多的是政治和军事的，而非经济的。经济的职能、作用，一般往往是随着政治军事作用而发展起来的。在西欧中世纪，农村与城市对立，城市是逃亡农奴与工商业者建立的，而中国则不然。西欧资本主义生产关系首先在与农村对立的城市中发展起来，中国的商品经济与资本主义因素虽然也是在城市中产生并以城市为据点，但却不那么与农村经济（地主经济）对立，而且是在封建的控制管理下，这也可以说是中国资本主义因素发展缓慢的一个重要因素。

4. 国家是分工的产物，也是阶级对立不可调和的产物。国家的职能是统治阶级专政的工具，但也有管理的职能。专政从某种意义上说也是管理的一种形式，而且是重要的形式，其中包括管理经济的职能。中国一个一个的地主阶级权力并不算大，而作为地主阶级的代表的专制主义中央集权制度权力却很集中，很强大，因此，中国专制主义中央集权制度组织管理经济的职能，由于非个别地主所能实行而显得很突出，如兴修水利、劝农、防灾抗灾、救灾、赈灾，重要物资的专卖（盐、铁、茶、酒等），公共工程的兴建（长城、城隍、道路、桥梁、宫室、衙署、驿站等），官工商业的经营，以及对工商业的管理、控制等。这也是其他国家历史上所少见的。中国的专制主义中央集权政权对社会包括对经济的控制管理作用，对社会生活特别是经济生活的影响是巨大的。此外，对教育文化思想的管理控制的作用也是巨大的。

5. 专制主义中央集权制对汉民族的形成，对汉民族与其他民族，特别是北方民族的关系，对我国统一多民族国家的形成与繁荣的作用。

总起来说，中国封建专制主义中央集权制度是在地主经济的基础上形成的，而地主经济的一个基本特征是土地私有制。有一种意见认为，专制主义中央集权制度的经济基础是封建土地国家所有制，这是一个可以争论的问题。笔者认为，无论如何宋以后很难说占统治地位的是封建土地国有制，而专制主义中央集权制却越来越加强了。但不管怎样，从经济基础的特点的角度去分析专制主义中央集权制，特别是延续了两千多年这个制度是如何形成的，方向还是对的。

二、专制主义中央集权制度的发展演变

中国的封建专制主义中央集权制度的结构与机制大体上如下：皇帝所代表的皇权是最高的、唯一的、绝对的，在它之下，有各级官僚组成的中央和地方各级行政机构以及选拔官僚的选举制度和监察官僚（也包括皇帝）的台谏制度。另外还有一套军事机构和制度及选兵的制度。立法权在于皇帝诏旨、法令，真正形成条文的法律不多，也简单。司法权在地方基层，往往即由行政官僚执行，到上一级地方政府和中央才在政府中有专门的机构如提刑按察使司（臬台）、刑部、大理寺，但与西方独立的法院、法官不能相比。其实西方封建社会司法立法权起初也是不分的，到后来议会渐渐地起作用，才有改变，那是资产阶级兴起以后的事了。

这些机构和制度在两千多年中有所演变。一方面，这个制度本身不断调节以适应封建社会的变化与新出现的情况和问题，也把地主阶级积累起来的统治经验添加了进去。另一方面，这个专制主义中央集权制度本身就存在着矛盾，即皇权和相权的矛盾及中央集权和地方分权的矛盾。这些矛盾发展的结果常常反映到制度本身的变化上来。以上这两个方面的变化常常是结合在一起的，有时不太好分。例如，魏晋南北朝时期，尚书省下的分曹治事，最终形成六个行政职能部门部（吏户礼兵刑工六部），就是封建社会变化、地主阶级统治经验积累以及专制主义中央集权制度本身皇权与相权的矛盾带来的制度上的变化。

上述两种变化尽管很复杂，但一个总趋势是专制主义中央集权制度

越来越严密,越来越强化,也越来越僵化。先说第一个方面。

早期的专制主义中央集权制度可以西汉为代表,可以称之为三公九卿制度。所谓三公,即丞相主政,事无不统;太尉主兵;御史大夫(副丞相)司刑法监察(包括监督丞相)。实际上称三公是丞相、太尉、御史大夫,在东汉演变为司徒、司空、司马。这时的三公已是虚位,而政事归于尚书台了。九卿分掌各种具体事务,是习惯的称呼,多属秦制。汉承秦制,名称有所改动。实数不一,超过九数,有说达到十二的,计有:太常(掌宗庙礼祭)、郎中令(武帝改为光禄勋,掌宫掖门,出充车骑)、卫尉(掌宫门卫屯兵)、太仆(掌舆马)、廷尉(掌刑狱)、典客(武帝改为大鸿胪,掌蛮夷降者)、宗正(掌皇室亲属)、治粟内史(武帝改名大司农,掌谷货、外财政)、少府(掌山、海、池、泽之税、内财政)、中尉(武帝改名执金吾,掌宫外与京城警卫)、水衡都尉(武帝置,掌上林苑)、将作大匠(掌治宫室)。地方政府则行郡县制,比较简单。郡守、县令(长)主政,郡尉、县尉主兵。

这种制度的特点,第一,还保留着奴隶制贵族政治的残留。贵族政治时期经济、政治、家族结合,因此家事、国事不分,管家也就是治国。许多官员原本是贵族的家臣或奴仆,他们管的事原来就是贵族的家事,如伙食、衣服、车马、看门、守卫、迎宾等。宰相,在贵族政治时期原是低级家臣或奴仆,宰是厨师,相为司仪相礼者。这种情况到西汉还保留着。皇帝家事国事不分,如少府是国家官,却管皇室财政收支,同时又管国家财政,如铸钱。御史大夫原司监察,但也管皇帝家务,等等。正因为这样,中央各官僚机构职责不清、设置重叠,九卿尤其如此。其管的事有时很少(本来是管把门、警卫、驾车,礼乐队头,排宴等),现在成了九卿之一,实在没有管什么大事。而另外一些重要的事又没有机构和人去管，有事临时设官，放在当时的编制之中，只能重叠又混乱。

第二是制度不严密。例如，选官制度，西汉初是所谓"郎选"，从贵族官僚子弟中弄一批人及入赀（交钱）的人当郎，即候补官，随在皇帝身边，经考查后使用。这当然不严密，以至有些人老了头发都白了，还是郎官。后来行察举，由地方官或中央高级官僚根据自己了解或舆论而推荐人。高级官僚任用属员采取辟除办法，即自行招聘，然后向朝廷推荐。这种做法无具体标准，只有茂才、孝廉等名目，实际推荐的人水平出入很大，上下其手也很容易。人事权分散，不集中于中央，而提拔的官员多是上层及贵族子弟、门生故吏之类，用人私人色彩浓厚。到曹魏以后发展为九品中正制，比较进步，也制度化了。设专门官（中正）管，地方人才分九品，作为任用的根据（上九品中正只是取得为官的资格，实际任官则还有一套，而且自由度很大）。这样一方面用人权相对集中，另一方面，却是根据门第定等第，所谓"上品无寒门，下品无势族"，形成门阀士族地主垄断政权的局面。总之，官僚的选拔还不足以反映皇权的绝对权威，也不够严密。又如军队，这是专制主义中央集权制度的最重要保障，反击外敌，镇压人民，清除异己，往往都靠它。但它又像一把双刃剑，权臣叛将也可以利用它来反对甚至消灭现有的皇帝及其政权，既是皇权的一个工具，也成了一个威胁。在西汉以后的一段时期里，对这个问题似乎还没有充分的认识和有效的办法。一般把军队分成保卫皇帝的中央禁军和由官僚政府所指挥的军队两部分，而以加强前者作为维护皇权的主要手段。另外，对地方兵和东汉以后出现的私人武装似乎也没有什么好办法。至于士兵，西汉以来，义务兵（控制人丁，自耕农，兵役徭役不分）与职业兵（召募）交替。魏晋以降，私人军队发展,而且后来专门有一批当兵的家庭,世代当兵,称为士家,府兵也有此意。士兵和武人的地位,除了三国以后有一段时期的士家制度地位低外,也不低下。总之,这个时期中国的专制主义中央集权制度还不那么严密。

唐宋时期,中国封建社会从前期向后期转化,专制主义中央集权制度更形严密、强化,乃至僵化。政府机构,从三公九卿制到唐时转变成三省六部制,奴隶制贵族政治的痕迹消除了。说它是三省六部制也不甚确切,因为六部一直维持下来,三省却有许多变化。六部职能比较完善,职权分割比较适当,一直延续到清末。但问题是决策与执行脱节,六部是执行机构,渐渐变成了机构臃肿、办事拖沓、效率很低、不承担重大责任的衙门。

在官僚的选拔上,出现了科举制。选拔人才权力集中到中央,中试者成为所谓的"天子门生",而且任官时由吏部铨选,加强了皇权对官僚选拔的控制,不再是士族垄断的局面。这是一大进步。但行之既久,也发生问题,最主要的是考试内容与做官所需的学识才能脱节。唐代取士科目主要有明经和进士,经书加诗赋,明经录取数额大,进士录取数额小。礼部试了,吏部还要试身言书判,举士与选官分开了。每年举士额大,选官额小。科举并没有包括所有做官途径,在前的九品中正制也是如此。唐代新进士最高也只先做低级官如县尉之类。到宋之后,进士科名额大大扩大,举士与选官逐渐合一。明清时只要考中进士,即可做官。这时考试内容主要是制艺(八股),程序化,取录标准为代圣人立言而禁锢了思想,考试内容与做官要求更脱节,科举成了敲门砖。统治阶级选拔人才的面扩大了,但控制也更严了。

军队,从宋以后出现的情况是,第一,基本上是募兵制,职业兵,终身制，兵农分离，兵成了社会特殊阶层，便于控制。第二，军权分割，军政、军令分开，前者由枢密院或兵部负责，后者是皇帝任命的将领，主要由文官主兵，武将具体打仗。军权削弱，由皇帝掌握。第三，重文轻武，士兵及武将社会地位和政治地位低下。总之，一是兵士成了特殊职业、阶层，二是兵权由皇帝掌握。果然，从宋开始，武将造反、藩镇割据的局面不再出现，即使有些亲王造反，消灭起来也容易。军队对皇权不再构成威胁，但是军队战斗力也因此大为削弱，镇压农民起义还可以，镇压大规模起义也不成功。对边疆民族，王朝初期还可以，后来就不行了。对外国侵略者几乎一触即溃，更不行了。总之，后期专制主义中央集权制度趋于严密、强化，但也走向僵化，终于随封建社会的崩溃而结束了。

中国专制主义中央集权制度的第二个方面的演化，来自于这个制度本身的矛盾，带有一种重演、循环的特色，颇为有趣。这种制度本身就存在的矛盾，一是在中央，是皇权和相权（官僚制度）的矛盾，二是在中央与地方关系上，则是中央集权与地方分权的矛盾。

先看中央的皇权与相权的矛盾。皇权是至高无上的，一切权力都应当集中到皇帝那里，然而皇帝也是人，不可能处理一切政事。秦始皇的衡石量书，朱元璋的通夜处理奏疏，是很少有的。就这样，也还是不能处理一切政事，遇到庸君或懒君、昏君，就更不可能了。皇帝不仅精力有限，能力也有限，不可能事事独断，都有主意，需要有人提供意见，参与决策，更需要有办事执行的人，这就需要有一个官僚机构来执行。中央政府的官僚首领就是宰相。宰相是通称。其实秦汉以后，任何具有这个职权的绝大多数官员都不称宰相，而是有其他名称。历史上真正叫宰相或丞相的时候并不多，其权限有大有小，其名目有各式各样。但这个职能及官职始终是存在的，因为这是封建专制主义中央集权制度所必需的。

宰相在奴隶制时期本是王的家臣或奴仆，所谓调和鼎鼐，施用盐梅，是厨子的职称。也反映当时治庖与治国的关系（"治大国如烹小鲜"），家事与国事不分。在贵族政治家国不分的情况下，宰相逐渐成了帝王以下的官僚机构的最高长官，所谓一人之下万人之上。在专制主义中央集权制度下，丞相应当是秉承皇帝意旨办事的，但由于参与决策，下边又有一套执行机构，即具有议政与执行及监督百官执行两大职能，带有相当大的独立性，也有相当大的权力。西汉初年的丞相，如萧何、曹参、陈平等，都是与汉高祖一起起兵的开国功臣，权力都相当大，逐渐形成一个以丞相为中心的政治集团，甚至与皇帝分庭抗礼，乃至可以拥立和废立皇帝。皇权与相权本应互相配合、协调，但有时不免发生矛盾。汉武帝即位以后，开始抑制丞相的权力，丞相更换频繁，甚至杀掉好多，选一些不大中用而听话的人来干，如公孙弘，简直是傀儡一个。此后，历代有些皇帝也采取这种办法。但是更主要的抑制相权的办法是采用选拔内朝官来与外朝的丞相及其政府相抗衡乃至取代其权力。内朝官多为侍奉小臣、外戚、宗室，最坏的情况则是宦官。

所谓内朝是指皇帝宫内的办事服役的机构，这些机构的官员的职任原来都很小，品级也很低，甚至轻贱，如管书记、负印玺，侍奉皇帝起居之类。但因常在皇帝左右，有时亦能参与机要，传达诏旨。汉武帝把这些近身小臣扶植起来，让他们参与政事。首先是尚书，这本来是管皇帝文书文牍的，因让他参与机要，遂成为参与决策宣达诏令的重要职掌，位卑而权重。由决策而宣达而监督执行，最后到具体参与执行，尚书令就逐渐成了朝廷中重要的官职而渐渐成了政令执行者。为了执行，其下不免设置各种曹职，司各方面的事（到魏晋南北朝时达24曹），机构越来越庞大，执掌越来越宽。尚书职无不统，成为宰相，但也离皇帝越来越远了，尚书从原来的内朝小官变成了外朝大官。这样，曹氏父子时的内朝的中书官（曹操时称秘书令，曹丕时称中书令、中书监），取代了尚书原先的内廷职司，成为皇帝左右最亲信的人。侍中，即侍从，本是负玺或护卫皇帝的小官，到南朝时，渐为皇帝信用，且以士大夫充之，权力渐大，梁时侍中掌禁令，颇似宰相。然而，又同尚书一样，中书令、门下侍中也逐渐转成了外朝官，这样，到隋唐时，外朝的官僚机构遂正式形成了三省六部制度。三省是尚书、中书、门下，三省长官共议政事，奏请皇帝施行。分工是中书起草诏令（主官是中书令），门下管封驳（主官是侍中），尚书执行（主官是尚书令、尚书左右仆射）。尚书之下设六部（吏、户、礼、兵、刑、工），即为执行的具体机构。这六部一直延续到清朝，大约应当算是最适合中国封建社会官僚体制的机构了，尚书、中书、门下已经完全成了外朝官，成了集体的宰相，宰相不再是一个，而是几个，即三省共行一相之权。互为分工，也互相制约。相权分割了，以后遂成定制。有几个宰相，后来入政事堂议事必须带"同中书门下平章事"或"同中书门下三品"衔，才为真宰相，不管原来是什么官。至于中书令、黄门侍郎，如不带那些衔，反而与宰相脱节，以后也成了虚衔而非实职了。

这样，由隋唐时的宰相的职权可以看出：1. 决策与执行分割；2. 决策之权亦分割；3. 进一步制度化、官僚化。尽管如此，皇帝仍需内朝官。唐朝后来皇帝身边的翰林学士掌制诰，所以诏敕称为内制，而中书舍人拟的制诰称外制，前者更重要。另外，更重要的则是宦官执掌的枢密院，原来管机要文书，后来由于宦官掌握中央禁军，枢密院、枢密使逐渐变成了军政机构。到了宋代，司军政的枢密使与同中书门下平章事及参知政事（副相）并称二府，又成了外朝官。元代独重中书省，主官称丞相，明太祖因之。由于胡惟庸谋反案，干脆废掉丞相一职，由皇帝直接指挥六部，但实际皇帝身边的近臣又少不了，于是皇帝身边的大学士又承担了议政及宣达的职司，形成所谓内阁。但其权柄已不能同宋相比，更比不上西汉。到了清代，大学士又被皇帝身边掌握军事机要、在皇帝指挥下办理军务的军机处所代替，大学士成为虚衔，而军机大臣遂成了实际上的宰相。但同过去宰相权柄相比要小多了。

由此可见，从西汉以来，中央官僚机构大体经历了三公九卿制及三省六部制这样两个阶段，而执行机构六部在唐已大体完备，一直沿袭到清。惟宰相一职迭经变更，其趋势大体是以皇帝的内朝官代替外朝的宰相，掌宰相之权，但因需要而又逐渐变成外朝官，原来的宰相的官职成为虚衔，由此而又出现了新的内朝官，新内朝官又嬗变成了外朝官。这种循环式的变化主要是专制主义制度内部皇权与相权的矛盾的表现。在此变化中，相权逐步削弱，且被分割，但又不能没有，所以历代宰相，官衔繁多，变化繁复，职事不一。皇权与相权要结合、要协调，若非如此，宰相可不要。既要，又有矛盾，就出现了上述的局面。与之相较，具体行政的六部，一千多年来，一直是比较稳定的。

专制主义中央集权制度的另一个由内部矛盾引起的演变，即在中央与地方的关系上，中央集权与地方分权的矛盾。

中国是一个大国，封建地主阶级本身又带有地方性与割据性，因此，中央皇权不可能是真正绝对的。为了统治各个地方，中央的权力要贯彻下去，要经过各地的政府机构。为此，中央的权力必须下分一些给地方，但又不能使地方权力过大，形成尾大不掉或割据的局面。这样一个矛盾，遂使得中央与地方的关系也出现了类似中央政府中内朝官向外朝官转化的那种循环式的变化。即中央为了监督地方官或者专门办某些事，由中央派代表到地方去，先是临时性的，然后转成长期性的派出机构。这些由中央派到地方去的官逐渐参与地方具体事务的处理，有了专门的衙门和人员，逐渐变成了正式的地方官，然后又需再派新的代表去地方监察或办事，逐渐又成了新的地方官。

与此同时，地方行政区划的层次也不断发生变动，除了最基层的县以外，上面各级行政区划都经历了一个由大到小然后再行叠加的过程。秦朝开始，专制主义中央集权制度的地方行政体制是郡、县两级制。全国设若干郡，郡下属若干县。县是基层政权（其下乡里，所谓乡官不入品秩）。两千年来没有变化，但在它之上的政区却经历了不少变化。大体上是在两级制与三级制之间变化，而这种变化跟前述的中央对地方派官进行监督或专门办事有关。秦有四十多郡，中央直接管理问题不大，西汉疆域逐渐开拓，郡国的设置日益增多。汉武帝时达到了一百多个，中央直接管理就有些麻烦。于是武帝时全国设十三部（后亦称州），设部刺史，再加上京城的司隶校尉，共十四个。刺史是代表中央监督地方的，秩禄虽低（六百石，郡守是二千石），但权限很大。到东汉以后，州刺史逐渐参与管理地方行政事务，乃至领兵。州也就成了一级地方政区了。东汉末年，军阀割据，州刺史或州牧成了地方割据势力，从此，魏晋南北朝的地方行政机构变成了州、郡、县三级。然而，东晋南北朝时期全国分割为好些政权，州的设置越来越多，更有所谓侨置州郡，分割了原来的州郡。弄得到了南北朝末年，全国有了三百多州（一说284州），每个州下没几个郡，每个郡下没几个县。机构重叠，人员膨胀，所谓"十羊九牧"，十分不便。于是隋又撤销郡，重新确立地方行政机构为州县两级制。隋炀帝即位仍设郡县两级，唐则改郡为州，即州县两级制。我们可以注意到，原来辖地很大（相当于今天的省）管好多郡的州，现在已降为与郡相当的一级了。

州郡数量多，直接归中央管辖有许多不便，还需有中间一级。唐朝初年又在全国依"山河形势便"即自然地理区划分成十道，不久后改为临时监察区，派官员巡察。又不久，增为十五道，道设采访处置使、观察使，有了固定的驻所和官员，主要司监察，而在一些边境军事要地（十道）则设节度使（或同时兼观察使）。本是统军，后来由于边防及战争需要，变成军政民政一起统，其中最有名的是玄宗时身兼河东、范阳、卢龙三道节度使的安禄山。其统兵之多，权力之大，一时无与伦比，最终导致了安史之乱的大爆发。安史之乱后，唐朝出现了藩镇割据的局面，不管是藩镇割据地区还是中央直接控制的地区，道成了地方行政一级。节度使、观察使成了地方官，统军、统民、统财，下统州郡。这样，州县两级制又成了道州县三级制。

唐代地方行政机构的设置也是承前启后的时期，同中央政府机构一样，前期向后期转化。这种转化表现为：1．道州县三级制成为基本上固定的制度，当然也有变化。2．中央派遣官的职权除去监察外，还有总揽一切军政诸事的节度使、观察使或主管一事的使职如盐铁、财务、军事等。3．临时性的差遣官及其僚属代替了原先固定的职事官。如节度使、观察使、盐铁使等，均有固定的衙门僚属，不在原来的职官铨叙系统之内。4．地方职权分散，往往司一职而兼管他务。总的情况是从行政机构体制上看中央对地方的控制加强了。当然，因为有一段藩镇割据及五代十国，实际情况并非如此，但体制所反映的趋向却是清楚的。宋代为了加强中央集权，重新把地方行政体制改为两级，即府州军监、县。府原是军事要地；军是军事据点；监是矿产手工业产品之类产地，但均与州属同一级。另外，则把地方官一律改为差遣。原来的州刺史、节度使、县令等一律成为一些官吏所加的虚衔，无须到任。而实际的地方官则称知府、知州、知县。知即权知，即派去代理之意，随时可调走，即所谓"名若不正，义若不久"。但这只是名称上的改换，实际意义并不大。然而后来一直到明清都这么叫了。不久之后，又在府州之上设路，最多达二十三路。这些路有的是军事上的划分，称帅司（安抚使、经略使），有的是赋税征集的需要，称漕司（转运使），有的是司刑狱，称宪司（提点刑狱司）。每路辖境也不完全一样。不管怎样，它们慢慢地也成了一级地方政权，或多少起着地方一级政权的作用。

路一多，地位又下降了。元朝中央政府——中书省，只直接管辖所谓的"腹里"（河北、山西、山东）。之外在全国设十个行中书省，作为中央政府在地方的派出机构，简称行省。今天的省之一名，即由此而来。行中书省也有丞相等职，而路则下降到行中书省下的一级了。从此以后，省稳定为地方行政区划的一级。明代，省设布政使（民）、都指挥使（军）、提刑按察使（刑），以布政使为最高长官。省下有道，道是省的派出机构。道分两类，一是由布政使副手参政、参议分管一部分府州县的民政，称分守道；一是由按察使副手副使、佥事分管一部分府州县的刑名按劾之事，称分巡道。此外还有兵备道、水利道、盐谷道等专有职司，不普遍设置，不作为行政区划。省下有府，下统州县，而州则与县成为同一级了。布政使本为省的最高长官。然而不久，由于军事的需要，又派巡抚统军。然后，军民无不统，并司监察官吏，然后长设常驻，再无所谓"巡抚"，成了一省最高长官了。而布政使却降为一省管理民政的副职。以后，又派总督下去，军民无所不统，位在巡抚之上，又成了地方最高长官，一省或两三省派一个，初无定制，后来又渐固定，到清朝遂成定制，成了省（总督、巡抚），布政使司（藩台）、提刑按察使司（臬台）成为巡抚下属。府、州县三级罢参政、议政、副使、佥事等职，统称道员，但仍有分守、分巡之分。民国废道，改为省、县二级，不久，又分一省为数道，取消分守、分巡等名称，设置道尹，成了省道县三级制。1928年取消道制，恢复省县二级制，又在省与州县之间设行政督察专员公署，作为省的派出单位，辖区即称专区。中华人民共和国成立后，也是如此。但地区、专员是省的派出机关，管的事也不少，实际上还是省、地、县三级制。目前许多省实行地改市，下辖县区，三级制更明显了。

总起来看，专制主义中央集权制度两千多年来，在地方行政机构上变化的特点是：1. 两级制变三级制，三级制又变两级制，然后又回到三级制，即郡县州县或府县之上再加一级，相当于今天的省。专制主义中央集权国家总想直接控制地方，加一级层次多了，管的地方大了，地方权力也大了，政务繁杂，中央不好控制，甚至容易形成割据。东汉末、唐后期、清末乃至民国均是如此。因此，相当于省一级的机构总不愿意设，设了也想取消。但中央直辖的地方行政单位太多，又管不过来，也不好控制，于是总是由中央直接派官员去监督，然而久了，这种监察官不免直接参与管理地方行政，成了一级，然后又要把它降格贬低，但又不免要再派官去监督，如此循环不已。在宋以前，维持郡县二级，把郡县之上的州、道、路，或设或降或裁，宋以后，特别是元明清，省作为地方行政一级固定下来，各省的区划也大体上定了下来。只有历史上的两淮与江南从来是分开的，元分属河南江北行省与江浙行省。明太祖由于家在凤阳、初据南京，才人为地把淮北、淮南与江南划到一起,今江苏、安徽两省就是这样形成的。长江南北风土人情经济很不一样,统一管理麻烦得很,但今天已成定局,苏北与苏南,皖北与皖南,在经济上似乎也能收互补之效。历史证明少不了省这一级,往往事实上成了省、府、州县三级。而省与府县之间的中间有道,道成了派出机构,或者在省的长官之上再加中央派出长官,即巡抚、总督。结果到了清朝,省有巡抚,有总督(有的省如山东、河南有巡抚无总督,直隶、甘肃、四川三省无巡抚,由总督摄巡抚事,晚清又增设或裁了若干巡抚),总督、巡抚职权一样,巡抚地位略低。总督多半管两三个省也有管一个省的,出现了总督与巡抚,巡抚与藩台(民政长官)、臬台(刑法长官)并立的奇怪的重叠局面。2. 两千多年地方行政制度变化的另一个现象或特点,是原来一些高一级的相当于省的行政机构所辖区域逐渐变小。汉代的州,有些辖区比现在的省还大一些,唐宋,缩小的州相当于秦汉的郡,州之上又有了相当于省即原来称州的道、路。而明清时的州又下降为与县同级,原相当于省的道、路,与府一起成了过去的州、郡一级,而在道、路、府之上则是省。这也反映了专制主义中央集权制度力图限制地方政府的权力,但又不得不运用地方政府来进行统治的矛盾,即中央集权与地方分权的矛盾。当然,这种地方行政机构的变化还只是就形式而言,关键问题在于中央与地方究竟各具备多大权力,权力如何划分,有冲突时如何办。如果从这个角度考虑的话,地方的权力一般情况下是有限的,要服从中央。割据时期,如东汉末、唐末、清末民初,则是另一种情况了。

专制主义中央集权制度的演变中还有一些问题,也反映了这个体制内部的分工、协调与矛盾。如皇权与官僚、军队三者关系问题,台谏问题(监察官吏与监督皇帝),选拔官僚问题,官弱吏强问题,随之而来的幕僚，即师爷（小内朝）问题，官僚俸禄数量与冗滥问题，机构设置与效率问题，等等。

三、专制主义中央集权制度的历史地位

关于专制主义中央集权制度的历史地位，前些年讲得很不少，肯定者有之，否定者更多。有不少论者把它同封建主义和儒家思想一起当作一切罪恶的本源，如禁锢人的思想、残暴、没有自由、阻碍社会经济的发展、使中国无法进入近代社会等。直到今天，其流毒仍然无穷无尽。今天要现代化，就要反封建，要反掉专制主义中央集权制度、皇权思想等的一切在现实中生活中的流毒。曾几何时，风水倒转，打着传承优秀文化的旗号，又大讲国学、宣扬孔子、儒家，提倡读经，背弟子规，甚至制作了一座不怎么被认同的孔子标准像。这两类趋于极端的看法不能说没有一点依据。但我们要评价专制主义中央集权制度的历史地位，不能脱离当时的历史条件，要看它在当时的具体历史条件下究竟起什么作用，而不能用今天的衡量事物的标准去衡量历史的事物在历史上的作用。有些东西今天看来不对甚至可恶可恨，但历史上却是正当的、可行的和必要的。有些东西在今天看来是十全十美，但历史上却不免起着消极作用。

因此，我们在谈到专制主义中央集权制度的历史上地位时，需要注意到以下几点：

第一，国家政权包括政体，归根到底是经济发展到一定阶段的产物，并且是为经济基础服务的。它一旦产生以后，就相对独立于经济

之外，而对经济起着巨大的作用，有时甚至在一定时期里和一定条件下起着决定性的作用。但是，归根结底，它的作用还是由经济决定的。恩格斯讲过，国家对于经济的反作用有三种：一种是其政策措施适应经济规律的需要，经济得到发展，政权也能巩固；二是逆经济规律而行，结果是经济受到破坏，国家政权也无法维持下去；第三种情况是与经济的发展要求偏离，而最终归结为前两种情况中的一种。因此，我们不能把封建社会的一切问题和弊病都简单地归之于国家制度，特别是一些根本性的、长时期的问题。例如，中国封建社会长期延续，中国资本主义萌芽，中国近代落后问题等。像一般认为的中国封建社会到明清以后发展缓慢或停滞，这样几百年长过程的历史之所以如此，恐怕还是要到中国封建经济本身的特点及其到明清时的具体发展情况中去找原因。全归之于专制主义中央集权制度或儒家思想的扼制，至少是不全面的。人们要问，在明清以前，中国封建经济有无发展，何以那时专制主义中央集权制度及儒家思想并没有阻碍中国封建经济的发展？如果说中国封建经济一开始就停滞不前，不发展，那么人们不禁要问，中国封建经济是不是比奴隶制经济优越些？中国封建经济的产生在当时是否具有进步意义？而几乎从一开始就是在封建经济基础上形成的政治制度即专制主义中央集权制度当时是否有保障并且促进封建经济的作用？如果是这样，那么，为什么后来起了反动作用呢？恐怕还是封建经济有发展变化，中间出现了生产力和生产关系的发展和局部变化，而原来的经济基础和上层建筑阻碍了它的发展的缘故，如果认为封建政治制度从一开始就没有进步积极作用，就是反动的，那么它何以能产生呢？所以不能简单地把专制主义中央集权制度、儒家思想、八股文之类当成祸乱之源，而是要问一下，这些东西形成的历史条件或经济根源是什么，何以到明清时形成阻碍社会发展的力量。是专制主义中央集权制度或儒家思想变了呢？还是中国的社会经济条件变了呢（如商品经济、资本主义萌芽）？如果是前者，就要问何以变了，原因是什么，变了后的作用是什么。如果是后者，那么可以问，经济变了，原本的上层建筑何以和为何阻碍它。如果二者都变了，那前者为什么变，如何变，向哪个方向变，而后者又如何变，为何变，向哪个方向变。二者方向一致还是相反，或者有一致有不一致的地方。它们各自代表了哪种社会力量或阶层力量，它们的关系互动又是如何。这样才可能有个结果。

　　第二，专制主义中央集权制度是国家政权形式即政体，而国家政权的内容即国家的阶级性质即国体是更根本的、决定性的。中国封建国家是地主阶级专政，其形式是专制主义中央集权制度，因此谈专制主义中央集权制度的历史作用，归根结底是讲地主阶级国家或地主阶级在历史上的作用，不能抽象地讲制度的作用，地主阶级在历史上当它出现的时候是必要的，是生产力发展到一定阶段的产物，比起奴隶制社会来它是一个进步。为这种生产关系服务的政治上层建筑，有其产生的历史原因，不是偶然的。总的来说，专制主义中央集权制度的产生是适合中国封建地主经济这样的经济基础的，它的形成起着巩固封建经济基础的作用，因此其形成是历史的进步。当然，历史发展到后来，地主阶级走向没落，而社会内部出现了新生产力与生产关系时，封建生产关系从生产力发展的形式，变成了生产力发展的桎梏，这种维护封建生产关系的政权形式也就走向僵化。而由于其强大严密的组织与控制能力，它也就对新的经济发展起着强大的阻碍作用，这种制度也就必须要推翻和打破了。鸦片战争前夕，中国经济是否已经到了旧生产力完全不适应的程度？打破它的任务是否已经提到日程上来？光凭内部的因素是否能打破?这些问题都是需要研究的。

第三,从以上基本的两点,我们可以进一步看中国的专制主义中央集权制度具有何种历史作用。专制主义中央集权制度组织严密,控制强烈,各级机构层次分明,统属清楚,互相制约,而权力最后集中到一个人即皇帝身上。因此:

1. 它有利于统一。不是说统一一切都好,有时不统一倒可能发挥地方的作用,使地方能不受限制地发展。春秋战国就是这样,互相争霸,百家争鸣,互相竞争。南北朝时南方相对安定,五代十国割据一方的诸多小国对南方的发展也有好处。但总的说来,中国的统一还是对中国历史起了好的作用,统一有利于国力的加强、经济文化的发展与交流,有利于抵抗边疆游牧民族的侵扰,有利于社会的安定等。统一是中国历史发展的主流,其所以如此,有经济的、民族的、文化的诸多因素,而经济是主要的。这个问题不能多讲了。而专制主义中央集权制度何以有利于统一这个问题也很清楚,也不多讲了。中国这样一个长期统一的多民族大国,世界历史上绝无仅有,不管怎样,九百六十万平方公里的土地、十三亿人口、五十六个民族的大国,是历史留给我们的珍贵遗产,也是我们近代没有沦为殖民地的一个条件。这一点,谁也不会反对,也不应当反对。而专制主义中央集权制度对维护历史上的统一,确实起过作用。

2. 它的统治力量是强大的,对人民的统治是强大而严密的。例如户籍制度,从先秦就有,秦汉以后非常严密,把人民编成里伍、保甲,组织和调动人民打仗、服役,一次动员几十万、几百万人,这是一股很强大的物质力量,长城、运河、驿路、陵墓、战争等,规模之大,世界少有。其中一些历史作用之大,如大运河、长城,也是世界少有的。这种情况激起的中国封建社会农民起义,其规模之大、次数之多、时间之长,多次推翻封建王朝,这也是世界少有的,也是中国古代历史的一个特点。

3. 它对社会生活包括经济生活与思想意识的干预是强烈的。西欧中世纪政权对前者的干预很弱,后者则由教会进行,比中国差多了。社会主义以前的国家,一般职能主要是镇压,实际上仍有管理经济的职能。资本主义时期国家似乎对经济放任不管(其实也不都是如此)。而二次大战后,国家干预管理经济的情况就越来越多了。在中国,专制主义中央集权制度管理干预经济的职能是相当强大的,在封建社会前期更是如此,其对经济生活的管理干预是多方面的,如劝农、水利、赈灾、备荒、移民、工商业的直接经营与专卖,管制物价、度量衡、市场交易,统一发行货币,物资调剂,外贸统制,等等。抑商思想也较重。后期商品经济发展,思想、措施均有变化,趋势是放松了。意识形态和文化教育方面,如尊崇儒术,禁书和文字狱,提倡末流理学,把佛道纳入中国封建社会轨道,三教同源,三教归一,科举以经义取士及官学,统一经书注疏,修大部头官书等。对于专制主义中央集权制度的这些经济文化职能措施要具体分析,如传播文化,限制不利于国计民生的经济等。有的起了积极的作用,有的则是消极的,像压制商品经济、市场经济,禁锢人民思想等。不仅不同方面的作用要具体分析,不同时期的作用也要具体分析。大体上说,越到后来,它越不适应中国历史发展、社会经济发展的趋势,其消极的反动的作用就多一些。但也不能一概而论,如康雍乾时期,奠定了中国多民族国家版图的基础,而这三朝"盛世",社会经济也有所发展,但缺少质的变化,而思想禁锢、末流理学、文字狱、《四库全书》,也于此时为盛。总之,要具体分析。

4. 有相当严密与完备的制度、规章、法令、机构，真正好好运作的话，行政效率相当高。如西汉，从西北的金城到长安，二千多里，紧急公文七天可回报。唐初规定，公文二十天不处理，主管官员要受到处罚。但多数情况是机构重叠，职责不清，人员冗滥，办事效率低，遇事推诿搪塞，而且有些徒具形式，不起任何作用。例如，科举采用考试的办法，比察举或无制度要好，但考试内容后来却僵化为经义，规定只能代圣人立言，不得有自己的见解，而且只许用朱熹注《四书》，文章形式也规定为八股，这样写作和评判有一定规范和标准。然而形式僵化的东西也就了无生气了，在实际生活中完全无用。

5. 由于权力层层集中到中央，最后集中到皇帝手中，因此各级官僚只对上级负责。尽管有法有制度，基本上是人治，人在位即有权，权大于法，权超过法，缺少监督的机制。这样，人民只能寄希望于明君、清官。但明君、清官少，庸君、庸官多，而昏君、暴君、贪官、酷吏也不少，有些庸君、昏君之权被近臣、宦官、奸臣所窃，这些人的作为对社会起着很大的破坏作用，后果是很严重的。如果腐朽势力占了上风，即使有几个明君、清官、有识有为之士，也没有用，无能为力也维持不长，所谓"人存政举，人亡政息"。因此，封建社会的危机往往由于专制主义中央集权政权的强大而又腐败，不仅不能自我调节改革，反而加剧扩大，引起社会的破坏崩溃。

总之，专制主义中央集权制度对历史的作用是一个复杂的问题，需要联系到经济基础、历史条件（包括民族的条件）、不同时期、不同方面来进行具体分析，不能简单地一刀切。

（原载《文史哲》2009 年第 1 期）

中国是如何成为专制国家的?

白彤东

一、中国专制说的源与流

最近一百多年的中国,人们先是对传统丧失信心,进而激烈地反对自己的传统。从器物层面对传统中国的怀疑,导致了洋务运动。洋务运动五十年后,中国却被日本打败,中国士人遂渐渐形成了一个共识,即中国传统政治也是有问题的,是坏的。很快,这种"坏政治"就获得了一个新名字:"专制"。在新文化运动中,"专制"不仅指代中国传统政治,还进而涵盖整个中国传统文化和生活方式[①]。也就是说,只有更新中国的文化,中国才能从根源上告别旧"专制",真正在制度上拥抱"现代"与"民主"。

将传统中国政体归入专制一类,这种观念来源于西方。耐人寻味的是,彼时的西方,有着颇为正面的中国印象。如程艾兰所述(这也是中

---

① 甘怀真:《皇权、礼仪与经典诠释:中国古代政治史研究》,华东师范大学出版社2008年版,第383页。

西交流史的常识),"第一次从中国到欧洲的重大'知识迁移'是从16世纪晚期开始由耶稣会教士们完成的"①。与当今学界对中国哲学合法性充满怀疑不同,孔子在十六七世纪的欧洲被当作哲学家,儒家思想则被认为充满了理性的自然之光②。这样的孔子和儒家深受欧洲(尤其是法国)启蒙精英(如伏尔泰)欢迎,德国路德宗哲学家(如莱布尼茨)亦接受上述中国形象③。

孟德斯鸠及其《论法的精神》,是将中国正面形象转换为专制形象的始作俑者,或者至少是最重要的一个早期推手④。从此之后,西方对中国政体的主流印象,变得极为负面。众所周知,近一百五十年来,中国学习西方(包括学习西方偏见),常常假道日本⑤。与此相关,侯旭东指出,日本学人在翻译孟德斯鸠《论法的精神》时,用"专制"译"despotism",此为将中国政体称为"专制"的直接源头⑥。梁启超在1899年已注意到这种翻译,而通过《论法的精神》的日译中版本(仅

---

① 程艾兰:《法国汉学与哲学》,《文汇报》2015年3月27日。
② 但是,耶稣会士以儒教为哲学,是为了论证中国没有宗教信仰,以便让中国的士大夫和人民接受基督教(天主教)。参见程艾兰:《法国汉学与哲学》,《文汇报》2015年3月27日。
③ 程艾兰:《法国汉学与哲学》,《文汇报》2015年3月27日。
④ 侯旭东指出,孟德斯鸠是"西方思想家中第一个将中国划入'专制政体'的"(侯旭东:《中国古代专制说的知识考古》,《近代史研究》2008年第4期)。但黄敏兰引述许明龙的研究指出(黄敏兰:《质疑"中国古代专制说"依据何在?——与侯旭东先生商榷》,《近代史研究》2009年第6期),在孟德斯鸠之前,有法国人西鲁哀特指出"中国皇帝拥有专制权力",但与此同时他"对中国的政治体制和以儒家学说为主题的中国人的道德观念备加赞赏"。这比孟德斯鸠的中国论述正面得多。更重要的是,后来的启蒙思想家和其他哲学家对中国印象的转变,更可能是追随孟德斯鸠的结果(程艾兰:《法国汉学与哲学》,《文汇报》2015年3月27日)。黄敏兰文章中提到的对中国持负面印象和说法的其他西方思想家,皆出于孟德斯鸠之后。
⑤ 宋洪兵:《二十世纪中国学界对"专制"概念的理解与法家思想研究》,《清华大学学报》2009年第4期。
⑥ 侯旭东:《中国古代专制说的知识考古》,《近代史研究》2008年第4期。

前四章），上述提法开始在中文世界出现①。1903 年，孙中山也开始用"专制"而非泛泛的"腐败统治"，来指称中国政体②。这种认知甚至成为一些清朝官员的共识③。

作为订正，万昌华指出，严复在 1895 年已有中国传统政治乃专制的说法④。不过，作为孟德斯鸠《论法的精神》的译者，严复的这种说法，应该也是受了孟德斯鸠的影响。但值得一提的是，严复和梁启超起初用"专制"翻译的是"monarchy（君主制）"这个词，当时多数人实际上是将君主制与专制混为一谈的⑤。而孟德斯鸠是区分君主制和专制的，所以在译孟德斯鸠《论法的精神》的时候，严复才开始区分君主制与专制⑥。

总之，孟德斯鸠及后来西方人对中国政体的认识，通过日本以及严复等人的直接推动，传入了中国。但是，侯旭东指出，中国专制说并非科学研究的结果。法国启蒙哲学家对于中国只有道听途说，而大肆贬低中国的黑格尔，乃至对如何理解中国构成深远影响的韦伯，同样也是如此⑦。确实，在孟德斯鸠时代的欧洲，中国是欧洲人最了解的异邦之一。但是，随着耶稣会在中国的传教活动被天主教当局禁止，欧洲长期不再输入来自中国的知识；最终，印度取代了中国，成为欧洲人更关注的异

---

① 侯旭东：《中国古代专制说的知识考古》，《近代史研究》2008 年第 4 期。
② 侯旭东：《中国古代专制说的知识考古》，《近代史研究》2008 年第 4 期。
③ 侯旭东：《中国古代专制说的知识考古》，《近代史研究》2008 年第 4 期。
④ 万昌华：《一场偏离了基点的"知识考古"》，《史学月刊》2009 年第 9 期。
⑤ 宋洪兵：《二十世纪中国学界对"专制"概念的理解与法家思想研究》，《清华大学学报》2009 年第 4 期。
⑥ 宋洪兵：《二十世纪中国学界对"专制"概念的理解与法家思想研究》，《清华大学学报》2009 年第 4 期。
⑦ 侯旭东：《中国古代专制说的知识考古》，《近代史研究》2008 年第 4 期。

邦①。鉴于此，笔者认为，用"东方主义"外加"无知"解释"中国专制"说在近现代西方之流行是成立的。而且，这种说法，迎合了军国主义日本取代中国成为东亚领袖的需要，此可进一步解释历史上的日本对于传播甚至发扬这种有时近乎种族主义的学说所起的作用。

讽刺的是，这种说法传入中国之后，迅速成为中国学人和政客的共识。据侯旭东考察，民国历史教科书均采用中国传统政治乃专制之说，相关作者大多受过五四运动的民主思潮洗礼。在那时，坚决反对这一说法的，只有钱穆。侯旭东认为，中国人这么快、这么广地接受中国专制说，明显不可能是学术研究的结果，乃是基于传统中国史家的成王败寇思维，在中国被西方乃至日本击败的现实下，所采取的立场②。甘怀真认为，清末不论改革派还是革命派都希望改变中国政治，而中国专制说迎合了他们的需要，但这种说法并无学术基础③。侯旭东更指出，按钱穆的说法，将传统中国政治当成专制，是"自鄙"；而按照侯旭东自己的说法，中国专制说本来是西方为了证明自己的优越、为了正当化自己的殖民活动而对东方的恶意贬低，中国人接受这样的说法则是"自我东方化"④。

黄敏兰在其反驳侯旭东的文章中指出，当代西方对中国传统政治有了越来越多的正面、持平之论，此显非出于西方中心论立场⑤。但是，这

---

① 参见程艾兰：《法国汉学与哲学》，《文汇报》2015年3月27日。
② 侯旭东：《中国古代专制说的知识考古》，《近代史研究》2008年第4期。
③ 甘怀真：《皇权、礼仪与经典诠释：中国古代政治史研究》，第382—384页。
④ 侯旭东：《中国古代专制说的知识考古》，《近代史研究》2008年第4期。
⑤ 黄敏兰：《质疑"中国古代专制说"依据何在？——与侯旭东先生商榷》，《近代史研究》2009年第6期。

种声音即使在当代西方也并非主流①。而与黄敏兰所试图反驳的侯旭东的论证更相关的是,从19世纪到当代中国开始重新崛起之前,"中国"在现代西方确实代表着专制、落后、停滞和黑暗。例如,程艾兰指出,"黑格尔的法国弟子维克多·库赞……提出了一个我们至今还难以摆脱的二元对立:'地中海地区和希腊是自由和运动的土壤,而印中世界(即印度和中国)的高地是停滞和专制的领地'"②。

又如,英国哲学家密尔认为,"不满足"是人类进步的动力,而"知足常乐"其实往往是无法遂欲之人对其嫉妒心的一种掩饰。接着,他一本正经地认为,这样的嫉妒心,在包括中国、印度在内的东方人那里是最厉害的,其次是在包括西班牙人和法国人在内的南欧人那里,而在"自助的和奋斗的盎格鲁—萨克逊人"那里自然是最轻的③。这种"知足常乐"的、自由思考与创造力被压制的民众,恰恰为专制君主(despot)所喜爱,是专制制度的必然结果④。我想,当代中国读者应该非常熟悉这类说法,因为它们仍是中国反传统者用以自鄙的惯常说法。

"东方主义+无知"虽然可解释中国专制说在西方的流行,但却难以解释它在始作俑者孟德斯鸠那里的产生。孟德斯鸠时代的欧洲,对中国充满好感,上述"东方主义"态度很难加在孟德斯鸠身上。黄敏兰在批驳侯旭东时指出,孟德斯鸠的专制说并非专门针对中国,而是同时指

---

① 这种声音的出现,除了学术研究的深入之外,还与中国重新崛起有关。但与此同时,中国这种非西方式政体国家的崛起,也加剧了一些西方人对中国的敌意,并加剧了西方对中国、包括传统中国的偏见。由无知与东方主义造成的对传统中国的偏见,在西方,恐怕很长时间内还会是主流。
② 程艾兰:《法国汉学与哲学》,《文汇报》2015年3月27日。
③ Mill, John Stuart, *Considerations on Representative Government* (New York: The Liberal Arts Press. 1958), p. 50.
④ Mill, John Stuart, *Considerations on Representative Government*, pp. 37-39, p. 52.

向欧洲所有的专制政体①。并且，孟德斯鸠对中国也不是一味贬低②。当然，孟德斯鸠对中国的了解，确实是间接地通过其他人，而非亲自学习中文，直接研究中国的历史与政治。但是，正如前面所指出的，孟德斯鸠时代的欧洲对中国充满兴趣，其对中国的了解甚至要多于后两个世纪的欧洲对中国的了解。孟德斯鸠是受过良好教育的贵族，曾当选为波尔多学院乃至法兰西学院的院士，对许多异域之事都很感兴趣。除了从当时社会上（尤其是通过耶稣会士）获得关于中国的知识外，孟德斯鸠还和一个中国来访者有过非常广泛的关于中国的交流③。因此，较之当时其他欧洲思想家（包括主流"中国迷"），以及后来两个世纪的欧洲思想家，孟德斯鸠对中国的了解要更深入一些。于是，我们就面临这样一个问题：为什么孟德斯鸠对中国有如此负面的描述和评价？这是本文下节所要讨论的重点。

二、孟德斯鸠的中国专制说

在《论法的精神》第二卷第一章，孟德斯鸠将所有政体分成三类：共和制（republican）、君主制（monarchical）、专制（despotic）。孟德斯鸠对三种政体的本质进行了界定，并认为哪怕受教育程度最少的人也

---

① 黄敏兰：《质疑"中国古代专制说"依据何在？——与侯旭东先生商榷》，《近代史研究》2009年第6期。
② 但黄敏兰称孟德斯鸠对中国是"褒多于贬"（黄敏兰：《质疑"中国古代专制说"依据何在？——与侯旭东先生商榷》，《近代史研究》2009年第6期），恐怕就太随意了。
③ Anne Cohler, "Introduction," Montesquieu.*The Spirit of the Laws*, Anne M.Cohler, Basia Carolyn Miller, and Harold Samuel Stone eds. and trans. (Cambridge: Cambridge University Press, 1989), p. xiv.

会持有这些界定。其中，共和政体是人民拥有主权的政体。在共和政体里面，如果是全体人民拥有主权，那就是民主政体；如果是部分人拥有主权，那就是贵族政体（aristocracy）。君主和专制政体，都是一个人统治的政体。它们的区别在于，前者通过确定的法律来统治，后者则是"一个人自己，在没有法律和规则的情况下，从他自己的意志和随意的念头里面引出所有的事情"①。

在接下来的讨论②中，孟德斯鸠进一步指出，君主制中的法律掌管者需是君主自己的政务咨询会（council）之外的政治实体，否则法律就没有独立地位，就无法约束君主。并且，除了法律约束之外，君主的权力还要通过贵族来制衡。孟德斯鸠甚至指出，贵族制衡是君主制的本质。此外，他还提到了教士阶层和独立城镇对君主的约束③。当这些制衡

---

① Monteswuieu, *The Spirit of the Laws*, p. 10. 这种政体划分是相对明晰的。王绍光批评孟德斯鸠的划分混乱（王绍光：《政体与政遭：中西政治分析的异同》，载王绍光主编：《理想政治秩序：中西古今的探求》，生活·读书·新知三联书店 2012 年版，第 80—81 页），恐怕是因为他对孟德斯鸠的划分没有充分理解。当然，我们下面会看到，"专制"本身确实是一个易致混淆的概念。然而，这是现实本身的复杂性所致，并非孟德斯鸠的概念划分有问题。

② Montesquieu, *The Spirit of the Laws*, pp. 18-19.

③ 孟德斯鸠这里讲的制衡与调节的力量，与当时法国政体中的军事贵族、议会贵族、教士阶层相呼应（Anne Cohler, "Introduction", Montesquieu, *The Spirit of the Laws*, p. xxii）。伏尔泰因此攻击孟德斯鸠在这里无非是在为他所出身的那个阶级（孟德斯鸠是法国贵族）进行辩护。参见 Mark Hulliung 的评论，收于 Steven Cahn, *Classics on Modern Political Theory* (Oxford: Oxford University Press, 1997), p. 322. 王绍光也提出了类似的影射，参见王绍光：《政体与政道：中西政治分析的异同》，载王绍光主编：《理想政治秩序：中西古今的探求》，第 84 页。但是，对于贵族的作用，孟德斯鸠并非一味持正面观点。例如，他指出，与中世纪的法国类似，波兰和匈牙利的封建贵族势力并没有起到中介调节的作用；在西班牙，教士与贵族控制国家，占有土地，轻视商业，通过宗教教条阻碍经济，这使得西班牙无法发展出一套工作伦理。参见 Mark Hulliung 的评论，收于 Steven Cahn, *Classics on Modern Political Theory*, p. 322. 总之，指责孟德斯鸠的立场受他本人出身背景影响，这种诛心之论本身似乎并不完全成立，而更重要的是，它似乎并不能对孟德斯鸠论证的正当性构成直接挑战。

都不存在时，君主制就蜕变成了专制。

因此，孟德斯鸠区分专制与非专制政体（他有时称其为温和或有节制［moderate］的政府①）的关键，在于是否存在有效的制衡。但很有意思的是，孟德斯鸠接着上面的讨论指出，专制中没有独立的法律制衡，而宗教和习俗就起到了替代性的制衡作用②。如果是这样，那么专制与节制政府的差别何在呢？

所以，正如孟德斯鸠专家 Anne Cohler 所指出的，孟德斯鸠可能恰恰是要指出，"节制与专制是几乎可以在任何政府里面都能找到的特征——［它们只是在］分量上不同罢了"③。这在深受孟德斯鸠影响的托克维尔的论述里也有体现。据 Cohler 的理解，在《旧制度与法国革命》一书中，托克维尔指出，法国绝对（专制）君主之下的官僚冲动对君主的绝对性有所制衡，而在《论美国的民主》里面，他又指出了这种民主的专制与暴政倾向④。实际上，孟德斯鸠本人就曾明确指出，英国革命的共和政体去除了以前君主制里面的各种制衡因素，如果它无法保证自由的话，英国人"将会是地球上最被奴役的人"⑤。王绍光认为，以上情况说明孟德斯鸠的政体划分充满混乱⑥。但我想指出的是，这种划分之所以看似混乱，也许是因为我们先在地认定了民主与专制是对立的政体。但从孟德斯鸠角度看，这种认定恰恰是错的。没有制衡的民主，

---

① 例如，Montesquieu, *The Spirit of the Laws*, p.28。
② Ibid., p.19。
③ Anne Cohler, "Introduction", Montesquieu, *The Spirit of the Laws*, p. xxvii.
④ Ibid., p. xxvii-xxviii.
⑤ Montesquieu, *The Spirit of the Laws*, p.19.
⑥ 王绍光：《政体与政道：中西政治分析的异同》，载王绍光主编：《理想政治秩序：中西古今的探求》，第80—81页。

也是专制①。

在讨论了不同政体的本质与结构、运作的动力（他称为"原则"，principle②）及其他法律、规则之后，孟德斯鸠又探讨了导致不同政体蜕变的因素。他指出，有一些因素能非常有效地保护这些政体的原则，并宣称读者只有读过这些讨论之后才会真正理解他③，这些讨论的重要性由此可见一斑。他在这里所讲的因素，是国家的大小。他认为，共和政体必须是小国，君主制国家需中等大小，而大国只能是专制或暴政（tyranny）。

顺便一提，在《论法的精神》里面，孟德斯鸠还列举了影响政体的其他因素，例如气候与地理因素（《论法的精神》第三部分，第十四至十九卷）④。这些理论现在看来虽近乎荒诞，但试图提出不同因素借以理解政治的努力，却是值得肯定的。并且，他未曾说气候决定政体，因此并未陷入王绍光所批评的"气候决定论"⑤。王绍光批评孟德斯鸠《论法的精神》充满混乱，根本原因可能在于：孟德斯鸠并非王绍光所指责的政体决定论者，而是认为，政治的好坏，必须把许多具体因素考虑进来。在这一点上，孟德斯鸠恰恰与近现代西方主流思想界过度看重政体有所不同，而这种考虑情境因素、非简单贴"民主"或"专制"标签的做法，恰恰是王绍光的文章所意图辩护的。

---

① 王绍光本人其实也在挑战民主与专制截然对立的观点，但他可能没意识到，孟德斯鸠正是这种挑战的先驱。
② Montesquieu, *The Spirit of the Laws*, p.22.
③ Montesquieu, *The Spirit of the Laws*, p.123.
④ Montesquieu, *The Spirit of the Laws*, pp.231-307.
⑤ 王绍光：《政体与政道：中西政治分析的异同》，载王绍光主编：《理想政治秩序：中西古今的探求》，第81页。

根据孟德斯鸠对专制的定义,以及他对中国的了解,我们不难明白,为什么他会认为中国是专制政体。传统中国最终似乎由一个人统治。而同为一个人统治,君主制与专制的区别在于有无贵族的制衡。中国自秦以降,就不复存在具有自治权力的、在主流政治架构中占据地位的血统意义上的贵族。中国也不存在孟德斯鸠提到的其他两种制衡力量:教士与独立城镇。并且,中国还是一个大国。因此,中国似乎只能是个专制国家。

不过,孟德斯鸠也因此遇到了麻烦,因为他的中国专制说与当时流行的中国形象(一个世俗的、道德的、开明的君主制国家)不符[1]。对此,他先是指出,另有其他人提供了更符合他的理论的中国形象,一个充满欺诈、暴虐、残忍的国家。其次,他认为,那些对中国进行正面报道的教士可能心存偏见。因为天主教内部是等级制的,所以教士对中国的等级制度会有所偏好。中国由一个君主专制,这样,传教士只须说服君主,"得君行道",即可以让中国人都皈依天主教。孟德斯鸠认为,这是他们盛赞中国制度的原因。此外,孟德斯鸠承认,中国政府可能没有一般专制政府那么腐败,但这可能是一些特殊因素所致。首先,在世界上所有国家当中,中国女人有着最高的生育率,中国的人口因而不像在一般专制与暴政政体下那么少。中国女人的子宫永远胜于暴君的屠刀。其次,中国依赖稻米生产,而稻米生产不稳定。这样,坏的统治者会因稻米生产不稳定造成的混乱被迅速替代,而不像一般的专制国家,同一个暴君可以长时间虐待其人民[2]。

---

[1] 孟德斯鸠明确承认主流中国形象的正面性(Montesquieu, *The Spirit of the Laws*, pp.126-127)。
[2] Montesquieu, *The Spirit of the Laws*, pp.127-128.

最后几个近乎荒诞的论述告诉我们，孟德斯鸠做了多么绝望的努力，以便削中国之实适他的理论之履。不过，除了理论上的自我辩护之外，孟德斯鸠贬低中国，可能还有另一个更深刻的动机。与其他法国启蒙思想家不同，孟德斯鸠为欧洲找到了一个更好的典范，即在英国刚刚萌芽的基于制衡的宪政体系（特别参考他在《论法的精神》的第十一卷第六章的描述）①。甚至可以说，他是这套发展中的英国政治体系最好的早期理论总结者与发扬者，要比早于他的英国本土思想家如霍布斯、洛克，在理论上更好地总结和完善化了英国的宪政体系。对于英国的认同，强化了他对中国的不认同，并促成了他心目中的负面中国形象。此后，欧洲乃至中国人自己关于传统中国的负面印象，恐怕也与这种观念，即英国或其他西方国家为世界提供了最好的政治模式的信念相关。此虽非直接出于西人傲慢与偏见的"东方主义"，或中国人自鄙的"自我东方主义"，但其背后的逻辑——"某一种西方是好的，因此其他各方都是坏的"——却与"东方主义"实相呼应。

三、专制、极权、封建

传统中国专制说肇始于孟德斯鸠，了解其对中国的描述之荒诞，也许会促使一些持中国专制说的人反思，甚至放弃这种说法。但是，对于多数持中国专制说的人来说，这恐怕不会产生什么实质影响。他们会说，英国的宪政制度就是好，所以，说传统中国制度坏并没有错。更

---

① Montesquieu, *The Spirit of the Laws*, pp. 156-166.

重要的是，孟德斯鸠之所以提出上面的荒诞观点，是因为他要为传统中国进行有限的辩护，并回应当时流行的中国正面形象对他的中国专制说的挑战。当今主流反传统者，则通常认为传统中国是一个酱缸，其中并没有什么正面的东西，因此也就回避了对孟德斯鸠糟糕解释的需要。因此，要想从根本上驳倒传统中国专制说，我们就不得不直面如下问题：传统中国究竟是否专制？

在回应这个问题之前，我们需先澄清关于"专制"的几个常见误解与混淆。首先，"专制"尤其是其英语原词"despotism"，如今常与"暴政（tyranny）"等词混用。在日常语言中，它的含义则更加泛泛，可以指任何残暴、严苛的人物、行为等，而在英语里面，最适合表达这种意思的词汇是"autocracy（独裁）"，"absolutism（专制主义）"亦相对适合①。现在，"专制（despotism）"被当成绝对的贬义词，乃是坏的人物与制度的代表。但是，相对另一些可能性，专制可能是个较好的制度。存在着比专制更坏的可能性，例如，所有人与所有人为敌的丛林政治，或者，像孟德斯鸠所理解的波兰和匈牙利那样，贵族专制其领地，而非君主专制整个国家②。针对后一种可能性，孟德斯鸠特别指出，专制统治者所威胁的对象，首先并主要是那些高级官员和重要人物③。较之更坏的可能性，在这种专制当中，人民反而可以得到喘息。

---

① 侯旭东援引北成的研究指出，专制用来翻译"absolutism"并不好（侯旭东：《中国古代专制说的知识考古》，《近代史研究》2008 年第 4 期）。但是，从孟德斯鸠对"专制"的定义看，absolutism（原意指君权的绝对性）确实与专制是一回事。
② 参见 Mark Hulliung 的评论，收于 Steven Cahn, *Classics on Modern Political Theory*, p.322。
③ Montesquieu, *The Spirit of the Laws*, pp.28-29, p.95. 阎步克也指出，专制政体不一定是最坏的，参见阎步克：《政体类型学视角中的"中国专制主义"问题》，《北京大学学报》2012 年第 6 期。

关于专制概念，政治理论研究一般倾向于从制度角度来理解它。因此，关于中国传统政治是否专制问题，我们要考察的是其制度，而非某些特定的人物和事件。作为反例，针对钱穆为中国传统政治所做的辩护，黄敏兰提出这样一些反驳：某朝某代某个君主或大臣如何滥用权力。几千年的传统中国政治，包括了太多的政治人物。并且，不同朝代的政治制度，甚至一个朝代内部不同时段的政治制度，相互之间都有很多不同。通过搜罗某某君主不受约束或罔顾制度约束行使权力的事例，论证中国传统政治是专制，只能说是"欲加之罪，何患无辞"。运用这种路数，我们甚至可以得出美国政治也是专制的结论，因为自美国立国以来，关于美国总统或者某些政要滥权乃至专制甚至暴政的指责，从未间断过。不从制度上考察专制，我们也可能犯相反的错误。正如甘怀真所指出的："今天对于皇帝制度是否为专制（绝对）的研究，必须从制度层面谈，因为就个人的行为层面而言，没有任何人的权力可能是绝对的。"① 这一点，对于本文下面要讲到的极权政体及其独裁者，恐怕也是适用的。即使极权政体下的独裁者如希特勒，其权力同样难免受到其他人的限制。如果从个人而非制度层面考察，我们恐怕就要得出纳粹德国不是专制或极权政体的荒诞结论。

所以，中国（或任何一个政治实体）是否专制，需要从制度层面进行考察。如果传统中国曾经有过不同的制度，那么，我们就要考察其主流②。如果很难说哪个朝代或者哪种倾向是主流，那么，我们就应该专论

---

① 甘怀真：《皇权、礼仪与经典诠释：中国古代政治史研究》，第390页。
② 比如，黄敏兰在其支持传统中国专制说的文章里，征引田余庆的研究指出，东晋门阀政治是皇帝与士大夫共治。但她接着断言，这是皇权政治的变态（她认定皇权政治是专制政治），是短暂的。参见黄敏兰：《质疑"中国古代专制说"依据何在？——与侯旭东先生商榷》，《近代史研究》2009年第6期。关于后一点，我们稍后再讨论。

某个朝代或某个时段的中国是否专制，而非以偏概全，一棒子打死。后者是持中国专制说之人常犯的错误之一。

明确了上述"制度"意识之后，我们还是要回到那个根本问题，即何为专制。"专制"这个词在汉语中经常被用于各种不同的情境，此一事实意味着它在使用上的混乱[①]。这里，我们不妨采用一个修正版的孟德斯鸠定义，即专制是一个人或一个政治实体在一个政治系统内部享有不受制度限制的权力。不过，我们要把一般所说的"专制"，与20世纪才出现的作为专制之极端的"极权政体"区分开来。简单分析"极权政体"的英文"totalitarianism"可知，它是一种"全面（total）控制"，即对该政治系统内部所有人的所有生活方面进行控制。英国政治史家芬纳（S. E. Finer）即是如此定义极权统治，并将之与一般意义上的专制相区分的。他指出，极权主义或极权主义专制是"在所有时间，对所有人口，就所有事务，统治者都拥有不受约束、任意而为的自由"，而"这种政体的物质前提直到当前的世纪才出现"[②]。纳粹德国是极权政体的代表。极权控制的一大特征就是，意图且确实能够相对有效地控制人的思想。

不区分极权与专制，我们就会经常做出错误的历史投射，借批古代来消解今人块垒。我们一提秦始皇焚书坑儒，就想到纳粹烧书与杀戮犹太人。但是，前者只针对精英，而且也并非以全民思想改造为目标。后者针对大众，并意图控制他们的思想。这并不是说韩非子或秦始皇等不

[①] 例如，侯旭东在《中国古代专制说的知识考古》一文中提到，在1949年以前的教科书里，"专制"一词被加在不同时代的不同政治实体头上。又如，宋洪兵指出，严复、梁启超以及当时的很多人都混淆了"君主制"与"专制"（《二十世纪中国学界对"专制"概念的理解与法家思想研究》，《清华大学学报》2009年第4期）。
[②] 〔英〕芬纳著，马百亮、王震译：《统治史（卷一）：古代的王权和帝国——从苏美尔到罗马》，华东师范大学出版社2010年版，第56页。

想做后者所做的事情，而是他们做梦也想不到这是可能的。但不管是他们不想做还是没有条件和能力做，我们都不应该用 20 世纪的极权去想象前工业化时代的专制。反过来，我们也不能仅仅因为前工业化的政体不是极权，就说它（们）不是专制。芬纳明确指出了这一点①。阎步克在其讨论中国专制主义的文章里，也引述并认同芬纳这个观点②。

另一个常见的混淆就是混同专制与封建，这一混淆常被"封建专制"的提法所强化③。这个词常常泛指中国传统政治，或者稍微精确一点，用来指秦以后的制度。按照侯旭东的考察，日本疑为"封建专制"说的源头④。冯天瑜也指出，所谓陈独秀是"封建专制"说在中国的始作俑者，乃是一个在学术上明显站不住脚的观点：该说在当时几乎无人认同，后来却变成中国人的历史共识，而其学说来源其实是日本⑤。到了 1939 年，毛泽东也开始用"封建专制"指称秦以降的中国传统政治⑥，这种说法随着 1949 年革命的胜利，最终成为中国大陆关于中国历史的标准说法。当然，在台湾、香港等地区，这种说法也很常见，但似乎没有大陆用得那么广泛。

这种说法，在历史和概念上，均站不住脚。历史上，中国西周制度最接近欧洲意义上的封建制，尽管二者存在很多重要不同。秦以后中国实行的是反封建或非封建的郡县制。概念上，很多学人已经指出，古典

---

① 〔英〕芬纳著，马百亮、王震译：《统治史（卷一）：古代的王权和帝国——从苏美尔到罗马》，第 56 页。
② 阎步克：《政体类型学视角中的"中国专制主义"问题》，《北京大学学报》2012 年第 6 期。
③ 笔者在一篇通俗文章里，已经处理了这个问题，参见白彤东：《直面传统，去"封建专制"之污名》，《南方周末》2014 年 2 月 28 日。
④ 侯旭东：《中国古代专制说的知识考古》，《近代史研究》2008 年第 4 期。
⑤ 冯天瑜：《"封建"考论》（修订版），中国社会科学出版社 2010 年版，第 192—215 页。
⑥ 侯旭东：《中国古代专制说的知识考古》，《近代史研究》2008 年第 4 期。

封建制度恰恰不是专制的，或者常常不是专制的。

例如，意大利政治思想家拉吉罗指出："'在法国，自由是古典的，专制才是现代的。'斯塔尔夫人的这句话，颇道出了历史的事实。自由与现代君主制下的专制相比，确实更为古老，因为它植根于封建社会。"① 英国思想家阿克顿同样引述斯塔尔夫人的这句话，指出："根据欧洲大陆最著名的女作家的一句名言——自由是古老的，专制才是新的。证实这一名言的正确性，已是最近之史学家的荣耀。希腊英雄时代证实了它，在条顿人的欧洲则表现得更加明显。"② 台湾学者甘怀真也明确指出，欧洲中世纪的封建君主，与后来的绝对（专制）君主不同③。

虽然孟德斯鸠不同意这样的截然区分④，但是这一区分确实可以在孟德斯鸠理论中找到某种支持。在西方中世纪乃至近代早期的封建政体以及中国西周的封建政体中，当上一级贵族（乃至一国之君主）和下一级贵族形成权力上的相互制约关系时，自由就产生了，这样的政体因而就不是专制政体（当然，孟德斯鸠会补充说，即使存在封建贵族，但相互之间若形不成制衡，则封建君主制度也可以是专制）。其实，在陈独秀、郭沫若等人罔顾中国历史、扭曲"封建"一词在中西方的通常用法之前，一些中国学人也意识到，西周君主制并非专制，而封建贵族的消亡，才为后来的君主专制奠定了基础⑤。

---

① 〔意〕圭多·德·拉吉罗著，杨军译：《欧洲自由主义史》，吉林人民出版社 2001 年版，第 1 页。
② 〔英〕阿克顿著，王天成等译：《自由的历史》，贵州人民出版社 2001 年版，第 7 页。
③ 甘怀真：《皇权、礼仪与经典诠释：中国古代政治史研究》，第 385 页。
④ 参见 Mark Hulliung 的评论，收于 Steven Cahn, *Classics on Modern Political Theory*, p. 322。
⑤ 参见阎步克所引梁启超的说法（《政体类型学视角中的"中国专制主义"问题》，《北京大学学报》2012 年第 6 期）。

就本文主题而言，不区分封建与专制，我们可能犯下"关公战秦琼"的错误。例如，黄敏兰在其综述中国专制说争论的文章中，虽然也引了前述"自由是古代的，专制是现代的"说法，但其对于"封建"一词的使用却是混乱的：一会儿是我们上面所说的历史和理论上的正确用法，一会儿又滑到经陈独秀、郭沫若扭曲之后的用法[1]。在其更早的反驳侯旭东的文章中，黄敏兰长篇大论地谈到欧洲君主与中国的皇帝不同，即前者不具有绝对权力。但是，她所谓的欧洲君主，都是欧洲封建时代的君主。而按照上述历史与概念的分疏，如果要进行中西比较，那么，欧洲封建时代应和中国西周时代相应，欧洲后封建时代的君主则相应于中国秦以后的皇帝[2]。

四、中国是否专制？

在厘清专制及其相关概念之后，我们回到问题的核心，即中国是否专制。这里所谓"专制"，采取上一节给出的修正版的孟德斯鸠定义。这个定义的关键在于，对统治者权力的制度性限制。而考察的对象，应该是秦以降的两千年传统政治，而不是西周的政治，因为如上一节所述，西周的封建贵族政治并非专制，这是任何明白专制的含义并了解西周制度的人都会得出的明显结论。

---

[1] 黄敏兰：《质疑"中国古代专制说"依据何在？——与侯旭东先生商榷》，《近代史研究》2009年第6期。
[2] 顺便指出一点：按照这种制度比较，笔者近年来提出的一个看似极端的说法，即周秦之变乃是一种现代化，其实是一个很明显的事实。

论到中国秦以降的传统政治，宋洪兵指出，严复和梁启超都反对中国专制说。梁启超尤其指出："是故中国之君权，非无限也，欲有限而不知所以为限之道也。"① 但这种说法是模糊的，因为限制之制度的存在乃至有效与否，是区分专制与节制政体的核心，主观的期望不能算数。黄敏兰也在文章中指出，虽然费孝通和吴晗持中国专制说，但费孝通承认，中国皇帝的权力是受限制的。吴晗则反驳说："虽然在理论上、在制度上，曾经有过一套以巩固皇权为目的的约束办法，但是，都没有绝对的约束力量。"② 不过，黄敏兰所引的吴晗这段话，实际上反驳了中国专制说，因为吴晗在这里承认存在着对皇权的制度性限制。同时，吴晗这里犯了一个理论上的错误：他给"非专制"加了一个过高的要求，即对皇权的绝对限制。

据侯旭东考察，在西方，利玛窦、维科、伏尔泰、魁奈等都对中国专制说持保留态度。利玛窦认为，中国在一定程度上是贵族政体，其中，皇帝的权力是受到限制的③。魁奈虽然用"专制"称呼中国政体，但是侯旭东指出，魁奈的"专制"其实更接近"君主制"的意思。特别地，魁奈认为中国制度中有"明智和确定不移的"法律，皇帝只是执行者，必须遵守这些法律④。按照我们修正过的孟德斯鸠定义，这样的制度在法律的独立性有制度保障的前提下肯定不是专制。其实，即便孟德斯

---

① 宋洪兵：《二十世纪中国学界对"专制"概念的理解与法家思想研究》，《清华大学学报》2009 年第 4 期。
② 黄敏兰：《质疑"中国古代专制说"依据何在？——与侯旭东先生商榷》，《近代史研究》2009 年第 6 期。
③ 侯旭东：《中国古代专制说的知识考古》，《近代史研究》2008 年第 4 期。
④ 侯旭东：《中国古代专制说的知识考古》，《近代史研究》2008 年第 4 期。

鸠也指出了中国政体与典型的专制政体的许多不同①。

那么，传统中国政体里面，到底存不存在有效的、制度性制衡？如前所述，在孟德斯鸠看来，这种制衡，来自贵族等因素（当然，如前所述，有贵族不一定有制衡）。"废封建，立郡县"之后的中国，总的来说并不存在欧洲中世纪以及近代早期的血缘性的、在其属地内有很大自治权的封建贵族。就此而言，似乎自然可以说，秦以后的传统中国是专制的②。而在后封建时代，按孟德斯鸠的理解，英国发展出通过权力分立进行制衡的宪政体系。不过，在孟德斯鸠所讨论的英国政体里面，贵族依然存在。与此相应，孟德斯鸠自然而然地认为，传统中国没有这种权力分立的宪政体系。但是，孟德斯鸠并非政体决定论者，他（正确或错误地）注意到了传统中国制衡专制的一些因素，因此在对中国政体进行判定时，他还用了一些含混的说法。其实，是否存在制衡虽然似乎是专制与节制的区分之所在，但在前面我们已经看到，孟德斯鸠自己也认为，专制制度里宗教和习俗也有制衡作用③。区别仅仅在于份量不同④。阎步

---

① 对此，王绍光收集了很多相关说法，参见王绍光：《政体与政道：中西政治分析的异同》，载王绍光主编：《理想政治秩序：中西古今的探求》，第83—84页。
② 按照黄敏兰的考察，梁启超就认为因为中国没有贵族政治，所以中国是专制的。参见黄敏兰：《质疑"中国古代专制说"依据何在？——与侯旭东先生商榷》，《近代史研究》2009年第6期。宋洪兵对梁启超的看法与此不同，参见宋洪兵：《二十世纪中国学界对"专制"概念的理解与法家思想研究》，《清华大学学报》2009年第4期。但上述黄氏说法本身，无论是不是梁启超的看法（或只是善变的梁启超在某一阶段的看法），其预设却符合孟德斯鸠对专制的理解。而这个说法的问题之一在于，梁启超（或者黄敏兰所呈现的梁启超）似乎忘了，欧洲非专制的贵族政体，在中国西周早就存在过。有意思的是，阎步克引用梁启超的说法意在展示，梁启超的意思其实是：西周是贵族政体，中国因而也曾有过非专制的阶段。参见阎步克：《政体类型学视角中的"中国专制主义"问题》，《北京大学学报》2012年第6期。笔者非梁启超专家，兹将不同说法列在这里，供有兴趣的读者进一步探究。
③ Montesquieu, The Spirit of the Laws, p.19.
④ Anne Cohler, "Introduction", Montesquieu, The Spirit of the Laws, p.27.

克也指出,"'无限权力'并不是说君主权力不受限制,只是说限制的大小有别,权力的集中化程度有别"①。也就是说,区别仅在于在从纯粹节制到纯粹专制这个光谱上的相对位置。

不过,阎步克还进一步指出:"'中国专制主义'概念的反对者,至今没能提供这种谱系化的比较。"②但问题是,坚持传统中国专制说的人,他们给出谱系化的比较了吗?并且,他们的比较是否是针对制度,又能否兼顾中国秦以降两千年各朝代甚至朝代内部明显不同的制度呢?从我们前面考察过的那些文章看来,持中国专制说的人恐怕并未达到这些要求。下面,我们就从"份量"上、从在"光谱"上的相对位置的角度,考察一下传统中国专制说是否成立。

我们首先回到孟德斯鸠。虽然他承认中国传统政治里面存在制衡因素,但是他坚持给中国传统政治贴上"专制"的标签。究其原因,大概是他觉得这些制衡因素至少是无法与运行良好的封建贵族君主制中的制衡因素相提并论,更无法与当时英国形成的制度相比。站在孟德斯鸠角度看,这个结论确实是有道理的。专制中的制衡因素是宗教与习俗。在西方启蒙运动者看来,中国是世俗国家,并不存在宗教(欧洲意义上的)。因此,制衡的因素就只剩下习俗,而习俗看起来确实不像强有力的制衡因素。

但是,正如钱穆先生所指出的:"贵族世袭的封建制度,早已在战国、秦、汉间彻底打破。然而东汉以来的士族门第,他们在魏晋南北朝

---

① 阎步克:《政体类型学视角中的"中国专制主义"问题》,《北京大学学报》2012年第6期。
② 阎步克:《政体类型学视角中的"中国专制主义"问题》,《北京大学学报》2012年第6期。

时代的地位，几乎是变相的封建了。"① 如果我们接受钱穆（以及田余庆）先生的判断，并且，如果我们承认封建制与节制政权相关联，且承认运行良好的封建制是节制政体的话，那么，秦以后士族门第兴盛的时代，就不应该被归为专制。

那么，在士族门第不占主流的时代呢？前面提到的，受到孟德斯鸠影响的托克维尔就曾指出，法国绝对（专制）君主之下的官僚冲动对绝对君权有所制衡②。也就是说，官僚是替代贵族的一个可能选项。而孟德斯鸠本人可能没有看到这一点。这种制度，其实是现代国家的一个重要标志与普世特征；而理性官僚制在秦帝国已经引入，并且成为两千年中国传统政治无法放弃的制度。此为笔者近年提倡"秦以降的中国已经是现代国家"一说的主要依据之一。与此相对，欧洲的理性官僚制，是在现代早期才开始成长起来。在孟德斯鸠时代的法国，这种制度刚刚萌芽。因此，孟德斯鸠既不了解这样的体系，也不理解中国的官僚体系及其可能的制衡作用，乃是很正常的。实际上，当谈到包括中国在内的专制国家时，孟德斯鸠常用的词汇，往往是特指奥斯曼—土耳其帝国的词汇（例如，参见《论法的精神》第二卷第五章）③。

在反驳钱穆的"有相权即非专制"的说法时，阎步克指出，"孟德斯鸠已指出，'宰相'的存在恰好是专制政权的特征"④。他没有指出孟

---

① 钱穆：《国史大纲》，商务印书1996年版，第296页。前面提到，黄敏兰援引田余庆的研究，亦认为东晋是皇帝与士大夫共治，但她辩驳说这是传统中国政治的变态。参见黄敏兰：《质疑"中国古代专制说"依据何在？——与侯旭东先生商榷》，《近代史研究》2009年第6期。但如果钱穆先生的讲法正确，则这个"变态"的持续时间还是挺久的。
② Anne Cohler, "Introduction", Montesquieu, *The Spirit of the Laws*, pp.27-28.
③ Montesquieu, *The Spirit of the Laws*, p.20.
④ 阎步克：《政体类型学视角中的"中国专制主义"问题》，《北京大学学报》2012年第6期。

德斯鸠这种说法的出处。我想，他所指的应该是我在前一段中给出的文献。但是，孟德斯鸠在那里的用的词是"vlzir"，这个词是用来指称奥斯曼—土耳其帝国中的大臣的。孟德斯鸠给出了他自己对这种大臣的解释①。他指出，专制者自然是"懒惰、无知、充满欲望的"，因此他就必须把对公共事务的管理"外包"出去。但这又不能外包给太多人，因为这样会产生争吵，君主将不得不进行裁断。因此，他就把所有事情委托给"vizir"，而这个被委托者不过是"第一奴隶"而已。

确实，在奥斯曼—土耳其帝国，确实有这样的传统：把希腊男童抓起来，培养成官员，但他们同时又是奴隶。孟德斯鸠这样理解奥斯曼—土耳其帝国，也许有一定道理②。但这明显不符合传统中国的士大夫—官僚体系之基本事实，而这种体系在作为中国制度典型代表的汉、宋两代乃是主导性的。这些士大夫显然不是奴隶，宰相也不是绝对权力的实行者，后者权力受体制中其他士大夫—官僚的制约。

但是，余英时则认为，"君权是绝对的（absolute）、最后的（ultimate）；相权是孽生的（derivative），它直接来自皇帝"③。阎步克也认为，文官制的"发达反而是专制的条件"④。这里的关键问题是，传统中国的官僚系统是不是孽生的，是不是专制君主的执行者乃至打手？我们需要意识到，"官僚"这个词有很大的误导性。官僚确实具有一定的被动执行者

---

① Montesquieu, *The Spirit of the Laws*, p.20.
② 孟德斯鸠对奥斯曼—土耳其帝国的描述中亦有很多批评，参见王绍光：《政体与政道：中西政治分析的异同》，载王绍光主编：《理想政治秩序：中西古今的探求》，第82—83页。笔者对奥斯曼—土耳其帝国没有任何研究，对此无从判断。
③ 转引自甘怀真：《皇权、礼仪与经典诠释：中国古代政治史研究》，第386页。顺便一提，余英时持此种论调，究竟在何种意义上可被称为钱穆的弟子？
④ 阎步克：《政体类型学视角中的"中国专制主义"问题》，《北京大学学报》2012年第6期。

形象。但对于官僚的这种理解，直接与前面提到的托克维尔的理解相冲突。并且，这种被动执行者形象，恐怕更符合韩非子所描述的"北面委质，无有二心"、"从主之法，虚心以待令"（《韩非子·有度》[①]）的臣下的特征。如果我们承认儒家对传统中国有重要影响的话，那么，传统中国官僚更准确的提法应该是"士大夫"。相关制度规定（注意，这里谈的是制度性保证），这些士大夫—官僚的教育与选拔以儒家经典作为依据；这些经典所内含的及其被解释出来的天道观、道统观，使得士大夫具有独立于皇帝的意志，而这种独立意志又通过制度得以伸张。这种独立而非孽生的士大夫—官僚体系，完全有可能对皇权起到制衡作用。

除了士权（包括相权）对皇权的制衡外，传统中国还有很多其他源自儒家的制约皇权的制度。例如：皇帝死后的万世名声由儒家通过谥号来控制；皇太子由儒家教育；除了秦制之外，传统中国的大部分时期，县以下由士人与乡绅自治；等等。当然，我们可以继续争论这些制度是否有效制衡了皇权。然而，正如孟德斯鸠所认识到的那样，封建贵族政体也不能保证不专制。中国的士大夫—郡县政体（尤其考虑它在两千年中的不同形态），可能也无法提供这种保证。但分析至此，我们至少可以承认，这里的谱系差别并非黑与白的截然反差！

此外，上面的论述其实还存在一个问题：它似乎把皇权与专制君主等同起来。但是，钱穆早就有中国政权乃一种信托政权之说[②]。甘怀真进一步发挥了其中的含义[③]。他首先指出，今天中国史研究的一个危机，就是用西方历史的概念框架来套中国。其中，与本文相关的是，在专制问

---

① 本文所引《韩非子》据陈奇猷：《韩非子新校注》，上海古籍出版社 2000 年版。
② 侯旭东：《中国古代专制说的知识考古》，《近代史研究》2008 年第 4 期。
③ 甘怀真：《皇权、礼仪与经典诠释：中国古代政治史研究》，第 387—390 页。

题的讨论上，把西方的主权观念及与此相关的家长制，套在了传统中国皇权与家长制上。在西方，作为主权者的君主或家长，拥有国与家内部的所有权力。甘怀真转引的法国专制君主路易十五（也是孟德斯鸠在世时的国王之一）的话，能够很好地说明这一点："主权只存在我的人身，法庭的存在与权威只源于我一个人……立法权也完全属于我一个人……所有公共秩序也来自我，因为我是它的最高捍卫者。"① 如此绝对的君权，如果不加限制，当然就是专制。但是，在儒学作为官方主流意识形态的传统中国，其君主和家长，只不过是（国人或家人）公产的管理者。在这个框架下，君主、家长、臣民、家人各有其分，"皇帝没有权利决定别人的分，因为这些分在皇权出现前即已存在了"②。

甘怀真在这篇文章中，把传统中国的安分、合礼与西方的守法观念进行了区分。其实，这种"分"、这种"礼"，与"法"是相关的。至少在有些朝代，合礼也即守祖宗之法，非个体君主所能改变③。

前面提到，完全"孳生"于君主的官僚，更接近韩非子所代表的法家理想。韩非子欲使臣下进入"无为"、"听令"乃至"竦惧乎下"的状态（《韩非子·主道》），此常被视为韩非子支持君主肆意妄为的专制暴政的证据。但值得注意的是，韩非子同样要求君主"虚静以待令"（《韩非子·主道》）。君主所待的，是"道"的命令。臣下不敢违法，是因为君主手握二柄。君主不敢违道，是因为政治之道以国家兴亡为二柄控制着君主。按照韩非子的看法，臣下守法、君主守道，都有人性中根深蒂

---

① 转引自甘怀真：《皇权、礼仪与经典诠释：中国古代政治史研究》，第390页。
② 甘怀真：《皇权、礼仪与经典诠释：中国古代政治史研究》，第389页。
③ 例如，参见邓小南《祖宗之法：北宋前朝政治述略（修订版）》（生活·读书·新知三联书店2014年版）的细致考察。

固的自利性作为根据。近一百多年来,亦有评论者强调:法家主张的是法治,而非专制①。当然,正如本文第二节所展示的,对孟德斯鸠来讲,节制政权的关键在于法律有独立性,并且还要有独立的政治实体(比如贵族)来制衡君主。但是,我们同样应该注意到,在韩非子看来,君主与凡人一样具有根深蒂固的自利性,此会成为他守道、守法的根本动力,因此会保证法律的"一"与"固"。而且,我们还可以反问:欧洲的封建君主政体,以及近代早期涌现的绝对君主政体(专制政体),其中是否都有韩非子式"君主守道"的说法?如果有,并且如果其中还存在着孟德斯鸠所说的维护法律的独立机构以及制衡君主的贵族实体,那么,其实际效果是否真的就比韩非子的理想政体或是秦制要好?毕竟孟德斯鸠认为,除了这些制度性因素外,还有很多其他因素会让一个节制政权蜕变成一个专制政权。前面提到,节制与专制是一种谱系性的差别,而非黑白分明的差别。

除了与运转良好的封建政体进行比较之外,专制与否的另外一个标杆,是笔者前面所猜测的孟德斯鸠改变欧洲的中国印象的诱因,即被孟德斯鸠理想化了的英国式宪政政体。在孟德斯鸠对英国宪政政体的讨论中(《论法的精神》第十一卷第六章)②,我们看到,在这种理想的节制政体中仍然存在着封建贵族。因此,上述很多比较,也可以转化为与英国宪政的比较。一般来讲,只要我们承认传统中国存在制度性的制衡,那么,传统中国制度,尤其是那些基于儒家的制度(其中吸收了法家"因道全法"[《韩非子·大体》的法治精神]),就与西方宪政有了可比

---

① 宋洪兵:《二十世纪中国学界对"专制"概念的理解与法家思想研究》,《清华大学学报》2009年第4期。

② Montesquieu, *The Spirit of the Laws*, pp.156-166.

性。限于辩护性目标，本文对此就不再进一步展开了。简单来说，虽然笔者不同意一些当代儒者所谓儒家或传统中国一直存在宪政的说法，但是笔者同样不同意一些反对者把传统中国等同于专制，并因此将之与宪政对立起来的说法。传统中国试图对权力进行制度性制衡，在这一点上是可与西方宪政相比拟的，甚至我们可以说，它有宪政因素。或者，我们也许应该放弃宪政一专制这个对子，承认宪政之外还有其他节制政体。

五、结语：反对传统中国专制说的意义

本文并非简单地断言传统中国政体不是专制，而是说，两千年传统政治从理论到实践都是多元的光谱性存在。在此光谱中，某些时段的中国传统政体，可能比欧洲的所谓节制政体更不专制。缺乏对"专制"的深入理解，缺乏对传统中国之复杂性的认知，用"专制"标签把传统中国一棒子打死，这在理论上是幼稚、有害的，在实践上是危险的。其理论上的害处是：在"传统中国＝专制"、"专制＝坏制度"的前提下，得出"传统中国政治一片黑暗"的结论，从而使得我们无法正视传统中国的政治理论与实践资源，无法公允地评价中国政治的得失（乃至认为只有失没有得），更谈不上从其得失中吸取正面的经验和反面的教训。

一个典型的例子就是，在20世纪30年代，主流思潮强烈地否定传统中国政治，钱穆想开一门中国政治制度史的课，但性本谦和的历史学系主任反对，其理由大致是："中国秦以下政治，只是君主专制。今改民国，以前政治制度可勿再究。"钱穆"屡争"才开出这门课，但开始

居然没有学生正式选课①。

传统中国专制说在理论与实践上的实际危害就是，误解了传统中国的问题，为近一百五十多年来的"有病乱投医"种下了祸根。我们已经看到，孟德斯鸠的中国专制说存在很多问题。实际上，我们是在西方以及日本的侵略下进退失据，出于一种弱者或失败者心态全盘接受了这种有问题的观点，甚至发展出"封建专制"这种言辞不通的说法。如果真正理解孟德斯鸠，我们应该知道：反封建，容易走向专制；而要制衡专制，封建恰恰是很好的手段。由此来看，中国百年来"反封建专制"不果，也就没有什么稀奇的了。

以儒家为背景的整套政治制度与社会组织，可能恰恰是中国很早地进入后封建社会后（比欧洲早了两千年）借以制衡专制的方式。至于这种制衡是否有效，我们需要对传统中国进行节制—专制的光谱分析，这是一个可以争论的问题。即使传统中国实际上更偏向光谱的专制一侧，我们也不应该去批儒家，因为儒家式制度与组织恰恰旨在制衡权力。但新文化与"五四运动"，恰恰以"孔家店"作为主要攻击对象，废除科举（1905）则是这种攻击在制度上的一个重要开端。当这些制衡性制度与组织被打击殆尽的时候，中国社会就只剩下原子化的个人，而在个性解放的旗号下，作为专制制度的极端形态的极权政治，便很容易不受制约地诞生②。这恰恰是孟德斯鸠的理论预言。可惜的是，我们只

---

① 钱穆：《八十忆双亲　师友杂忆》，生活·读书·新知三联书店1998年版，第169—170页。对于传统中国政治的这种否定，在今天依然是主流。例如，政治理论学者唐世平最近一篇广为传播的文章，就号召大家少沉迷中国历史，多了解世界文明，因为"中国历史，特别是公元1840年前的历史，其实是非常乏味的"。参见唐世平：《多了解一点世界》，《南风窗》2015年第3期。

② 黑格尔对中国充满偏见，但是他所谓"中国人既然是一律平等，又没有任何自由，所以政府的形式必然是专制主义"（转引自侯旭东：《中国古代专制说的知识考古》，《近代史研究》2008年第4期），既是对孟德斯鸠思想的继承，亦很好地（具有讽刺性地）描述了后"五四"的中国。

学习了孟德斯鸠问题重重的传统中国专制说，却未能深入了解他对专制政体本身的正确分析。简言之，把传统中国错误地当作专制国家全盘否定，反而会因消解了制衡因素而导致真正的专制。

上述观点不可避免地会对其他学者相关论断形成挑战。例如，阎步克指出："如果承认'中国专制主义'的话，还能带来这样一个学术便利：有利于对当代中国的若干重大政治现象提供解释。清王朝瓦解仅40年，一个全新的中央集权体制即得重建。毛泽东掌握了巨大的个人权力，甚至出现了个人崇拜与'文化大革命'悲剧。这仅仅是外源因素造成的吗？"①

但如果本文的解释是正确的，那么，"文化大革命"的悲剧确实不仅仅是外源因素造成的，新文化与五四运动以来国人对传统中国的错误理解，特别是"中国专制"说广泛流行是其重要内因（当然，这不是说新文化与五四运动反传统必然会导致"文化大革命"悲剧）。而且，"文化大革命"的一个重要攻击对象，恰恰是两千年来作为中国传统政治之核心的理性官僚系统，它的崩溃反过来加重了"文化大革命"的恶果。此外，如果用清代的专制解释"文化大革命"的专制，那么，如何解释世界上其他深受中国传统影响的国家或地区能够相对顺利地转型？这些国家或地区并没有直接经历新文化和"五四"洗礼，其领袖要比中国大陆的领袖更拥护传统，就此而言用清代专制解释"文化大革命"专制乃是成问题的。

与阎步克从批判传统中国专制角度进行"文化大革命"批判相反，本文屡次提到的王绍光的文章则通过批判"传统中国专制"说进而批判"（传统与当代）中国专制"说。笔者虽然同意他对中国专制说的一些

---

① 阎步克：《政体类型学视角中的"中国专制主义"问题》，《北京大学学报》2012年第6期。

分析，但也提出了一些不同的观点。其中最重要的一个不同在于，虽然本文反对传统中国专制说，但笔者同时认为，"文化大革命"时的中国，确实出现了专制乃至极权的现象。而传统中国专制说，是要为此负责的。

在周秦之变中，中国可能已经早于西方两千年，提前进入了后封建社会。当然，这种早熟不能保证中国一直领先。西方在1500年左右迈向后封建社会，其中一些制度尝试，中国历史上已经出现过。其真正的创新，是在英国发展出来的宪政①，以及此后的工业革命。相应地，传统中国则需要从早熟版的后封建社会，向另一种版本的后封建社会过渡。简单地用"中国专制"论，从理论和实践上否定传统中国政治，等于直接割断了这种过渡的线索。早熟版的后封建中国社会中包含许多好的东西，如以科举为基础的理性官僚制、乡绅自治等制度与实践，以及为接引工业化社会而有必要进一步加强的"书同文，车同轨"、"编户齐民"等传统做法。这些好的东西，有源自儒家的，也有源自法家的。我们错误地去学习法国、日本等从封建社会进入后封建社会的方法，在割断中国固有线索的同时，却并没有顺利地学到我们应该去学习的东西。这可能是百年来中国问题的最终根源。

简而言之，改正我们的错误，应该从质疑"传统中国专制"说开始，应该从与新文化与五四运动告别开始。

（原载《文史哲》2016年第5期）

---

① 因此，与启蒙时代的其他思想家不同，孟德斯鸠选择英国而非中国作为理想目标，这一点是有道理的。他的错误在于，为了争夺话语权，去贬低中国。更大的错误则是，中国的学人与政客，吸取了他的错误，却拒绝了他的正确方面。

中国古代对于君主专制的批判

李若晖

一

近年来,关于中国古代社会是否为专制主义社会的争论,成为学界热点之一①。虽然各种观点早已存在,不过激发争论的是侯旭东在《近代史研究》2008 年第 4 期发表《中国古代专制说的知识考古》一文。侯文虽然一再强调其"只是对关于中国古代政体及皇帝本性的一种'论断'的传播、发展历史的剖析。具体说属于词汇史、观念史,泛言之,属于思想史的范畴,并不是对帝制时代二千多年中实际运转的中国统治体制本身的研究"②,但是侯文的倾向性是非常明显的,就是中国古代绝不是专制政体:"如果我们挖掘一下这一论断的根底,不难发现它并不是什么科学研究的结果,而是亚里士多德以来的西方人对东方的一种偏见,

---

① 相关争论之述评,可参见黄敏兰:《近年来学界关于民主、专制及传统文化的讨论——兼及相关理论与研究方法的探讨》,《史学月刊》2012 年第 1 期。
② 侯旭东:《中国古代专制说的知识考古》,《近代史研究》2008 年第 4 期。侯氏后来在其答辩文章《从方法看中国古代专制说的论争》中又重复了这一说法,参见《中华读书报》2010 年 5 月 26 日。

18世纪时个别西方思想家开始以此来描述中国，19世纪末以后则经由日本广为中国思想界所接受，并未经过充分的事实论证。"①侯氏的结论过于仓促。其文论证的焦点集中在"专制"观念的传播史与接受史，这不能替代对于"中国专制主义"本体的论证之检讨。再进而言之，即便论证有问题，也不能绝对地证明结论一定错误。众所周知，"哥德巴赫猜想"在数学史上曾有过无数失败的证明，但是这些失败的证明却并不能用来证明"哥德巴赫猜想"的荒谬。要证伪"中国专制主义"，不能简单地指出现有证明之不足，而必须提供"中国专制主义"不成立的正面论证。

针对侯氏之论，阎步克提出："如果放弃'中国专制主义'概念，可放弃的东西就可能有三：1.'专制'概念的'所指'不当，应予放弃，即不承认有这样一种政体；2. 承认'专制'为一种政体，但帝制中国不是那种政体，即只放弃'中国专制'而已；3. 大致承认'中国专制'的'所指'，但因某种原因，只放弃'专制'之标签，另觅替代语词。"阎氏自己的观点很鲜明：如果要在中国研究中"放弃'专制'术语，就应一视同仁，对所有同类政权一律免去'专制'之名"②。

就侯文而言，其所指斥的无疑是阎氏所言的第二点，即中国并非"专制主义"。当然其全文有多角度多层次的论辩，其中非常重要的一点是："中国传统文献中'专制'一词并不罕见，但其含义几乎都是指大臣或太后、外戚、宦官等掌管应属于君主的职权，具体又分为受命专制与不受命专制两类，前者是合法的，后者属于擅权，并非用来描述君

---

① 侯旭东：《中国古代专制说的知识考古》，《近代史研究》2008年第4期。
② 阎步克：《政体类型学视角中的"中国专制主义"问题》，《北京大学学报》2012年第6期。

主,更不是指一种政治体制。"① 侯文此论正如其注释所指明的,乃是来自日知、罗志田、王文涛,但其叙语明显承用王文涛的论文《中国古代"专制"概念解读》②。

检王氏前后发表数文,内容大同小异③。王氏论说不妥之处所在颇有,如言:"'君主'和'专制'连用的情况极少,在《四库全书》中只有一例,见于《道德指归论》卷六:'君主专制,臣主定名。君臣隔塞,万物自明,故人君有分,群臣有职,审分明职,不可相代。'"④ 这里充其量只能说是"君主"二字与"专制"连用,而非"君主"一词与"专制"连用。很显然《道德指归论》的原文应读为"君／主／专制,臣／主／定名","君"、"臣"对言,各有所主,"主"为动词,主管、负责之意,因此下文才接着说"人君有分,群臣有职"云云。

王氏最大的失误,即在采用林志纯(日知)之说,断言"在中国古代,见于文献的'专制'或'颛制',少得很,而且更多更主要地适用于人臣,而非用之于君后"⑤。王氏通过《四库全书》全文检索,找到三

---

① 侯旭东:《中国古代专制说的知识考古》,《近代史研究》2008年第4期。
② 王文涛:《中国古代"专制"概念解读》,《中国史研究》2006年第4期。
③ 《中国古代"专制"概念解读》之外,尚有王文涛:《中国古代"专制"概念的历史考察》,载崔向东等编:《王权与社会——中国传统政治文化研究》,崇文书局2005年版,第202—214页;王文涛:《中国古代"专制"概念述考》,《思与言》2006年第4期;王文涛:《中国古代的"人臣专制"》,《南都学刊》2007年第2期;王文涛:《"专制"不是表述中国古代"君主专制"的词语》,《史学月刊》2012年第8期。
④ 王文涛:《中国古代"专制"概念的历史考察》,载崔向东等编:《王权与社会——中国传统政治文化研究》,第207页。
⑤ 林志纯:《东方专制主义问题是政治学、历史学二千多年来的误解》,载李祖德、陈启能主编:《评魏特夫的〈东方专制主义〉》,中国社会科学出版社1997年版,第26页。王文涛:《中国古代"专制"概念的历史考察》,载崔向东等编:《王权与社会——中国传统政治文化研究》,第206页。王文涛《中国古代"专制"概念述考》(《思与言》2006年第4期)引用林文,评论道:"林先生的判断是正确的,虽不十分恰切,却使笔者深受启发。"不过,

处将"专制"用于君主的例子。1.《国语·楚语》，春秋楚国大夫子张借称赞商王武丁劝楚灵王虚心纳谏："若武丁之神明也，其圣之睿广也，其知之不疚也，犹自谓未义，故三年默以思道，犹不敢专制。……今君或者未及武丁而恶规谏者，不亦难乎？" 2.《周书·宇文孝伯传》，北周武帝宇文邕即位，"欲引置左右。时政在冢臣，不得专制"。3.《宋史·隐逸传》，宋神宗鼓励臣民上书言事，文州曲水县令宇文之邵上疏建议：凡是有所建置，皇帝一定要与大臣共同商议，"以广其善，号令威福则专制之"。神宗没有采纳①。此外，《老子指归·得一章》说：圣人"与时俯仰，因物变化，不为石，不为玉，常在玉石之间，不多不少，不贵不贱，一为纲纪，道为桢干。故能专制天下而威不可胜，全活万物而德不可量"②，王氏认为："此处所言'圣人专制'，可以理解为'圣王专制'，即'君主专制'，能'专制天下'的不是君主，又能是谁呢？"③王氏缺乏对这几条材料的分析。实则前三条史料都指向君主不得专制，而应当充分尊重大臣的意见，究其实，即君主的权力应受到大臣的限制。武丁的"不敢专制"，结合下文楚灵王"恶规谏"来看，自然是指武丁听从臣下的劝谏，而不敢独断专行。北周武帝"欲引置左右"，

（接上页）此后发表的数文中，王氏处理方式却有不同。在《中国古代"专制"概念解读》（《中国史研究》2006 年第 4 期）一文中该引语一字不差出现，但是未注出处，也未加引号。王氏《中国古代的"人臣专制"》（《南都学刊》2007 年第 2 期）乃曰："鸦片战争以前，汉语中的'专制'一词并不用于君主，而是广泛用于人臣。"其《"专制"不是表述中国古代"君主专制"的词语》（《史学月刊》2012 年第 8 期）一文则径云："鲜有学者论及，'专制'在中国古代不仅没有君主专制的含义，而且也不用于君主，而是主要用于臣下。"

① 《周书·宇文孝伯传》，中华书局 1971 年版，第 716 页；《宋史·隐逸传中》，中华书局 1985 年版，第 13450 页。
② 严遵撰，樊波成校笺：《老子指归校笺》，上海古籍出版社 2013 年版，第 27 页。
③ 王文涛：《中国古代"专制"概念的历史考察》，载崔向东等编：《王权与社会——中国传统政治文化研究》，第 206—207 页。

必须得到权臣宇文护的同意。第三条并非如王氏所言,是"宋神宗不采纳臣下要求他专制的建议"[①],恰恰相反,是宇文之邵划定了皇帝专制的范围,要求神宗听取大臣的意见。

至于《道德指归论》,即严遵《老子指归》[②]中所出现的三处"专制",需要重点分析。

二

《老子指归》共出现三处"专制",原文如下[③]:

A 是以圣人为之以反,守之以和,与时俯仰,因物变化。不为石,不为玉,常在玉石之间;不多不少,不贵不贱,一为纲纪,道为桢干。故能专制天下而威不可胜,全活万物而德不可量。贵而无忧,贱而无患;高而无殆,卑而愈安。审于反覆,归于玄默;明于有无,反于太初。无以身为,故神明不释;无以天下为,故天下与之俱。(《老子指归·得一章》)

B 故众人之教,变愚为智,化弱为强,去微归显,背隐为彰,暴宠争逐,死于荣名。圣人之教则反之,愚以之智,辱以之荣,微以之显,隐以之彰,寡以之众,弱以之强。去心释意,务于

---

① 王文涛:《中国古代的"人臣专制"》,《南都学刊》2007年第2期。
② 《老子指归》当为西汉末严遵所作,其作者、时代、性质,可参见樊波成:《〈老子指归〉当为严遵〈老子章句〉》(《老子指归校笺》代前言),严遵撰,樊波成校笺:《老子指归校笺》,第1—52页。
③ 严遵撰,樊波成校笺:《老子指归校笺》,第27、41、200页。

无名，无知无识，归于玄冥，殊途异指，或存或亡。是以强秦大楚，专制而灭；神汉龙兴，和顺而昌。故强者离道，梁者去神；生主以退，安得长存？不求于己，怨命尤天，圣人悲之，以为教先，书之竹帛，明示后人，终世反之，故罹其患。（《老子指归·道生一章》）

  C 是以明王圣主，正身以及天，谋臣以及民。法出于臣，秉之在君；令出于君，饰之在臣。臣之所名，君之所覆也；臣之所事，君之所谋也。臣名不正，自丧大命。故君道在阴，臣道在阳；君主专制，臣主定名；君臣隔塞，万事自明。故人君有分，群臣有职，审分明职，不可相代，各守其圆。大道乃得，万事自明，寂然无事，无所不尅。臣行君道，则灭其身；君行臣事，必伤其国。（《老子指归·民不畏死章》）

让我们从材料 B 开始。"强秦大楚"，无疑指秦王朝与霸王项羽之楚国，《老子指归》多次言及秦楚。《老子指归·万物之奥章》："古之将民，何弃之有？桀纣之吏，可令顺信；秦楚之卒，可令顺善。故能得其心，天下可有；不得其意，妻妾不使。"《老子指归·生也柔弱章》："昔强秦大楚，灭诸侯，并郡邑，富有国家，贵为天子，权倾天下，威振四海，尊宠穷极，可谓强矣！垂拱而诸侯忧，跂足而天下恐，发号而天心悲，举事而神明扰。亡国破家，身分为数。夫何故哉？去和弱而为刚强也。及至神汉将兴，遁逃龙隐，万民求之，遂不得免。父天母地，爱民如子，赏功养善，师于天士，当敌应变，计如江海，战胜攻取，降秦灭楚，天下欣欣，立为天子。夫何故哉？顺天之心而为慈小也。"[1] 可见材料 B 正

---

[1] 严遵撰，樊波成校笺：《老子指归校笺》，第 145、209 页。

是抨击秦始皇、秦二世、楚霸王项羽身为君主,一则在道理上倚仗一己之才智气力满足一己之嗜欲,是谓"刚强"。《老子指归·至柔章》对此有详尽的描述:"故地广民众,国富兵强,吏勇卒悍,主能将严;赏重罚峻,削直刻深,百官战栗,若在君前。势便地利,为海内雄,轻敌乐战,易动师众,合变生奇,凌天侮地,诸侯执服,靡不悬命,威震境外,常为枭俊,人忧物恐,威动天地。道德不载,神明是离,众弱同心,万民不附,身死国亡,族类流散。夫何故哉?体坚刚而积娇吝也。"二则政治上独断专行,不接受任何制约,亦即"专制"。《老子指归·得一章》论曰:"侯王有为,动不顺一,为贵得贱,为正得蹶,乱扰迷惑,事由己出,百官失中,丧其名实,万民不归,天地是绝。"① 这一对君主专制的批评并非孤例。《老子道德经河上公章句》则有一个相对折中的见解,《老子》第三十一章:"夫乐杀人者,则不可以得志于天下矣。"河上公《章句》:"为人君而乐杀人者,此不可使得志于天下矣。为人主必专制人命,妄行刑诛。""人君"即"人主"。身为人主而以杀人为乐,即是"专制人命,妄行刑诛"。检《老子》第四十三章:"无为之益,天下希及之。"河上公《章句》:"天下,人主也,希能有及道无为之治身治国也。"② 可见在河上公看来,人主去道远矣。后世有在"妄行刑诛"之上加"不"字者③,乃是误以"人主专制人命"为正常,由此认为河上公应否定"妄行刑诛",而不知"为人主必专制人命,妄行刑诛"整句乃承接上"为人君而乐杀人者"而来。因此,河上公此处无疑表达了对

---

① 严遵撰,樊波成校笺:《老子指归校笺》,第44、26页。
② 王卡点校:《老子道德经河上公章句》,中华书局1993年版,第126、173页。
③ 《老子道德经河上公章句》,王卡《校勘记》:"顾本作'不可妄行刑罚',强本作'不妄行刑诛也'。"见王卡点校:《老子道德经河上公章句》,第129页。

于"人主必专制人命"的否定。《庄子·外篇·在宥》:"其存人之国也,无万分之一;而丧人之国也,一不成而万有余丧矣。"郭象注:"己与天下,相因而成者也。今以一己而专制天下,则天下塞矣,己岂通哉!故一身既不成,而万方有余丧矣。"① 在郭象看来,如果君主专制,以一己独断天下之事,必然导致天下否塞,相应地一己也就无法顺畅,结果是一己和天下都归于丧败。毫无疑问,中国古代有对于君主专制的批判。

反之,"神汉龙兴,和顺而昌"。"和顺"亦屡见于《老子指归》。《老子指归·上德不德章》:"上仁之君,性醇粹而清明,皓白而博通。心意虚静,神气和顺,管领天地,无不包裹。……上礼之君,性和而情柔,心疏而志欲,举事则阴阳,发号顺四时。……顺心从欲,以和节之。"《老子指归·圣人无心章》:"及其寐也,心意不用,聪明闭塞,不思不虑,不饮不食,精神和顺,血气生息,心得所安,身无百疾,遭离凶害,大疮以瘳,断骨以续,百节九窍,皆得所欲。"《老子指归·道生章》:"是故宇宙之外,营域之内,拘以无禁,束以无制。安危消息,无有中外。同风共指,和顺仰制,全活姣好,靡有伤败。"《老子指归·善建章》:"治之于国,则主明臣忠,朝不壅贤,士不妒功,邪不蔽正,逸不害公。和睦顺从,上下无怨,百官乐职,万事自然。远人怀慕,天下同风,国富民实,不伐而强。"《老子指归·治大国章》:"是以民如胎毂,主如赤子,智伪无因而生,巧故无由而起,万物齐均,莫有盈损,和洽顺从,万物丰茂,鬼神与人,合而俱市,动于自然,各施所有。寂如无君,泊如无鬼,万物尽生,民人尽寿,终其天年,莫有伤夭。"《老

---

① 郭象注,郭庆藩集释,王孝鱼点校:《庄子集释》第二册,中华书局1961年版,第392、394页。

子指归·用兵章》:"是以明王圣主,放道效天,清静为首,和顺为常,因应为始,诚信为元,名实为纪,赏罚为纲,左德右威,以应不祥,天下仰制,莫能毁伤,故国可保而民可全也。"《老子指归·言甚易知章》:"民若无主,主若无民,亡于知力,依道倚天,万国和顺,并为一君。"①从君主角度来看"和顺",大要有二,一是在道理上清虚自然,顺应天道。《老子》第四章谓道"渊兮似万物之宗"②,能做到这一点,于是君主乃与道相似,为百姓之宗,成为百姓生息长养的总根据。在这一意义上,可以说君主成为圣人,事实上做到了"专制天下"。斯即《老子指归·天下有道章》所言:"是以得道之主,建心于足,游志于止,辞威让势,孤特独处。捐弃万物,唯神是秉,身存名荣,久而不殆,天下归之,无有不制。"③此处"得道之主"的"无有不制",即材料A的"圣人专制",亦即材料C中的"君主专制"。这一正面的"圣人专制",落实到政治操作层面,则成为第二点,在政治上无为而治,将具体政事交由百官各自履行其职守。这正是材料C所说的"君臣隔塞",亦即君臣分职。《老子指归·善建章》也有类似的表述:"治之于天下,则主阴臣阳,主静臣动,主圆臣方,主因臣唱,主默臣言。正直公方,和一大通,平易无为,寂泊无声,德驰相告,神骋相传,运动无端,变化若天,不行而知,不为而成,功与道伦,宇内反真,无事无忧,太平自兴。"④

由是可知,要避免出现负面"专制"的君主,必须在政治操作层面落实君臣分职。

---

① 严遵撰,樊波成校笺:《老子指归校笺》,第 16—18、77、94、106、133、174、180 页。
② 王卡点校:《老子道德经河上公章句》,第 14 页。
③ 严遵撰,樊波成校笺:《老子指归校笺》,第 62—63 页。
④ 严遵撰,樊波成校笺:《老子指归校笺》,第 106 页。

三

对君臣分职进行系统阐述的政治理论，就是黄老道家"君无为而臣有为"之说。刘笑敢指出："道家讲无为，但道家并不认为一切人都可能做到无为。事实上，老子讲的主要是圣人无为，庄子讲的主要是至人（真人、神人）无为，而黄老派讲的主要是君主无为。如果溥天之下的人都真的实行起无为的原则，那么人类就只能回到穴居野处的时代，根本谈不上治天下。黄老之学是道家中最重视现实问题的一派，他们看到了这一问题，因而提出了君无为而臣有为的思想。"[①] 先秦诸子关于"君无为而臣有为"的论述甚多，择其要引于下：

> 夫帝王之德，以天地为宗，以道德为主，以无为为常。无为也，则用天下而有余；有为也，则为天下用而不足。故古之人贵夫无为也。上无为也，下亦无为也，是下与上同德，下与上同德则不臣；下有为也，上亦有为也，是上与下同道，上与下同道则不主。上必无为而用天下，下必有为为天下用，此不易之道也。（《庄子·外篇·天道》）[②]

> 心之在体，君之位也。九窍之有职，官之分也。心处其道，九窍循理。嗜欲充益，目不见色，耳不闻声。故曰：上离其道，下失

---

① 刘笑敢：《庄子哲学及其演变》，中国人民大学出版社2010年版，第280页。
② 郭象注，郭庆藩集释，王孝鱼点校：《庄子集释》第二册，第465页。

其事。毋代马走，使尽其力；毋代鸟飞，使弊其羽翼；毋先物动，以观其则；动则失位，静乃自得。(《管子·心术上》)①

汉初推行黄老之治，故"君无为而臣有为"之论成为汉代治术之核心。其时以君拟天，以相配天（君），故有相不居职之论。《史记》卷五十六《陈丞相世家》：

> 孝文皇帝既益明习国家事，朝而问右丞相勃曰："天下一岁决狱几何？"勃谢曰："不知。"问："天下一岁钱谷出入几何？"勃又谢不知，汗出沾背，愧不能对。于是上亦问左丞相平，平曰："有主者。"上曰："主者谓谁？"平曰："陛下即问决狱，责廷尉；问钱谷，责治粟内史。"上曰："苟各有主者，而君所主者何事也？"平谢曰："主臣！陛下不知其驽下，使待罪宰相。宰相者，上佐天子理阴阳，顺四时，下育万物之宜，外镇抚四夷诸侯，内亲附百姓，使卿大夫各得任其职焉。"孝文帝乃称善。②

《汉书》卷七十四《丙吉传》：

> 吉又尝出，逢清道群斗者，死伤横道，吉过之不问，掾史独怪之。吉前行，逢人逐牛，牛喘吐舌。吉止驻，使骑吏问："逐牛行几里矣。"掾史独谓丞相前后失问，或以讥吉，吉曰："民斗相杀

---

① 黎翔凤校注，梁运华整理：《管子校注》中册，中华书局2004年版，第759页。
② 《史记·陈丞相世家》，中华书局2013年版，第2490页。

伤，长安令、京兆尹职所当禁备逐捕，岁竟丞相课其殿最，奏行赏罚而已。宰相不亲小事，非所当于道路问也。方春少阳用事，未可大热，恐牛近行用暑故喘，此时气失节，恐有所伤害也。三公典调和阴阳，职当忧，是以问之。"掾史乃服，以吉知大体。①

陈平之"上佐天子理阴阳，顺四时"，乃是承袭阴阳家——《吕氏春秋》一脉的观念；而丙吉之"三公典调和阴阳"，则是汉代吸收了阴阳家学说的儒学观念②。董仲舒于此以五行理论加以阐述。《春秋繁露·五行之义》：

五行之随，各如其序，五行之官，各致其能。是故木居东方而主春气，火居南方而主夏气，金居西方而主秋气，水居北方而主冬气。是故木主生而金主杀，火主暑而水主寒，使人必以其序，官人必以其能，天之数也。土居中央，为之天润。土者，天之股肱也。其德茂美，不可名以一时之事，故五行而四时者。土兼之也。金木水火虽各职，不因土，方不立，若酸咸辛苦之不因甘肥不能成味也。甘者，五味之本也；土者，五行之主也。五行之主土气也，犹五味之有甘肥也，不得不成。是故圣人之行，莫贵于忠，土德之谓也。人官之大者，不名所职，相其是矣；天官之大者，不名所生，土是矣。③

---

① 《汉书·丙吉传》，中华书局1962年版，第3147页。
② 参见李若晖：《顺阴阳，明教化——〈汉志〉儒家小序引述〈尧典〉发微》，《孔子学刊》第3辑，上海古籍出版社2012年版，第87—88页。
③ 董仲舒：《春秋繁露》，北京图书馆古籍出版编辑组编：《北京图书馆古籍珍本丛刊》第二册，书目文献出版社1988年版，第567页。

其后班固袭董生言以论人主,《白虎通德论·五行》曰:

> 土在中央者,主吐含万物。土之为言吐也。……土所以不名时,地,土别名也,比于五行最尊,故不自居部职也。《元命包》曰:"土之为位而道在,故大不预化,人主不任部职。"……土尊,尊者配天。……土所以王四季何?木非土不生,火非土不荣,金非土不成,水无土不高。土扶微助衰,历成其道,故五行更王,亦须土也。王四季,居中央,不名时。……行有五,时有四何?四时为时、五行为节,故木王即谓之春,金王即谓之秋,土尊不任职,君不居部,故时有四也。①

由是可知,汉代儒道政论,都承袭黄老道家"君无为而臣有为"之说,建构虚君之论,以君为"天／道"在人间世的象征,于是君成为一切政治规则的根据,亦即百姓生活方式的根据——"法原"。相应地,以相作为君在政府中的象征,因而间接地也就是"天／道"在政府中的象征,于是相在政府中成为一切政治施为的根据,亦即政府运作方式的根据——"权原"。《淮南子·主术》:"古之置有司也,所以禁民,使不得自恣也;其立君也,所以制有司,使无专行也;法籍礼义者,所以禁君,使无擅断也。人莫得自恣则道胜,道胜而理达矣,故反于无为。无为者,非谓其凝滞而不动也,以其言莫从己出也。"②

在这一架构中,相虽是作为君在政府中的象征而成为政府首脑,但

---

① 班固:《白虎通德论》,上海古籍出版社1990年版,第27—30页。
② 刘安撰,张双棣校释:《淮南子校释》,北京大学出版社2013年版,第988页。

是君却不能因此干涉政府的具体事务。《三国志》卷二十二《魏书·陈矫传》，魏明帝时，陈矫为尚书令，实居相位，"车驾尝卒至尚书门，矫跪问帝曰：'陛下欲何之？'帝曰：'欲案行文书耳。'矫曰：'此自臣职分，非陛下所宜临也。若臣不称其职，则请就黜退。陛下宜还。'帝惭，回车而反"①。这说明，"君无为而臣有为"的政治原则在具体政治制度中，集中表现为君相分职。

四

《吕氏春秋·贵公》有谓"天下非一人之天下也，天下之天下也"②，这乃是秉承了早期周礼的观念③。儒学继承了周礼国—君主观念。《孟子·万章上》：

> 万章曰："尧以天下与舜，有诸？"孟子曰："否，天子不能以天下与人。""然则舜有天下也，孰与之？"曰："天与之。""天与之者，谆谆然命之乎？"曰："否，天不言，以行与事示之而已矣。"曰："以行与事示之者，如之何？"曰："天子能荐人于天，不能使天与之天下；诸侯能荐人于天子，不能使天子与之诸侯；大夫能荐人于诸侯，不能使诸侯与之大夫。昔者，尧荐舜于天，而天

---

① 《三国志·魏书·陈矫传》，中华书局1959年版，第644页。
② 《吕氏春秋》，浙江书局辑刊：《二十二子》，上海古籍出版社1986年版，第631页。
③ 参见李若晖：《尊·贤·亲——秦制崩溃探因》，《儒教文化研究》（国际版）第18辑，2013年。

受之;暴之于民,而民受之。故曰:天不言,以行与事示之而已矣。"曰:"敢问荐之于天而天受之,暴之于民而民受之,如何?"曰:"使之主祭而百神享之,是天受之;使之主事而事治,百姓安之,是民受之也。天与之,人与之,故曰:天子不能以天下与人。舜相尧二十有八载,非人之所能为也,天也。尧崩,三年之丧毕,舜避尧之子于南河之南,天下诸侯朝觐者不之尧之子而之舜,讼狱者不之尧之子而之舜,讴歌者不讴歌尧之子而讴歌舜。故曰天也。夫然后之中国,践天子位焉。而居尧之宫,逼尧之子,是篡也,非天与也。《泰誓》曰:'天视自我民视,天听自我民听。'此之谓也。"①

禅让本来就被视为公天下的表现,但是孟子还有进一步的要求,就是必须以公天下的方式来实现表现公天下的禅让。其中的关键即是"天子不能以天下与人",而是"天与之,人与之"。在其具体实现过程中,"天不言",最终是由民众的选择来决定谁为天子,此即"天视自我民视,天听自我民听"。

再来看道家。《老子》第四十章:"天下万物生于有,有生于无。"河上公《章句》:"天地神明,蜎飞蠕动,皆从道生。道无形,故言生于无也。"② 河上公将"无"释为道。但"无"何以是道?河上公以"无形"为中介沟通二者。于是我们可以基于此推理:此"无"并非指空无一物,而是指有物无形,由是可知道为物。然则道为何

---

① 孟轲撰,焦循正义,沈文倬点校:《孟子正义》,中华书局1987年版,第643—646页。
② 王卡点校:《老子道德经河上公章句》,第162页。

物? 这一问题可以转换为道何以"无形"。《管子·心术上》:"物固有形。"① 万物中的每一物都与他物相区分而成其自身,每一物与他物之区分亦即该物得以成其为该物者,每一物与他物之区分亦即该物作为物之"形"。由是可知,道"无形",即道不与任何他物相区分,道无他——道包含万物之每一物,于是道直接是万物之全体。说"道直接是万物之全体",意味着道赋予万物以整体性,对于每一具体之物而言,就是其得以在与他物的关系之中生活,此即"道生之"(《老子》第五十一章)②。

与道物关系相对应的,则是圣人与百姓的关系。《老子》第四十九章:"圣人无常心,以百姓心为心。"河上公《章句》:"百姓心之所便,圣人因而从之。"③ 严遵《指归》作"圣人无心",云:"是以圣人建无身之身,怀无心之心,有无有之有,托无存之存,上含道德之化,下包万民之心。……载之如地,覆之如天,明之如日,化之如神。……去我情欲,取民所安;去我智虑,归之自然。动之以和,导之以冲,上含道德之意,下得神明之心,光动天地,德连万民。民无赋役,主无职负,俱得其性,皆有其神。"④ 道直接是万物之全体,与此相应,圣人自己无心,其心直接就是百姓之心。圣人仅仅在形而上层面作为百姓生存长养的根据,其于现实政治层面则是"无有之有,无存之存",亦即圣人不进入现实政治层面,"主无职负",于是乃至于百姓不知圣人的存在,尤其是圣人不成为百姓的负担——"民无赋役"。

---

① 黎翔凤校注,梁运华整理:《管子校注》,第 764 页。
② 王卡点校:《老子道德经河上公章句》,第 196 页。
③ 王卡点校:《老子道德经河上公章句》,第 188 页。
④ 严遵撰,樊波成校笺:《老子指归校笺》,第 75、77—78 页。

因此儒道两家便都认同这一基本的政制安排，即君相分职。

由此我们便可以进而探讨"专制"的基本内涵。

《说文解字》卷十二下《女部》："嫥，壹也。"段玉裁注："壹下云，嫥也。与此为转注。凡嫥壹字古如此作。今则专行而嫥废矣。"①《左传·文公三年》："与人之壹也。"杜预注："壹，无二心。"②是"专"之义为合二为一。《史记·田敬仲完世家》："冯因抟三国之兵。"司马贞《索隐》："徐作'专'，亦通。"裴骃《集解》引徐广曰："音专。专犹并合制领之谓也。"③本来秦韩魏三国之兵应该各由其本国将领指挥，现在却由韩冯一人统领，所以称之为"抟（专）"。王凤阳指出，"专"的"引申义有专一、集中的意思。《孟子·公孙丑上》'管仲得君，如彼其专也'，又《告子上》'今夫奕之为数（术），小数也，不专心致志则不得也'：'专'都是专一而不杂、集中而不分散的意思。用在独占意义上，'专'也同样表示独自占有，不分散给别人的意思。《左传·庄公十年》'衣食所安，弗敢专也，必以分人'，和独自占有相对的是以之分人；《汉官仪·上》'每朝会，与司隶校尉、御史大夫、中丞，皆专席坐'，'专席'是独占座席，不与人共坐；白居易《长恨歌》'承欢侍宴无闲暇，春从春游夜专夜'，'专夜'是独占过夜之权，不分给其他嫔妃"④。

由古代对君主"专利"的批判，也可见"专"之语义及君主不当"专"之思路。《国语·周语上》：

---

① 许慎撰，段玉裁注：《说文解字注》，上海古籍出版社1981年版，第620页。
② 杜预注，孔颖达疏：《春秋左传注疏》第六册，阮元校刻：《十三经注疏》，艺文印书馆2007年版，第305页。
③ 《史记·田敬仲完世家》，第2286—2287页。
④ 王凤阳：《古辞辨》，中华书局2011年版，第639页。

厉王说荣夷公，芮良夫曰："王室其将卑乎！夫荣公好专利而不知大难。夫利，百物之所生也，天地之所载也，而或专之，其害多矣。天地百物，皆将取焉，胡可专也？所怒甚多，而不备大难，以是教王，王能久乎？夫王人者，将导利而布之上下者也，使神人百物无不得其极，犹日怵惕，惧怨之来也。故《颂》曰：'思文后稷，克配彼天。立我蒸民，莫匪尔极。'《大雅》曰：'陈锡载周。'是不布利而惧难乎？故能载周，以至于今。今王学专利，其可乎？匹夫专利，犹谓之盗，王而行之，其归鲜矣。荣公若用，周必败。"既，荣公为卿士，诸侯不享，王流于彘。①

"专利"与"布利"相对，其重点在"专"，韦昭《注》："专，擅也。"方以智《通雅》卷六《释诂》曾搜集汉代"辜较"之用例："辜较，一作酤榷、辜榷、估较、辜搉，转为榷酤。《史·郑庄传》，为大司农僦人多逋负，注，僦人辜较也。《索隐》辜较作酤榷，榷，独也。酤，卖也。又《后汉·宦者·单超传》，姻亲为州郡辜较百姓，与盗贼无异。《董皇后纪》，辜较在所珍宝货赂，悉入西省。又《陈万年传》，浸入辜榷财物，注，辜，罪也。榷，专也。《翟方进传》，贵戚子弟多辜榷为奸利者，注，己自专利，他人取者辄有辜罪也，此随字作训耳。《后汉》灵帝光和四年，豪右辜榷马一匹，注，辜，障也。榷，专也。障余人买卖而自利也。又作估较。《晋书·南蛮传》，徼外诸国赍宝物自海路贸货，日南太守估较大半。又作辜榷。《王莽传》，滑吏奸民，辜而榷之。榷与權同。按汉武帝始为榷酤之法，榷较通算也，官自酤酒计较专利也。

---

① 上海师范大学古籍整理组校点：《国语》上册，上海古籍出版社1978年版，第12—13页。

私酤者有罪,故后转为辜较。凡官税民间一例科敛者,皆谓辜较一切之名。"① "障余人买卖而自利","己自专利,他人取者辄有辜罪",正是"专利"一语的绝佳解释。单超"姻亲为州郡辜较百姓,与盗贼无异",则颇可与芮良夫"匹夫专利,犹谓之盗"之语对读,——《孟子·万章下》:"非其有而取之者,盗也!"②

至于所谓大臣"专制",《诗·郑风·狡童》序,"狡童,刺忽也。不能与贤人图事,权臣擅命也。"郑《笺》:"权臣擅命,祭仲专也。"孔《疏》:"权者,称也,所以铨量轻重。大臣专国之政,轻重由之,是之谓权臣也。擅命谓专擅国之教命,有所号令,自以己意行之,不复谘白于君。"③《诗序》表述得很明白,正常的国家权力运行应当是君主与贤人共同执掌,但是郑昭公忽不幸任用祭仲,结果使得本应君臣分掌的权力被祭仲一人掌握,造成权臣擅命,国君被剥夺权力。

由是可知,中国古代正常(或理想)的权力结构为"君相分职",倘若这一结构遭到破坏,则无论是权力被集中到了国君手中,还是大臣手中,都被视为"专制"。仅仅由于自战国以来,君权上升,权力日益集中到君主手中,所以"君主专制"成为常态,在基于君主应当"专制"的政论中,"专制"便被用来指斥大臣对于君权的"侵犯",而忘却了君主"专制"本身即非正。

---

① 方以智:《通雅》,侯外庐主编:《方以智全书》第一册,上海古籍出版社1988年版,第265—266页。
② 孟轲撰,焦循正义,沈文倬点校:《孟子正义》,第701页。
③ 毛公传,郑玄笺,孔颖达疏:《毛诗注疏》第二册,阮元校刻:《十三经注疏》,第173页。

五

汉武帝时,用丞相多人,公孙弘"年八十,终丞相位。其后李蔡、严青翟、赵周、石庆、公孙贺、刘屈氂继踵为丞相。自蔡至庆,丞相府客馆丘虚而已,至贺、屈氂时坏以为马厩车库奴婢室矣。唯庆以惇谨,复终相位,其余尽伏诛云"①。君权对于相权的打击,可谓极矣。

至唐代,政事堂之设复定君相分职。李华《中书政事堂记》具言之:

政事堂者,自武德以来,常于门下省议事,即以议事之所,谓之政事堂。故长孙无忌起复授司空,房玄龄起复授左仆射,魏徵授太子太师,皆知门下省事。至高宗光宅元年,裴炎自侍中除中书令执事宰相笔,乃移政事堂于中书省。记曰:政事堂者,君不可以枉道于天,反道于地,覆道于社稷,无道于黎元,此堂得以议之。臣不可悖道于君,逆道于仁,黩道于货,乱道于刑,尅一方之命,变王者之制,此堂得以易之。……故曰:庙堂之上,樽俎之前,有兵,有刑,有梃,有刃,有斧钺,有鸩毒,有夷族,有破家,登此堂者,得以行之。故伊尹放太甲之不嗣,周公逐管蔡之不义,霍光废昌邑之乱,梁公正庐陵之位。②

---

① 《汉书·公孙弘卜式兒宽传》,第 2623 页。
② 李华:《中书政事堂记》,董诰主编:《全唐文》第四册,中华书局 1983 年版,第 3202—3203 页。

唐宋制度至有诏书必经宰相，绕过中书省、门下省之君命称"墨敕"、"内批"，被视为不正、非制。唐垂拱三年（687），凤阁（中书）侍郎、同凤阁鸾台三品刘祎之被诬告，"则天特令肃州刺史王本立推鞫其事。本立宣敕示祎之，祎之曰：'不经凤阁（中书）鸾台（门下），何名为敕？'"①

西汉成帝元延元年（前12），谷永上奏，言："臣闻天生蒸民，不能相治，为立王者以统理之，方制海内非为天子，列土封疆非为诸侯，皆以为民也。垂三统，列三正，去无道，开有德，不私一姓，明天下乃天下之天下，非一人之天下也！"②然而如无制度保障，则此但为空言。而在唐宋人看来，政事堂制度恰恰保障了天下乃天下人之天下。《宋史》卷二八二《李沆传》，真宗朝李沆为门下侍郎、尚书右仆射，"一夕，遣使持手诏欲以刘氏为贵妃，沆对使者引烛焚诏，附奏曰：'但道臣沆以为不可。'其议遂寝"③。南宋宁宗绍熙五年（1194），朱熹被宁宗以内批逐出临安，其时监察御史吴猎上疏曰：

> 陛下临御未数月，今日出一纸去一宰相，明日出一纸去一谏臣；其他令由中出，不知其几。昨日又闻侍讲朱熹，遽以御札畀之祠禄。中外相顾皇骇，谓事不出于中书，是谓乱政。熹当世老儒，善类攸归，清议所出。陛下毋谓天下为一人私有，而用舍之间，为是轻易快意之举！④

---

① 《旧唐书·刘祎之列传》，中华书局1975年版，第2848页。
② 《汉书·谷永杜邺传》，第3466—3467页。
③ 《宋史·李沆传》，第9538页。
④ 引自魏了翁：《敷文阁直学士赠通议大夫吴公行状》，曾枣庄、刘琳主编：《全宋文》第三一一册，上海辞书出版社、安徽教育出版社2006年版，第51页。

吴猎将君主必须通过中书省发号施令的政治意义讲得非常清楚：这意味着君主接受天下士大夫的制衡与监督，并由此表明君主不以天下为一己之私有。

明太祖非常清楚中书省的制衡和监督职能，并且在建国之初，也非常重视这一职能。其《谕中书省臣敕》："中书，法度之本，百司之所秉承，凡朝廷命令政教，皆由斯出。事有不然，当直言改正，苟阿意曲从，言既出矣，追悔何及。《书》云：股肱惟人，良臣惟圣。自今事有未当，卿等即以来言，求归至当，毋徒苟顺而已。"① 此言等于公开宣布君主也会有错，坦言希望中书诸臣能勇于指出并纠正皇帝的错误，不要一味苟且顺从。但同时，明太祖也感到事事皆须通过中书，颇受束缚。《明太祖实录》卷五十九载洪武三年（1370）十二月己巳，儒士严礼等上书言治道，明太祖曰："夫元氏之有天下，固由世祖之雄武；而其亡也，由委任权臣上下蒙蔽故也。今礼所言不得隔越中书奏事，此正元之大弊。人君不能躬览庶政，故大臣得以专权自恣。今创业之初，正当使下情通达于上，而犹欲效之，可乎？"② 最终，于洪武十三年（1380）罢中书省。《废丞相大夫罢中书诏》：

> 朕膺天命，君主华夷。当即位之初，会集群臣，立纲陈纪，法体汉唐，略加增减，亦参以宋朝之典，所以内置中书、都府、御史台、六部，外列都指挥使司、承宣布政使司、都转运盐使司、提刑按察司及府州县，纲维庶务，以安兆民。朕尝发号施令，责任中

---

① 朱元璋：《废中书大夫罢中书诏》，钱伯城等主编：《全明文》第一册，上海古籍出版社1992年版，第341页。
② 《明太祖实录》第二册，"中央研究院"历史语言研究所1967年版，第1158页。

书,使刑赏务当。不期任非其人,致有丞相汪广洋、御史大夫陈宁昼夜淫昏,酣歌肆乐,各不率职,坐视废兴。以致丞相胡惟庸构群小夤缘为奸,或枉法以惠罪,或执政以诬贤。因是发露,人各伏诛。特诏天下罢中书,广都府,升六部,使知更官定制,行移各有所归,庶不紊烦。於戏!周职六卿,康兆民于宇内;汉命萧曹,肇四百年之洪业。今命五府六部详审其事,务称厥职。故兹诏谕。①

钱穆评曰:"明祖崛起草泽,惩元政废弛,罢宰相,尊君权,不知善为药疗,而转益其病。清人入关,盗憎主人,钳束猜防,无所不用其极,仍袭明制而加厉。故中国政制之废宰相,统'政府'于'王室'之下,真不免为独夫专制之黑暗所笼罩者,其事乃起于明而完成于清,则相沿亦已六百年之久。"② 痛哉斯言!

黄宗羲尝论曰:"有明之无善治,自高皇帝罢中书省始也。"③ 作为君主专制体制在旧王朝的最后一次挣扎,戊戌变法颇有必要被重新审视。清德宗绝非维新皇帝④,其新政期间最为重要的举措,即广开言路,允许司员士民上书,就是围绕军机处、总理各国事务衙门、六部等政府部门及大臣的"壅蔽",亦即将明太祖对于中书省的憎恶扩及整个国

---

① 朱元璋:《废中书大夫罢中书诏》,钱伯城等主编:《全明文》第一册,第21页。
② 钱穆:《国史大纲》上册,商务印书馆1996年版,"引论"第27页。
③ 黄宗羲:《明夷待访录》,沈善洪主编:《黄宗羲全集》第一册,浙江古籍出版社2005年版,第8页。
④ 胡绳即言:"拿光绪皇帝在百日维新期间的许多实行新政的诏书的内容来看,拿光绪皇帝对于维新派向他提出的具体主张的态度来看,光绪皇帝并不能够真正实行维新的政治路线。"见胡绳:《从鸦片战争到五四运动》下册,上海人民出版社1982年版,第678页。

家机器：整个变法最为核心的举措就是加强君主专制。光绪二十四年（1898）七月十六日，当礼部将王照上书两件及礼部劾王照的代奏上达时，光绪帝大怒，即日下达一道严旨，指斥礼部堂官怀塔布等人"即系狃于积习，致成壅蔽之一端"，令"怀塔布等均交部议处"。十九日，吏部上折"议以降三级调用"，光绪当即亲笔朱谕，将礼部六堂官悉数革职。七月二十四日刑部代奏该部候补笔帖式奎彰条陈附片言上书之难："方今广开言路，日望进言之人多，岂知进言之人受尽折磨，始能上达宸听。"七月二十七日，光绪帝谕："振兴庶务，首在革除壅蔽。"要求各衙门将代递各谕旨录写一道，"悬挂大堂，俾其触目惊心，不致复萌故态，以示朕力除壅蔽之至意"。当日光绪又谕，对全国之上书代奏作出要求："总期民隐尽能上达，督抚无从营私作弊为要。此次谕旨并朱悬挂各省督抚大堂，俾众共观，庶无壅隔。"七月二十日，光绪谕杨锐等四卿"在军机章京上行走，参预新政事宜"，其职责即是处理新兴的司员士民上书。然而有趣的是，对于新政的指责，也使用了同样的语言，缪润绂在政变后上书控诉自己在新政期间上书被四人"抑格不报。皇上广开言路，若辈乃凭籍权势，任喜怒而弃取之，一似都察院专为若辈设者。群小蜂起，致变法之令日下日急，浮言骚动，民不聊生。盖使直言不得闻于皇上，而圣聪益为摇惑者，皆四人朦蔽之罪也"①。七月二十九日，光绪帝赴颐和园向慈禧太后请安，趁机提出开懋勤殿事。虽然这名义上是皇帝的私人咨询机构，但是却必将由此架空军机处和总

---

① 本节所论戊戌变法的史实细节之考订及相关档案之引证，均取自茅海建《戊戌政变的时间、过程与原委——先前研究各说的认知、补证与修正》、《戊戌变法期间司员士民上书研究》二文，不再逐一注明。参见茅海建：《戊戌变法史事考》，生活·读书·新知三联书店2005年版，第1—185、219—412页。

理各国事务衙门等实权机构。这是走以皇帝内朝侵夺外朝权力的老路,自然被慈禧驳回。由于此事的实质是德宗直接向慈禧夺权,最终激起慈禧发动政变。虽然军机处一直在慈禧掌握之中,但是慈禧的政变,关键步骤却甩开了军机处。八月初六命步兵统领衙门捉拿康有为的谕旨在军机处所有档案册中都无记载,档案中最早出现此旨,是八月十一日刑部尚书崇礼奏折的引用。因此应当是刑部尚书兼步兵统领崇礼直接从慈禧处领旨。这就意味着,无论对于新党还是旧派,作为国家权力中枢的军机处,都是其行事的障碍与累赘了。这更意味着,旧王朝的君主专制体制,已经宣判了自己的死刑。

清帝虽以程朱理学为正统,却对宋儒宰相之论恨之入骨,甚至不惜为此兴狱,以文字置人死地。乾隆四十六年(1781)致仕大理寺卿尹嘉铨案颇具代表性。清高宗《明辟尹嘉铨标榜之罪谕》:

> 尹嘉铨所著各书内称大学士、协办大学士为相国,夫宰相之名自明洪武时已废而不设,其后置大学士,我朝亦相沿不改,然其职仅票拟承旨,非如古所谓秉钧执政之宰相也。……昔程子云"天下之治乱系宰相",此只可就彼时朝政阘冗者而言,若以国家治乱专倚宰相,则为之君者不几如木偶疏缀乎?且用宰相者,非人君其谁为之?使为人君者深居高处,以天下之治乱付之宰相,大不可;使为宰相者居然以天下之治乱为己任,而目无其君,尤大不可也。至协办大学士职本尚书,不过如御史里行、学士里行之类,献谀者亦称之为相国。献谀者已可深鄙,而自为协办者亦俨然以相国自居,不更可嗤乎?……乃尹嘉铨概称为相国,意在谀媚而阴邀称誉,其

心实不可问。①

乾隆说得非常明白，如朝廷设置宰相一职，则宰相本人必"以天下之治乱为己任"，而天下士大夫，也会如程子般认为"天下治乱系宰相"——如此，岂非"目无其君"吗！至于尹嘉铨的处理结果："经大学士等按律定拟，奏凌迟处死，家属缘坐。核其情罪即予磔诛亦所应得，光天化日之下，此种败类自断不可复留。尹嘉铨着加恩免其凌迟之罪，改为处绞立决，其家属一并加恩免其缘坐。"② 儒者如不能以天下为己任，则儒学不过奴学而已。

南宋陈埴《木钟集》卷七引陈傅良曰："冢宰专一节制人主。若财计，若酒浆之类，虽各有司存，但有司不可与人主较可否。冢宰上行三公事，凡有司所不可较者，冢宰可谈笑而道之，乃是格君心之大者，不待事已出而有司纷争之——闻止斋说。"③乾隆朝开三礼馆，自《永乐大典》辑佚稿辗转抄录《木钟集》此文。辑录稿上"节制"二字旁，有纂修官批语："二字太重。"于是三礼馆所著钦定《周礼义疏》遂对此条摒弃不录④。

此后，神州亿兆遂只知君权至上，不识天下为公。至鲁迅作小说《药》，其中夏瑜那句"这大清的天下是我们大家的"⑤，不仅在小说中人

---

① 爱新觉罗·弘历：《明辟尹嘉铨标榜之罪谕》，《清代文字狱档》，上海书店出版社2007年版，第373页。
② 爱新觉罗·弘历：《尹嘉铨免其凌迟之罪谕》，《清代文字狱档》，第372页。
③ 陈埴：《木钟集》，《景印文渊阁四库全书》第七〇三册，台湾商务印书馆1988年版，第668页。
④ 参见张涛：《乾隆三礼馆史论》，上海人民出版社2015年版，第217—218页。
⑤ 鲁迅：《呐喊·药》，《鲁迅全集》第一册，人民文学出版社1981年版，第446页。

物（也就是当时现实生活中的普通民众）听来极端悖谬，以致在茶馆引起公愤；甚而当今的研究者也纷纷表示此语"看出了夏瑜强烈的民主意识以及生活的历史背景"[①]，"正是资产阶级革命纲领简要通俗的概括"[②]，"鲁迅在构思时，显然是把社会思潮的新成果，和革命英烈的事迹结合起来"[③]。一言以蔽之，这是舶来洋品，而不知这真正是我们祖上早就有的，且正是中华政制之核心与精义所在。

今特撰此文，表出中国古代对君主专制之理论批判与制度制约，冀还历史以真实。

（原载《文史哲》2016 年第 5 期）

---

① 高建清：《从"阿Q"到"狂人"再到"夏瑜"》，载沈春松、史秋红主编：《仰望星空》，浙江人民出版社 2008 年版，第 81 页。
② 屈正平：《夏瑜的形象和〈药〉的主题》，《论鲁迅小说中的人物》，内蒙古人民出版社 1984 年版，第 16 页。
③ 易鑫鼎：《梁启超和中国现代文化思潮》，首都师范大学出版社 2009 年版，第 468 页。

中国古典共和观及其传承价值

林　明　樊　响

作为现代民主政治制度的核心，"共和"理念深深影响着近代中国的发展道路与发展模式。现代性的共和观念源于西方，指的是相对于君主制的，一种由不同阶层公民为着共同的善所从事的一项共同事业[1]。但是这种观念在古代中国思想史中并非空空如也。中国历史上"共和"一词源于西周时期的共和行政。虽然与现代意义上的"republic"有所不同，但中国语境下的政治观念已经具备了与西方共和主义相似的特征与内核。在中西之争愈演愈烈的现代中国，恢复国学的可行途径即是将儒学的传统理念参与中国现代国家的构建，实现陈寅恪所言之"让中国文化之 idea 获得现代的寄托"[2]。作为规范性分析，本文拟从中国古典共和思想出发，通过古今中西的对比，追寻共和理念在中国政治法律史中的规范和实践，以期对当前的政治文明发展理论有所启示。

---

[1] 〔英〕戴维·米勒、韦农·波格丹编，邓正来译：《布莱克维尔政治学百科全书》，中国政法大学出版社 2002 年版，第 490 页。

[2] 陈寅恪：《寒柳堂集》，上海古籍出版社 1980 年版，第 617 页。

一、东西方共和思想的历史沿革与发展

(一) 西方古典共和主义

共和主义思想起源于古希腊。在早期氏族社会的解体过程中,形成了贫富分化和阶级冲突的政治行为,而不同阶层之间的斗争和冲突的实践则是共和主义产生的土壤。希腊思想家在进行制度建构的时候都或多或少地采纳了这种理念,其中又以亚里士多德为最。在《政治学》中,亚里士多德持一种比例平等的正义观,认为虽然人与人在智力和社会资本上有差异,但任何公民都有参与政治统治的机会,任何阶层都有权分享政治权利,只是机会和权利的大小有所不同,即施特劳斯所谓的分配正义[1]。针对柏拉图等早期思想家对多数人统治即民主的鄙视,亚里士多德认为"每一个别的人常常无善足述;但当他们合为一个集体时,却往往可能超过少数贤良的智能"[2]。但同时,亚里士多德也不否认"平民掌握主权并以此恃强逞暴的行为卑鄙而不义"[3],故需要别的政体来达到制约与平衡,以形成一种中庸的形态。因为只有处于中庸境界的人才能顺从理性的引导,达致幸福。在中庸的语境下,城邦的政治生活既考虑到平民政体的自由因素,又能结合王政和贵族政体的财富与道德因素,这

---

[1] 参见 Leo Strauss, "Natural Right and the Historical Approach", *Review of Politics* 12, No. 4 (October 1950), pp. 422-442. 施特劳斯认为政治生活中应当依据不同主体的能力和等级分配公共权力,这样的分配方式才符合自然和正义。
[2] 〔古希腊〕亚里士多德著,吴寿彭译:《政治学》,商务印书馆1965年版,第143页。
[3] 〔古希腊〕亚里士多德著,吴寿彭译:《政治学》,第146页。

样,各方面的利益都能得到照顾,也能让国家政权避免陷入轮番而治的泥淖。这样一种思想就是共和主义的雏形。这样一种以混合政体为代表的共和主义思想贯穿整个西方政治思想史的始终。在西方共和主义的语境下,社会被认为是动态的,不同阶层在这样一种动态里追求属于自己的利益并以此寻找平衡、分配权力,来达到政治的"善的治理"。

古罗马历史学家波里比阿曾这样描述"共和"的特征:"政治生活中没有任何一部分能主宰其余部分,因此整体情势能保持平衡,任何挑衅行为都被阻止,从一开始每一部分都害怕其余部分的监察。"① 可见西方传统的共和主义的本质是通过制约来防止某一阶层或某种权力坐大而妨害所有人的利益,共和主义传统的先验命题是:任何人都是不可信任的,公共领域必须同私人领域划清界限。

(二) 中国古典共和思想

在传统的中国政治思想史研究中,一直认为古代中国是一个中央集权的专制国家,但这并不意味着中国古代的制度与思想中就没有类似西方古典共和主义的思想遗存。有历史学者即认为"古代民主和共和的历史存在,并不限于古希腊罗马世界,而是包括东方国家在内的古代世界范围的一种历史现象,只不过在东西方国家中表现出有所差别而已"②。

在中国历史中,"共和"一词最早指西周后期的一次政治风波,即周厉王出奔后在没有国君的情况下二大臣执国命,"召公、周公二相行

---

① Polybius,*The Histories*,Vol.1,p.18.
② 施治生:《试论古代的民主与共和》,《世界历史》1997 年第 1 期。

政，号曰'共和'"①。此处的"共和"自然与共和主义之"共和"处于不同语境，但从词源学上分析已经包含两个因素："共"与"和"。"共"指的是数量，即因国君出奔导致国家权力被两个或以上的人共同行使（即卡尔·施米特所谓的"主权者"主体多于二②），"和"指的是状态，即在"共"的治理过程中政治权力处于一个平衡的状态而不因暴力冲突出现动乱。

虽然西周后期的"共和"政体是制度史而非政治哲学的研究命题，但这并不意味着中国古典思想中就没有共和的理念，《说文解字》中提到"仁"字时说"仁，亲也，从人从二"③，即包含"人相偶"的匹配、对应、相互之意，并因此派生出各氏族部落平等分享国家权力的传统意识和普遍关系准则④。在此处，共和的前提是和西方语境完全不同的，即政治权力的分享基于一个善的前提，共和的意义在于善的叠加而非恶的抵消。同时，共和的主体也是多元的，"人相偶"的内容可以是个人，也可以是部落氏族，甚至可以是民族国家，事实上任何与公共领域相关的概念和话题，都是中国古典政治哲学之"共和"探讨的内容。《大学》的开篇就写道：

> 古之欲明明德于天下者，先治其国。欲治其国者，先齐其家，欲齐其家者，先修其身。欲修其身者，先正其心。欲正其心者，先

---

① 《史记·周本纪》，中华书局1982年版，第144页。
② 德国宪法学家卡尔·施米特认为政治的本质是权力制定法律，权力的主体即为主权者。参见〔美〕施瓦布著，李培建译：《例外的挑战：卡尔·施米特政治思想导论（1921—1936年）》第二章，上海人民出版社2011年版。
③ 许慎：《说文解字》，中华书局1963年版。
④ 武树臣：《移植与播种——个人本位法律观在中国的命运》，《河北法学》2011年第9期。

诚其意。欲诚其意者，先致其知。致知在格物。物格而后知至，知至而后意诚，意诚而后心正，心正而后身修，身修而后家齐，家齐而后国治，国治而后天下平。自天子以至于庶人，壹是皆以修身为本。①

在这里我们可以发现，从天子到庶民，在作为人的基础上并没有本质的差别。在这里，身—家—国—天下的道路虽有先后递进却无上下之分，在这里也体现了另一种"共和"的观念：中国古代政治的本质是纵向的个人、家族、国家社会等各层级的共同治理，从道德伦理秩序的"修身"到社会政治秩序的"齐家、治国、平天下"。在中国古典政治哲学的语境下，"天下"与"家"、"国"不同，并非一个具体实然的政治概念，而更多是一个由人伦之理建构的世界秩序，故在制度史的角度暂且忽略。在家国二元的建构下，一个理想社会的构成同时依赖公民自身和家族性的道德治理与国家政府层面的政治治理。而此处的过渡和渐进又是很奇特的：即纯粹个人的"身"与纯粹公共的"国"之间有一个"家"。在古代，家是大夫的领地，本质上是以大夫为中心以士为主的具有较近血缘关系的低级贵族集团，而东汉之后至今对"齐家"中"家"的理解则变为现代性的家族概念。

在这里，家族的意义是作为贯通私人领域与公共领域的纽带。中国传统社会是一个纯农耕文明的社会，其特征即是大家族构成的聚落之间的来往很少，对于大部分中国人而言，以几个家族为中心的共同体即构

---

① 郑玄注，孔颖达疏：《礼记正义》卷六十《大学》，阮元校刻：《十三经注疏》，中华书局1980年版，第1673页。

成社会的概念。费孝通亦认为中国传统社会构成即是血缘结合与地缘结合的统一:"在传统结构中,每一家以自己为中心,划出一个圈子,就是街坊,这样一个组户的联合就构成了社会。"[1]因此在中国古代,家族与社会的概念界限是混淆与杂糅的,可称之为"家族社会"。因此我们归纳出狭义的"共和"的概念应当有三大主体:个人、家族社会、国家。在这三大主体中,抛去纯粹属于私权主体的个人不提,中国古典共和主义当是以家族为中心的社会与国家的二元共和。

从这里可以提炼出这样一种学理概念:在中国古典政治哲学的语境下,私人领域和公共领域是连续的,公私虽有别,本质上并没有太多不同,只是基于共同体的大小各有所指。在这样一种思维下,社会成为了最大的"家族",此所谓"四海之内,皆兄弟也"[2]。在政治哲学中,这样一种理念被称为家族主义,即通过伦常这种自然意义上的伦理观来规范社会,成为政治发展的根本。而所谓共和则是"公"、"私"之共和,是道德伦理秩序和社会秩序的共治,亦可理解成公共领域和私人领域的共治。

二、中西差异:比较视野下的中国古典共和精神

中国古典的"共和"思想拥有自己独特的背景和语境,与传统意义上西方语境下的"共和"有所不同。这里将通过比较的手法,以分析中

---

[1] 费孝通:《江村经济》,上海人民出版社2006年版,第69—70页。
[2] 杨伯峻:《论语译注》,中华书局1980年版,第125页。

西之间共和观在本质上之异同为手段,探究古今中西之间隐匿的对话。

(一) 政治观的中西差异

有政治学者在分析西方传统政治观的时候,认为西方的共和主义政治传统是一种"幽暗意识",即政治生活中必然有一种恶,不是源于个人就是源于社会①。奥克肖特也认为"政治是在现有路线中寻求最小之恶的艺术"②。这样一种恶的政治观源于西方政治哲学对人性的判断,即追求利益是人的天性,而不同人的利益是不能趋同的,同时世界资源无法满足每个人的利益诉求。因此在追求利益的过程中必然出现冲突,而政治的目的即在于协调人的不同利益诉求,来达到一种调和与制衡,以"努力消除具体的罪恶,而不是要试图实现抽象的善"③。

因此,西方政治思想史中的任何一种制度设计都是针对某些恶而设计的,如《政治学》中的寡头制针对的是多数人暴政之恶,而自由主义针对专制之恶。人性多元,恶的种类和方式亦多元,共和主义思想便应运而生。西方特色的共和主义的本质是在政治生活中通过把不同利益诉求平等对待,以实现"不同种类之恶的抵消",来达到政治生活的平衡,这一点在西方共和制度的变迁中一直被保持。《政治学》中的共和是不同阶层主体的共和,近代共和主义的"三权分立"是不同权力主体的共和,其思想内核都是防止共和中的一个主体(无论是阶层还是权力)一

---

① 参见刘军宁:《善恶:两种政治观与国家能力》,《读书》1994年第5期。
② 〔英〕奥克肖特著,张汝伦译:《政治中的理性主义》,上海译文出版社2003年版,第31—32页。
③ 〔英〕卡尔·波普尔:《开放社会及其敌人》,转引自刘军宁:《善恶:两种政治观与国家能力》,《读书》1994年第5期。亚里士多德认为政治是善的艺术(《政治学》),波普尔否定了亚氏的观念,但其追求利益主体间制衡的本意与亚氏相同。

家独大，导致整个国家成为一小部分人控制社会、攫取私利的工具。

如果说西方消极的政治观按照实然的方式对待人，那么中国古典的共和观念则是基于一种善的政治观，这样一种政治观念的主旨是按照人应然的先验目标即人性本善对待人。中国古典政治思想对社会的未来多抱有绝对的信心，即认为虽然社会中有各种各样的恶，依然能通过人作为实践主体的"修身齐家治国平天下"来达到"大道之行也，天下为公"①的善之预设。不同共和主体之间具有同样的目的，共和的意义在于不同主体间善的叠加而非恶的抵消。这种善的政治观最著名的体现，当属《礼记·礼运》中"天下大同"的政治理想。"大同"作为一个绝对善的政治预设，在表达了对美好社会生活愿望的同时也为政治道路的发展设定了一个不可能实现的乌托邦终点。为实现这一目标，主权者有权采取积极的作为和伸张性的行动来追求最高的共同善业。这样一种政治观的差异导致的结果是西方的共和主义传统催生自由精神，因为每个人都有自己的善恶，都有自己的利益诉求，政治不需要为社会生活提供方向，更不会涉及善恶是非的讨论。任何人或者权力都是恶且不可信任的，共和主义精神的目的必然是将公权力的"利维坦"关在制度的笼子里。因为共和主义的目的在于用小恶阻挡大恶，而权力的制约与平衡、选举民主、法治则被证明是共和主义制度下阻挡大恶的有效制度。这样一种消极的政治观让西方的共和观成为自由主义的温床。

与之相反，基于家族制的中国古典共和观则提供另一个预设：虽然作用和地位不同，但个人、家族、国家等共和各主体的目标是一致的，整个社会只有一个理想、一个目标，而这种理想和目标成为了共同体存

---

① 郑玄注，孔颖达疏：《礼记正义》卷二十一《礼运》，阮元校刻：《十三经注疏》，第1414页。

在的唯一目的。换句话说，实现"善"的目标正当性与实现"善"的手段正当性具有同一性。而贯穿中国历史始终的家长制与等级制则将善恶的最终定义权赋予最高统治者（主权者）而非社会中每一个体。因此，积极的政治观导致中国古典共和观的本质是整体主义①，在这样一种内在逻辑下，家长制成为政治生活的主流，个人的主体性价值被泯灭。这也是传统中国法制史研究中关注威权主义和专制制度而忽视中国古典共和精神的原因。

（二）公私观的中西差异

如果说中西之间共和观的差异源于积极与消极的政治观之争，那么追本溯源，这种政治观的不同又源于另一个政治哲学的重要命题——公私之间的差异问题。从《理想国》到《论语》，不同文明背景下的哲人提出了不同理念。总体而言，西方古典政治哲学强调公私冲突，而中国古典政治哲学强调公私的连续与和谐。这种思维方式和模式的差异导致了中西之间包括共和观在内的政治制度和法律文化的巨大差异。

中国古典政治哲学的本质是家族主义。孔子便认为对家庭这样小圈子的爱即是对整个共同体国家的爱："子曰：《书》云：'孝乎惟孝，友于兄弟，施于有政。'是亦为政。奚其为为政！"②孔子在家族主义的思想指导下认为，在家庭这种纯私人领域内的"为善"即是西方语境下纯公共领域的"为政"，因为公私一体，作为共同体的国家是家族的扩大，

---

① 又称"整体论"，指社会生活中社会整体拥有崇高特殊的地位，个人利益的位阶在集体利益之下。
② 杨伯峻：《论语译注》，第20—21页。

因此，家国两者之间的关系是连续而非中断的。

家族主义的本质是人对共同体的责任，这种责任源于一种基于血缘关系的爱和亲善。因为一种对家族与社会的爱，家长才能够以家族法治人，以社会治理教化人，又因作为共同体的整个国家（天下）共同体是最大的家族①，主权者才能够以国法约束人，以整治治理管理人。因此，中国古典共和观把出于本身的爱和关怀作为发展公益心的起点和渊源，并以这种公私之间的连续性来打破公私冲突的悖论。在这样一种精神的指导下，私人领域与公共领域完全没有冲突。不仅如此，中国古典政治哲学承认私欲，并且认为私欲是公益的基石。在另一个儒家经典文本《孟子》里的一个故事更能够说明于此：孟子见齐宣王，在面对齐宣王三个"寡人有疾"的质疑下，孟子提出了推己及人的政治理念，即"与百姓同之"②，只有合理的私欲才能让人产生推己及人的想法，才能实现一种和谐的政治状态。

这样一种公私观念下的中国古典共和观，虽有国家与社会之共治、道德治理与社会治理之二分，本质上各共和主体间的界线是模糊而连续的，即使是最高阶层的"国"和"天下"，也基于家族主义的范式结构。而同时，个人在不同等级的共同体中又有不同的地位和身份，并因身份不同在不同的共同体中起到不同的作用③。因此中国古典共和观是上下层级之间的纵向共和而非平等主体之间的横向共和，基于身份的主体在实践中对于"家"、"国"、"天下"等不同共同体的责任，由血缘关系递

---

① 《论语·颜渊》："四海之内，皆兄弟也。"
② 杨伯峻：《孟子译注》，中华书局2005年版，第37页。
③ 如大夫为"家"之主，在"国"中则为听命于诸侯的小宗，诸侯为"国"之主，在"天下"中又是听命于天子的小宗。

减而递减。因此可以得出这样的结论：公私之间的和谐是中国古典共和的基石。但这样一种观念导致的问题是，面对一个庞大到大部分社会成员没有血缘关系之纽带的共同体，公私的冲突成为一种必然，连续图景下的"共和"难以在实践中持续，它不够可靠也不够有效。因此儒家的对手韩非认为一个人对公共领域的关注就意味着对私人领域的漠视，即"君之直臣，父之暴子也"[1]。

与之相反，在《理想国》中，公私之间没有任何相似性，只有区别和冲突，而这区别和冲突也成了西方政治哲学正义观的源泉[2]。通过苏格拉底之口，柏拉图试图说明"任何私人物品都会把监护人变成其他公民的主子和敌人而非同盟"[3]。但同时，每一个公民又都是城邦的一分子，必然也应当与公共领域产生联系，并在公共领域中为自己的私利据理力争，而公共领域就是私人领域冲突的战场。因此这样一种竞争性共和的主体是平等的（无论是古代的阶层共和还是近代的分权共和），属于横向共和。在《理想国》中，柏拉图面对公私冲突持因公废私的观念，否定了家庭和血亲在政治生活中的作用，因此被卡尔·波普尔认为这样一劳永逸的社会蓝图只能带来灭绝人性的封闭社会[4]。但是即使是波普尔、哈耶克等自由主义思想家，其思想之根基也是善待私权而恶猜公权，即承认公私之间的矛盾和冲突。西方共和观的本质即是，在公共领域将私

---

[1] 王先慎撰，钟哲点校：《韩非子集解》，中华书局1998年版，第449页。韩非子拒绝家族主义的温存，认为对于一个大而复杂的国家，公私之间没有任何联系，只有刑罚和其他统治术才是管理国家的有效途径。
[2] 参见 Allan Bloom trans., *The Republic of Plato* (New York: Basic Books, 1991), p.5。
[3] Plato, *The Republic* (Interactive Media, 2012), pp.415d-417b.
[4] 〔英〕卡尔·波普尔著，陆衡等译：《开放社会及其敌人》，中国社会科学出版社1999年版，第289页。

利的冲突放上台面并加以解决,不同主体在不同领域相冲突的私利的竞争和妥协产生了一种制衡,这种叫作"共和"的制衡让政治生活处于相对稳定的状态。因此,西式共和源于公私冲突。

(三) 精英主义与民主主义的中西差异

如果说政治观和公私观的分野是中西之间共和观差异的根源,那么中西之间共和观在外在表现上的最大差异则是中国古典共和观体现了一种精英主义传统,而西方共和观则与民主精神相生。

中国古典共和观的重要特征是家族主义传统,在制度史上家族主义传统的体现是家长制。家长制的核心是家长的所有权和对共同体成员绝对的约束力,即共同体中自上而下的支配关系,这与民主制度下自下而上的权力流动截然相反。因此,家长制在本质上反民主,大多数人(即庶民)没有参与公权力的权利。家族主义传统源于血缘关系,但在一个大型共同体中,大部分社会成员之间的血缘关系几近于无,因此在国家层面上的一个重要政治问题即是合法性危机,即在家族主义的语境之下主权者对基本没有血缘关系的普通民众有没有约束力。关于合法性问题的解决方式有两种:一种是形而上的规范层面上,政治权力的来源是否正当;另一种是形而下的实证层面,即政治权力的所有者是否能让民众相信现行体制是整个共同体内部最普适的体制。前者的判断只有学理意义,而后者的判断主体则是全部成员,即"天下"是否可以"归往"。

但在家族主义的背景下,君父有权支配臣子,而民众作为臣子只能服从君父的安排。因此中国古典共和思想解决这种先天性的合法性危机的途径只有一个：以精英主义保证形而下的合法性，以防止社会权力对国家权力的过分抵触。《论语·雍也》有这样一段话：

> 子曰："何事于仁，必也圣乎！尧舜其犹病诸！夫仁者，己欲立而立人，己欲达而达人。能近取譬，可谓仁之方也已。"①

在这里，孔子认为成为统治者的标准是拥有一种"圣王之德"，即主权者应当是共同体内最精英的人，并以此教化大众。因此，在中国古典政治哲学的语境下，有一个先验的"圣王"来通过"仁"的手段维持正义的社会秩序，通过精英主义的技术合理性使中国古典共和思想的国家之维保持正当性。孟子即认为"尧舜之道，不以仁政，不能平治天下"②，即主权者只有成为"尧舜"式的人格典范才拥有治理民众的合理性。如果说作为天下这一最大家族的家长的主权者应当是精英主义的"圣王"，相应的，在社会领域，中国古典共和思想也依靠精英主义的"君子"③做出表率，以教化和治理百姓。如孔子说："君子之德风，小人之德草。草上之风，必偃。"④

因此，一个家族主义传统的政治制度，必然是少数人主宰多数人的贤人政治，这种政治体制即基于先验的精英主义，因为只有精英的规范预设才能够给予不同层级共同体的"家长"以治理共同体成员的正当性与合法性。因此，中国古典共和观最重要的外在体现即为精英主义。

---

① 杨伯峻：《论语译注》，第65页。
② 杨伯峻：《孟子译注》，第162页。
③ 此处的"君子"为本原意义上的君子，即"君之子"，各家族和小共同体的首领。
④ 杨伯峻：《论语译注》，第129页。

但转移到西方的语境下，虽然共和主义和民主主义一直是两个概念，但两者之间的关系是难以理清的。民主最早是西方古典共和主义中的一个共和主体，目的在于"让无数人智慧的总和超过少数贤良"①，达到技术性的优越统治。后人认为这意味着西方式共和的基础在于公权力向全社会开放②，即虽然每个人参与公权力的限度有所不同③，但共同体的每个个体都在共同体内有发言权。在这一点上，西方共和传统明显与家族主义传统中的服从精神相异。而洛克之后的近代西方政治哲学又中断了政治合法性的君主和神学之维，将政治合法的唯一依据赋予人民主权，而共和的主体则变成了公权力的各个部分，即民主成为共和的合法性前提。

与纯精英主义的中国古典共和观相比，西方共和主义传统并不排斥精英。事实上，现代西方共和主义的意义就在于实现正当性与合法性的有机统一，即在保证合法性的民主原则同时，运用少数精英的智慧和优势中和民主的缺陷。或者说，现代共和政体之形式就是人民把政治权力的杠杆交到少数人手中的政体④。但无论精英主义怎样在政治生活实践中发挥作用，西方式共和一直以民主为前提和基础，这一点，与家长制下的中国古典共和观念有本质区别。

---

① 〔古希腊〕亚里士多德著，吴寿彭译：《政治学》，第146页。
② 刘军宁：《共和·民主·宪政——自由主义思想研究》，上海三联书店1998年版，第105页。
③ 在《政治学》中，君主、贵族、人民各阶层在政治生活中起到的地位和作用不一样，但都是公权力的组成部分。
④ 〔美〕斯科特·戈登著，应奇、陈丽微、孟军、李勇译：《控制国家——西方宪政的历史》，江苏人民出版社2001年版，第329页。

三、中国古典共和观的制度表现

虽然秦帝国的建立宣告了专制主义中央集权制国家的建成并延续至辛亥革命,但"共和"的理念一直在中国法制史上有所体现,我们认为此理念主要体现在两方面:家族法传统和双主体法权。以这两种传统为代表的共和制度是中国古代政治制度的基石。

(一) 双主体法权与政治共和思想

马克斯·韦伯在谈及中国的时候提出,中国社会是一个悬空的社会,上层的公权力对基层的个人生活影响很小[1]。事实上,他是以西方共和主义之公私抵触的视角看中国,而忽视了中国古代社会自有的"共和"。近年来,有学者认为西汉之后到辛亥革命中国社会慢慢形成一个能与国家权力抗衡的社会权力中心[2],即在政治权力上被分为皇权国家和宗法社会两个主体。事实上这种二分法在公私一体的中国社会是模糊的,孔子即认为"孝乎惟孝,友于兄弟"这种纯私人领域的行为即是"为政"[3]。"君子"作为一种政治参与者,其行为即是"政事",此所谓"在本朝则美政,在下位则美俗"[4]。因此虽然主体不同,社会权力与国家

---

[1] 〔德〕马克斯·韦伯著,王容芬译:《儒教与道教》,商务印书馆1995年版,第159—169页。
[2] 余英时:《士与中国文化》,上海人民出版社2003年版,第166页。
[3] 杨伯峻:《论语译注》,第20—21页。
[4] 王先谦撰,沈啸寰、王星贤点校:《荀子集解》,中华书局1988年版,第120页。

权力是连续的，但这种连续的权力在法律实践中却各有分工，并构成了一种"共和"。

《论语》中有这样一句话："听讼，吾犹人也。必也使无讼乎！"①中国法律思想史上这样一种独特的"无讼"观念的本质即是一种双主体法权的共和观。中国古代社会的基本精神乃是家族主义，因此"家族实为政治法律的基本单位"②，且"以儒术致显的大家族确实发挥了广泛的社会治理功能"③，而小农经济格局导致了人的"社会"范围一直得不到扩大，仅限于以家族为中心的一个小聚落，因此家族社会中家长对家族的治理即是社会治理。由于家长制的影响，作为政治法律概念的家族社会在私人领域中对作为权利主体的个人有着习惯法上的约束力。家族社会作为与政府对立统一的另一个法权主体，在国家治理中拥有先于政府的权利，即对于共同体成员的治理以道德教化为主，只有道德教化不可行之时才动用公权力的暴力机器。而相应地，公权力在司法等领域的有效治理的前提即是社会进行的广泛有效的自主治理，只有在社会治理失衡的时候才会有政治国家的参与，而"缺乏社会自主治理的基础，政府制定再多法令也不足获得优良秩序"④。

因此共和思想在中国的政治之维，即是一种由社会控制的"软法权"与政府国家控制的"硬法权"双主体的二元共和。在这种双主体法权的共和体系中，国家主导的"硬法权"和社会主导的"软法权"相冲突的时候，国家法权的地位更高，如中国法制史上的容隐制度只针对一

---

① 杨伯峻：《论语译注》，第126页。
② 瞿同祖：《中国法律与中国社会》，中华书局2007年版，第3页。
③ 瞿同祖：《汉代社会结构》，上海人民出版社2007年版，第27—39页。
④ 范瑞平、贝淡宁、洪秀平主编：《儒家宪政与中国未来：我们是谁？我们向何处去？》，华东师范大学出版社2012年版，第157页。

般的犯罪，对于危及国家安全利益的重大犯罪则不在此列。但同时，社会治理所蕴含的社会教化功能则是超法律的，为国法所不能触及之部分，因此不能被"硬法权"所取代。这样一种双主体的法权，是共和思想在中国古代政治方面的重要表现。

（二）家族法传统与法律共和思想

法律是政治的产物和衍生品，中国古代社会政治上的"国家"与"家族社会"之二元共和必然导致法律上"国法"与"家法"的二元共和。瞿同祖对中国的法律传统有过一个法社会学的分析："传统社会可以说全为儒家的伦理和礼教所支配"，而"伦理思想当然渗透着法律全体，无论是国家法，还是民间的家族法"[①]。在其中"礼"不过是一种外在的表现形式或框架，真正占支配地位的则是基于家族主义的"伦"。因此在中国国家的发展和法律儒家化的过程中，"祖先崇拜由自发的血缘祭祀转变为国家活动"[②]，这表明国家政权尊重家族在政治生活中的自治地位并允许整个共同体保持家国二元的政治共和形态。作为规范家族自治的手段和工具，家族法在家族自治的过程中应运而生[③]。

中华法系的家族法传统是指中国古代封建社会中家族内部直接用法规维持族内秩序，并与礼教一起用于调整族内一般纠纷和民事法律关系的传统，是国法的重要补充形式。中国古代的家族法多以儒家思想为指

---

① 瞿同祖：《瞿同祖法学论著集》，中国政法大学出版社1998年版，第362页。
② 梁治平：《法律的文化解释》，生活·读书·新知三联书店1994年版，第392页。
③ 关于中华法系中家族法的产生原因，主要有儒家思想的推波助澜、农业社会的经济基础、专制政权的社会基础、人情社会的民众基础等，是一个综合而自然的长期过程。

导,以家族习惯为准则,以家长(族长)的意志与价值观为判断手段,调整的范畴庞大到涉及婚姻继承、财产分配、治安维护、税赋征集等公私法诸领域。这样一种准法律的调整模式一般被学界称为"民间法",但因其受到公权力保护和承认的属性,谓之"家族法"更为妥当。这种制度自春秋战国井田制瓦解以来不断发展,至明清时期达到高峰,只要涉及族内生活的,即是家族法调控的范畴[①]。

儒家精神指导下的家族法作为一种强大的法律传统在历史上一直与公权力掌控的"国法"构成法律上"人相偶"式的二元共和,同时家族法在社会生活中比国法拥有治理上的优先性。按传统中国的民间习惯和某些家族的规定,一般家族内的纠纷尤其是民事纠纷必先由族长仲裁,严重的刑事案件或无法族内调处者才"送官惩治"。国法多为刑法,重刑事惩罚;而家族法柔和得多,在法律之中掺杂了以血缘和感情编织成的伦理作为社会治理的纽带。众所周知,中国古老独特的民族文化使中国人具有普遍的重家族重伦理亲情的心理特征,由于家族主义法律"法贵人情",具有相当的世俗性和"情"、"理"味,拥有与道德伦理维护的价值取向相同的特性,因此在实施过程中容易与民众中普遍存在的家族伦理观念相吻合。法律拥有作为统治工具的政治职能,而家族法传统中大量伦理性的法律规定能为社会各阶层所理解接受,相比于国法能更加有效发挥其作用。历史事实证明,家族法与国法二元并存的法律共和制度在稳定中国古代国家政权和社会生活方面具有重要且不可替代的作用:秦代中央政权在法家精神的指导下曾忽视家族法对于个人和社会治理的重要性,并基于专制主义的直觉用重刑主义来压制社会,因此国家

---

① 张晋藩:《清代民法综论》,中国政法大学出版社1998年版,第213—216页。

机器被自下而上的暴力起义迅速推翻也不难理解。贾谊曰:"仁义不施,攻守之势异也"①,仁义不施的表现就是只注重"仁"之"人相偶"的国家一端,并明确将公共领域与私人领域对立起来:"夫父之孝子,君之背臣也。"② 这也表明西方共和主义思路下的公私冲突论不适用于古代中国社会,而家族法传统带来的法律上的"共和"就是一种多重治理秩序。

与国法相比,家族法传统的基础更多的是一种教化上的"道德合法性"而非"主权者的意志"。家族法在整个国家政治生活中起到的乃是"道之以德,齐之以礼"的德性熏陶功能,并辅之以强制性不高的法律准则,在社会生活中起训诫的作用。而公权力掌握的国法通过暴力机器实现惩罚的职能,与家族法共同调控和维护着传统中国的社会秩序。同时,家法与国法是相通而非抵触的,国法所禁,即为家法所止,反之亦然。而就是这样一个温情脉脉的家族法与国法的二元共和,成了共和精神在中国法制史中的经典体现。

四、中国古典共和观的传承价值

共和主义作为现代民主制度的重要命题源于亚里士多德的《政治学》与古希腊的社会政治实践,这是一段历久弥新的历史传统。每当宪法和共和秩序受到侵害和威胁时,这些传统就会变得鲜活而有力。由于东西方文明在始源和实践上巨大的差异性,在中国接受外来政治文明

---

① 贾谊撰,阎振益、钟夏校注:《新书校注》卷一《过秦上》,中华书局2000年版,第3页。
② 王先慎撰,钟哲点校:《韩非子集解》,第449页。

的法律移植过程中，中国社会一定会产生抗体。因此中国特色的制度设计，应当是西方文明与中国传统的有机结合，而有限政府传统在中国就是政治思想史上的中国古典共和精神和法制史上的家族法传统与双主体法权。但传统与现代之间存在巨大的脱节，我们可以发现中国古典共和观是一种与西方共和主义截然不同的思想。作为一个家族主义思想的政治法律化产物，中国古典共和观可以有效控制一个封闭的农耕文明的社会。但是站在现代的视角下，人民主权思想成为共和主义的先验前提，即共同体的所有权属于全体共同体成员而非少数精英，这意味着中国传统共和观的精英主义传统只能作为民主的必要补充。同时随着科技与社会的发展进步，开放性的工商文明取代了传统封闭的农耕文明，经济活动的趋于频繁与规模趋于扩大，"社会"的概念从传统的家族中心主义转移到了市场中心，并导致了社会政体规模的扩大，一个新的概念——"市民社会"取代了"家族社会"成为连接个人与国家的纽带①。市民社会中连接共同体成员的纽带是"经济"而非家族社会中的"血缘"，故公私之间的区别成了现代社会与政治的前提。而在这种情况下，传统的连续性公私观念已经不再适用。因此，中国古典共和思想从一开始就是一个前现代的概念，无法完全移植到现代社会。

但是，作为一种在传统社会中长期发挥作用的思想，中国古典共和理念的影响力与生命力也是显而易见的：

第一，家长制指导下的精英主义在一定程度上是对现代自由民主制度的修正。在二战后制度移植的过程中，西方式的政治自由与公民自由在亚洲国家受到了不约而同的抵制，即亚洲人的价值观是家族集体本

---

① 傅永军、汪迎东：《哈贝马斯"公共领域"思想三论》，《山东社会科学》2007 年第 1 期。

位而非个人本位。而近年来一人一票的选举民主制度也受到了广泛的质疑，即"占人口大多数的选民往往会只考虑自身狭隘的物质利益而忽视子孙后代和生活在国家边界以外的人们的利益"[①]，这样一种全面的民主容易使国家重新陷入《政治学》中暴民主义的泥潭。相比之下，中国古典共和思想中家族主义的思维方式和脉络特征即能解决罗尔斯在《正义论》里提出的多值投票难题[②]，这样一个体制能在保证全民参与政治生活的同时提高决策的科学性，达成民主主义与精英主义的共和，有利于促成政治决策科学性与民主性的有机统一。

第二，中国古典共和观认为社会在政治治理上对于国家具有优先性。政治在社会的范畴中以一种教化的形式作用于人民并让共同体成员自愿服从，这种治理模式比起传统的国家通过成文法和暴力机器等强制性权力强加于人民，在治理效果上的优势不言而喻。这样一种基于个人自愿的道德治理在实行过程中能够在很大程度上简化行政程序，弱化政府职能，缩小公权力规模。同时积极的政治观让个人——家庭——社会——国家的层级服从关系能够以伦理学的手段保障社会的稳定，以在政治上达到中正的状态。在中国古典共和观的指导下，社会的自主治理成为政府的政治治理之基础，能够在技术上以最经济的手段达到最优的治理结果。

第三，精英主义传统让掌控公权力的政府成员也是善的代表和精英，这种中国特色的政府观能有效拉近民众与政府的距离。只有最精英

[①] 〔加〕贝淡宁：《从"亚洲价值观"到"贤能政治"》，《文史哲》2013年第3期。
[②] 罗尔斯认为一人一票的民主是暴民主义的源泉，只有具有较高智力和教育背景的人有附加的投票，才合理且符合正义。参见 John Rawls, *A Theory of Justice* (Cambridge, Mass: The Belknap Press of Harvard University Press, 1999)。

的人能进入政府，并运用政府官员的权威教化民众，如此，则公权力不再是一个利维坦式的必要之恶，而成为人之为善的表率。公私之间的和谐能在很大程度上减缓公权与私权的内斗对整个共同体的内耗。在现代的民主与法制社会下，加入中国古典共和观念的合理因素，可以中和民主制度的内在缺陷，以接近正当性与合法性的有机统一。

事实上，家族主义指导下的中国古典共和精神并不意味着与现代民主制度指导下的共和主义完全背离。相反，家长制和精英主义传统、善的政治观、国家社会个人的连续性，这些中国古典共和思想的本质理论都能够继续为现代政治文明发挥作用。因此，今天中国古典共和观虽然因理论前提上的内在缺陷无法被整体沿用，但也不意味着要退出政治哲学领域回到"伦理学保护区"，这种古老的思想依旧能够在新的时代里绽放光芒。

（原载《文史哲》2015 年第 6 期）

华夏国家起源新论

——从"猴山结构"到中央集权国家

萧功秦

一、亚细亚生产方式的启示

(一)国家起源研究中的理论困境

长期以来,我国学术界都是运用"五种生产方式"范式来研究中国国家起源问题的。这种范式认为,最早产生的国家只能是奴隶制国家。夏朝既然是中国历史上最早的国家,那么,夏朝就是中国历史上第一个奴隶制社会。商朝是继夏朝之后的第二个奴隶制王朝[1]。为了证明它们是奴隶制社会,就必须找到根据。20世纪初,恰恰在安阳商王墓里发现大量的人殉,被认为是提供了商朝为"奴隶制国家"的铁证[2]。

根据这种论断,学者们要研究的只是中国从什么时代开始从奴隶制

---

[1] 安金槐:《河南夏商考古综述》,《华夏考古》1987年第1期。
[2] 郭沫若:《读了〈记殷商殉人之史实〉》,《光明日报》1950年3月21日。另参见《奴隶制时代》,科学出版社1956年版。

社会转向封建制。有人提出"西周封建说",这是因为西周的分封制与西欧封建社会的领主封建制颇为相似①。有人提出"春秋战国封建说",因为商鞅变法,土地从此可以自由买卖;认为铁器的使用,改变了以土地国有为特征的奴隶制生产关系②。这却不能解释,为什么三百多年后的东汉与王莽时期,社会上还有那么多奴隶,而且奴隶还可以在市场上当作商品买卖。有人提出"魏晋封建说",认为魏晋时代的农村自然经济、由自由民到部曲与客的变化,以及宗主部曲制下,农奴依附于领主这一结构特点,比西周更接近于中世纪西欧的领主封建制③。同时,这样分期也可以解释东汉有大量奴隶存在的因由。然而,"魏晋封建说"却无法解释,早在战国时代商鞅变法以后,华夏大地上已经出现了地主经济。

关于社会形态的每一种分期说都如同盲人摸象,难以自圆其说。例如,即使是学术界公认的"商代奴隶制说",仍然大有可驳议之处。根据胡厚宣统计,仅现存甲骨文所记载的人祭人殉数量就近一万四千人④。郭沫若仅凭大量人殉,就简单地推断商代是奴隶社会⑤。苏联学者谢苗诺夫发表于《亚非民族》1965年第4期的一篇文章提到,商代杀殉人数

---

① 这种把西周与西欧的社会形态视为领主封建制的观点,在国内一些学者中十分流行,例如,有人这样论证:"中国历史和西欧历史都经历过领主封建制阶段,公元前11—7世纪的西周和9—15世纪的西欧均处于领主封建制时代。分封制,作为领主封建制等级结构赖以建立的形式,在领主封建制社会中占有重要的历史地位。"见李朝远:《中西领主封建制比较研究》,《历史教学问题》1988年第1期。
② 郭沫若甚至认为,封建制开始的绝对年代为公元前475年。参见沈长云:《先秦史研究的百年回顾与前瞻》,《历史研究》2000年第4期。
③ 何兹全:《汉魏封建说》,《历史研究》1979年第1期。
④ 胡厚宣先生考证,从盘庚迁殷到帝辛亡国,在这八世十二王273年(前1395—前1123)间,共用人祭13052人。参见尹占群:《殷代殉祭文化简论》,《盐城师专学报》1991年第2期。
⑤ 郭沫若:《读了〈记殷商殉人之史实〉》,《光明日报》1950年3月21日。另参见《奴隶制时代》。

如此之多，正可以证明那时并不是奴隶社会。因为按经典作家的论述，奴隶制社会最重要的特点，就是不再大规模地剥夺奴隶生命，而是将奴隶商品化。这是因为随着社会生产力的发展，奴隶已经成为劳动力的主要来源。他还认为，战俘并不是奴隶，只是从原来的生产关系中暂时脱离出来的人，他们究竟属于什么阶级，取决于以什么方式重新与生产资料相结合①。这样精致的分析，远比郭沫若的粗放的说法更有理论根据。由此可见，把苏联20世纪30年代形成的"五种生产方式"的教条套用于中国古代社会，注定会陷入难以自圆其说的理论窘境②。

（二）"亚细亚生产方式"假说：国家形成的多元路径的意义

古典奴隶制的学说认为，当商品经济发展到足以炸毁氏族血缘纽带的阶段之后，阶级斗争十分剧烈，以至于剥削阶级必须建立镇压性的国家机器，才能保持奴隶主的统治秩序，奴隶制国家起源论由此而建立起来。根据这一理论，人类社会的第一个国家，就是奴隶制社会的阶级斗争的产物。

马克思在对印度古代社会的研究中，则得出一种完全不同于西欧类型的国家起源假说。他在《资本主义生产以前各形态》中指出，"在大多数亚细亚的基本形式中，凌驾于所有这一切小的共同体之上的总合的

---

① 〔苏联〕谢苗诺夫：《古代东方的经济制度问题》（俄文版），《亚非民族》1965年第4期。
② 据沈长云《先秦史研究的百年回顾与前瞻》（《历史研究》2000年第4期）一文介绍，自1976年以来，赞同中国古代无奴隶社会的学者越来越多。另参沈长云：《中国古代没有奴隶社会：对中国古代史分期讨论的反思》，《天津社会科学》1989年第4期。持同样观点的张广志还出版了专著《奴隶社会并非人类发展必经阶段研究》（青海人民出版社1988年版）。

统一体表现为更高的所有者或唯一的所有者"①。马克思还指出，"专制君主作为最高的和唯一的土地所有者，高居在所有公社之上，以贡赋的形式获取剩余产品并主管灌溉、交通等公共事务。在各个公社范围内，基本上是自给自足的经济，手工业和农业结合为一，因而亚细亚形态必然保持得最牢固也最长久"②。

马克思这一思想的要点是，东方国家的起源不同于欧洲古典时期，东方社会并没有古希腊意义上的那种发达的商品经济。因此，村社内部广泛存在的血缘纽带也并没有被商品经济所炸毁。然而，整个社会的公共功能，包括赈灾、水利、管理、安全、自卫的需要是如此迫切，这就使旨在实现这些公共功能的公共组织，即东方专制主义的国家，在商品经济炸毁血缘纽带之前，就"提前"出现了。马克思在《1857—1858年经济学手稿》中形象地把这种凌驾于小共同体之上的专制君主称之为"共同体之父"③，它运用官僚制度，从村社小共同体获得税收与贡赋，以此实现国家的公共功能。虽然马克思后来并没有对亚细亚生产方式予以进一步研究，19世纪70年代以后，他甚至不再使用这一名词，但他关于亚细亚生产方式的理论假说，对于我们理解东西方历史发展的不同路径与发展类型，却具有启示意义。

（三）亚细亚生产方式的结构特点：国家—村社结构

那么，这时的国家与社会的结构关系是怎样的呢？马克思关于亚细

---

① 《马克思恩格斯全集》第46卷上册，人民出版社1979年版，第473页。
② 《马克思恩格斯全集》第46卷上册，第472—498页。
③ 《马克思恩格斯全集》第46卷上册，第473页。

亚生产方式的假说，实际上指的是一种在东方社会广泛存在的"国家—村社"结构。在马克思看来，在氏族血缘纽带没有被商品经济炸毁之前，由于社会的公共功能的需要，这种村社共同体在东方国家产生了。国家作为"共同体之父"，通过向各共同体获得赋税来供养官僚，从而凌驾于社村之上，并与村社共同体形成有机的结构关系。马克思认为，也正是因为"共同体之父"采取了专制形态，从而使它得以利用这种权势，强占村社的剩余劳动，"剩余产品不言而喻地属于这个最高的统一体"[①]，如此，就形成了东方传统社会中特殊的剥削方式。

马克思首先在对印度的研究中，发现了这样一种完全不同于欧洲发展模式的社会形态。这种国家把原先已经存在于社会中的小共同体即村社结构，纳入到自己的统治范围内，通过对村社征取税赋来实现公共功能，满足社会需要，并将税收中的相当一部分，作为国家私产，供养官僚，或供统治集团享用，这就是东方专制主义。在这一结构中，专制君主高高在上，是最高的和唯一的土地所有者，没有贵族在中间，所有的人都可以说是专制君主的普遍奴隶。这种村社制度使每一个这样的小单位都成为独立的组织，过着闭关自守的生活。但是，"由于文明程度太低，幅员太大，不能产生自愿的联合，所以就迫切需要中央集权的政府来干预"[②]。

换言之，马克思把东方专制国家的产生，归结为同质个体群在共同应对大自然和社会环境的挑战的基础上，由于功能需要而自然地形成的国家形态。这种国家之所以采取专制形态，是因为只有这种政治形态，才能自上而下地调集和支配从各孤立分散的同质个体手中集中起来的人

[①] 《马克思恩格斯全集》第 46 卷上册，第 473 页。
[②] 《马克思恩格斯选集》第 2 卷，人民出版社 1966 年版，第 175 页。

力、物力和财力资源，以便迅速而成功地应付从水利到集体自卫等公共事业的需要。以往人们研究古代国家的形成，总是从"国家是阶级斗争的产物"这一视角入手，而马克思对亚细亚生产方式与东方专制主义的研究，则提供了更为广阔的思考空间，在马克思那里，国家也可以作为承担公共功能的组织载体而提前产生。

（四）东西方历史发展的不同路径

西方与东方社会，由于地理生态与历史环境的不同，各自的原始村社的解体方式和走向国家的道路存在着根本的差异。认识这种差异，对于理解中国现代化的特殊问题也具有重要的意义。

在西方文明发源地的古代希腊地区，由于地理环境的差异性，以及基于这种差异性的物产种类的多样性，使从事不同生产经营的各原始部落之间，例如，在从事山区畜牧业，丘陵地带的橄榄油与葡萄种植业，沿海渔业、航海业以及平原地区谷物种植业的各部落之间，很早就发展起商品交换关系[①]。商品经济的充分发展又促进了各共同体内部的社会分化，并最终迅速地"炸毁"了原始的血缘纽带关系。这种社会内部异质化和经济私有化的过程，造成奴隶主与奴隶之间尖锐的阶级对立，奴隶制国家应运而生。另外，由于各城邦贵族、平民集团的利益多元化和异质化，又导致国家采行以契约性的互补关系为纽带的古典民主政治制度，作为综合多种利益与整合政治秩序的制度手段。

西方社会自古希腊以来，就始终存在着异质个体之间的相互依存

---

① 〔法〕杜丹著，志扬译：《古代世界经济生活》，商务印书馆1963年版，第1—2页。

关系。因此，作为联系这些异质个体的契约性关系纽带，如同一根绵延的红线，存在于欧洲社会的各个历史时期。例如，它以不同的表现形式，存在于中世纪国王、贵族、领主、骑士之间，存在于国王、教会与中古城市市民之间。随着近代工业的兴起，社会分工与商品经济的充分发展，终于形成了杜尔凯姆所谓的"有机团结"，那是一种以高度的异质互补关系为基础的契约性关系。近代西方工业社会中的各个组织细胞体，正是以这种有机团结为基础而实现整合的①。正是在此意义上，我们可以说，西方社会的历史是一部由异质个体构成的社会之发生、发展和演化的历史。与这种社会"几何"结构有关的制度文化特征，如个体自主性、自治性、多元性、契约性等，都不同程度地以不同方式存在于西方古代到近现代的不同历史时期。

与此形成强烈对比的是，在古代东方农耕社会，单一农耕经济的自给自足性，使村社内部社会分工与分化过程极其漫长。在各同质共同体应付共同面临的外部挑战与环境压力的情况下，专制国家在宗法血缘纽带被冲垮之前就出现了。这种专制国家反过来又把同质个体与同质共同体（村社）"接管"过来，作为自己的基层细胞组织，既有的宗法制度及相应的价值观念，随之被改造为专制国家自上而下进行政治统治的工具。马克思所说的"亚细亚生产方式"，正是指这种国家与村社相结合而形成的社会结构形态。

马克思同时也认为，以亚细亚生产方式所型构的社会，其政治体制是东方专制主义的。换言之，"东方专制主义"这一概念是"亚细亚生

---

① 萧功秦：《杜尔凯姆、马克思与荀子对同质社会的研究及其启示》，《天津社会科学》1992年第 6 期；《萧功秦集》，黑龙江教育出版社 1996 年版，第 5 页。

产方式"的组成部分,马克思从孟德斯鸠与黑格尔的著作中吸收了这一概念,此后始终保持着这一观点[①]。

(五)人类学家的新发现表明"亚细亚生产方式"的普遍性

一方面,马克思从有限的东方历史文献中,敏锐地发现了不同于他所熟悉的西方经济社会结构的特点,并用"亚细亚生产方式"这一概念来表述他的发现。马克思发现了东方社会的特殊性的同时,也发现了人类社会发展路径的多样性。"亚细亚生产方式"理论对非西方民族原生的社会形态,确实具有很强的解释力,也为当今时代我们摆脱西方中心论的历史发展模式提供了启示。另一方面,必须指出的是,马克思只是首先提出这个问题。由于支持该理论假说的历史信息资料相对贫乏,这一理论假说当时只能停留在理论粗胚阶段。马克思本人在19世纪70年代以后并没有在这一领域进行深入研究。而且,正如许多学者所指出的,马克思在其学术生涯的不同时期,对东方问题的论说难免有不相一致之处。所有这些都给后来的研究者带来可解释的空间,"亚细亚生产方式"的假说因此也成为多有歧见的一个学术领域。况且,马克思主要是通过对印度村社的研究提出这一概念的,而印度与中国的情况又有很大的不同。因此,很难用"亚细亚生产方式"这一概念来直接推演古代中国国家形成的路径。

20世纪60年代以后,许多西方人类学者尤其是法国文化人类学者,对撒哈拉以南的非洲地区,以及南美洲土著社会进行过多次田野调查,获得了大量的人类学新信息。这些人类学家发现,他们根本无法套

---

① 〔苏联〕符宾:《苏联学者论东方专制主义问题》(俄文版),《亚非民族》1966年第4期。

用"古典奴隶制"或"封建制"这样的概念,来解释非洲与南美洲的前现代社会的性质。相反,他们所研究的大量事实,却与马克思所概括的"亚细亚生产方式"的一些特征惊人的相似。以至于许多人类学者得出这样一个结论:由于古希腊罗马社会所处的地理环境与历史条件的特殊性,因而在这一背景上产生的古典奴隶制的发展模式,只是人类历史发展中的一个特例[①]。相反,历来被认为只具东方特殊性的"亚细亚生产方式",却更具有超越亚洲地域的全球普遍性[②]。人类学家从实证立场对亚细亚生产方法的普遍性的研究,对于长期以来只能从经典文献中寻求答案的人们而言,犹如醍醐灌顶,豁然开朗[③]。

事实上,从大量前人研究成果中可以看到,氏族社会的农村公社有多种解体路径,一种是"希腊罗马型",血缘纽带在商品经济的冲击下迅速解体,商品经济发展所造成的阶级对立与分化越来越明显,奴隶主建立起自己的国家机器,作为阶级斗争的手段,这样的国家就是古典奴隶制国家。另一种是"亚细亚型",在世界上相当多的地区,由于社会的公共需要,例如抗灾、水利、防御外敌及维持共同体的公共秩序,等

---

① 〔苏联〕柯罗斯多夫采夫:《古代东方社会的性质》(俄文版),《亚非民族》1966年第3期。
② 〔苏联〕克拉宾文斯基:《亚细亚生产方式是特殊社会形态还是过渡形态?》(俄文版),《亚非民族》1966年第2期。
③ 笔者读到《亚非民族》杂志上的这段文献后就有这种豁然开朗的强烈感觉,这是因为早在"文化大革命"后期,笔者还在工厂里当工人时,就曾向复旦大学经济系伍丹戈教授借得一部线装本的《东华录》,通过此书来研究满族入关前的历史。当时也注意到满族入关以前的社会形态,注意到它竟然与"亚细亚生产方式"所描述的社会的基本特点颇为相似:土地不能买卖,租税合一,且以劳役为主。满族入关前的社会中广泛存在着村社制度,村社中氏族血缘关系紧密,满族政权以这种血缘关系作为社会基础,使之成为自己的基层组织的纽带。满族军队的战俘并没有变成奴隶,而是成为编户齐民,等等,这些特点与五种生产方式中的任何一种都没有关系,而与亚细亚生产方式所指的"国家—村社"结构却若合符节。可见,"亚细亚生产方式"所描述的那种社会类型,在东方不同地区确实是相当普遍地存在着的。

等,从而使国家因承担社会功能,而不得不及早地出现了。与此同时,原来的村社小共同体通过对"功能性"国家的效忠,获得国家提供的公共服务功能,且部分地放弃了自己的独立性,成为国家的基本细胞组织,这样就形成了国家与村社相结合的新的社会形态。国家不但没有排除而且是利用了原来的血缘纽带作为其统治工具。马克思所指的"共同体之父",就是这类国家的雏形。

当然,还存在着其他路径的可能,事实上,早在20世纪60年代,一些苏联学者就注意到,不能简单地用亚洲与西欧国家形成的路径,来解释中东的社会结构以及中世纪伊斯兰国家的形成路径与社会形态,他们认为世界各国的剥削形态与所有制形态具有多样性[1]。然而,20世纪60年代中期,正是中国进入"文化大革命"的非常时期,法国人类学者的重要发现与学术成果,在当时的中国并没有产生任何影响。

直到20世纪80年代初期,亚细亚生产方式问题才再次引起了中国学术界的兴趣。经济学家吴大琨翻译了意大利学者梅洛蒂的《马克思主义与第三世界》,这本书系统地介绍了亚细亚生产方式理论,解释了东方专制主义与官僚制的起源,并提出人类历史发展路径的多元性,认为东方社会形态有着完全不同于西方异质体社会形态的发展过程。它对于封闭多年的中国人重新理解东方国家不同于西方的历史发展道路,理解东方专制主义国家的历史起源,具有冲击性的影响[2]。

---

[1] 〔苏联〕斯米梁斯卡娅:《欧美史学家六十年代对阿拉伯国家18—19世纪传统经济结构的研究》(俄文版),《亚非民族》1966年第5期。

[2] 对于20世纪80年代初期的许多有现实关怀的青年学者与大学生来说,梅洛蒂的这本著作可以说是别开洞天。笔者在此前就阅读了一些有关亚细亚生产方式与东方国家社会形态的国外原版著作。读了这本书,笔者更加相信,中国历史发展可以在"五种生产方式"理论框架之外另辟蹊径。

但在当时的语境条件下，亚细亚生产方式理论被认为是一个敏感问题，有关这一问题的讨论在国内历史学界并没有展开，这一概念与理论资源，也并没有对中国的历史研究产生多大的影响。另外，单纯从亚细亚生产方式理论来推演中国国家的起源，也可以说无从下手。用东方专制主义的水利功能来解释大禹治水，并以此来论证夏朝是专制中央集权国家，也是牵强附会，没有什么说服力。

二、国家起源新思路：从"类游牧结构"到酋邦国家

（一）13世纪蒙古社会中"庇护—扈从"关系对华夏古代史的启示

值得注意的是，明代《永乐大典》收录的重要汉语文献《元朝秘史》（即《蒙古秘史》）、波斯历史学家拉施丁的《史集》，以及俄国学者符拉基米尔佐夫的《蒙古社会制度史》，这些中外文献所记载的13世纪蒙古草原帝国时代的社会结构与历史活动，对于重新理解中国古代国家的起源，具有重要的启示意义。

13世纪蒙古草原的战争是极其残酷的，动乱中的牧民有着强烈的不安全感。正如上述史料与论著所揭示的，由于游牧生活的高度流动性、分散性和不稳定性，弱势部落纷纷向强势部落投靠，以换取庇护，强者则通过对弱者提供保护，赢得后者的效忠。这样，强弱双方通过契约盟誓，建立起一种纵向的相互依存关系。人们可以从《蒙古秘史》与

《史集》中看到这种盟誓契约关系的大量记述①。实际上，草原中个人与个人之间，弱势部落与强势部落之间，以及弱势部族与强势部族之间，均会形成这种纵向的相互结合的信誓关系。弱势的投靠者被称为"伴当"，蒙古文称为"那可儿"。信誓是一种双方的契约，它使伴当与主人之间，在权利、义务、责任关系诸多方面形成相互约束。保护人与扈从者之间的盟誓关系，是一种在强弱个人之间、强弱部落之间、强弱部族之间、强弱酋邦之间广泛存在的结合形式。我们可以把这种在社会不同层级上存在的特殊组织形式，称之为"庇护—扈从"关系结构。

在了解了蒙古草原时代共同体之间的这种庇护—扈从关系结构的基础上，如果再进一步阅读《史记》中的《五帝本纪》、《夏本纪》与《殷本纪》，就会惊讶地发现，从三皇五帝到夏商时代，华夏大地上的部族与部族之间的关系，与13世纪蒙古草原社会的庇护—扈从关系，是何其相似。用"庇护—扈从"关系结构作为解释框架，来观察华夏先民的社会历史活动，可以说是别有洞天，令人豁然开朗。学术界研究中国国家起源与社会结构的著述虽然汗牛充栋，然而还没有学者注意到远古时代契约盟誓关系与蒙古草原社会结构的高度相似性。当然这也是可以理解的，如果不了解草原部落之间的庇护—扈从关系的大量丰富而

---

① 例如，铁木真第一次被推举为大汗时，向那颜们宣誓说："一旦我成为许多地区军队的君长和统帅，我一定关照我属下的人，我要从别人那里把许多马、羊、牛、营宅、妇女和孩子抢夺过来，交给你们，我要为你们组织围猎。"（参见〔波斯〕拉施丁：《史集》（俄译本）第1卷第二册，第130页）《蒙古秘史》也记载，巴阿邻氏贵族豁尔赤对铁木真发问："你若做国的主人呵，怎生叫我快活？"铁木真回答："我真个做呵，教你做万户……"此后，众人便向铁木真宣誓："立你做皇帝，你若做皇帝呵，多敌行俺做前哨，但掳得美女妇人，并好马都将来与你，……如厮杀时违了你号令，并无事时坏了你事呵，将我离了妻子家财，废撇在无人烟的地面里者。"这般盟誓了，立铁木真做了皇帝，号成吉思（参见额尔登泰、乌云达赉校勘：《蒙古秘史》，内蒙古人民出版社1981年版，第960页）。

具体的信息，是很难通过先秦文献的只言片语式的碎片化信息，直接在头脑中还原这种关系结构图景的①。

(二) 华夏早期国家的"类游牧结构"

夏商时代是华夏文明的早期阶段。值得注意的是，夏朝、商朝其实是进入王朝时代的后人加上去的名称，夏、商并不是王朝，它们只不过是先后出现的、以部族联盟为基础的酋邦共同体。

根据史料分析，我们发现，这种早期的国家形式，其实就是一种粗放的部落联盟制度。即在众多部族对峙的过程中，出现了一个较为强大的部落，这个部落的领袖就成为盟主，他以本部落为中心，把许多相对弱小的部族吸引到自己身边。这些小部落团结在这个强大部落周围，彼此之间由于利益相近而结合成一种庇护与效忠关系。我们也可以把这种强弱部落的结合体称之为酋邦国家。这是一种类似于草原游牧社会结构的组织。这些大共同体由许多独立自主的、具有高度自治性的小共同体结合而成。小共同体通过盟誓关系，形成对强势部落的强人的效忠关系。

先看《史记·五帝本纪》中的一段史料：

> 轩辕之时，神农氏世衰，诸侯相侵伐，暴虐百姓，而神农氏弗能征。于是轩辕乃习用干戈，以征不享（《索隐》：谓用干戈

---

① 事实上，此前很少有研究中国国家起源的前辈学者，具有治蒙古草原历史的学术背景，并对蒙古草原社会结构的学术著述有所了解。必须指出的是，继巴多尔德以后，苏联杰出蒙古史学家符拉基米尔佐夫对蒙古游牧社会的契约性关系结构的研究，具有里程碑的意义。参见〔苏联〕符拉基米尔佐夫著，刘荣焌译：《蒙古社会制度史》，中国社会科学出版社1980年版，第1、2页。

以征诸侯之不朝享者），诸侯咸来宾从。而蚩尤最为暴，莫能伐。炎帝欲侵陵诸侯，诸侯咸归轩辕。轩辕乃修德振兵，治五气，艺五种，抚万民，度四方，……以与炎帝战于阪泉之野。三战，然后得其志。①

从这一段文字中，我们可以获得以下信息：

——在远古时代的黄河流域，并存着各自独立的部族共同体。这些共同体彼此征战，《史记》作者以后世人使用的"诸侯"这个名称，来称呼这些独立的部族首领。我们不可望文生义，用春秋之后文质彬彬的诸侯形象，来想象远古时代的草莽部族首领。

——神农氏部族曾经是维持草原社会秩序的优势部族。由于神农氏部落走向衰落，失去了维持秩序的力量与实力优势，天下就陷入混乱之中。面对蚩尤氏对原有秩序的破坏与侵扰，力量衰退的神农部落无能为力。在这种情况下，另一个新崛起的部族轩辕氏，利用自己的威信与实力，对那些不听从其意志的部族进行讨伐。在它的感召下，诸侯咸来宾从，于是轩辕氏部落就成为新的部落联盟体的霸主。受蚩尤欺侮的各弱小部落纷纷投靠轩辕氏，并以之为中心，形成新的联盟。注意文中"宾从"两字，它表明，轩辕与加盟的众多诸侯之间是主宾关系，即保护人与扈从者之间的关系，前者为后者提供保护与安全，后者向前者表示效忠与顺从。

——当时与轩辕氏并存的，还有另外一些强大的部落联盟，成为轩辕氏的挑战者。一是蚩尤氏（活动于今河南东部、山东西部一带），

---

① 《史记·五帝本纪》，中华书局1982年版，第3页。

最为强悍。二是炎帝氏,它不断以其暴力威胁其他部族。在这种情况下,其他受其侵凌的弱小部族纷纷投靠强大的轩辕氏,以寻求保护。

——轩辕氏首先对付炎帝这个挑战者,通过不断积聚力量,并四处联络各方诸侯,取得对自己的拥护与支持。在条件成熟时,终于在阪泉之野进行了三次战役并打败炎帝。阪泉之战则是决定性的较量。此后轩辕氏稳定地保持了霸主地位。

再看《五帝本纪》的一段记述:

> 蚩尤作乱,不用帝命。于是黄帝乃征师诸侯,与蚩尤战于涿鹿之野,遂禽杀蚩尤。而诸侯咸尊轩辕为天子,代神农氏,是为黄帝。天下有不顺者,黄帝从而征之,平者去之。披山通道,未尝宁居。①

从以上文献中可以了解到,轩辕部在战胜炎帝部之后,进而对付第二个挑战者蚩尤部。这是因为,蚩尤不服从轩辕氏的权威。

——对蚩尤氏的战争是通过征召各地诸侯参加联盟的方式来实现的。凡是宾从轩辕氏的诸侯,必须听从这个共同体霸主的命令,这是当时的规矩,如不服从就会受到严厉的惩处。正是在这一号召下,黄帝部集中了优势的力量攻击蚩尤部。并在涿鹿这个地方,打了大胜仗,最终获享天下独尊的地位,各部族纷纷依附黄帝部族。

——凡是不服从其权威的部族,黄帝下令各诸侯进行讨伐。经过惨淡经营,新霸主的权威得到巩固。在其势力范围内,黄帝履行了霸主

---

① 《史记·五帝本纪》,第3页。

的责任，指挥众多归顺者一起开辟道路，辛劳经营，从未休息。这样，原先由神农作为霸主的时代，变为由黄帝氏作为霸主的时代。

黄帝氏成为酋主联盟的统治者之后，是如何进一步强化自己的权威与势力的？《五帝本纪》记载：

> ……（轩辕氏）迁徙往来无常处，以师兵为营卫。官名皆以云命，为云师。置左右大监，监于万国。万国和，而鬼神山川封禅与为多焉。获宝鼎，迎日推筴。举风后、力牧、常先、大鸿以治民。顺天地之纪，幽明之占，死生之说，存亡之难。时播百谷草木，……劳勤心力耳目，节用水火材物，有土德之瑞，故号黄帝。①

以上史料表明：

——黄帝虽然是华夏大地上的共主，但其居处不定。这与当时的生产力水平低下，必须不断地迁移以从事游牧或游耕，以此保持地力有关。

——轩辕氏建立了自己的私人卫队，并以"云"来命名这些卫队，这就是后世的亲兵。轩辕氏手中的这种亲兵，与成吉思汗的草原帝国的宿卫一样，维持盟誓共同体领袖的王权，维护规矩与纲纪，并起到威慑参盟的各诸侯的作用②。大体上可以认为，通过扈从—保护关系而形成的共同体，其王权体制向国家体制的演变，就是由王者私人的亲兵具

---

① 《史记·五帝本纪》，第6页。
② 在长期的草原争战中，铁木真创造了严格的护卫军制度，它起到保护大汗安全，监督共同体，整饬共同体内部的规则与纲纪的作用；它的产生体现了王权的加强，构成了一种与传统贵族内部的军事民主制相对立的维护王权的力量。《蒙古秘史》记载："成吉思汗说，您宿卫于大雨雪夜里……在我帐房周围宿卫，使我心身皆安，凡有紧急事不曾些慢，以此我得到大位里坐了。"参见额尔登泰、乌云达赉校勘：《蒙古秘史》，第1026页。

有了越来越多的"宪兵"功能的方式来实现的。轩辕氏还建立了左右大监,对各地诸侯进行监控,以防离心与反叛。此外,还以颁布历法与封禅的方式加强自己的权威。这种强化权威的方式,已经孕育着从部族联盟向早期国家的官僚体制转化的最初形态。

(三)禅让制就是推举制的残余形态

《五帝本纪》对于黄帝轩辕氏以后若干代的记述是这样的:尧已经在位70年,他对以四大诸侯为首的众诸侯说:"当诸侯中有能顺事用天命者,入处我位,统治天子之事者乎?"四岳皆回答:"鄙俚无德,若便行天子事是辱帝位。"尧让众人举荐贵戚与疏远隐匿者中的合适者,众人则向尧推举了民间的舜。尧经过对舜的试用之后,得到众诸侯的认可("诸侯远方宾客皆敬"[①])。《五帝本纪》对尧舜的权力交替是这样记载的:

> 尧立七十年得舜,二十年而老,令舜摄行天子之政,荐之于天。尧辟位凡二十八年而崩。百姓悲哀,如丧父母。三年,四方莫举乐,以思尧。尧知子丹朱之不肖,不足授天下,于是乃权授舜。……诸侯朝觐者不之丹朱而之舜……舜曰"天也",夫而后之中国践天子位焉,是为帝舜。[②]

根据《史记》的上述记载,我们可以获得这样一些信息:
——酋邦共同体的盟主尧,由于对其子丹朱能力与品德的不信任,

---

① 《史记·五帝本纪》,第21—22页。并参见第22页郑玄注。
② 《史记·五帝本纪》,第30页。

即认定其子丹朱缺乏统领酋邦的足够能力与威信，为了酋邦内部的团结，让参盟诸侯中的四个最有威信者（四岳）发挥其传统的推举权。

——具有推举权的四岳，在酋邦共同体内部的各部族以及贵族后裔中，寻找适合于继承酋邦王位的人选。这个继承人必须是有魅力的，有足够的智慧、品德和威望，足以服众。只有这样的新领袖，才能保持酋邦内部的团结。舜就是从参盟部族中被众人推选出来的继承人。

——通过四岳的推举，再经过尧本人对舜多方面的考验，舜的能力得到认可，于是舜取得了继承王位的资格，并最终登上王位。尧把王位禅让给舜，历史上称之为禅让制。

儒家把这种制度作了泛道德化的解释。其实，只要理解基于庇护—扈从关系的共同体内部的契约盟誓关系，禅让制就很容易得到解释。正如草原共同体一样，各部落处于严酷的战争环境，只有强有力的领袖才能保护众部落的安全与利益。如果盟主没有足够的权威与能力，原本效忠他的各部人马就会离散而去，部落联盟就会迅速解体。为了保持酋邦国家的凝聚力，这种军事民主制授予各部落小共同体以推举新领袖的权利，他们有权根据自己的选择，去追随新的领袖，这与蒙古草原出现的情况相类似[①]。

当然，华夏酋邦国家中的继承制，与蒙古游牧共同体的继承制还是有差异的。在中原华夏共同体内部，嫡传制比推举制要更为普遍。从《五帝本纪》可知，黄帝传位给自己的孙子高阳，其后的继承者高辛以

[①] 巴托尔德指出，在蒙古草原帝国时期，诸王与贵族们召集忽里台选汗大会，前汗的意愿将会得到参会贵族们的尊重，但并非无条件接受。参见〔苏联〕巴托尔德：《中亚突厥民族史十二讲》，引自《巴托尔德院士全集》（俄文版）第5卷，东方文学出版社1967年版，第147页。又参见萧功秦：《论蒙古帝国的汗位继承危机》，《萧功秦集》，第367—385页。

及尧,都是酋邦王族后代,直到尧晚年,由于原先作为嫡传对象的丹朱并不理想,才让残余的推举制得以重新发挥作用。

为什么华夏早期国家内的嫡传因素比草原帝国更为早熟?原因是游牧社会流动性更大,推举制具有吸引各部落参盟部落共同体的更大作用。比较而言,嫡传制更加适应华夏共同体的定居性要求,因而更加有利于王权的进一步强化。

从史籍中可以发现,盟主与诸侯之间的这种庇护—效忠关系,始终是整个国家结构的基础。到了夏酋邦时代,推举制进一步得到强化,参盟部落首领(诸侯)不再效忠于舜的后代,而是转向归顺效忠新的主人禹。《史记·夏本纪》对这一事件是这样记述的:

> 帝舜荐禹于天,为嗣。十七年,而帝舜崩。三年丧毕,禹辞辟舜之子商均于阳城。天下诸侯皆去商均而朝禹。禹于是遂即天子位,南面朝天下,国号曰夏后。①

这种推举制残余在夏朝初期仍然体现在夏启的继承过程中。禹本来要将王位禅让给他已经授以政事大权的皋陶,但还来不及禅位,皋陶病死。而后,禹又禅位给皋陶之子伯益,这可以理解为在推举制传统的压力下,禹被迫将王位让给强势的诸侯皋陶家族,这就是禹"而后举益,任之政"的原因。这里的举,就是举荐的意思,禹死后,伯益成为王位继承者。但伯益能力有限,在诸侯中缺乏足够的威望。在这种情况下,最终还是嫡传制取代了推举制,而这种取代仍然是在众多具有推举权的诸侯们自愿归顺禹之子启的名义下实现的:

---

① 《史记·夏本纪》,第82页。

禹子启贤，天下属意焉。及禹崩，虽授益，益之佐禹日浅，天下未洽。故诸侯皆去益而朝启，曰"吾君帝禹之子也"。于是启遂即天子位，是为夏后帝启。①

也许有人会提出这样一个问题，凭什么理由认为，远古时代黄河农耕地区的先民，具有与13世纪蒙古草原环境相类似的组织结构方式？大量史料表明，这种"庇护—扈从"结构并非只为蒙古草原所独有。正如马克思首先从印度村社中发现了"亚细亚生产方式"的基本结构，20世纪60年代，法国人类学家在非洲与南美洲同样发现了类似于"亚细亚生产方式"的社会结构。事实上，在生产力极度不发达的草莽时代的不同民族中，由于应对自然环境挑战的手段与方式的简陋性与粗放性，与之相应的社会组织，也往往具有相似性与同构性。

"庇护—扈从"结构，是人类社会的一种最原始、最朴素的人际关系结合模式。它通过纵向的保护与效忠关系，把生活中的强者与弱者结合到一起，从而在文明程度低下、物质生活资料贫乏的条件下，以最简便、最低成本的方式，形成最初级的社会组织，原本零散的社会个体细胞，由此而形成初级共同体，再由小共同体聚合为酋邦国家。

换言之，只要社会上有强者与弱者，只要强者有提供保护的能力，并具有获得他人效忠的需要，只要弱者在获得强者的保护的同时，愿意提供对强者的效忠，那么，就会形成这样的庇护—扈从关系。事实上，从结构比较的角度来说，这种庇护—扈从关系结构的组织成本是最低的，形成条件是最为宽松的，即使在没有文字的草昧阶段，只要双方经

---

① 《史记·夏本纪》，第83页。

由简单的仪式,向对方发出口头信誓,让对方相信自己的诚意,两者的主从关系就可以确立了。按照约定俗成的游戏规则,违背盟誓,无论是接受效忠的强者还是受强者庇护的弱者,在先民眼中,都是不道德的、令人蔑视的行为,背誓者将受到无情而残酷的讨伐甚至诛戮。

其次,蒙古草原结构中最重要的因素,是游牧人活动的高度流动性,它使得誓盟关系更加重要。在这种誓盟关系中,如果强者不能履行对弱者应承担的义务与责任,高度的流动性会使扈从者轻而易举地消失得无影无踪。正因为如此,基于利益交换而确立的参盟者对契约的遵守承诺,就显得特别重要。直到文明发展到国家力量足够强大,具有超经济的强制力以后,这种情况才发生了比较大的改变。

虽然,相对于游牧社会结构,黄河流域农耕村落的先民具有定居生活的特点,但古代中原处于半游牧、半农耕的经济阶段,先民的流动性远比后世人的想象为大。我们可以从《史记》的《五帝本纪》与其他纪传文献中看到这样的记载:"黄帝披山通道,未尝宁居,迁徙无常处","伏羲神农皆行止无定";又如盘庚五迁;等等。正因为如此,一些经济史学者把古代黄河流域先民的经济生活方式称之为"游农制"。然而这种庇护—扈从关系对于国家形态的重要性,迄今为止,在国内外学界仍然没有得到系统的研究[1]。

---

[1] 福山曾提及"部落社会在进化过程,互惠与私人关系而绑在一起的保护人与依附者"问题,并泛泛提到罗马政治中强悍领袖把各自的依附者编成军队,以及印度的领袖与支持者之间的"相互交换恩惠",却没有在政治秩序起源这一重大问题上,对这种强者与依附者之间的"相互交换恩惠"关系,作进一步地阐释与分析。〔美〕弗朗西斯·福山,毛俊杰译:《政治秩序的起源:从前人类时代到法国大革命》,广西师范大学出版社 2012 年版,第 77 页。

(四) 从《夏本纪》与《殷本纪》看华夏族的早期国家

事实上,五帝时代中原大地上的酋邦国家,就是这样的"类游牧结构"。由于草原酋邦与夏商时代中原大地上的酋邦共同体之间具有相似性,我们可以通过对草原游牧结构的内部关系的比较与分析,在很大程度上捕捉到《史记·五帝本纪》记述的先民社会在结构上的一些特点。

我们可以在《史记·夏本纪》中不断读到这样的文字记载:一旦出现盟主的挑战者,盟主就会征召效忠于自己的扈从部族前去讨伐:

> 夏后帝启,禹之子,……有扈氏不服,启伐之,大战于甘。将战,作《甘誓》,……遂灭有扈氏。天下咸朝。①

启讨伐有扈氏时,所有参盟部落都有义务参战,并一起作誓,这是酋邦长期以来约定俗成的游戏规则。启率领众扈从部落打败挑战者有扈氏之后,中原大地上那些还没有归顺的部落,也在夏王的强大权威的感召与威慑下,纷纷投靠,这就是"天下咸朝"。夏酋邦成为华夏大地上的霸主,夏王朝就是以夏王为霸主的盟邦国家。此时,夏王朝已经开始实行比较稳定有效的嫡传制。此后,一旦强势部族首领即联邦盟主的势力衰落,各部就会出现离异倾向,整个酋邦就陷入松弛状态,这就是"夏后氏德衰,诸侯畔之"②。"帝桀之时,自孔甲以来而诸侯多畔夏。"③夏朝后期出现的诸侯部落对夏王朝的叛服不常现象,正是庇护—扈从

---

① 《史记·夏本纪》,第84页。
② 《史记·夏本纪》,第86页。
③ 《史记·夏本纪》,第88页。

关系从牢固状态走向解体的征兆。

若干代以后,如果这一酋邦内部没有产生出强有力的领袖,那么,在曾经效忠于这一酋邦的部族中,就会出现新的挑战者。这个挑战者会积聚力量,争取人心,随时取而代之。原来归顺夏酋邦的商部族的首领汤所导演的夏商之变,即属此类:

> 汤修德,诸侯皆归汤,汤遂率兵以伐夏桀。……汤乃践天子位,代夏朝天下。汤封夏之后,至周封于杞也。①

在《史记·殷本纪》中,有一段更为详细的史料记载了夏商之变。大意是,夏代后期,夏政衰,诸侯昆吾氏为乱。夏王桀无力征伐,于是令附属于他的商部族首领成汤率领其部众兴师伐罪。然而参与平叛的众诸侯却趁此时机归附于汤,汤在灭了昆吾之乱后,回头把夏朝也灭了。在伐夏桀以前,汤对投奔他的诸侯有一段盟誓,于是以新的盟誓为基础的新的共同体形成。"于是诸侯毕服,汤乃践天子位,平定海内。"②

我们还可以从《殷本纪》中发现,在某一时期内,以商王为中心的酋邦共同体,其王在诸侯中的威信衰落下来,诸侯即不再依附商王:"帝小甲崩,弟雍己立,是为帝雍己。殷道衰,诸侯或不至。"③然而,一旦商酋邦内部出现中兴之主,恢复了商酋邦的实力与威信,各部落的诸侯们即再次归顺商王。这时商酋邦就再次中兴了:"殷复兴,诸侯归之,

---

① 《史记·夏本纪》,第 88 页。
② 《史记·殷本纪》,第 96 页。
③ 《史记·殷本纪》,第 99—100 页。

故称中宗。"① 盘庚就是这样的中兴之主：盘庚渡河南，复居成汤之故居，乃五迁，无定处。殷民咨胥皆怨，不欲徙。盘庚乃告谕诸侯大臣……乃遂涉河南，治亳，行汤之政，然后百姓由宁，殷道复兴。诸侯来朝②。

到了纣王时再次衰。"百姓怨望而诸侯有畔者。"③ 这时，纣王的三公，即三位加盟参与议政的部落首领（诸侯）西伯昌、九侯、鄂侯，因反对纣王的暴政而受到迫害。西伯在此后被赦，献出自己的土地，以示效忠，并暗中拉拢各部落（"阴修德行善"），于是"诸侯多叛纣而往归西伯"④。

此时，原来依附商共同体的周部族已经兴起，周武王趁势东伐，至盟津，诸侯叛商会周者八百。于是周与商战于牧野，周武王大胜，成为新的酋邦霸主（天子），将战败屈服的商族封为诸侯。这表明商部族失去了霸主地位，但仍然作为归顺新酋邦的一员，拥有自己的势力范围，并保留着本部族的自主性与独立性。

三、酋邦国家的内部组织分析

（一）"猴山结构"的游戏规则

我们可以发现一个有趣的现象，中国远古时代最早的国家形态，颇类似于动物园中的"猴山结构"。各个部落如同猴群中的猴子，许多部

---

① 《史记·殷本纪》，第100页。
② 《史记·殷本纪》，第102页。
③ 《史记·殷本纪》，第106页。
④ 《史记·殷本纪》，第107页。

落之间彼此争斗，如同众多猴子打架。其中最强势的部落成为霸主部落，其他部落都归顺于它，以求得庇护，如同众猴归顺于猴王。这样就以猴王为中心，形成一个松散的共同体。

无论是 13 世纪的蒙古草原，还是四千年前的华夏大地，各民族都是以这种组织方式形成共同体的。华夏先民在特定的区域社会中，只能有一个霸主，正如猴山上约定俗成的秩序，只能有一个猴王一样。霸主不允许在自己势力范围内有任何挑战者存在，只要一出现挑战者，就立即率领扈从他的众部落，对挑战者予以讨伐。这与猴山上发生的故事一样：猴王要求所有效忠它的猴子一起行动，来讨伐挑战它的野心家，这就是猴子王国的游戏规则。猴王与猴子之间是通过纵向的契约关系结合起来的，双方之间有权利与义务关系，这种关系是通过信誓固定下来的。如果说，庇护—扈从关系是早期国家的聚合基础，那么，信誓就是联结这种聚合的最早的政治纽带。

猴王拥有至上权威，战利品必须先由它分享，余者分配给自己的扈从者，但它也有义务在危难时冲在前面，应对这个群体的共同敌人，这就是典型的庇护—效忠关系。等到猴王年老体弱，一些有能力、有体力的年轻猴子，就会成为新的野心家，试图挑战老猴王的权威，一场恶战无可避免。在这场恶战中，挑战者成则为新猴王，荣享尊位；败则为流寇，或者永远离开，或者处于边缘状态，在老猴王的权势之下做顺民，或者在做顺民的同时，等待再起的机会。

用"猴山结构"来比喻"三皇五帝"时期的社会生态结构，其实再合适不过了。神农曾经是叱咤风云的"老猴王"，他衰落之后，黄帝取而代之，成为"新猴王"，炎帝、蚩尤就是与黄帝氏争夺猴王地位的失败的挑战者，夏禹、商汤、周武王，正是于不同时期称霸的"新猴王"。

我们可以根据猴山结构中的庇护—扈从关系，把这个时期复杂多变的重大历史现象，解释得生动而形象。

（二）从"庇护—扈从"结构看中国早期国家

通过对《五帝本纪》的分析可以看出，在三皇五帝时代的黄河流域，各自独立的数以千计的部落占地而居，为了争夺土地、水源等生存资源，彼此之间发生频繁的争战，通行的是弱肉强食的丛林法则。可以说，这种严酷的无休止的生存竞争，是远古时代的先民所面临的共同困境。必须找出办法，克服这种无序状态与困局。以"庇护—扈从"关系为基础的酋邦制度，就是在先民的集体经验中逐渐形成的，它是华夏先民在实践中摸索出来的避免无序状态、建立秩序的可行的制度手段。归根到底，这是一种适应环境挑战的制度文化。

这种酋邦制结构的特点是，在各部族相互展示实力的竞争过程中，一旦最为强大的部族中出现某个强力领袖人物，那么，受其权威与威慑力控制的一些邻近部族小共同体，就会向其输诚，聚结在这一领袖之下，形成效忠关系。当然，强势部落的强势领袖，也会在接受效忠的同时，以庇护效忠者作为回报，这样就形成更大的部落联合体。酋邦国家就是由许多自主的小共同体，在"庇护—扈从"关系的基础上形成的。

在这个联盟体中，促使各部族聚合起来的纽带是什么呢？那就是契约盟誓关系。这种盟誓是双方的口头约定，经由简单的仪式得以固定，对双方都具有约束力。作为天下共主的首领，有权命令参盟者为其出征，对其效忠。各参盟部落通过对霸主的效忠，成为酋主的扈从，遵从霸主的旨令，派兵参与其所号令的战争，讨伐共主的敌人，惩处叛乱者，定期纳贡，服役，驻定边地，以保证霸主的势力范围不受侵犯，并将战争中获得的战利品缴由酋主享用。与此同时，他们也有权享用战利品，包括财富、妇女、新获得的土地，并享有这一秩序下的安全。一旦受到敌人的威胁与侵犯，也可以求助于霸主，以取得庇护，先民社会的秩序就是以这种方式得以形成。人们可以在 13 世纪铁木真崛起的时代看到类似盟誓契约关系，同样也可以在《史记》之《五帝本纪》、《夏本纪》、《殷本纪》与《周本纪》所描述的先民社会中看到这样的秩序。

已如前述，在这样的游戏规则下，一个合格的酋邦领袖，也要承担相应的义务。只有这样，他才能具有足够的威望与令人敬仰的品德。这就是草莽时代的政治文化，这种文化秩序不是先圣的发明，而是先民面对无序化的压力而探索出来的文化适应手段。只要人们褪掉远古传说中的圣人的道德化的外衣，呈现出来的，不过就是持续千百年的无序状态下，先民们通过无数次的尝试而摸索出来的集体经验而已。

当然，华夏先民的这种盟誓契约关系是松弛的，不稳定的。各部族在非战争时期，都在自己的势力范围内保持自己的自治性与独立性，只有在受命出征时才纷纷聚合在王者的旗下。当王者失去权威，失去惩处违抗者的能力，不能显示其足够的威慑力时，他也就失去了对各部的实际控制能力。与此同时，各扈从部落既不能从他们所效忠的王者那里获得战利品，也不能从王者那里获得保护，这样的效忠对象即失去价值，他们就会离散而去。如同猴山上的衰老猴王所面对的那样，形成"树倒猢狲散"的局面。

可以肯定地说，在广袤的华北大地上，由自主的小共同体结合而成的大共同体，处于时聚时散状态，它们远不如后世的中央集权国家，在各项制度保证下形成牢固的君臣关系与稳定的政治秩序。当优势部族衰落以后，原本效忠于这个部族霸主的各部落，将会重新陷入群龙无首的离乱无序状态。新的强势部落与强势领袖，又会在战乱中应时而现，争夺新的天下共主的战争就又拉开了序幕。

在相当多的情况下，是老霸主尚未退出政治中心，此时在其他部族中，就已经出现若干挑战者，这些挑战者一般是从属于老霸主的较弱的部族的首领，例如神农氏时代的轩辕氏，或夏王衰落时出现的商部落领袖成汤。这样，在新老强人之间就会发生争战，一旦新强人确立了自己的霸主地位，原本依附于老霸主的各部族诸侯，就会投靠新的主人，形成新的酋邦组织。依附于神农氏酋邦的轩辕氏，依附于尧酋邦的舜，依附于舜酋邦的夏部落的大禹，依附于夏酋邦、作为商部落首领的汤，以及依附于商酋邦、作为周部落首领的周文王，都是在老霸主衰落后，通过取而代之的方式，赢得了众多诸侯的支持，从而走上新霸主的王座的。

我们还可以发现，当酋邦联盟领袖或天下共主的继承者无力控制这个酋邦国家时，整个组织便会再次陷入危机，诸侯们就会人心涣散。为了不致让整个酋邦瓦解，有权势的各部落领袖，便会在这个大共同体内的各小共同体的首领中，选择能力、威望俱佳者为联盟新领袖。新领袖会让这个酋邦恢复元气，使涣散的组织重新归于稳定，离散他去的部落，又会重新归顺。正如《史记》中的《夏本纪》、《殷本纪》所记述：

> 自孔甲以来而诸侯多畔夏。①
>
> 是为帝雍己。殷道衰，诸侯或不至。②

---

① 《史记·夏本纪》，第88页。
② 《史记·殷本纪》，第100页。

> 自中丁以来，废适而更立诸弟子，弟子或争相代立，比九世乱，于是诸侯莫朝。①
>
> 盘庚乃告谕诸侯大臣。……乃遂涉河南，治亳，行汤之政，然后百姓由宁，殷道复兴。诸侯来朝。②
>
> 西伯归，乃阴修德行善，诸侯多叛纣而往归西伯。西伯滋大，纣由是稍失权重。③

一个酋邦如果无法产生中兴之主，那么，原本处于弱势地位的新的酋邦就可能取而代之。例如，商朝末期周武王东伐，至盟津，八百诸侯纷纷叛离商王，前来追随周王。

强者为了维护自己在组织内部的权威，维系扈从者对自己的效忠，维持组织内部的秩序，势必会组建自己的亲兵。这种亲兵，在蒙古草原部落时代的铁木真那里，就是伴当，后来演变为怯薛；在华夏古代轩辕氏那里，就是以"云"命名的师兵。这种亲兵，起到维持大共同体内部秩序的作用。可以认为，亲兵的组建，伴随着听命于强势领袖的官僚体制的形成，就是早期专制王权的起源。

（三）庇护—扈从制度的普遍性及其功能

人们可能会提出这样一个问题，为什么"庇护—扈从"结构，会成为华夏早期国家的起源？这是因为，华夏先民不可能按某个圣人的理

---

① 《史记·殷本纪》，第101页。
② 《史记·殷本纪》，第102页。
③ 《史记·殷本纪》，第107页。

性设计,来建立一种理想制度。无论是个人、家庭、部落、村社,还是更大的共同体,人们首先要考虑的,是如何在相互竞争厮杀中幸存下来,获得生存安全。即使是共同体处于强势地位时,也希望能通过争战获得土地、水源、劳动力或其他财产品物。从文化角度来解释,这样的纷争环境形成的生存压力,迫使人们必须组织起来,使利益相近的人们在团结一致的组织中,求得生存与发展的更大机率。对于华夏先民来说,需要怎样的机制,避免动物世界般的弱肉强食?根据当时文明能够达到的水平,这个机制还不可能是中央集权的官僚体制。因为这种官僚制需要一些先决条件,如交通的发达,文字作为信息传递载体的出现,通讯传递方式大幅度改进,等等。而在华夏先民社会,这样的条件是根本不具备的。在不具备这些条件的情况下,华夏共同体的最初形态,只能是建立在庇护—扈从关系基础上的盟誓契约关系。只有这种关系才能把强弱各方结合到一起,通过组织来实现各自的目的。

事实上,在先民粗放的经济生活方式以及险恶环境的挑战下,最容易产生的就是这种朴素的"庇护—扈从"人际关系。因为它同时满足了强者与弱者各自的需要,并把双方通过纵向关系结合到一起,形成一种上下层之间的自愿性的聚合。它是最原始、朴素,且成本最低、代价最小、简便可行、可以无限扩展的人际关系结构。

用这一观点来分析三皇五帝时代的历史,一切都迎刃而解。只要存在着险恶的生存环境,存在着外部压力与危险,人们出于安全感与竞争的需要,就会不期然地促发"庇护—扈从"关系的形成。而这一需要的普遍性,就决定了这一结构的普遍性。这种早期国家形态,离中央集权制还相当遥远。在华夏地区,它还要经历西周分封制、春秋时代、战国时代,直到秦汉时代,才会形成近似于"亚细亚生产方式"所定义的、东方专制主义的大一统的中央集权国家。

事实上,即使到了后世,这种关系结构仍然有其顽强的生命力,只要当国家无法保护个人安全,强者与弱者之间的效忠与庇护关系,就会应运而生。魏晋南北朝时期的"宗主督护制",13 世纪初期蒙古入侵金朝,中原大地上广泛出现的"汉人世侯制",以及意大利西西里岛黑社会组织内部的庇护关系,均属于"庇护—扈从"结构。这种关系结构绝非个别民族在特定时期的特殊发明,它是人类社会的一种最古老、最基本、最容易建立又最广泛存在的人际关系模式。与其用经济生产方式的理论框架解释国家的起源,不如用"庇护—扈从"结构这种与人类群体生存密切相关的关系结构来解释,更为清晰可辨。事实上,人类的经济生活本身,也只有通过这种关系结构,才得以看清。

四、从西周分封制到秦汉中央集权

(一) 夏商周是三个政治集团分别成为霸主的时代

自古以来的一种传统观念认为,夏、商、周是前后相续的三个朝代。这种观念还认为,夏代、商代与周代,是专制君主制的王朝。实际情况并非如此。张光直先生通过大量考古证据得出这样的结论:"三代考古学指明的中国古代文明发展史,不像过去所常相信的那样是孤岛式的,即夏商周三代前赴后继地形成一长条的文明史","而是'平行并进式'的,即自新石器时代晚期以来,华北、华中,有许多国家形成,其发展不但是平行的,而且是相互冲击的、相互刺激而彼此促长的"①。他还指出,"在这三个时代中,夏的王室在夏代为后来的人相信是华北诸国之长,商的王室在商代为华北诸国之长,而周的王室在周代为华北诸国之长,但夏商周又是三个政治集团,或称三个国家,这三个国家之间的关系是平行的,……只是其间的势力消长各代不同便是了"②。这是张光直先生毕生最重要的发现之一,他通过大量考古实证资料,印证了本文通过文献分析得出的基本论点。张光直先生提出的"三代平行论",与本文对《史记》中的《五帝本纪》、《夏本纪》、《殷本纪》、《周本纪》的解释,可以说不谋而合,殊途同归。

正如本文前面的分析所指出的,夏、商、周这三者其实并非三个前后相继的朝代,而是三个不同时期。每一个时期有一个取得优势地位的部族,由于受到其他政治集团的扈从与归顺,而成为酋邦权力的中心,其他相对弱势的部族簇拥在这一中心周围,形成契约共同体。形象地说,在华北平原这个"大猴山"上,夏族、商族、周族这三个"猴子",是同时存在的。所不同的只是,它们在不同时期分别成为大猴山上的猴王而已。无论优势部族还是非优势部族,在远古时代都各有其相对固定的活动疆域。而作为主体的那个部族活动的中心地带,则被称之为这个朝代的活动中心。夏朝在黄河大拐弯的两岸,商朝在河南东部,周则在陕西渭水一带。所谓"三代",实际上就是处于不同地区的夏族、商族与周族,在前后相继的时期,各自成为"天下共主"。夏商周三代只不过是夏、商、西周三大强势集团先后称霸的时代。

---

① 张光直:《中国青铜时代》,生活·读书·新知三联书店1983年版,第47页。
② 张光直:《中国青铜时代》,第47页。

这种聚合关系一开始出现时是相当松弛的，随着时间的推移，控制越来越具有强化的趋势。弱势群体向强势群体自愿归顺，是这种远古组织的最初状态，但到后来，这种自愿性的上下结合，就逐渐演变为强制性的人身依附关系，契约盟誓越来越变为礼仪形式，而不具有实质性的意义。随着战争规模的扩大，王者私人宿卫的权力也越来越大，以效忠王者私人的军队为后盾的王权，压倒了契约性的盟誓关系，成为组织的新的聚合纽带。王者的旨令，如同13世纪成吉思汗发布的札撒一样，变成神圣不可违反的至高法令，违者将受到严厉的惩处；国家对个体的强制性支配力量也就越来越成为国家组织的主要手段；以契约盟誓为基础的小规模的组织，就变成以强制力量为基础的大规模组织。东方专制主义的权威，就在这一基础上发展起来。

（二）从猴山结构到羁縻制：分封制的起源

猴山结构，可以说是一种以猴王为中心的松散的大共同体，当这个大共同体的王者以亲兵为后盾来维护自己的权威，并维持这个大共同体内部的规矩，起到现代人所说的"宪兵"作用时，我们可以说这样的组织离早期专制国家就更近了一步。国家是一种制度性的权力运作机构，它在实施其规则时，垄断着合法的人身强制手段。前文所引《五帝本纪》中轩辕氏手下的师兵或亲兵，就起到"垄断合法的人身强制"的作用。师兵对组织规矩的维护，使统治者在其统治地域内实施有效管控与治理的愿望得以实现，专制体制的功能由此开始体现出来。

然而，这种国家形态如何进一步扩展为更加完整的国家机构呢？这里我们要注意到早期文献中的"故土分封"制度。由于条件有限，优势部族没有能力以武力征服各部，只要各部承认它的霸主地位与权威，王者也就满足了。作为回报，凡同意服从该王的部族，王者就会让其保持原有的土地、人口、军队与各种资源，效忠者在规定范围内享有自治权，享受该地域的收益。这就是《史记·五帝本纪》中的"因其故土而封之"。20世纪30年代，史学家缪凤林在其《中国通史要略》中，就是这样记述古代华夏的封土制的：

> 邃古之诸侯，皆自然发生之部落，非出自帝王之封建，而起于事之不容已。部落时代，酋长各私其土，各子其民，有大部族起，势不能不取诸部族一一而平之，故挞伐与羁縻之策并行。举凡部落以从号令者，即因其故土而封之，使世袭为诸侯，边远之国，政策有所不加，刑戮有所不及，则亦因仍旧俗，自主其国。①

我们可以把缪凤林所指的"因其故土而封之"称之为"羁縻制"。按《汉书》颜师古的注释："羁縻，系联之意。马络头曰羁也。牛靷曰縻。"② 所谓"因其故土而封之"，就是酋邦领袖通过怀柔、笼络的方式来控制归顺者，让归顺的小共同体继续保持其对原有的生活区域的自治权，承认其对该地域土地与人民的直接管控权力，通过颁发"特许权"，换取归顺者对王者的效忠。王者通过笼络让对方服从自己的统治，而对方在服从自己权威的同时，仍保持着高度的自主性与自治权力，这种羁縻制可以看作是分封制的前身。根据张光直先生的统计，公元前16世

---

① 缪凤林：《中国通史要略》，吉林人民出版社2013年版，第29页。
② 《汉书·郊祀志下》，中华书局1962年版，第1248页。

纪到公元前 11 世纪的商代，周族在陕西龙山文化区域、夏族在河南龙山文化区域、商族自身在河南与山东龙山文化区域，都有自己的自治区域①，而这些自治区域都是商王给予效忠于自己的诸侯国的羁縻地。

在羁縻制下，受封者变成服从于优势部族的诸侯，他们可以世袭自己的权力，在羁縻地享有充分的自治权，但必须服从王者的号令，参加征战，并承担其他各种政治与军事义务。这样，在分封的实施者与受封者之间，就形成一种政治契约关系。这种"因故土而封之"的制度是很粗放的，一开始并没有复杂的仪式。对于酋邦的霸主来说，只要这些扈从诸侯不生异心，保持对以他为中心的权威的尊重，形成相对稳定的主从关系，也就相安无事了。

事实上，西周以后的分封制正是对羁縻制度的进一步完善与巩固，是"庇护—扈从"关系在领土分配关系上的逻辑发展。正如历史上所发生的一切事物一样，任何新的创设都不会是无缘无故地突然出现的，新制度不过是在原有经验基础上的进一步延伸。

（三）西周分封制国家

西周沿用的仍然是夏商以来的"庇护—扈从"关系模式。这在史籍中说得很明白：武王即位后，曾经有八百诸侯前来会师准备拥护周族，攻击已犯众怒的商王，但武王最终还是发现条件尚不成熟而中止：

> 武王即位，太公望为师，周公旦为辅，……九年武王……东

---

① 张光直：《中国青铜时代》，第 47 页。

观兵，至于盟津。……诸侯不期而会盟津者八百诸侯。诸侯皆曰："纣可伐矣。"武王曰："女未知天命，未可也。"乃还师归。①

过了两年，武王认为条件已经具备，于是号令归顺自己的众部族诸侯，前来会师，各部族再次前来，向周武王表示效忠：

> 居二年，闻纣昏乱暴虐滋甚，……于是武王遍告诸侯，……诸侯咸会。……武王乃作《太誓》，……诸侯兵会者车四千乘，陈师牧野……（纣）自燔于火而死。武王持大白旗以麾诸侯。……诸侯毕从。……受天明命。②

归顺新酋邦的各部族会师以后，在牧野向商酋邦发动会战，打败商王召集的军队，建立起以周族为主体的酋邦国家，是为西周。特别值得注意的是，上文提到"武王持大白旗以麾诸侯。……诸侯毕从。……受天明命"。这表明，周王是通过对投靠自己的部族的号召与动员，来促成灭殷商的军事集结的。周武王在战胜商王朝以后，也进行了封赏，其中包括封神农之后于焦，黄帝之后于祝，帝尧之后于蓟，帝舜之后于陈，大禹之后于杞，再封功臣谋士，各以次受封③，让他们各自在自己的地盘上充当效忠于周王朝的诸侯。

西周分封制的出现绝非突兀，它是从夏商时代酋邦国家的"庇护—扈从"关系中直接演变过来的。分封制的许多重要制度元素，均

---

① 《史记·周本纪》，第120页。
② 《史记·周本纪》，第121—126页。
③ 《史记·周本纪》，第127页。

可以从羁縻制中找到其源头。分封制对于周王来说，是为了解决他所面临的矛盾与困境，即在当时条件下如何同时实现藩屏、安抚、奖酬与羁縻功能而选择的办法。

分封制在客观上使一种核心文化价值（宗法，礼文化及道德观）从周王室的中心扩展到诸侯各国，从而展现出以核心文化为基础的民族认同过程。另一方面，借助于各个诸侯国的对外扩张能力，把这种文化发散到离中心更远的地域，这就使春秋时代的华夏共同体的幅员，较之西周分封制实施初期大为扩展。

从松散、粗放的酋邦制，进入联系更为紧密、制度化程度更高的分封制，中国人文精神的一些基本要素也在这一时期开始出现，如礼制，宗法制度，天道观念，贤人政治，民本与德治，等等。一方面，人们可以看到，春秋多元化体制对于文明进步，对于激发中国人的创造力与智慧，对于文化普及，具有历史性的重要意义；另一方面，自分封制建立起，意味着诸侯国家脱离周王室的独立自主化的趋势将无可避免。

（四）从分封制到中央集权制

应该说，西周的分封制从一开始就决定了诸侯国家势必走向离心化。这是因为受封者获得了封地的自主权，可以从容地在自己的领地上扩展自己的实力，而作为分封主体的周王室却没有足够的资源来维持自己的吸引力与威慑力，使受封者始终保持对自己的效忠。

随着时间的推移，诸侯国家之间必然会因利益冲突而产生矛盾，在周天子的仲裁力及权威越来越式微的情况下，诸侯国家之间的矛盾只能通过武力较量来解决，国家之间的矛盾冲突就会不断激化。各国为了扩张、生存与自卫,不得不持续动员本地区的人力物力财力,用以进行兼并与反兼并战争。当时各诸侯国也曾经尝试制止兼并战争,例如作为春秋五霸的齐桓公、晋文公、楚庄王、秦穆公、宋襄公,试图挟天子以令诸侯,以将周天子的权威与自己的实力相结合的方式,来维持各国之间的平衡,以求建立一种尊重国与国之间秩序的游戏规则,但都没有成功。

既然各国之间的平衡已经无法实现,由此而形成的无休止的战争困境,只有通过大一统的方式来解决。大一统可以说是解决无休止的"争则乱,乱则穷"的战争困境的唯一选择,是中国文明发展到特定阶段的宿命,统一也就成为中国文明不可避免的历史趋势。由此才能理解,秦王朝确立的官僚专制大一统的历史性贡献,它是避免这种无分之争的不得不然的历史归宿。

兼并战争的竞争逻辑,决定了各国只有强化本国的军事实力一途可走,这就使得自春秋以后,各国都先后走上了以军事化国家为宗旨的法家式的变法道路。为了适应兼并战争的需要,诸侯国家纷纷自觉或不自觉地通过各种变法运动走向中央集权国家。战争的实效表明,相对于权力分散、等级森严、动员效率低下的分封制诸侯国家,这种军国主义化的中央集权的官僚专制国家,能最为有效地动员人力、财力与物力资源,满足兼并战争的需要。吴起变法、商鞅变法的本质,与其说是"地主经济化",不如说是军、国、民一体化,从而把整个社会变成一部高效的战争机器。实现这一目标的途径,就是把分封制国家改造为中央集权的专制官僚国家,变法就是通过不断强化中央集权国家对社会进行干预的力度来实现的。自春秋战国以来,中国社会的自主性,随着变法的深入,随着中央集权程度的提升,而进一步丧失。变法的结果,是使各国的国家动员能力上升到新的层次,兼并战争的烈度也进一步强化。而中央集权化程度最高、从而使战争机器运转得更为有效的秦国，最终成为兼并战争的胜出者，秦国也因此实现了中国的大一统。由国家决定社会与个人的命运，是中国文化二千年发展的基本趋势。

事实上，自西周到秦统一中国的历史，就是沿着这样的逻辑线索演进的：分封制—各国对周王室的离心化—兼并战争的加剧—竞争压力下各国的变法—走向军国主义化的中央集权—秦朝统一中国。这一逻辑线索可以合理地解释从分封制社会向郡县制国家转变的历史进程。

五、结论

用"五种生产方式"范式解释中国早期国家起源，是难以自圆其说的，这已经为中国几代学人的学术实践所证实。

"亚细亚生产方式"理论让我们看到在"五种生产方式"以外，存在着新的思考路径。我们可以从"共同体之父"对村社部落予以"接管"的方式，来理解早期国家的形成。按马克思的理解，当古代社会成员结合成共同体时，承担这种公共功能的国家，不得不在"商品经济炸毁血缘纽带"之前，就提前出现了。这种功能主义的解释，是"亚细亚生产方式"理论对后世人最为重要的启示。它作为马克思思想的宝贵学术资源，突破了用"五种生产方式"范式解释社会发展史的陈旧观念。

然而，"亚细亚生产方式"理论却无法解释中国早期国家的起源。马克思提出这一理论假说，主要依据的是印度的社会史资料，人们无法由此直接推断中国国家产生的具体路径与方式。而且，根据"亚细亚生产方式"与东方专制主义论的假说，东方古代国家似乎从诞生起就是专制中央集权的，其论式是，"共同体之父"为了履行公共职能，通过税赋而建立起自上而下的官僚系统，并由此形成了专制中央集权。事实上我们根本无法从汉语文献中找到最早的国家是中央集权官僚制的依据。众所周知，中央集权官僚制必须以交通、器物与文化信息传播方式等文明条件的相对成熟为前提。处于草昧时代的华夏文明，根本不具备这样的文明条件。事实上，过去任何一位想直接运用"亚细亚生产方式"理论来套用中国古代史的学者，都没能在中国国家起源问题上取得成果，不得不铩羽而归。

解释中国国家起源，必须从《史记》之《五帝本纪》、《夏本纪》、《殷本纪》等先秦文献入手，但单纯研读这些文献，也难以通过对这些碎片化的史料信息的归纳，拼接出一个完整的国家形成的历史图景。

可以说，无论是五种生产方式理论，或朴素的考证论，还是亚细亚生产方式理论，都无法令人信服地解释中国早期国家起源。要避免这些研究困境，必须另辟蹊径。

13世纪蒙古草原游牧共同体显现出来的"庇护—扈从"组织结构，恰恰为我们探索从三皇五帝到夏商周的国家形成过程，提供了全新的视角、启示与思路。

从《史记》之《五帝本纪》、《夏本纪》、《殷本纪》及其他中国古代文献中均能发现，在华夏先民各部落中，存在着类似13世纪蒙古草原盛行的盟誓契约关系。强者与弱者之间存在着这样一种利益结合，双方都可以通过这种结合得到各自需要的东西，双方通过权利、义务、责任的盟誓契约把这种结合固定下来。由此，在强势部族与弱势部族之间，就形成了"庇护—扈从"关系。我们可以发现，在个人之间，部落之间，部族之间，部族联盟之间，都广泛存在着这样的庇护—扈从关系结构，这种基于双方利益需求的纵向结合，实现了小共同体从分散状态向集中状态的最初转变。

夏商时代的中国,从"猴山结构"的松散联邦,发展到一定阶段,就自然会产生"因故土而封之"的羁縻制。王权通过羁縻制建立起了相对稳定的地域联结,形成以王者为中心的统治领域。到了西周,羁縻制又进一步演变为以礼仪器物等文化象征符号为基础的、具有精神与文化资源支撑的分封制。然而,在西周分封制的条件下,诸侯国之间的竞争,不可避免地会使各诸侯国陷入战争困境,为了摆脱这一困境,各诸侯国不得不通过旨在加强国家军事动员能力的变法运动而走向中央集权。成功实现了中央集权变革的秦国,终于实现了中国的大一统,而这种以国家动员为基础的大一统,势必是专制中央集权性质的。

大体上,我们可以把中国早期国家的形成与发展,分为前后相继的几个阶段:(一)华夏先民的"猴山结构"。(二)炎黄与夏商时代以盟誓契约关系为基础的酋主盟邦。与此同时,在酋邦体制下出现了具有封赏性质的羁縻制。(三)以礼器名分为制度纽带、以高级盟誓关系为基础的西周分封制。(四)春秋战国时代多元诸侯国家的竞争格局。(五)在兼并战争中,为适应军事动员需要而发展起来的中央集权官僚制,最终完成秦汉大一统的中央集权帝国。在这一历史轨迹中,可以看到中国早期国家形成过程的完整链条。

本文的结论是,中国早期国家,既不是经由西方古典奴隶制的路径,也不是经由亚细亚生产方式所指的东方专制主义的路径,而是在华夏小共同体的"庇护—扈从"关系上,经由酋邦联盟、羁縻制、分封制等前后相继的阶段,在华夏民族的集体经验中演化而来,并最终走上了中央集权的专制主义道路。

中国的国家形成经过了复杂的多阶段的历史道路,从以"猴山结构"为基础的酋邦联盟,到中央集权专制王朝国家,是一个相当漫长的历史过程,部族社会的先民只是不自觉地在为解决自身面临的困境而竞争着。先民们所没有想到的是,他们都在为后来的王朝国家的建立,做出自己的贡献。

事实上,历史的演变并非遵循某种先定的大逻辑、大理论,它既不是古代圣人或智者的特意的理性设计或灵感发明,也不是人们按自己的道德理想做出的有意选择。历史就是人类为应对自身环境挑战而不断适应与经验试错的过程。历代的先人面对生存困境,在没有人能预知其结果的情况下,经过漫长的岁月,运用自己可以获得的社会资源与政治手段,寻找在乱世中建立秩序的办法,形成了一些维持这些秩序的游戏规则,其中包括军事与超经济强制在内,这些规则与办法,上升为习俗与惯例,就成为约定俗成的制度,国家则是用强力来维持这些制度的政治文化手段。无论是盟誓共同体、酋邦、羁縻制、分封制,还是中央集权王朝体制,都是这种政治文化手段前后相继的不同发展阶段。沿着这条思路求索国家的起源与演进,追溯先人在困境中形成秩序的集体经验,比用大理论来套用文献中的信息,也许会让我们更加接近于国家形成的真实历史过程。

附记:20世纪80年代初期,作者在南京大学攻读元蒙史研究生,毕业后在大学从事中国古代史教学,结合13世纪蒙古史的研究心得,对中国国家起源问题进行了一些新的思考,写下了数万字的读史札记。近来重新翻阅这些笔记,仍然觉得言之成理,作为"百家争鸣"中的一家之言,如置之高阁,未免有点儿可惜,于是敝帚自珍,在笔记整理的基础上写就此文。

(原载《文史哲》2016年第5期)

夏代"复合型"国家形态简论

王震中

无论是中国古代文明与国家起源于"夏代之前说"还是起源于"夏代说",夏代已进入文明时代、已属于国家社会,这在我国的学术界已获得相当程度的共识。然而,夏朝的国家形态即国家结构究竟是"方国联盟"、"城邦联盟"、"早期共主制政体"、"早期共主制政体下的原始联盟制",还是"奴隶制中央集权王朝"抑或其他结构形态?这在学者们之间尚处于见仁见智、众说纷纭的状态。

借用《尚书》等典籍中表示国家的"邦"、"国"之类的词语[①],夏代既存在着被称为"夏后氏"的王邦,也存在着"韦"、"顾"、"昆吾"(《诗经·商颂·长发》、《国语·郑语》)、"薛"(《左传·定公元年》)、"商侯"(《今本竹书纪年》)等属邦(附属国),还存在着诸如"方夷"、"畎夷"、"于夷"、"风夷"、"黄夷"、"白夷"、"赤夷"、"玄夷"、"阳

---

① 参见王震中:《先秦文献中的"邦"、"国"、"邦国"及"王国"——兼论最初的国家为"都邑国家"》,载陈祖武编:《从考古到史学研究之路——尹达先生百年诞辰纪念文集(1906—2006)》,云南人民出版社 2007 年版。

夷"(《古本竹书纪年》)等时服时叛的国族①。夏的王邦，比照周人称周邦为王国的事例②，亦可称为王国；夏的属邦即《尚书》等文献中的"庶邦"，属于比王国低一级的附属邦国；至于既包括王国又包括附属邦国在内的所谓"统一王朝"，则可称之为"夏王朝"或"王朝国家"。

夏的王邦已属国家形态，其证据材料应该说是较充分的。以往学者们在说到夏朝国家时，实际上主要是在论述夏的王邦。例如，在文献中，《尚书·汤誓》说："夏王率遏众力，率割夏邑。"《史记·殷本纪》将这里的"夏邑"写作"夏国"，指的就是王邦之地。《白虎通·京师篇》即言："夏曰夏邑，殷曰商邑，周曰京师。"

作为国家行政职能的官吏，《尚书·甘誓》说夏王朝有"六卿"、"三正"。"六卿"之"卿"或许用的是春秋时期的语言词汇，实即《甘誓》所说的"王曰六事之人"，亦即《墨子·明鬼下》所转录《禹誓》所言的"左右六人"，是王身边的六个或六种管事的高层官吏。"三正"

---

① "国族"这一概念中，"国"指邦国，"族"指族落。笔者在这里取用它的模糊性，即对于有些政治实体，我们无法准确判定它究竟是邦国，还是没有达到邦国的族落时，笔者采用"国族"来笼统地指称它们。

② 先秦文献中，诸如《尚书·大诰》中的"周邦"、"我小邦周"等均指周国。此外，在先秦时期已出现"王国"一词，如《诗经·大雅·文王》："思皇多士，生此王国。王国克生，维周之桢。"《诗经·大雅·江汉》："四方既平，王国庶定，……王命召虎，式辟四方，彻我疆土。匪疚匪棘，王国来极。于疆于理，至于南海。"金文也有"保辥王国"(《晋公盆》，见中国社会科学院考古研究所编：《殷周金文集成释文》第6卷10342，香港中文大学出版社2001年版，第194页)。对于上引文献和金文中的"王国"，作为最一般的理解，应该指的是"王之国"即王邦，亦即国都。但作为其引申义，于省吾先生认为这个"王国"与《尚书》中的"四国"、"周邦"、"有周"一样，不是单指国都，也不包括四方在内，而为京畿范围即王畿之地(于省吾：《双剑誃尚书新证》，见《双剑誃群经新证》，上海书店出版社1999年版，第112页)。确实，根据《江汉》中"王国"与"四方"对举，可以认为这个"王国"就是指"周邦"即周国，亦即周王直接治理的地区，后世所谓的"王畿"。

之"正",《尔雅·释诂一》曰:"正,伯,长也。"《左传·定公四年》封唐叔"怀姓九宗,职官五正",可见"正"指的就是官吏。陈梦家先生还举出毛公鼎中"亦唯先正"以及《诗经·大雅·云汉》"群公先正"等,证明"三正"指官吏①。因而,"三正"、"左右六人"都应该是指夏朝最高层官吏的一个集合名词②。此外,还有附属于王朝的属邦或部族之君在朝廷担任职官的情况。如位于今山东滕州的薛国的奚仲,《左传·定公元年》说他曾担任夏朝的"车正"。商周的祖先都在夏朝任过官职。《国语·周语上》说:"昔我先王世后稷,以服事虞、夏。及夏之衰也,弃稷不务,我先王不窋用失其官,而自窜于戎狄之间。"可知周族祖先曾在夏朝担任农官稷。据《史记·殷本纪》,商的始祖契在夏初曾任管理土地的"司徒"之官职③。今本《竹书纪年》提到"商侯相土",也提到夏王少康"十一年,使商侯冥治河"。《国语·周语上》说:"冥勤其官而水死。"韦昭注曰:"冥,契后六世孙,根圉之子也,为夏水官。"亦即商族另一位先祖冥担任过夏朝管理或治理水的职官。

作为强制性权力系统一个组成部分的刑法,在夏代已经出现。《左传·昭公六年》说:"夏有乱政,而作《禹刑》。"这是说夏代初年即已制定了刑法。夏初的这种刑法应该是在继承颛顼、尧舜时代刑法的基础上而形成的。《左传·昭公十五年》引《夏书》说:"'昏、墨、贼、

---

① 陈梦家:《尚书通论》(增订本),中华书局1985年版,第181—182页。
② 参见谢维扬:《中国早期国家》,浙江人民出版社1995年版,第372页。
③ 此处的"司徒(司土)"是用战国时的语言对历史进行的复述与概括,它有可能是从"司地以属民"的"火正"演绎出来的。参见田昌五:《中华文化起源志》(《中华文化通志·历代文化沿革典》),上海人民出版社1998年版,第234页;王震中:《先商社会形态的演进》,《中国史研究》2005年第2期。

杀',皋陶之刑也。"皋陶乃东夷族,夏代之前的东夷已制定有皋陶之刑。《尚书·尧典》说,皋陶"作士,五刑有服,五服三就,五流有宅,五宅三居。惟明克允"。说的也是帝舜让皋陶担任刑狱职官,施用五刑。《尚书·吕刑》篇说:"苗民弗用灵,制以刑,惟作五虐之刑,曰法。杀戮无辜,爰始淫为劓刵椓黥。越兹丽刑并制,罔差有辞。"这是说夏代之前的颛顼尧舜时代,南方苗蛮集团也已制定了刑法,其中有劓(割鼻)、刵(割耳,一说为刖即断足之刑)、椓(宫刑)、黥(墨刑,脸上刺字)等五种极残酷的刑法。夏之前的颛顼尧舜时期即已产生了刑法,夏代有刑法应当是可信的。《尚书·甘誓》记载夏与有扈氏大战于甘,夏王对将士们作战前动员时说,你们"用命(执行命令),赏于祖,弗用命,戮于社,予则孥戮汝"。夏王所具有的这种强制性权力是与他掌控着刑法密不可分的。

在夏的王邦之外,对于附属于夏的那些国族,欲论证它们的社会发展已进入国家形态,其材料远不如夏的王邦那么多。例如昆吾氏,《国语·郑语》说:"昆吾为夏伯。"至于昆吾方国内的状况则不得而知。在商汤灭夏之前,曾遭到商汤征伐的韦和顾[1],依据商代青铜器铭文,在商代,韦族中"子韦"[2]、"册韦"[3]、"弓韦"[4] 在王朝为官任职[5],从甲骨文中

---

[1] 《诗经·商颂·长发》:"韦顾既伐,昆吾夏桀。"
[2] 参见中国社会科学院考古研究所编:《殷墟青铜器》六四、六五、六六诸器,文物出版社1985年版,第449—450页。
[3] 参见中国社会科学院考古研究所安阳工作队:《1987年秋安阳梅园庄南地殷墓的发掘》,《考古》1986年第2期。
[4] 参见中国社会科学院考古研究所安阳工作队:《1980—1982年安阳苗圃北地遗址发掘简报》,《考古》1986年第2期。
[5] 参见王震中:《商代都鄙邑落结构与商王的统治方式》,《中国社会科学》2007年第4期。

可以看到，韦族有自己的军队和农田①。顾在商代甲骨文中称"雇伯"②，其地位于今河南范县东南，在商末征伐人方（夷方）的路线上③。然而有关夏代的韦国与顾国的具体情况，文献中找不到进一步的说明。夏代的有虞氏也属于国家社会。《左传·哀公元年》记载，夏的少康为了逃避寒浞的儿子浇的追杀，便逃奔到有虞氏那里，担任了有虞氏的庖正，娶有虞氏两女为妻，有虞氏让他以纶地为领地，并使他"有田一成，有众一旅"，这从侧面证明了夏代的有虞氏社会是一个邦国。先商的大部分时期与夏代是并行的，据笔者研究，商族从商契至王亥时期属于中心聚落形态，从上甲微至成汤时期属于邦国形态，从成汤对夏王朝的推翻和取而代之开始，商族实现了由邦国走向王国的转变④。

总之，在夏代除了作为王邦的夏后氏之外，还有相当数量的政治实体属于邦国即国家形态，这些邦国有的是在夏代由中心聚落形态发展为邦国的，也有许多在夏代之前就已是邦国，在夏代继续存在而已，为此，文献中每每有虞夏之际"万邦"、"万国"的说法。例如，《尚书·尧典》说帝尧能"协和万邦"。《汉书·地理志》说尧舜时期"协和万国"，到周初还有一千八百国。《左传·哀公七年》说："禹合诸侯于涂山，执玉帛者万国，今其存者，无数十焉。"《战国策·齐策四》颜斶云："大禹之时，诸侯万国……及汤之时，诸侯三千。当今之世，南

---

① 《甲骨文合集》28064："戊寅卜，在韦𣢾师，人无𢦏异，其禣。"中国社会科学院历史研究所《甲骨文合集》编辑组编：《甲骨文合集》，中华书局1978—1982年版。以下随文注中，《甲骨文合集》简称《合集》。
② 《甲骨文合集》13925 正："贞：呼取雇伯。丁酉卜，宾贞：妇好有受生。"中国社会科学院历史研究所《甲骨文合集》编辑组编：《甲骨文合集》，中华书局1978—1982年版。
③ 参见王震中：《甲骨文亳邑新探》，《历史研究》2004年第5期。
④ 参见王震中：《先商社会形态的演进》，《中国史研究》2005年第2期。

面称寡者,乃二十四。"《荀子·富国》篇也说:"古有万国,今有十数焉。"这种"万邦"的概念,也出现于青铜器铭文和《尚书》的《周书》篇以及《诗经》之中,如《墙盘》铭文:"曰古文王……匍有上下,迨受万邦。""迨受万邦"大意是说文王为万邦所拥戴。《尚书·洛诰》:"曰其自时中乂,万邦咸休,惟王有成绩。"这是周公说的话,大意为周王如果能够在这天下之中的洛邑治理天下,那就会"万邦咸休",大功告成。《诗经·小雅·六月》:"文武吉甫,万邦为宪。"这是西周末叶的诗,称颂尹吉甫可以做万邦的榜样。

可以认为西周时期的金文与《尚书》及《诗经》中"万邦"一词是承袭尧舜夏商以来的说法,在这里,"万"字只是言其极多,不必实指,"万邦"表示了小国林立的一种状态。按照先秦文献中"邦"字"国"字的含义①,"万邦"、"万国"当然指的都是国家,但对于夏代之前的这些"万邦"、"万国"却需作一些辨析。笔者以为,上引《尧典》和《左传》所说的尧舜禹时的"万邦"、"万国",也许是将尧和禹时期的所有独立的政治实体,诸如氏族、部落、酋长制族落(即现在一般所谓的"酋邦",亦即笔者所说的"中心聚落形态")和早期国家等,统统都称之为"邦"或"国"了,它们当中既有属于国家的政治实体,也有许多还属于"前国家"的政治实体。我们当然不能因"万邦"一词的使用即认为当时所有的氏族部落都转化成了国家,但它也暗示出当时出现的国家绝非一个而为一批,所以,依旧可以称之为邦国林立。至于究竟有哪些属于早期国家,哪些属于氏族部落,哪些属于由部落正走向国家的酋

---

① 参见王震中:《先秦文献中的"邦""国""邦国"及"王国"——兼论最初的国家为"都邑国家"》,载陈祖武编:《从考古到史学研究之路——尹达先生百年诞辰纪念文集(1906—2006)》。

长制族落，则需要通过对具体的考古学聚落遗址的考察、分析和论证才能作出判断和确认。在文献上，帝尧所代表的陶唐氏、帝舜所代表的有虞氏、鲧禹所代表的夏后氏，以及太皞、少皞、苗蛮族中的某些族落转变成了初始国家，而其他的，有的还属于一般的农耕聚落，有的属于中心聚落，也有的处于从中心聚落形态正走向初始国家的途中，等等。夏代的情况也是这样，所谓"万邦"之中，有一批属于真正的邦国即国家的政治实体，也有一些属于酋长制族落（中心聚落形态）乃至氏族部落，对此我们可以称之为"前国家的政治实体"。

在夏代，既有夏后氏这样的王邦，也有众多的庶邦。庶邦之中，有韦、顾、昆吾、有虞氏、商侯、薛国之类的附属国，笔者称之为"属邦"，取附属之意，也有时服时叛或完全处于敌对状态的诸夷之国。在王邦和庶邦之外，夏代还存在一些"前国家"的族落共同体。夏代既是由多层次政治实体构成的社会，那么它们之间的结构关系又是怎样的呢？《国语·周语上》内史过引《夏书》说："众非元后，何戴？后非众，无与守邦。"韦昭注："元，善也；后，君也；戴，奉也。"可见作为王邦的夏后氏与作为属邦即附属国之间的关系是一种不平等的关系。这种不平等是表现在政治、经济、军事等各个方面的。《孟子·滕文公上》说："夏后氏五十而贡。"这里的贡也许是贡赋的总称，但它也透露出夏代的附属国是要向王邦纳贡的。《左传·宣公三年》说："昔夏之方有德也，远方图物，贡金九牧，铸鼎象物。"杜预注："使九州之牧贡金。""九州"是后人称禹时的行政地理区划，如《左传·襄公四年》即说："茫茫禹迹，画为九州。"但是，最初的"九州"是指一特定地域[①]，

---

① 参见王震中：《共工氏主要活动地区考辨》，《人文杂志》1985年第2期。

如《国语·郑语》所谓"谢西之九州",《左传·昭公二十二年》"九州之戎"之九州。后来"九州"被放大为指全中国之九州。夏代时虽说不会按照后来被放大的所谓"九州"的区划进行纳贡,但《左传·宣公三年》说夏代实行纳贡应该是可信的①。《墨子·耕柱》说:"昔者夏后开使蜚廉折金于山川,而陶铸之于昆吾。"蜚廉为秦之先祖,夏后启使秦的蜚廉为他采矿冶金,这也是一种纳贡的方式。《左传·定公元年》说:"薛之皇祖奚仲,居薛,以为夏车正。"《世本》、《荀子·解蔽》篇、《吕氏春秋·君守》篇、《淮南子·修务》篇都说"奚仲作车"。在二里头遗址已发现车轮轨迹的遗迹,可见夏代已有车,这说明奚仲发明造车的传说是可信的。薛国之君作为专门的造车者并为夏的车正,当然也要以提供车辆的方式向夏王邦纳贡。《左传·昭公二十九年》晋太史蔡墨说:"古者畜龙,故国有豢龙氏,有御龙氏……有陶唐氏既衰,其后有刘累,学扰龙于豢龙氏,以事孔甲,能饮食之,夏后嘉之,赐氏曰御龙。以更豕韦之后。龙一雌死,潜醢以食夏后。夏后飨之,既而使求之。惧而迁于鲁县,范氏其后也。"《左传·襄公二十四年》宣子曰:"昔匄之祖,自虞以上为陶唐氏,在夏为御龙氏,在商为豕韦氏,在周为唐杜氏,晋主夏盟为范氏。"作为附属国族的豢龙氏、御龙氏,他为夏王孔甲畜养龙(即鳄鱼)②,供孔甲食用,这也是一种不平等的经济贡纳行为。

如前所述,在有关夏代的文献中还讲到一些附属的国族之君到王

---

① 夏代实行纳贡(即各地附属国向王邦纳贡)与夏代各地是按照"九州"区划实行纳贡是两个不同的概念。
② 龙是古人将地上的鳄鱼和蟒蛇与天上的雷电合为一体而形成的,参见王震中:《图腾与龙》,见氏著:《中国古代文明的探索》,云南人民出版社2005年版。

朝任职为官的情况，诸如薛之奚仲为夏之车正，商之冥为夏之水官，等等。这些情况与商周时期一些地方诸侯之君在商周王朝为官的情形是一样的①。《史记·殷本纪》说商纣以西伯昌、九侯（一作"鬼侯"）、鄂侯为三公，就是明显的例子。卜辞中的"小臣醜"（《合集》36419）与山东青州苏埠屯出土的徽铭"亚醜"，也属于商代畿外侯伯或服属国族在王朝为官者②。最近发现的殷墟花园庄54号墓是一座在朝为官的显赫贵族墓。墓内出土青铜器、玉器、陶器、石器、骨器、蚌器、竹器、象牙器、金箔、贝等各类器物共达570余件，其中有铜钺7件和大型卷头刀以及大量青铜戈、矛等兵器，并在所出的青铜礼器上，大多有铭文"亚长"二字。"亚"为武职官名，这与墓内随葬大量青铜兵器也是相符的；"长"为甲骨文中"长"族之长。为此，发掘者认为54号墓的墓主当为"长"族的首领，是一位兵权在握的显赫贵族③。在甲骨文中，长族邦君在甲骨文第一期时即被称为"长伯"（《合集》6987正），到廪辛康丁时期，出现有"长子"的称呼（《合集》27641）。卜辞中长族将领"长友角"、"长友唐"也是有名的（《合集》6057正、6063反等）。长伯的封地即称为长，商王关心长地的年成，卜问"长不其受年"（《合

---

① 参见王震中：《商代都鄙邑落结构与商王的统治方法》，《中国社会科学》2007年第4期。
② 山东青州苏埠屯一号大墓是一座有四条墓道、墓室面积达56平方米、殉犬6条、殉人多达48人的规模极大的墓葬（山东省博物馆：《山东益都苏埠屯第一号奴隶殉葬墓》，《文物》1972年第8期；山东省文物考古研究所、青州市博物馆：《青州市苏埠屯商代墓地发掘报告》，载张学海主编：《海岱考古》第1辑，山东大学出版社1989年版）。苏埠屯遗址虽然尚未发现城址，但是这种带有四条墓道的大墓的规格与殷墟王陵是一样的，而且由该遗址出土铸有"亚醜"族徽铭文的大铜钺以及五六十件传世铜器中都有"亚醜"铭记来看，亚醜最初可能是商王派到东土、住在苏埠屯的武官，随着时间的推移，他后来发展成了外在的诸侯，但同时还在王朝兼任小臣之职，称为"小臣醜"。
③ 中国社会科学院考古研究所安阳工作队编：《河南安阳花园庄54号商代墓葬》，《考古》2004年第1期。

集》9791）。商王还经常与长族进行联络，常常卜问派遣官员"往于长"（《合集》7982、《怀特》956），也有商王亲自行至长地的记录（《合集》767反、36346、36776）。关于长在何地，根据长与方、羌（《合集》495）均有涉，以及今山西长子县西郊有春秋时期的"长子"古地名等情况，林欢博士认为"长"族原居于今山西长子县，河南鹿邑县太清宫的长子口墓墓主是商亡国之后南迁的"长子"族首领[1]。那么，花园庄54号墓墓主当为商王祖庚祖甲时期长族派遣到殷都并居于殷都、在朝为武官的大贵族。在周代，除了那些名为畿内诸侯实为畿内贵族在王朝中央担任一些官职外，一些畿外诸侯的国君也在王朝中央任职，如卫侯在中央可能任司寇，邢伯"世为王官"，春秋初年的郑庄公任王朝卿士，等等[2]。附属的国族或诸侯在王朝的中央机构内任职，说明这些国族或诸侯作为邦国虽有自己的独立性，但它又与整个王朝是一体的，反映出包含附属国族或诸侯在内的整个王朝在政治上所具有的某种程度的整体性[3]。这些附属的邦国或诸侯，在王朝中央任职，既是对王朝的国家事务的参与，亦是对中央王国这个天下共主的认可；而作为邦国分处各地，则发挥着藩屏王邦，守土守疆的责任，这是对《国语·周语上》内史过引《夏书》所说的"众非元后何戴？后非众无与守邦"的最合适的注解。

上述夏后氏与诸附属国或国族的关系，显现出古代中国自夏代开

---

[1] 林欢：《试论太清宫长子口墓与商周"长"族》，《华夏考古》2003年第2期。关于长子口墓，也有一种观点认为它是周初封于宋地的微子启的墓葬，参见王恩田：《鹿邑太清宫西周大墓与微子封宋》，《中原文物》2000年第4期；〔日〕松丸道雄：《河南鹿邑县长子口墓をめぐる诸问题——古文献と考古学との邂逅》，《中国考古学》第四号，2004年11月。

[2] 谢维扬：《中国早期国家》，第450、421、426页。

[3] 谢维扬：《中国早期国家》，第426页。

始形成了一个"大国家结构"或可称之为"复合型国家结构"[①]，在这一结构中既包含有王邦（王国）也包含有属邦（附属国），王邦与属邦是不平等的，王邦为"国上之国"，处于天下共主的地位，属邦为主权不完整的（不是完全独立的）"国中之国"。这些属邦有许多是在夏代之前的颛顼尧舜时代即已存在的，夏王朝建立后，它们并没有转换为王朝的地方一级权力机构，只是臣服或服属于王朝，从而使得该邦国的主权变得不完整，主权不能完全独立，但它们作为邦国的其他性能都是存在的，所以，形成了王朝内的"国中之国"。而作为王邦即中央王国，则既直接统治着本邦（王邦）亦即后世所谓的"王畿"地区（王直接控制的直辖地），也间接支配着臣服或服属于它的若干邦国，因而王邦对于其他众邦其他庶邦当然就是"国上之国"。邦国的结构是单一型的，王朝在"天下共主"的结构中，它是由王邦与众多属邦组成的，是复合型的，就像数学中的复合函数一样，函数里面套函数。那么，对于这种复合型国家结构我们给予它一个什么样的名词呢？由于笔者已把王邦称之为王国，而这里所谓王国的范围主要指的是王畿地区，因此笔者主张将既包含中央王国也包含一般的附属国亦即所谓诸侯国的这种复合型国家结构称之为"王朝"或"王朝国家"。只是"王朝"这一词语也用于秦汉以后，而秦汉以来的王朝国家基本上属于高度发达的"单一制国家结构"，而不像夏商周三代那样是复合型国家结构，苦于没有更好的词汇概念，姑且用之。这样，我们就可以用"邦国"、"王国"、"王朝"来

[①] 周书灿已提出"复合制国家结构"的概念，但是他将"复合型国家结构"只限定在西周，认为夏王朝的国家结构是"早期共主制政体下的原始联盟制"。参见周书灿：《中国早期国家结构研究》，人民出版社2002年版，第85页。而笔者认为整个夏商周三代都存在"复合型国家结构"，只是发展的程度，夏不如商，商不如周而已。

区别表示三种不同层次的国家结构形态,其中,邦国指一般的属邦和庶邦,即普通的早期国家;王国则专指王邦,即作为天下共主的"国上之国";而王朝或王朝国家则是既含有王邦亦含有属邦的复合型国家结构。自夏代出现的这种复合型国家结构,历经商代和周代获得了进一步的发展,特别是在周代,由于大范围、大规模地分封诸侯,使得这种复合型国家结构达到了顶峰,形成了"溥天之下,莫非王土;率土之滨,莫非王臣"(《诗经·小雅·北山》)的牢固理念,而这一理念也从王权的视角对复合型国家结构的整体性作了形象的说明。

(原载《文史哲》2010年第1期)

论我国早期国家阶段青铜礼器系统的形成

方 辉

考古学上的龙山时代及二里头时代大致相当于我国古史传说中的五帝时代和夏代,是探讨我国文明社会出现或国家形成的重要对象。其中,代表着科技及意识形态双重指标的青铜礼器的形成,长期以来就是我国冶金史和文明探源研究领域里一向关注的热门话题。近年来,随着一系列龙山时代及二里头文化早期铜器考古发现的问世,使得我们在铜器起源的探索上,于专业性的科学技术史视角之外,有可能站在比较研究的角度,探讨我国铜器起源的途径及其独特性[1]。对于青铜器在社会复杂化进程和文明起源过程中的作用,也已脱离了将其简单地视为文明"要素"、以铜器的有无作为判断社会是否进入文明时代标志这类的研究模式,转而从社会考古的视角,对于早期铜器在军事[2]、政治经

---

[1] 梅建军:《关于中国冶金起源及早期铜器研究的几个问题》,《吐鲁番学研究》2001年第2期。又载北京科技大学冶金与材料史研究中心、北京科技大学科学技术与文明研究中心编:《中国冶金史论文集》第4辑,科学出版社2006年版。

[2] 俞伟超:《长江流域青铜文化发展背景的新思考》,载高崇文、安田喜宪主编:《长江流域青铜文化研究》,科学出版社2002年版,第1—7页;郭妍利:《二里头文化兵器初论》,载杜金鹏、许宏主编:《二里头遗址与二里头文化研究》,科学出版社2006年版,第222—240页。

济①和规范社会行为亦即礼仪功能②等方面予以探讨，从而使研究的深度和广度较之以往均有所超越。在上述问题上，学术界基本达成以下共识：二里头文化已进入青铜时代，而我国铜器的起源无疑要到龙山时代甚至更早的考古学文化中去寻找；青铜器（尤其是青铜礼器）所具有的政治意义是在二里头时代奠定的，它构成了早期历史王朝社会的礼制基础；铜器，尤其是青铜礼器的生产和流通是在王朝直接控制下进行的，是社会精英阶层统治策略的产物。这些共识是我们讨论的基础。

本文所要探讨的是，在我国，铜器的礼仪化过程经历了一个相当长的时间，这个过程大约始于龙山时代中后期，中经二里头时代的技术革新和优化选择，到二里岗期早商文化臻于成熟。铜礼器的器形大多来源于玉石、漆木和土陶等不同质料、在史前时代晚期就已经长期流行的传统礼器，铜礼器的原料来源和生产技术自始至终受到上层社会的直接控制和垄断，而象征礼制的青铜器种类是上层精英逐渐选择即所谓"损益"的结果。虽然目前尚缺乏夏王朝存在的直接文字证据，但现有考古发现对于早期文献中有关夏代冶铸铜器的传说是一个有力的支持。

一、铜器生产：从资源到技术的控制

最早论述王权对铜矿资源控制的是石璋如先生，他在探讨商王武丁

---

① 刘莉、陈星灿：《城：夏商时期对自然资源的控制问题》，《东南文化》2000 年第 3 期；Li Liu and Xingcan Chen, *State Forma-tion in Early China*, Duckworth，2003。

② 张光直：《三代社会的几点特征》，《考古学专题六讲》，文物出版社 1986 年版，第 94—132 页；巫鸿著，孙庆伟、巫鸿译：《九鼎传说与中国古代的"纪念碑性"》，《美术研究》2002 年第 1 期。

时期对舌方的战争时指出:"从地域与征伐来观察,讨伐舌方,实际上等于铜矿资源的战争。"① 受此观点影响,张光直先生后来曾屡次论及三代王朝的资源控制,认为"三代都城之迁徙与追逐矿源有密切关系"②;三代都城的屡次迁徙,其重要目的"便是对三代历史上的主要政治资本亦即铜矿与锡矿的追求"③;其原因在于"在巫教环境之内,中国古代青铜器是获取和维持政治权利的主要工具",因而要力图对制作青铜器的原料进行独占,以达到对于通天权力的独占④。上文引述的刘莉、陈星灿的若干文章,也都从政治经济的角度,对夏商两代的资源控制进行论述。金正耀进一步指出,这种独占"不仅是对原料资源的独占,也包括对技术资源的独占",而且"这种独占有其历史发生开端与减弱变化,与中国古代青铜文明的发生发展进程密切相关"⑤。上述成果对于夏、商政治经济的研究起到了积极的推动作用。

近年来的考古发现及研究表明,我国铜器铸造出现的时间远在夏商之前的龙山时代甚至更早,那么,当时的铜器生产是否也具有这种独占性?为了便于考察,这里有必要对铜器起源的时空范围界定在与夏商有直接发展关系的中原地区,这是因为,虽然越来越多的证据表明,包括海岱地区在内的中原地区在铜器技术上受到西北地区的影响,但"很显

---

① 石璋如:《殷代的铸铜工艺》,《"中央研究院"历史语言研究所集刊》第二十六集,1955年,第102—103页。作者认同胡厚宣先生"舌"即"矿"的释读,认为"舌方即矿方,即晋南一带"。
② 张光直:《三代社会的几点特征》,《考古学专题六讲》,第126页。
③ 张光直:《夏商周三代都制与三代文化异同》,《中国青铜时代》(二集),生活·读书·新知三联书店1990年版。
④ 张光直:《从商周青铜器谈文明与国家的起源》,《中国青铜时代》(二集)。
⑤ 金正耀:《二里头青铜器的自然科学研究与夏文明探索》,《文物》2000年第1期。

然，两个地区的早期铜器各自自成体系，各自经历了自己发展道路"[1]。

在对于文明起源的探索中，金属冶炼之所以被视作文明三要素或诸多要素之一，主要是着眼于从采矿、运输到冶炼过程所体现的科学技术成分以及高劳动含量。在我国，铜器的社会功能一般认为是由科技含量较高的青铜礼器来担当的，对于铜器起源阶段那些器形上看似简单的铜制品是否也曾扮演过重要的社会角色呢？有学者对此曾这样认为："这些最早的金属制品主要是个人装饰品和日常用品，包括小件工具和武器，在二里头文化之前的考古记录里，看不出早期红铜和青铜制品与社会分层的关系，因为几乎没有什么金属器是贵族墓葬里体现身份、地位的东西。比如出土铜铃的陶寺龙山小墓，没有其他随葬品，而大多数有众多随葬品的贵族墓却没有发现金属制品。"[2] 随着考古新材料的增加，笔者认为应当对这一问题作重新观察，而且，如果考察一下龙山时代铜制品冶炼技术在聚落网络之间的传播，包括其所在聚落的级别以及具体位置，相信对于这一问题的回答应该是肯定的。

首先，早期铜器制品均出自于大中型聚落。不同地区的系统考古调查显示，在早期文明的核心区域，龙山时代的聚落形态呈现出明显的等级性特征[3]，而目前所知早期铜器及冶炼遗迹，除了少数遗址因发掘年代较早遗址详情不明外，大多数均出自于大中型聚落，其中多数是城址，说明早期铜器的使用和冶炼仅限于政治中心。山西襄汾陶寺是目前

---

[1] 白云翔：《中国的早期铜器与青铜器的起源》，《东南文化》2002年第7期。
[2] 刘莉：《中国新石器时代——迈向早期国家之路》，文物出版社2007年版，第206页。
[3] 方辉、文德安、加里·费曼、琳达·尼古拉斯、栾丰实、于海广：《鲁东南沿海地区聚落形态变迁与社会复杂化进程研究》，《东方考古》第四集，科学出版社2008年版，第253—287页；陈星灿、刘莉等：《中国文明腹地的社会复杂化进程——伊洛河地区的聚落形态考察》，《考古学报》2003年第2期。

出土龙山铜器最多的遗址，先后出有铜铃、铜齿轮形器、铜环和铜容器（盆）残片等，该遗址总面积约 400 万平方米，城址总面积在 200 万平方米以上，"在黄河流域乃至全国同时代的城址中都是最大的一座"①。出土铜容器（鬶）残片的登封王城岗遗址，根据新的发掘报告，其面积为 34.8 万平方米②。出土铜渣的淮阳平粮台也是一座城址，包括城墙及外侧附加部分，面积达 5 万多平方公里③。出土有 2 件黄铜锥的山东胶州三里河遗址，面积为 5 万平方米④，虽然没有发现城址，但在当地发现的龙山文化遗址中是面积最大的一座。出土铜渣的山东日照尧王城遗址⑤，最近的调查发现有城墙遗迹，陶片覆盖面积超过 300 万平方米⑥，远远大于先前勘查的近 60 万平方米的规模，即使排除陶片人为搬运的成分，其面积仍然是本地区最大的龙山城址。出土熔铜炉残块的河南临汝煤山，面积虽然只有约 4 万平方米，但遗址上发现有较大面积的夯土基址，显示出非同一般的聚落⑦。有的面积稍小的遗址也有出土铜器小件的，如山东栖霞杨家圈遗址，但该遗址一则破坏严重，原有面积已经不详，二则

---

① 梁星彭、严志斌：《山西襄汾陶寺文化城址》，国家文物局主编：《2001 年中国重要考古发现》，文物出版社 2002 年版；又载解希恭主编：《襄汾陶寺遗址研究》，科学出版社 2007 年版，第 176—177 页。
② 河南省文物考古研究所、北京大学考古文博学院：《登封王城岗考古发现与研究》，大象出版社 2007 年版，第 64 页。
③ 河南省文物研究所、周口地区文化局文物科：《河南淮阳平粮台龙山文化城址试掘简报》，《文物》1983 年第 3 期。
④ 中国社会科学院考古研究所编著：《胶县三里河》，文物出版社 1988 年版，第 1 页。
⑤ 严文明：《论中国的铜石并用时代》，《史前研究》1984 年第 1 期。
⑥ 方辉等：《鲁东南沿海地区聚落形态变迁与社会复杂化进程研究》，《东方考古》第四集，第 253—287 页。
⑦ 中国社会科学院考古研究所河南二队：《河南临汝煤山遗址发掘报告》，《考古学报》1982 年第 4 期。

从出土遗物来看，不乏具有礼器功能的陶器，显示出其非一般性聚落[①]。另外，河南新密市古城寨也发现有"内壁经火烧成黑色"、"疑为熔炉残块"的陶缸。该城址面积近 20 万平方米，加上城外龙山遗存堆积，面积达 200 余万平方米[②]。新密新砦出土一件铜鬶或盉的流部[③]，城址面积达100 万平方米，是河南境内迄今发现的规模最大的城址[④]。出土铜器制品或冶炼遗迹的上述龙山时代遗址，往往还伴出有高等级遗迹与遗物，如大型建筑基址、祭祀坑、高规格墓葬、玉器、蛋壳陶或薄胎陶礼器、卜骨、朱砂乃至陶文等。这说明，早期铜制品和冶炼行为与社会上层联系密切。上述出土铜器或冶炼遗迹的遗址中，有的遗址邻近地区有铜矿，如煤山[⑤]、陶寺、尧王城、三里河和杨家圈等[⑥]，应该是就地取材，而有的遗址则地处平原地区，如平粮台。这又表明，铜器资源和冶炼技术在开始出现时就是在社会上层之间流动和传播的。

其次，早期铜制品和冶炼遗迹往往出自城内的重要位置，说明它们的生产与消费受到精英阶层的直接控制。以平粮台为例，出土铜渣的 H15 位于城址内东南部、F4 排房的东南角，据研究属于 F4 的附属设施，铜渣的来源与 F4 的居住者有关，而 F4 则是一座带有封闭式回

---

① 北京大学考古实习队、山东省文物考古研究所：《栖霞杨家圈遗址发掘报告》，北京大学考古学系等编：《胶东考古》，文物出版社 1999 年版。
② 河南省文物考古研究所、新密市炎黄历史文化研究会：《河南新密市古城寨龙山文化城址发掘简报》，《华夏考古》2002 年第 2 期。
③ 北京大学震旦中国文明研究中心、郑州市考古研究所：《新密新砦——1999—2000 年考古发掘报告》，文物出版社 2008 年版。
④ 中国社会科学院考古研究所河南新砦队、郑州市文物考古研究院：《河南新密市新砦遗址东城墙发掘简报》，《考古》2009 年第 2 期。
⑤ 李京华：《关于中原地区早期冶铜技术及相关问题的几点看法》，《文物》1985 年第 12 期。
⑥ 方辉：《海岱地区早期铜器的发现与研究》，《海岱地区青铜时代考古》，山东大学出版社 2007 年版。

廊的高台建筑，台基高 0.72 米，残长 15 米，宽 5.7 米，面积 85.5 平方米，建造时采用了土坯垒墙技术，规格较高，且"有一种不能随便入内的封闭之感"；位于 F4 北侧的 F1，东北紧靠一座陶窑 Y1，有可能是为被 F4 居住者控制下的级别较高的手工业者所居[①]。因 Y1 上部被破坏，仅存底部，其用于制陶还是冶炼不得而知，但似不排除与冶炼行为有关。陶寺的例子也有助于说明龙山铜器的使用情况。陶寺城址最近出土的属于陶寺文化中期的铜容器（盆）口沿残片，出土于主体殿堂基础之内[②]，这本身已经说明铜器所具有的贵族乃至王室用品性质。出土铜齿轮形器的 M11 虽然是一座中小型墓葬，但墓主人颈部有 800 余颗蚌片组成的饰物，胸部有一件玉璇玑，铜齿轮形器与玉瑗套在手臂上，说明墓主人是具有相当身份和地位的贵族[③]。陶寺地层中出土的一件红铜环，据分析应来自陶寺文化晚期人们对中期中型墓葬的毁墓行为[④]，而陶寺中型墓无论是墓室规模还是随葬品的规格，都证明墓主人为贵族乃至王室成员。前述陶寺铜铃出自于一座小墓，该小墓属于陶寺晚期，这件铜铃也不排除得自于中期大中型墓、后来二次随葬的可能。从铜铃在二里头文化墓葬总是见于中型墓之内这一情况判断，其作为二里头古国贵族产品是毋庸置疑的，在铜器更为稀缺的龙山时代，很难想象铜铃为普通人所拥有。

[①] 钱耀鹏：《中原龙山城址的聚落考古学研究》，《中原文物》2001 年第 1 期。
[②] 中国社会科学院考古研究所山西队、山西省考古研究所、临汾市文物局：《山西襄汾县陶寺城址发现陶寺文化中期大型夯土建筑基址》，《考古》2008 年第 3 期。
[③] 梁星彭、严志斌：《山西襄汾陶寺文化城址》，国家文物局主编：《2001 年中国重要考古发现》；又载解希恭主编：《襄汾陶寺遗址研究》，第 176—177 页。
[④] 王晓毅、严志斌：《山西抢救性发掘陶寺基地被盗墓葬》，《中国文物报》2005 年 11 月 9 日。何驽：《陶寺文化遗址——走出尧舜禹"传说时代"的探索》，《中国文化遗产》（创刊号）2004 年第 1 期。

至于铜器受到精英阶层重视并予以资助的原因，自然与其光亮的外表、悦耳的声音和坚硬（相对于陶器、漆器等）的品质有关①，虽然从固体的矿物，经过冶炼成为液体，再到冶铸成为固体的器具这一过程需要投入大量的人力和财力，但龙山时代的有识之士及统治者已经发现了这一新的科技背后所隐含的巨大的社会价值和政治经济利益。因此，某些在技术上获得先机的龙山古国的首领们，一边继续掌控陶质和玉质礼器等财富的生产与流通，一边在铜器生产上投入精力与物力，并由此开启了在世界文明史上独具特色的我国青铜时代发展之路，稍后的二里头古国就是这一战略的受益者，据推测，二里头遗址的铜器作坊被圈以围墙，"表明这类高层贵族身份标志物的生产直接受控于王室，手工业者应是依附性的专业工匠"②。笔者认为，这种依附性可能早在龙山时代便已出现了。

由此可见，与后代相比，龙山时代的铜制品大多数尽管器形简单，但铜器冶铸业本身在当时是一种高劳动含量和高科技含量的高端产业，这就决定了铜器生产不可能成为个体的或家庭式的独立手工业生产，而只能是隶属于社会精英阶层的依附式手工业生产。

---

① 欧洲学者早在20世纪50年代就曾推测："亚洲和欧洲许多地区的早期青铜时代，彩陶和刻纹陶器不再流行，取而代之的是素面磨光陶器，好像是对金属器物的模仿。"见〔英〕戈登·柴尔德著，方辉、方堃杨译：《历史的重建：考古资料的阐释》，上海三联书店2008年版，第113页。在我国，磨光陶器出现的年代大大早于铜器产生的年代，此说似乎并不适用，但陶器和铜器之间的相互影响应该是一直就存在着的。

② 许宏、刘莉：《关于二里头遗址的省思》，《文物》2008年第1期。

二、礼制损益:龙山——二里头精英阶层对于礼器的选择

考察现已发现的龙山时代和二里头一至四期铜器种类,我们不难发现,无论是礼器、乐器还是兵器,它们在形式上无不来自于既有的不同质料的器物类型。

李济先生早在殷墟发掘之初就指出殷墟"青铜容器的形制仿照陶料和木料容器"[①]。20世纪60年代,在系统讨论殷墟青铜器的形制来源时,他进一步认为殷墟铜器:"显然是主要位于沿海地区新石器晚期文化的陶器的模仿品。"[②]随着在时代上介于新石器时代晚期和殷墟文化之间的二里岗期和二里头文化铜器的发现,殷墟青铜器形大多来源于二里岗、二里头同类器,而二里岗、二里头的铜容器与同时代陶器存在着直接的渊源关系[③],尤其与二里头文化的白陶礼器关系密切[④]。根据目前所掌握的资料,形制固定的青铜容器从二里头三期开始出现,器形还只有铜爵一种,至二里头四期器形有所增加,包括爵、斝、盉、鼎、鬲(可能还有觚)等多种。从数量来说,也是以最早出现的铜爵数量最多,为12件,其次是铜斝,3件,铜盉、铜鼎各1件[⑤],铜觚亦曾有出土,但因

---

① 李济:《安阳的发现对谱写中国可考历史新的首章的重要性》,李光谟、李宁编:《李济学术随笔》,上海人民出版社2008年版,第83页。
② 李济:《安阳的发现对谱写中国可考历史新的首章的重要性》,《李济考古学论文选集》,文物出版社1990年版。
③ 郑光:《二里头遗址的发掘——中国考古学上的一个里程碑》,中国先秦史学会等编:《夏文化研究文集》,中华书局1996年版,第66—80页。
④ Li Liu and Xingcan Chen, *State Formation in Early China*, Duckworth, 2003, pp. 62-63.
⑤ 梁宏刚、孙淑云:《二里头遗址出土铜器研究综述》,《中原文物》2004年第1期。

原件流失而不得其详①。四期的铜鬲出自郑州②。这些青铜容器均可在陶器、漆木器之中找到它们的祖型。也就是说，二里头时代的精英们在青铜礼器造型的选择上是从既有的陶质和漆木质礼器中入手的。

从技术上来说，这些模仿自陶质和漆木质礼器的青铜器都是采用复合陶范分铸法铸造而成，体现了当时最先进的铸造工艺水平。与此技术难度相当、功能相似的是乐器——铜铃。二里头文化的铜铃出现于第二期，而且数量已有3件之多，考察其造型，任何人都不会怀疑它们源自于陶寺文化的同类器，而陶寺的铜铃同样也是仿照了同时代的陶铃③。二里头时代青铜礼、乐器的出现，标志着三代礼乐文化的早期阶段。由此向前追溯，属于龙山时代的陶寺遗址出土有铜铃、铜容器（盆）残片，王城岗遗址出土有铜容器（鬶）残片，新砦遗址出有铜鬶或盉流残片，青铜礼乐器的萌芽期或可以上溯至龙山时代。只是因为龙山时代的这三件铜容器都是残片，其确切的器形及器类尚无法确定，学者们对于其礼器性质的判定比较谨慎，但此类发现显然已非孤例，这就使得我们有理由对龙山时代铜礼器的发现报以期待。

可以确定的是，这些器物无论是如报道中所定名的铜盆、铜鬶、铜盉，还是将来发现的属于其他的器物类形，它们都应该是同类陶器或漆木器的模仿品，而这些陶器或漆木器的礼器性质也应是学界所公认的。早期铜器器形的复杂性，决定了其铸造的难度，从而更容易从技术上加以控制。研究者指出，二里头时代的铜礼器铸造作坊只存在于二里头遗

---

① 中国社会科学院考古研究所二里头工作队：《河南偃师二里头遗址发现新的铜器》，《考古》1991年第12期。
② 河南省文物考古研究所：《郑州商城新发现的几座商墓》，《文物》2003年第4期。
③ 中国社会科学院考古研究所山西工作队等：《陶寺遗址出土的龙山时代乐器》，载解希恭主编：《襄汾陶寺遗址研究》，第489—500页。

址本身而不见于同时代其他遗址,实际上就是国家政体对此类器物从技术上加以垄断的结果①。具有二里头风格的青铜礼器在二里头遗址之外虽偶有发现,不过它们不大可能产自本地,更有可能是由于某种原因(如赏赐、婚姻和战争等)从二里头遗址流入的,当然也不排除后代传入的可能性。

不惟如此,陶寺古国和二里头古国的精英阶层除了模仿陶器、漆木器铸造出科技含量极高的青铜礼乐器之外,同时也做了其他尝试,即采用相对简单的合范技术,从玉石器这一史前传统礼器体系中,选择模仿对象,铸造了同种器形的仿玉石铜器。这类仿玉铜器数量不多,铸造技术相对简单,不太受到研究者注意,实际上它们也是礼乐行为中不可或缺的组成部分,并一直沿用到东周时代。这类铜器包括铜环、铜璇玑②、铜璧③、铜戈、铜戚、铜钺和铜牙璋④等。这些铜器有些因为直接用以实战而成为后世常见器形,如铜戈、铜钺和铜戚,有的则因技术含量低便早早退出了礼器系统,在商周的礼器中难见踪影,如铜环、铜璇玑、铜璧和铜牙璋等。因为这类铜器铸造相对容易,统治者很难从技术上对其加以控制和垄断,因此,在二里头以外的遗址中也会发现它们的铸造遗迹,如山西夏县东下冯⑤。不过,即使是这类遗址,它们在整个国家政治

---

① Li Liu and Xingcan Chen, *State Formation in Early China*, Duckwonh, 2003, pp. 63-64.
② 陶寺出土的这件铜璇玑原为铜齿轮形器,发现时与一件玉瑗套合在一起,令人自然联想到山东海阳司马台遗址出土的龙山文化有领玉环与玉璇玑的组合。后者见王永波、张春铃:《齐鲁史前文化与三代礼器》,齐鲁书社 2004 年版,第 473—474 页。
③ 原报告称为纺轮。见中国社会科学院考古研究所编著:《偃师二里头》,中国大百科全书出版社 1999 年版,第 170—171 页。
④ 原报告称为钺,见中国社会科学院考古研究所编著:《偃师二里头》,第 249 页。
⑤ 中国社会科学院考古研究所、中国历史博物馆、山西省考古研究所:《夏县东下冯》,文物出版社 1988 年版。

经济网络中也处于区域中心的地位，其重要性并非一般聚落可以匹敌。至于与二里头文化同时期文化诸遗址出土的青铜器小件，其制作水平相对于龙山时代而言似乎并没有明显提高，出土青铜器小件的遗址，因为数量增多，就其在聚落体系中的重要性来说，与龙山时代相比反而有所不如。

后龙山时代社会发展一个最显著的变化是中原地区以外文明的断裂与衰落，二里头文化作为龙山时代文明成就的集大成者，成为当时政治和文化中心。正如二里头遗址在整个二里头时代所处的绝对中心地位一样，这里发现的青铜器及青铜器作坊在当时也是独一无二的。无论是从技术上还是从功能理念上来说，二里头的铜器铸造工艺和器类祖型都可能直接来源于龙山时代的陶寺、王城岗和新砦。这使得二里头古国的社会精英们在随后的竞争中占得了先机，并利用其在青铜礼器生产体系中取得优势地位。他们有目的地选择了特定的礼器种类，其中既包括了来自于传统的所谓"玉兵"戈、戚、钺、牙璋等，也有少量璧环类礼器，更重要的则是从既有的陶质和漆木礼器中选择了与祖先祭祀礼仪行为密切相关的饮食器具，并通过对技术的垄断，赢得了其在宗教礼仪和政治上正统化、合法化的资本，并对整个青铜时代的政治、经济和礼仪制度产生了深刻影响。

三、夏商之别：基于铜礼器组合的观察

尽管国际学术界对于夏代的有无至今仍持怀疑态度，但近来的考古发现对于我们认识夏王朝乃至更早的传说时代带来了许多积极的信息，

这主要表现在：在早期文献中所记载的"夏墟"、"禹都"附近发现了二里头遗址，在晋南陶唐氏故地则有陶寺遗址的问世；更进一步，陶寺揭露出的大型建筑基址 IIFJT1 以及围绕该遗迹所做的模拟观测，让人相信《尚书·尧典》中帝尧"敬授民时"记载的真实性①，而陶器朱书文字"文尧"二字的发现与解读，无疑更加强化了陶寺与陶唐氏之间的联系②。二里头遗址出土的青铜礼器，使我们对于《左传》所言夏禹"铸鼎象物"有了实物的凭证。所有这些发现都在提示我们，在警惕将考古资料与文献历史作牵强附会的同时，也不能将前人考证为可信的史料一概置之脑后，甚至简单地将早期文献与考古资料的结合设为禁区。

考古学上夏、商文化的辨别，如果保守地从 20 世纪 50 年代末二里头遗址的发现算起，至今也已经过了长达半个世纪的时间，只是近年来从 C14 测年、文化因素分析和都城界标法等综合考量，学术界逐渐倾向于将偃师商城宫城和小城的始建年代定为夏、商分界的界标。至于偃师商城小城与二里头文化各期之间的对应关系，一般认为相当于四期偏晚阶段③。此时，二里头遗址本身仍然在经历着其最后的繁荣阶段，大型建筑在延续，甚至有所增加，"这里仍集中着大量的人口，存在着贵族群体和服务于贵族的手工业"，铸铜作坊和绿松石作坊仍在生产④。所不同的是，这些建筑物的主人和作坊的服务对象发生了变化，由服务于夏

---

① 中国社会科学院考古研究所山西队：《陶寺中期小城大型建筑基址 IIFJT1 实地模拟观测报告》，解希恭主编：《襄汾陶寺遗址研究》，第 192—203 页。
② 何驽：《陶寺遗址扁壶朱书"文字"新探》，解希恭主编：《襄汾陶寺遗址研究》，科学出版社 2007 年版，第 633—636 页。或释读为"文邑"，见冯时：《"文邑"考》，《考古学报》2008 年第 3 期。
③ 杜金鹏：《"偃师商城界标说"解析》，载杜金鹏等主编：《偃师商城遗址研究》，科学出版社 2004 版，第 381—395 页。
④ 许宏、刘莉：《关于二里头遗址的省思》，《文物》2008 年第 1 期。

王朝变为商王朝的附属机构了。

二里头四期、偃师商城和郑州商城出土的铜器和铸造作坊遗存是考察商代早期青铜器的重要资料，只不过偃师商城发现的铸铜遗存发掘面积小，出土遗物有限[1]，对于其在商代早期政治经济中所发挥的作用目前还很难推测；即使将来发掘面积有所扩大，其重要性似乎仍然难以与二里头四期相匹敌。实际上，目前所见郑州商城内的铸铜遗存始建于二里岗下层二期阶段，与二里头四期大致同时的下层一期基本不见[2]，此时的铜器铸造中心似乎应该仍然在二里头遗址。也就是说，商取代夏之后，为商王朝服务的铸铜业中心似乎仍然是在作为夏王朝故都的二里头遗址。

新王朝的建立，也为冶铜业注入了新的活力。二里头四期较之三期在铜礼器上多出了盉、斝、觚、鬲和鼎等新的器类，其中，前三种都可在二里头白陶礼器中找到祖形，据此可推测早于四期的同类器将来也可能在更早的时期就已产生，只是目前尚未发现而已，但铜鬲、铜鼎则不同，这二者的陶制品均非二里头文化所固有的典型器物。其中陶鬲是东方下七垣文化典型炊器，陶鼎则流行于岳石文化。正如学者所指出的那样："二里头Ⅴ区1号墓鼎的足部断面呈菱形近似方形，深腹。一般而言，二里头期的鼎以扁平足为基本，和铜鼎的足部形态差异很大。"因此，二里头"可能是从商社会或其他如东方的岳石文化等地区文化当中，获得了这个鼎的原型概念"[3]。

---

[1] 中国社会科学院考古研究所河南第二工作队：《河南偃师商城东北隅发掘简报》，《考古》1998年第6期。
[2] 河南省文物考古研究所编著：《郑州商城——1953—1985年考古发掘报告》，文物出版社2001年版，第383页。
[3] 〔日〕宫本一夫：《二里头文化青铜彝器的演变及意义》，载杜金鹏、许宏主编：《二里头遗址与二里头文化研究》，第205—221页。

这一推断，还可从二里头铜鼎腹部的纹饰得到加强，因为这种在陶器上被称为网状划纹的纹样，恰是东方岳石文化的典型风格，也见于郑州南关外期陶器之上。铜鼎之外，体现商文化礼器系统的另一种器形是铜斝。郑州商城东北部宫殿区内发现的 T166M6：1，是目前所见时代最早的铜斝，时代相当于二里头四期晚段①。郑州南关外铸铜遗址发现的二里岗下层二期的铜容器陶范，数量排序依次为斝3件、翠3件、爵1件，到了二里岗上层一期，斝范与其他容器范的比例竟然为23：51，显示了铜斝在商文化礼器系统中的特殊地位②。爵、翠、盉，为夏、商青铜礼器的共有物，而鼎、斝的有无，似可视为夏、商铜礼器系统的一个标志。

此外，如前所述，陶寺文化和二里头文化源自玉器系统中的铜礼器如钺、戚为二里岗期商文化所继承，但其他模仿自玉器系统的礼器如铜环、铜璧、铜璇玑和铜牙璋等则大多未被纳入商王朝仪仗器物系统之中。商礼对于夏礼的"损益"，不可谓不明显矣！

如此说来，二里头遗址出土的铜鼎应属于商代，那么如何理解古文献中有关禹铸"九鼎"的记载？这段记录于《左传·宣公三年》、通过王孙满口中说出的一段话，成为九鼎传说的最早出处，原文曰："昔夏之方有德也，远方图物，贡金九牧，铸鼎象物，百物而为之备，使民知神奸。故民入川泽山林，不逢不若。螭魅罔两，莫能逢之，用能协于上下，以承天休。"古人和今人对于"铸鼎象物"的理解多种多样③，但正如巫鸿先生所指出的那样："事实上，它所揭示的首先是中国文化中

---

① 河南省文物考古研究所：《郑州商城新发现的几座商墓》，《文物》2003年第4期。
② 河南省文物考古研究所编著：《郑州商城——1953—1985年考古发掘报告》，第346—357页。
③ 比较新近的论述请参看赵世超：《铸鼎象物说》，《社会科学战线》2004年第4期；李小光：《大禹"铸鼎象物"考》，《江西社会科学》2004年第9期。

一种古老的'纪念碑性',以及一个叫做'礼器'的宏大、完整艺术传统。"[1] 王孙满强调了铸鼎,是因为周人对于铜鼎的重视,铜鼎是所有礼器亦即彝器的代名词,两周的"列鼎制度"便是最好的体现。但对于二里头时代的夏人来说,他们更愿意使用铜爵来作为最具权威性的礼器,甚至还没有考虑铸造铜鼎的概念。不过,无论是商周的铜鼎还是二里头古国或夏代的铜爵,其核心是"用能协于上下,以承天休",这才是青铜礼器的本质功能。

(原载《文史哲》2010年第1期)

---

[1] 巫鸿著,孙庆伟、巫鸿译:《九鼎传说与中国古代的"纪念碑性"》,《美术研究》2002年第1期。

大一统专制权力之象征体系的完成：
从秦皇到汉武

李宪堂

谈到秦始皇和汉武帝，人们议论较多的是他们统一华夏、开疆拓土的外在事功，以及种种恣意妄为的专制暴行。从大一统专制主义之政治文化的角度，对他们在专制权力象征体系的建设中所做出的历史性贡献进行系统的阐释，这是本文所要进行的尝试。之所以将秦皇、汉武并提，是因为刘邦时代草莽初辟，于典章制度只是略有作为；而文、景之世崇尚黄老，在礼乐教化方面只能称得上小有建树。真正全面继承秦始皇的，当是汉武帝。《汉书·武帝纪》称汉武帝"兴太学，修郊祀，改正朔，定历数，协音律，作诗乐，建封禅，礼百神，绍周后，号令文章"，可谓集大成者。

权力一开始就是通过象征显示自己的。从传说中的黄帝时代开始，历代统治者出于论证和维护其统治合法性的需要，就在持续不断地完善作为权力象征的符号系统。秦皇汉武自然而然地属于这个传统的构成部分。所不同的是，他们实现了由量变到质变的转化，把大一统的精神灌注到了从文明社会早期乃至上古原始社会所流传下来的文化遗产中，第一次在天人合一、古今同贯的广阔背景上，整合了有史以来的各种典制、文献和传说，加上种种自神自圣的凭空杜撰，从不同侧面展开了"天、王合一"的大一统权力之象征体系的创制工作，从而构筑起专制王权的千古圣坛。

一、世界中心拟构和对宇宙节律的控制

几乎人类历史上所有产生过宇宙意识的民族都曾自认为居于"世界的中心"。"中"是人类最古老的观念之一，它当发生于人类蒙昧初开、开始为万物命名、确立空间秩序的远古时代。它意味着某个群体对自己在宇宙间的地位及自己独特性的欣赏和肯定。因而，"中"一开始就是一种价值确认，是一个权力符码。在上古时期，作为权力合法性的象征，"地中"的确立像创世一样是人间秩序的重建，历史新纪元的开始[①]。

随着部落联盟的扩大和原始王国的形成，对"地中"的探求成为一项神圣而复杂的政治工程。《尚书·尧典》载尧帝命羲仲宅东方旸谷，羲叔宅南方明都，和仲宅西方昧谷，和叔宅北方幽都[②]，其主要目的是通过对"地中"的测定"候日月之出没，星辰之转运"[③]，校订历法，以实现"居中央而驭四方"；殷人称自己的都邑所在地为"天邑商"、"中商"，四境分别为"东土"、"西土"、"南土"、"北土"，甲骨卜辞有商

---

① 参见李宪堂：《先秦儒家的专制主义精神——对话新儒家》，中国人民大学出版社2003年版，第157页。
② 《尚书·尧典》："分命羲仲宅嵎夷曰旸谷……申命羲叔宅南交……分命和仲宅西曰昧谷……申命和叔宅朔方曰幽都。"
③ 王应麟：《六经天文编》卷上，文渊阁《四库全书》本。

王祭四方风的记载,说明"天邑商"是自居于世界之中的,是上天所直接关注之地。周初统治者在灭掉商朝后,立即着手在原商人统治的中心地区亦即"伊、洛之间"建立新的都邑。据《逸周书·度邑》记载,周武王灭殷后因为"未定天保"而寝食难安,声称"我图夷兹殷,其惟依天[室]",指示"定天保"而"无远天室"。"天保"是上古时代用于观测天象云物的建筑——灵台①,天室即当时人们目为世界中心的中岳嵩山。这里是夏人故居,长期被视为世界的中心,山顶为神灵所居之处,神人之间经由此山上下往来。因而,谁占据或靠近了它,谁就拥有了媒介神人的特权和法力。

秦皇汉武发扬光大了"作大邑"于"土中"的政治文化遗产,以超迈千古的魄力"象天设都"②,使大地上的帝王之居与上天的星象相互映照,成为呈现于当下的、为神明所祝福的永恒秩序。

《史记·秦始皇本纪》记载,秦始皇二十七年(前220)"作信宫渭南,已更命信宫为极庙,象天极";三十五年(前212),又"表南山之颠以为阙。为复道,自阿房渡渭,属之咸阳,以象天极阁道绝汉抵营室也"。秦朝的国都咸阳整个就是"天朝"的翻版。它以咸阳宫为中心,象征天之"紫微宫";引渭水象征银河;修驰道以象征天上的"阁道",建阿房宫以象"离宫";分天下为三十六郡以象灿烂群星拱卫北极。更神奇的是,"每到十月,天象恰好与这一都城乃至整个'天朝'的布局完全吻合:这时的'银河'与渭水相应,'离宫'与阿房宫同经,'阁道'与经由牵牛桥抵达阿房的驰道交相辉映,形成一个天地人间一体化

---

① 李宪堂:《天保灵台考》,《史学月刊》2003年第4期。
② 陈江风:《天文与人文——独异的华夏天文文化观念》,国际文化出版公司1988年版,第138页。

的神奇世界"①。置身此间,自然会产生一种神恩普照、皇帝威权万世永存的感觉。

汉代"揽秦制,跨周法"(张衡《西京赋》),先是高祖刘邦在秦兴乐宫的基础上建长乐宫,又在长乐宫之西南作未央宫,将都城筑作北斗之形,寓"运于中央,临制四方"之义②。汉武帝即位后,大兴土木,致力于完善大地上的天朝之都:在长乐宫和未央宫北面分别修建了明光宫、北宫和桂宫,使"未央宫"转到坤位而与天上居于乾位的紫微座相对应,成为人间的"紫宫"。元狩三年(前120),穿治昆明池,象征"天汉";营建上林苑,以象"天苑";"未央宫"象征北极星所在的"紫微垣"。太初元年(前104),又在未央宫西边筑建章宫,"度为千门万户……其北治大池,渐台高二十余丈,名曰泰液,池中有蓬莱、方丈、瀛州、壶梁,象海中神山龟鱼之属。其南有玉堂璧门大鸟之属。立神明台、井幹楼,高五十丈,辇道相属焉"(《汉书·郊祀志下》)。"凤阙"象"天门"二星;渐台、辇道等也都上应天象。整个建章宫直接就是神圣宇宙的缩影。

以后历代的皇宫建筑都继承了秦汉"象天设都"的文化精髓,皇帝议政之处被拟象为大地的中心、天道的原点,整个世界都围绕着它运转。

居于天地之"中"的帝王自然能参赞造化、燮理阴阳,成为宇宙节律的调控者。《春秋》力倡"尊王",其开篇第一句即是"元年春,王正月",强调"正月"是属于"王"的。《公羊传》对这一句的阐释是"大一统也",即强调"王"总领群生、统摄万类的资格与权力——"所以

---

① 陈江风:《天文与人文——独异的华夏天文文化观念》,第132—133页。
② 《史记·天官书》:"斗为帝车,运于中央,临制四乡。"

书正月者,王者受命制正月以统天下,令万物无不一一皆奉之以为始,故言大一统也"(《春秋公羊注疏》)。在农业社会里,节气、物候的变化与民众的生计息息相关,因而"协音律、颁正朔"既是国家大政,又是专制君主权力合法性的重要源泉。故而司马迁称"王者易姓受命,必慎始初,改正朔,易服色,推本天元"(《史记·历书》)。秦始皇统一六国,议定尊号后做的第一件事就是"改年始,朝贺皆自十月朔"(《史记·秦始皇本纪》)。汉朝建立后,"庶事草创,唯一叔孙生略定朝廷之仪。若乃正朔、服色、郊望之事,数世犹未章焉"(《汉书·郊祀志下》)。元封七年(前104),汉武帝下令修订历法,经过邓平等数十人的详细考算和反复验证,最终制定了太初历,武帝随即改元"太初"。其后各朝更替之际,象征性地"改正朔"成为新统治者不可或缺的"受命"仪式。

二、国家祭祀体系的重建及封禅大典的举行

《左传》称"国之大事,在祀与戎"(《左传·成公十三年》),既然王者的权力是由上天所赏赐、由鬼神所福佑的,那么作为维系和强化"王"与天地鬼神之联系的手段的祭祀,自然是由最高权力所掌控的。《大戴礼记·诰志》有"主祭于天曰天子";《礼记·王制》称"天子祭天地,诸侯祭社稷,大夫祭五祀。天子祭天下名山大川,五岳视三公,四渎视诸侯。诸侯祭名山大川之在其地者"。祭祀之礼不仅是权力的主要来源,而且其本身就是权力的感性显现。所谓春秋时期"礼崩乐坏",实际上指的即是作为整个礼制之枢纽的天子之礼的崩溃。在一统天下、

构建专制帝王之威权的过程中，秦始皇势所必然地同时开始了帝王祭祀体系的重建。

秦始皇的策略是为我所用，兼收并蓄，不论是天地鬼神、山川灵怪还是日月星辰，只要有来历有说法的，全都罗致为祭祀的对象。《史记·封禅书》载："及秦并天下，令祠官所常奉天地名山大川鬼神可得而序也。于是自崤以东，名山五，大川祠二……自华以西，名山七，名川四……亦春秋泮涸祷赛。"光在雍这一个地方，就有祭祀四帝的四畤、祭祀陈宝的节来祠以及"日、月、参、辰、南北斗、荧惑、太白、岁星、填星、二十八宿、风伯、雨师、四海、九臣、十四臣、诸布、诸严、诸逑之属，百有余庙"。这些神祠"皆太祝常主，以岁时奉祠之"。

秦朝的祭祀体系还不完善，最高神的位置依然空缺。这个工作是由汉武帝来完成的。

刘邦建立汉朝后，全面继承了秦始皇的遗产，"悉召故秦祝官，复置太祝、太宰"，下诏"今上帝之祭及山川诸神当祠者，各以其时礼祠之如故"（《史记·封禅书》）。在雍加立黑帝祠，称北畤；并且把楚文化系统的巫祭也全面纳入了国家祭祀系统①。文、景二帝因循成例，无所作为。到汉武帝时，适应大一统专制王权的需要，引进了对至上神——太一的祭祀。《史记·封禅书》记载：元鼎五年（前112）十月，汉武帝命令祠官宽舒等在甘泉宫筑太一坛；坛一共有三层，"五帝坛环居其下，各如其方"；十一月辛巳这天是冬至，"天子始郊拜太一"，臣下纷纷称颂，称"祠上有光焉"，"是夜有美光，及昼，黄气上

---

① 《史记·封禅书》："长安置祠祝官、女巫。其梁巫，祠天、地、天社、天水、房中、堂上之属；晋巫，祠五帝、东君、云中、司命、巫社、巫祠、族人、先炊之属；秦巫，祠社主、巫保、族累之属；荆巫，祠堂下、巫先、司命、施糜之属。"

属天"(《史记·封禅书》),汉武帝则下诏自称"战战兢兢,惧不克任,思昭天地,内惟自新"(《汉书·武帝纪》)。这年秋天,兴起伐南越之役,"以牡荆画幡日月北斗登龙,以象太一三星,为太一锋,命曰灵旗。为兵祷,则太史奉以指所伐国"(《史记·封禅书》)。"太一"成了帝王精神力量的源泉和大汉帝国兵威的后盾。从此以后,不论是称上帝、上天、皇天、玉皇大帝还是昊天上帝,这位天地万物的主宰总是作为专制王权的最高保护神,站在帝王身后,福佑他们长养万类,统御群生。

在秦皇汉武"谋于鬼神"的系统工程中,最有象征意义的是封禅大典的举行。所谓封禅,本来是上古帝王(部落联盟酋长)在泰山顶上和泰山脚下举行的祭祀天地仪式。张守节《史记正义》云:"此泰山上筑土为坛以祭天,报天之功,故曰封。此泰山下小山上除地,服地之功,故曰禅。"泰山是上古东夷族崇奉的神山,后来被纳入了华夏五岳神山体系,因为处在东方生养之地,被目为生命所来自之处,同时也是死后魂魄归依的地方①。古帝王之封禅,是凭借泰山的神圣性大会鬼神的祈福、禳灾和报恩之祭,具有浓厚的巫术色彩。因为届时"群后"毕从②,封禅便成了古帝王在"谋于鬼神"的同时观兵耀武、播扬文教、展示自己威权之合法性的盛大仪式。因而,在儒家的记忆和想象里,逐渐演变成帝王在一统天下之后报成功于天地的剪彩大典,是上天为有德者特地举行的正式的授权仪式。故而刘向《五经通义》云:"易姓而王,致太平,必封泰山,禅梁父。荷天命以为王,使理群生,告太平于天,报群神之功。"司马迁曾感叹:"自古受命帝王,曷尝不封禅?盖有无其应而

---

① 张华《博物志》云,"泰山一曰天孙。言为天帝之孙,主召人魂魄,知生命之长短者",而古辞《怨诗行》有"齐度游四方,各系泰山录。人间乐未央,忽然归东岳"之语。
② 《尚书·尧典》:"至于岱宗,柴。望秩于山川,肆觐东后。"

用事者矣，未有睹符瑞见而不臻乎泰山者也。"(《史记·封禅书》)在儒家看来，封禅者必须满足三个条件：成就统一天下的事功、有受天明命的符瑞显现、恩德遍洽泽被群生。因而只有不世出的圣主才有资格封禅，反过来封禅的成功举行也就是圣主临世的标志。

始皇即皇帝位的第三年，东巡郡县，到泰山后征集了鲁地儒生七十余人，咨询封禅礼仪。后来发现他们的建议莫衷一是，且迂阔难行，便斥退儒生，自行其是，"上自泰山阳至巅，立石颂秦始皇帝德，明其得封也。从阴道下，禅于梁父。其礼颇采太祝之祀雍上帝所用"(《史记·封禅书》)。以千古霸主独有的蛮横径直宣布了其统御天下之威权的合法性和不可侵犯性。始皇封禅的仪式非常简朴，似乎在他眼里，封禅只是在履行一个简单的盖章手续而已。毫无疑问，其行为本身的象征性超过了仪式的重要性，它向世界而不是向上天宣告：秦始皇是有史以来最伟大的统治者，大地上的一切都是他的产业，将传之子孙受用无穷。

汉武帝即位后，汉帝国已经过了六十余年的休养生息，呈现出一派盛世气象，于是封禅之议蔚然风起。儒家希望通过封禅再现上古圣王的盛德和荣耀，把好大喜功的汉武帝引导到王道德治的道路上。因而，封禅之典的举行，在儒家那里成了圣王德政的彩排仪式。《史记·封禅书》载："自得宝鼎，上与公卿诸生议封禅。封禅用希旷绝，莫知其仪礼，而群儒采封禅《尚书》、《周官》、《王制》之望祀射牛事。"儒生们用了数年时间草拟封禅仪式，却一直没有形成定制，惹得武帝火起，"尽罢诸儒弗用"。元封元年（前110）四月，汉武帝按自己理解的方式轻而易举地将儒家奉为神圣的封禅大典付诸行动。《史记·封禅书》是这样记载的：

> 天子至梁父，礼祠地主。乙卯，令侍中儒者皮弁荐绅，射牛行事。封泰山下东方，如郊祠太一之礼。封广丈二尺，高九尺，其下则有玉牒书，书秘。礼毕，天子独与侍中奉车子侯上泰山，亦有封。其事皆禁。明日，下阴道。丙辰，禅泰山下阯东北肃然山，如祭后土礼。天子皆亲拜见，衣上黄而尽用乐焉。

基本上遵守了儒家的礼数。只是汉武帝在最后将儒生排斥在一边，把他们期待的、以上帝的名义集体为武帝举行的加冕礼变成了自我加冕。不过，传说中的千古盛典毕竟变成了现实。仪式结束后，汉武帝在泰山脚下的明堂坐定，接受群臣的祝贺，下诏表达了自己的心情："朕以眇眇之身承至尊，兢兢焉惧不任……遂登封泰山，至于梁父，而后禅肃然。自新，嘉与士大夫更始。"（《史记·封禅书》）宣布改年号元封，免除巡行经过五县所拖欠的租赋，赏赐七十岁以上孤寡老人每人帛两匹，并且"赐天下民爵一级，女子百户牛酒"（《汉书·武帝纪》）。刻意制造出一片天之子、民之父盛德御宇、泽被无极的意识形态氛围，一副"天命在我"的气派。据官员们报告，当天就出现了上天报德的祥瑞："其夜若有光，昼有白云起封中。"（《史记·封禅书》）

本来，武帝对封禅的兴趣，主要在于交接神人，追求长生不老，但在儒家盛大舆论的推动下，不自觉地为古老的仪式赋予了大一统专制主义政治文化的新精神①，使之成为专制帝王在上帝面前举行的自我加冕大典。东汉建立后，经过光武君臣的共同努力，封禅之典制终臻完备，仪

---

① 《史记·封禅书》："天子既闻公孙卿及方士之言，黄帝以上封禅，皆致怪物与神通，欲放黄帝以上接神仙人蓬莱士，高世比德于九皇，而颇采儒术以文之。"

式本身的神圣性也随之远远超过了它内涵的政治诉求,使专制帝王的封禅之旅成为鬼神赐福、君臣辑睦、一派喜气洋洋的盛世大游行,成为展示专制王权之合法性的最庄严、最华丽的天地大美之"象"。

三、天人感应机制的确立和"受命"神话的创制

毫无疑问,"天命"是统治者权力合法性的最高依据。自上古以来,他们遵循着相同的模式,确立并设法维持着与上帝或上天的血缘关系。春秋以前,天、人相去未远,故宇宙的最高神祇能够近距离地干预人间事务①,择有德者授命。经过诸子百家理性的洗礼,随着中央集权大帝国的建立,上天远离人世而去,其意图高远难问,"受命"与否,只能借助于种种征兆去猜度和领会了。这种征兆就是祥瑞和灾异——前者是褒赏,后者是谴告。

秦始皇自神自圣,视天下为私产,视民众如刍狗,不需要费力去寻找受命于天的证据——对天地鬼神的祭祀在某种程度上是对其盛德大业的装饰。汉武帝以儒术缘饰政治,自然需要"天命有德"的证据支持,所以即位不久,他就在诏书中表达了对符瑞的强烈渴望:

> 朕闻昔在唐虞……星辰不孛,日月不蚀,山陵不崩,川谷不塞;麟凤在郊薮,河洛出图书。呜虖,何施而臻此与!今朕获奉宗庙,夙

---

① 《诗经·大雅·烝民》:"天监有周,昭假于下。"《诗经·大雅·大明》:"天监在下,有命既集。"《尚书·高宗肜日》:"惟天监下民,典厥义,降年有永有不永。"

> 兴以求，夜寐以思，若涉渊水，未知所济。猗与伟与！何行而可以章先帝之洪业休德，上参尧舜，下配三王！（《汉书·武帝纪》）

迎合汉武帝的心思，不断有臣下上书献瑞。不止如此，汉武帝还开了一个恶劣的先例：径直以诏书的形式宣布符瑞的出现。以下俱引自《汉书·武帝纪》：

元封二年六月：

> 甘泉宫内中产芝，九茎连叶。上帝博临，不异下房，赐朕弘休。

元封四年冬十月：

> 朕躬祭后土地祇，见光集于灵坛，一夜三烛。幸中都宫，殿上见光。

太初二年夏四月：

> 朕用事介山，祭后土，皆有光应。其赦汾阴、安邑殊死以下。

以下诏的形式宣布瑞应，自然没有人敢考据真伪。不断出现的符瑞表明，经由一种秘密的通道，上天不断把祝福赐予君主，而君主时刻处在上天的关注之下。每一个符瑞都带着一缕上天的光芒，君主的御座逐渐被笼罩在神圣的光辉里，于是乎"天命有德"的政治神话便形成并支配了现实的政治活动。这个神话由于"山呼万岁"这个戏剧性情节的发

明,而达到极致。下面是《汉书·武帝纪》所记汉武帝创制"万岁"神话的过程:

> 元封元年……春正月,行幸缑氏。诏曰:"朕用事华山,至于中岳……翌日亲登嵩高,御史乘属,在庙旁吏卒咸闻呼万岁者三。登礼罔不答。其令祠官加增太室祠,禁无伐其草木。"

正当汉武帝苦心孤诣地搜寻祥符瑞应时,公羊学大师董仲舒奉献了一套"卑之无甚高论"而又切实有效的政治神学。他借用了阴阳五行家的技术和材料,以通俗易懂的拟人与类推手法,把尘世的作为和上苍的意志联系在了一起,在天、人之间建立了一种"响应若契"的感应关系,"天"被理解成一个人格神,"人"被描述为"天"的复制品;天帝是人的曾祖父,慈祥而又威严地关注着人间的一举一动;天子受命于天,天下受命于天子(《春秋繁露》卷十一《为人者天》)。因而,倘若天子修德行善,则应之以祥瑞;倘若天子作恶败德,则谴之以灾异。这样,通过一种毫厘不爽的赏罚机制,君主沾光了原来上帝才拥有的神圣德行。按照董仲舒的观点,如果上天发威示警,灾异频现,天子应斋戒自省,下"罪己诏"改过自新。这固然是对君主的限制,但也可以理解为从消极的方面对君主的神化,因为被上天所警示本身就不是一般人所能拥有的资格。对匍匐于王权宝座下的芸芸众生而言,祥瑞固然是皇恩浩荡的表现,灾异同样是君主之神性和伟力的证明。

公元前122年,武帝在祠五畤时猎获白麟,有关官员向武帝建议,皇帝纪年应依据"天瑞",而不是仅仅按照序数计算,于是定年号为"元狩",并"追认"武帝即位之年为"建元元年",有"长星"出现的公元前134年为"元光元年",立皇后而"与民更始"的公元前128年为"元朔元年"。此后,因得宝鼎而改元"元鼎",因封泰山而改元"元封",因修历法而改元"元初",因连年苦旱而改元"天汉"……制造出一副"奉天承运"的庄严景象。汉武帝开创了一个传统,就是以"改元"来"应天顺人"。后世有不少统治者在日暮途穷之际,寄希望于"改元"、"更始",以求获得上天的眷顾。

汉武帝以后,这种以"瑞应"和"谴告"为机制的受命神话成了历代帝王"神道设教"最得心应手的工具,也成了臣下阿谀取容的捷径[①]。往往越是昏庸无道的君主越热衷于搜寻符瑞装点门面,因为那成了他们精神力量的唯一源泉。沈约《宋书》专设《符瑞志》,说明"符瑞"已固定成为国家大政的主要内容之一。

四、"五德终始"与圣王谱系的建构

《史记·封禅书》记载:"自齐威、宣之时,……驺子之徒论著终始五德之运。"所谓"五德之运"是"五行生克"在社会历史领域的体现。阴阳五行家认为,木、火、金、土、水五种"生气"在宇宙中依据相胜或相生的法则轮流当政,因而天道人事呈现为某种神秘的节律和运势。明君圣主上应于天,"易代而改号,取法五行;五行更王,终始相生,亦象其义"(《孔子家语·五帝》),因而圣王相互更替所形成的谱

---

① 顾炎武《日知录》卷十三载《柳氏家法》:"居官不奏祥瑞,不度僧道,不贷赃吏法。"(顾炎武:《日知录》,文渊阁《四库全书》本)可知"献祥瑞"已为君子所不齿。

系，由于体现了气运转移的顺序而构成合上天意志（天命）、自然理性和人间正义于一体的权力合法性"统绪"——正统。

毫无疑问，"五德终始"论是适应大一统中央集权的建立而出现的社会历史理论，它以绝对者的名义宣告了新王出现的必然性和新王之权威的合法性，因而一开始就受到正逐鹿中原的战国诸雄的欢迎。据《史记·孟子荀卿列传》载，"五德终始"论的创始人邹衍"适梁，惠王郊迎，执宾主之礼；适赵，平原君侧行襒席；如燕，昭王拥彗先驱，请列弟子之座而受业，筑碣石宫，身亲往师之"。就是连三皇五帝都不放在眼里的秦始皇，也欣然接受了这种神秘而迷人的社会历史变迁理论，规规矩矩地奉行五行家们炮制的一整套繁文缛节。秦始皇平定天下后，有人上书，说黄帝得土德，夏得木德，殷得金德，周得火德，"今秦变周，水德之时。昔秦文公出猎，获黑龙，此其水德之瑞"（《史记·封禅书》）。于是始皇下令："改年始，朝贺皆自十月朔。衣服旄旌节旗皆上黑。数以六为纪，符、法冠皆六寸，而舆六尺，六尺为步，乘六马。更命河曰'德水'，以为水德之始。"（《史记·秦始皇本纪》）

"五德终始"论不仅"给法家揭示的'当今争于气力'的时代精神和施政措施提供一个自然理性的基础，罩上一件'德运'的流行外衣"[①]，而且使秦王朝凌诸侯超千载，成为周朝运统的接续者。这就赋予了秦王朝的刚刚建立的集权统治以无可置疑的合法性。我们知道，周初统治者打着"天佑有德"的旗号革了"天邑商"的命。秦要证明比周更"有德"实在困难，况且"德"从来不是其立国之本。"五德终始"论的出现适逢其时，它为刚刚筑就的专制王权的宝座提供了宏大的背景

---

① 蒋重跃：《五德终始说与历史正统观》，《南京大学学报》2004年第2期。

支持，以一种自然理性才具有的威力为秦王朝的统治举行了授权触摸礼。刘邦建立新政权后，一方面为了现实政治的需要制造了一些关于天命转移的新神话，如赤帝子斩白帝子之类；另一方面又未加甄别地接受了秦朝的遗产，如在秦四畤的基础上增加祭祀黑帝的北畤。前者暗示汉得"火德"，后者则意味着承续了秦朝的"水运"。由于汉初政局不稳，民生凋敝，这期间的漏洞和破绽一直没来得及弥缝。汉文帝即位后，臣下为汉朝的德运问题展开了激烈的争论。当时贾谊、公孙臣等人认为汉朝当土德，主张改正朔、易服色，以黄色为主色。这派意见一开始遭到了坚持水德说的丞相张仓的压制。三年之后，成纪出现黄龙，汉朝君臣认为这是土德之瑞，于是汉文帝"召公孙臣，拜为博士，与诸生草改历服色事"（《史记·封禅书》），但直到文帝去世，这一标志改朝换代的政治装饰工程都没有完成。武帝登基后，尤为重视"定制"之事，广泛招纳方士儒生"采风俗，定制作"（《史记·封禅书》）。经过君臣多年努力，终于在太初元年（前104）五月颁布了新的历法——太初历，"以正月为岁首。色上黄，数用五，定官名，协音律"（《汉书·武帝纪》），为汉家确立了在天运和圣王谱系中的正统地位。太初历取代汉初实行的颛顼历，表层原因是后者行使已久，历面天象和实际天象产生了脱节，深层原因是武帝君臣处心积虑要制定一部新历法，认为"不如此便不足以使受命改制的指导思想明白无误地体现出来"①。

显然，"五德终始"论是真正的帝王之学，它名义上以"天命"实

---

① 〔日〕薮内清，杜石然译：《汉代改历及其思想背景》，载刘俊文主编：《日本学者研究中国史论著选译》第十卷，中华书局1992年版，第41页。

际上是以人间的君主为中心展开了宏大的历史叙事，使人类社会的历史成为君主自导自演的舞台——因为"天命"的转移是通过"符瑞"昭示的，而符瑞又是通过君主之口解说的。请看《吕氏春秋·应同》：

> 凡帝王者之将兴也，天必先见祥乎下民。黄帝之时，天先见大螾大蝼，黄帝曰"土气胜"，土气胜，故其色尚黄，其事则土。及禹之时，天先见草木，秋冬不杀，禹曰"木气胜"，木气胜，故其色尚青，其事则木。及汤之时，天先见金刃生于水，汤曰"金气胜"，金气胜，故其色尚白，其事则金。及文王之时，天先见火，赤乌衔丹书集于周社，文王曰"火气胜"，火气胜，故其色尚赤，其事则火。代火者必将水，天且先见水气胜，水气胜，故其色尚黑，其事则水。

帝王成了宇宙的中心，他的一举一动都与上天息息相关。他的任何日常的、琐碎的行为都被纳入永恒天道，以一种被强化了百倍的亮度照耀着帝王的宝座，使他的"当下"成为天道聚焦点。历法、服色、数字等一系列配套的辅助性措施，更是构成一种弥漫性的意识形态氛围，以愚夫愚妇都能理解的形象语言论证着最高权力不容置疑的合法性。西汉以后，尽管"相生"说基本取代了"相胜"说，"运统"也逐渐被净化为"道统"，尽管对最高权力的争夺日益激烈，篡窃相仍，但发轫于"五德终始"论的圣王谱系一直是"天命正统"的牢固根基，成为专制王权最坚强的精神支柱。

五、孝道政治与天下之父形象的确立

从惠帝开始,汉家皇帝的谥号都带有一个"孝"字。这是汉代政治的特色,也是汉代帝王的伟大发明。从此,历代帝王的谥号中大多带着这个字,特别是在明清两代,几乎成为定式①。不论多么卑鄙残暴,帝王们都忘不了倡导"以孝治天下",都忘不了把自己装饰成既孝且慈的"天下之父"的形象。

汉惠帝首先以行政措施褒奖孝道。《汉书·惠帝纪》记载,惠帝四年(前191)春正月,"举民孝弟力田者复其身"。高后掌权的第一年,"初置孝弟力田二千石者一人"(《汉书·高后纪》),孝悌开始成为入仕的资格。汉文帝时把"孝弟"同"力田"、"三老"一起置为县乡常员,把护养耄耋、济助鳏寡定为国家政务的内容之一,下诏"年八十已上,赐米人月一石,肉二十斤,酒五斗;其九十已上,又赐帛人二匹,絮三斤",要求对耄耋老人"长吏阅视,丞若尉致",并命令"二千石遣都吏循行"(《汉书·文帝纪》)。而真正实现"以孝治天下"的则是汉武帝。

首先,"举孝廉"成为一项成熟的官吏选拔任用制度。《汉书·董仲舒传》称:"及仲舒对册,推明孔氏,抑黜百家立学校之官。州郡举茂材孝廉,皆自仲舒发之。"据《汉书·武帝纪》,元光元年(前134)冬十一月,武帝下诏命令"郡国举孝廉各一人";元朔元年(前128),因为地方官员举孝廉态度不积极,下诏要求"中二千石、礼官、博士议不举者罪",有司承旨,宣布"不举孝,不奉诏,当以不敬论;不察廉,不

---

① 刘泽华:《中国的王权主义》,上海人民出版社2000年版,第284—286页。

胜任也,当免";元狩六年(前117)六月,又下诏"今遣博士大等六人分循行天下……谕三老孝弟以为民师,举独行之君子,征诣行在所"。

其次,不断下诏进行"孝道"示范,使之成为除军事、祭祀之外的另一项国家大政。《汉书·武帝纪》用了大量篇幅记叙这方面的内容:元狩元年(前122)四月,武帝即"遣谒者巡行天下",慰问"孝弟力田"及年老的"鳏寡孤独"。元鼎四年(前113)冬十月,因为感于周室"邈而无祀","询问耆老,乃得孽子嘉。其封嘉为周子南君"。

汉武帝雄才大略,藐视千古,却不厌其烦地一再亲自倡导、奖掖孝行,说明他理解"孝"对于维护专制王权的重要性。将"君"比附于"夫"于"父"于"天",是为了强化它的可接受性和不得不接受性。儒家经过无限此类最后证明的是:"君"是贯通天人、既仁且义,亦圣亦神的唯一者。

我们知道,儒家以道为核心的宇宙真理体系是经由四个纲纽性范畴的相互生发勾连而成的,它们是:天地、夫妇、父子、君臣。通过拟象类推,儒家在夫妇、父子、天地、君臣之间建立了一种义理上的对应关系,使四者相互映照相互强化:"孝道"成为"天理","天理"即是"孝道";夫、父成为家中的严君,君主则成为全天下的慈父。这样,四者构成一个反馈环,既从结构(天地上下)、也从功能(夫妇阴阳)上论证着融自然、道德、政治于一体的宇宙价值的绝对性。当皇帝成为"孝"的最终推动者时,他就成了宇宙最高价值的体现者,成为上天意志的代表,成为天下人无法置议的"慈父"。于是乎,通过"孝道"这条坦途,在天下苍生的无限感激之中,皇帝获得了高高在上的天道所具有的绝对性,王权也就以一种无比自然而平实的方式呈现出自己的天经地义性。

六、尊君卑臣之政治礼仪的完善

《史记·礼书》载太史公评议："至秦有天下，悉内六国礼仪，采择其善，虽不合圣制，其尊君抑臣，朝廷济济，依古以来。"秦王嬴政刚刚统一六国，就下令大臣议上尊号，认为倘若名号不更，则"无以称成功，传后世"。丞相王绾、廷尉李斯等人经过讨论，"昧死"上尊号："王为'泰皇'，命为'制'，令为'诏'，天子自称曰'朕'。"秦王的答复是："去'泰'著'皇'，采上古'帝'位号，号曰'皇帝'。他如议。"（《史记·秦始皇本纪》）秦始皇用人间最华贵的词汇把最高权力的宝座装饰了起来，并制作了一套使自己隔绝于臣民的神圣法器，成为后世帝王共同维护且代代传承的天下大宝。臣民稍有僭越，即属大逆不道，罪恶滔天。

汉高祖刘邦本是一介布衣，身边将相大多起于刀笔小吏、贩夫屠沽，乃至地痞无赖。史载刘邦登基后，群臣在朝廷上饮酒，喧呼吵闹，甚至有人拔剑击柱，"高帝患之"，于是"叔孙通使征鲁诸生三十余人"，制作礼仪。两年后，高祖借长乐宫成、诸侯群臣朝贺之机，推行新朝仪，"自诸侯王以下莫不振恐肃敬。至礼毕，复置法酒。诸侍坐殿上皆伏抑首，以尊卑次起上寿。觞九行，谒者言'罢酒'，御史执法，举不如仪者辄引去。竟朝置酒，无敢讙哗失礼者"。于是高祖大喜，说："吾乃今日知为皇帝之贵也。"（《史记·叔孙通列传》）

叔孙通制定的礼仪只属草创，大都因袭秦朝，且远不完备。汉文帝即位后，"有司议欲定仪礼"，文帝喜好黄老之学，"以为繁礼饰貌，无益于治"(《史记·礼书》),因而未加理会。皇家礼仪的完善之功,还有待于汉武帝。

据《史记·礼书》:"今上即位,招致儒术之士,令共定仪,十余年不就。"因为儒生们泥于古训,且各有所据,久久相持不下。武帝非常恼火,下诏切责:"盖受命而王,各有所由兴,殊路而同归……议者咸称太古,百姓何望?汉亦一家之事,典法不传,谓子孙何?"他要制定的是一部能够传之于久远的、汉家自己的宗庙百官之仪。元朔五年(前124)六月,正当大将军卫青出朔方、历大漠,鏖战匈奴之际,武帝又一次为制礼仪之事下诏:"……今礼坏乐崩,朕甚闵焉。故详延天下方闻之士,咸荐诸朝。其令礼官劝学,讲议洽闻,举遗兴礼,以为天下先。"下令为博士置弟子,以"崇乡党之化"(《汉书·武帝纪》)。可以说,汉武帝是儒家礼教政治的金声玉振者。正是靠了一整套富丽堂皇的政治礼仪,汉武帝冷酷无情的铁血手段被修饰为应天顺人的圣德大业。请看《晋书·礼志下》所载汉武帝十月朔举行的飨会礼:

> 至武帝,虽改用夏正,然每月朔朝,至于十月朔,犹常飨会。其仪:夜漏未尽七刻,受贺及贽,公侯璧,中二千石、二千石羔,千石、六百石雁,四百石以下雉。三公奉璧上殿御坐前,北面。太常赞曰"皇帝为君兴"。三公伏。皇帝坐,乃前进璧。百官皆贺,二千石以上上殿称万岁,举觞。御食,司徒奉羹,大司农奉饭,奏食举之乐。百官受赐,宴飨,大作乐,如元正之仪。

鬼神默默,大乐煌煌;君臣辑睦,天人谐和。在这庄严神圣的氛围里,汉武帝俨然人间的神明。"万岁"这个一般性的欢呼词也被写进了朝廷礼仪，从此被皇帝所垄断，成为一般人不能触摸的"圣物"①。

臣下奏议的用语也逐渐范式化而作为一种约定俗成的礼仪，其主要标志是，在奏章的开头和结尾，使用"臣昧死言"、"臣昧死请"、"臣昧死以闻"、"昧死再拜"之类极度诚惶诚恐的词语几乎成为定式，奏章的内容也逐渐多了诸如"臣幸得遭明盛之朝"（《汉书·贾捐之传》）、"臣幸得待罪丞相，疲驽无以辅治。城郭仓廪空虚，民多流亡，罪当伏斧质，上不忍致法"（《汉书·石奋传》）、"臣幸得待罪行间，赖陛下神灵，军大捷"（《汉书·卫青传》）以及"主上贤明，臣不足以称"（《汉书·公孙贺传》）之类对皇上的无限颂扬之辞和对自己的极度贬抑之语。唐宋以后，臣下的表奏不论什么主题，几乎都忘不了在自轻自贱的同时，来一番"铺张对天之闳休，扬厉无前之伟绩"②，成为八股化的马屁经和效忠书。

而这一切，都是秦皇、汉武时代作其始俑。可以说，秦皇汉武不仅奠定了大一统专制主义中央集权的政治礼仪的规模，而且确立了它的基本精神指向：尊君卑臣。我们知道，礼的基本精神是"尊尊长长"，"礼治"就意味着尊者对卑者、中心对边缘的绝对性统摄，因而"尊尊"的最终结果就是全社会的能量由底层向高层、由四周向中心不断累积放大、集中，最后统聚于人间至尊——皇帝。礼愈隆，皇帝愈尊崇，臣

---

① "万岁"本是巫祝祷祝之辞，如《韩非子·显学》："今巫祝之祝人曰：'使若千秋万秋，千岁万岁之声聒耳。'"后来成为民间欢呼之辞，如《史记·项羽本纪》："项王许之，即归汉王父母妻子，军皆呼万岁。"武帝以后开始成为帝王专用贺词，用于人臣即为僭越，如《后汉书·韩棱传》载大将军窦宪"威震天下……及宪至，尚书以下议欲望拜之，伏称万岁。（韩）棱正色曰：'夫上交不谄，下交不黩，礼无人臣称万岁之制。'"

② 韩愈：《潮州刺史谢上表》，姚鼐选纂：《古文辞类纂》，中国书店1986年版，第331页；刘泽华：《中国的王权主义》，第264页。

民也就愈卑下。由秦始皇、汉武帝创制的神圣名号和繁文缛节在把帝王推向峰顶的同时,把臣民统统打进了卑贱的泥淖里。汉朝以后,随着王权的逐渐强化,皇帝像慢慢隆起的山峰一样,越来越崇高、神圣,而臣民则越来越卑贱、渺小。

尽管一个接受了法家的理念,一个以儒家为指导思想,秦皇、汉武以各自的方式共同完成了专制王权之象征体系的建构工作。这个体系包括天地、鬼神、历史、人伦、天人之际、政治实践等多个向度和层面,构成了专制王权之大一统的世界表象,以笼罩一切的魔力呈现着帝王威权的合法性和神圣性。

(原载《文史哲》2010 年第 6 期)

两个南北朝与中古以来的历史发展线索

李治安

近十年,正当国内较多学者热烈关注和讨论唐宋变革①之际,部分美国学者却把目光投向"宋元明过渡"问题的探索。史乐民(Paul Jakov Smith)、万志英(Richard von Glahn)等编辑出版的论文集《中国历史上的宋元明过渡》认为,在唐宋变革和清代全盛之间又有所谓"宋元明过渡"②。笔者 2005 年也曾撰写《元及明前期社会变动初探》一

---

① 张泽咸:《"唐宋变革论"若干问题的质疑》,载《中国唐学史会论文集》,三秦出版社 1989 年版;邱添生:《唐宋变革期的政经与社会》,台湾文津出版社 1999 年版;〔日〕宫泽知之,游彪译:《唐宋社会变革论》,《中国史研究动态》1999 年第 6 期;张其凡:《关于"唐宋变革期"学说的介绍与思考》,《暨南学报》2001 年第 1 期;林文勋:《唐宋历史观与唐宋史研究的开拓》,载《21 世纪中国历史学展望》,中国社会科学出版社 2003 年版;李华瑞:《20 世纪中日"唐宋变革"观研究述评》,《史学理论研究》2003 年第 4 期;葛金芳:《唐宋变革期研究》,湖北人民出版社 2004 年版;《唐宋时期社会经济变迁笔谈》,《文史哲》2005 年第 1 期;张广达:《内藤湖南的唐宋变革说及其影响》,载邓小南、荣新江主编:《唐研究》第 11 卷,北京大学出版社 2005 年版;柳立言:《何谓唐宋变革》,《中华文史论丛》2006 年第 1 辑;李庆:《关于内藤湖南的"唐宋变革论"》,《学术月刊》2006 年第 10 期;罗祎楠:《模式及其变迁——史学史视野中的唐宋变革问题》,《中国文化研究》2003 年第 2 期。
② Paul Jakov Smith and Richard von Glahn eds., *The Song-Yuan-Ming Transition in Chinese History*, Cambridge, Mass: Harvard University Press, 2003. 参阅张祎:《"中国历史上的宋元明过渡"简介》,《宋史研究通讯》2003 年第 2 期。

文①,论述了与其相类似的问题。萧启庆、王瑞来则相继论及南宋金元南北歧异和宋元变革②。这些工作对于深化中古以来历史发展的认识,都是有裨益的。然而,进一步研读史书后,笔者逐渐领悟到"唐宋变革"抑或"宋元明过渡"、"元及明前期变动"等,实际上都和两个南北朝及其带来的南北地域差异发生着密切联系,中古以来的历史发展线索往往是复合而非单一的。鉴于此,笔者试图以"两个南北朝与中古以来的历史发展线索"为题,谈一些自己的看法,就教于方家同好。

一、第一个南北朝与隋唐的"南朝化"

1945年陈寅恪先生著《隋唐制度渊源略论稿》③,系统而深刻地探讨了隋唐制度的渊源所在,首次提出隋唐制度盖有三源:北魏北齐、梁陈,以及西魏北周。其中最重要的源头是北魏北齐,梁陈次之,西魏北周影响最微。而北魏北齐一源又是汉魏以降的华夏文化,经由三途至北魏孝文、宣武两朝,取精用宏,熔冶为一。三途之一即残留于中原的汉魏制度,之二即东晋至南齐间对汉、魏、西晋典章文物的继承与发展,之三即"永嘉之乱"后保存于河西的中原文化。北齐又沿袭继承北魏制

---

① 李治安:《元代及明前期社会变动初探》,《中国史研究》中国社会科学院历史研究所建所50周年增刊,2005年。
② 萧启庆:《中国近世前期南北发展的歧异与统合——以南宋金元时期的经济社会文化为中心》,载清华大学历史系、三联书店编辑部编:《清华历史讲堂初编》,生活·读书·新知三联书店2007年版;王瑞来:《科举停废的历史:立足于元代的考察》,载刘海峰主编:《科举制的终结与科举学的兴起》,华中师范大学出版社2006年版。
③ 陈寅恪:《隋唐制度渊源略论稿·叙论》,生活·读书·新知三联书店2004年版,第3页。

度。这应为汉魏至隋唐典章文化发展流变的大势。陈先生的贡献在于他不仅揭示隋唐制度多半出于北朝，还进一步澄清了北朝制度的内涵、流变。从中我们不难得到这样的启示：隋唐制度主要来自北朝，主要是沿袭北魏北齐体制而发展变化来，部分又受到南朝的影响。陈登原《国史旧闻》云："大抵政治制度，北方之裔遗不少，士习风尚，南方所存留为多"；"如以文物之兼收并蓄言之，则南并于北者固有，而北并于南者，亦未尝无之也"①。此说对我们理解隋唐制度与南朝、北朝的渊源关系不无参考意义。

20世纪90年代，唐长孺先生在《魏晋南北朝隋唐史三论》一书中指出：

> 如前所述，唐代经济、政治、军事以及文化诸方面都发生了显著的变化，它标志着中国封建社会由前期向后期的转变。但这些变化，或者说这些变化中的最重要部分，乃是东晋南朝的继承，我们姑且称之为"南朝化"。②

唐先生的论述独具慧眼，抓住了唐代制度发展的本质与趋向。他的嫡传高足牟发松教授又撰写《略论唐代的南朝化倾向》加以阐发弘扬，受到学界的关注。还引起阎步克、胡宝国、陈爽、陈勇等围绕"北朝化"、"南朝化"何者为主流的小小争论。按照"南朝化"为主流说，"南朝化"长期存在于南北朝隋唐三百年间，"以汉化改革著称的北魏

---

① 陈登原：《国史旧闻》第一分册《南北混一》，中华书局2000年版，第650页。
② 唐长孺：《魏晋南北朝隋唐史三论》，武汉大学出版社1993年版，第495—496页。

孝文帝",曾"主动汲取南朝的制度文物","南朝化"至少从北魏已经开始。按照"北朝化"为主流说,"隋唐王朝都是在北朝的基础上建立的","北朝社会比南朝社会健康,南朝解决不了的问题,北朝解决了,因此构成历史的出口"[①]。

其实,以上两说都有史料依据和合理性,又相互抵牾对立,而且单用其中一说似乎难以涵盖这一时期的复杂历史情况。为此,笔者提出一个不太成熟的看法:南北朝、隋朝及唐前期的历史是循着"南朝"、"北朝"两条并行的线索来发展演化的。两条线索各有其赖以生存和实用的空间地域——南方和北方,又在并行发展中互相交融、互相影响。中国自古以来就拥有与欧洲相近的广大疆域,由于山川阻隔和交通不便,南方与北方的地域差异本来就明显存在,经历近300年的南北朝分裂对峙,特别是受"五胡乱华"等影响,南方与北方的历史发展线索或制度状况呈现异样,也是可以理解的。"南朝"线索或状况,主要表现在东晋、宋、齐、梁、陈沿袭汉魏西晋的体制。"北朝"线索或状况,主要表现在北魏、北齐、西魏、北周的体制。诚如阎步克教授所言:"隋唐王朝都是在北朝的基础上建立的。"[②] 故隋朝及唐前期基本实行的是"北朝"制度。而后,隋唐二王朝又在统一国度内实施了"南朝"线索与"北朝"线索的整合,到中唐以后整合完毕,国家整体上向"南朝化"过渡。笔者的看法大致有三条理由,这三条理由恰恰就来自贯穿北朝、

[①] 牟发松:《略论唐代的南朝化倾向》,《中国史研究》1996年第2期;阎步克、胡宝国、陈爽:《关于南朝化的讨论》,http://www.xiangyata.net,2003年6月2日;阎步克:《南北朝的不同道路与历史出口》,http://bbs.guoxue.com,2004年8月24日;将无同(胡宝国):《关于南朝化问题》,http://www.wangf.net,2006年4月14日;羯胡(陈勇):《"历史出口说"的"理论出口"》,http://www.mzyi.cn,2007年3月。

[②] 羯胡(陈勇):《"历史出口说"的"理论出口"》,http://www.mzyi.cn,2007年3月。

隋朝及唐前期的三大主干性制度。下面分别予以阐发：

1. 均田制主要实施于北方及其在中唐的瓦解。均田制是北魏至中唐的土地制度。它最初是由北魏代北时期的计口授田演变来的，是北方人口减少，土地荒芜，劳动力与土地分离的产物。主要内容是按照成年人口分授露田（口分田）、桑田（永业田），前者身死还官，后者即为世业。贵族官僚地主则可凭爵品或耕牛等授田。北周、北齐、隋、唐又有过若干改动①。均田制包含原来的私有土地，而能够用来分配的只是无主土地和荒地，数量有限。均田农民授田不足额，露田（口分田）不能按制度还官等情况，比较普遍。虽然均田令限制土地买卖和占田逾制，但均田农民因地少财微、赋役沉重而破产逃亡，地主兼并土地等现象，在北魏、东西魏、北齐、北周、隋、唐中后期愈演愈烈。需要指出的是：（1）南北朝时期，均田制只实行于北朝，南朝依然是延续魏晋的大土地占有。正如陈寅恪所云："北朝政府保有广大之国有之土地。此盖承永嘉以后，屡经变乱，人民死亡流散所致。故北朝可以有均给民田之制，而南朝无之也。"② 即使隋唐统一后均田令颁行于全国，但江南地区基本上没有实施均田。（2）唐高宗以后均田制逐渐破坏，玄宗朝土地还授已难以进行，德宗朝最终废弛，均田制被租佃制大土地占有所取代。这二者说明：南北朝时期的土地占有形态始终是南北异制的，存在北方均田制与南方大土地占有并行的两种情况。隋唐统一后，两种情况不仅在延续，还在交融、整合。交融、整合的结果，就是南朝的大土地占有

---

① 《魏书·食货志》，中华书局1974年版；《隋书·食货志》，中华书局1973年版；《旧唐书·食货志上》，中华书局1975年版。另参阅韩国磐：《北朝隋唐的均田制》，上海人民出版社1984年版；〔日〕堀敏一：《均田制の研究》，岩波书店1975年版。

② 陈寅恪：《隋唐制度渊源略论稿》，第156页。

与北方均田制内的土地私有因素汇合上升,最后过渡到南朝式租佃制大土地占有,率先完成了土地制度方面的"南朝化"。换言之,隋唐建立之初的土地制度是以北朝均田制为基础的,但经过南北统一后的整合、融汇之后的发展趋势则是南朝式租佃制大土地占有,即土地制度方面的"南朝化"。

2. 租庸调制主要实施于北方及其在中唐的瓦解。北魏创立均田制之际,相应规定了均田农民以一夫一妻为单位向官府交纳帛一匹、粟二石的户调。因其包含粟、帛,后人亦称租调。北齐、北周租又有垦租、义租之别,还具体规定充役时间及年龄。隋唐实行租庸调制,减轻租调和力役负担,尤其是允许输庸代役和改征丁男,堪称进步。南朝宋、齐、梁、陈大体是沿用东晋的计丁输租的田租制,户调方面,宋、齐实行计户纳布,梁、陈改作计丁为布,按丁纳调[1]。表面上看,北朝的租调与南朝的田租户调似乎相近,大体都趋于按丁征课。隋朝和唐前期全国统一实施租庸调制,似乎也有较广泛的适应性。然而,南、北方的环境条件有异,北朝是均田自耕农大量存在,南朝则大抵是租佃制大土地占有为主。南朝的按丁征课租调,寓有抑制世家大族荫庇佃客的意义。唐德宗时,由于均田制已经瓦解,租庸调无从征课,改而实行舍丁税地的两税法。这就适应了全国范围内土地占有的变化,也是整合南方、北方赋税体制的结果。陈寅恪说:"夫唐代之国家财政制度本为北朝之系统";"继南北朝正统之唐代,其中央财政制度之渐次江南地方化";"南朝人民所经丧乱之惨酷不及北朝之甚,故社会经济情形比较北朝为进步,而其国家财政制度亦因之与北朝有所不同,即较为进步是也";"其

---

[1] 《魏书·食货志》;《隋书·食货志》;《旧唐书·食货志上》。

国用注重于关市之税",而北朝"唯受谷帛之输";"至唐代社会经济之发展渐超越北朝旧日之限度,而达到南朝当时之历程时,则其国家财政制度亦不能不随之以演进。唐代之新财政制度,初现之似为当时政府一二人所特创,实则本为南朝之旧制"。因为南朝户租已能折交钱或布,故陈先生把玄宗开元二十五年(737)江南纳布代租的规定,视为"唐代制度之江南地方化,易言之,即南朝化者是也"①。受陈先生的启发,笔者进而认为,两税法虽然不是南朝的制度原态,但是,它取代北朝的租庸调,又是和南朝旧制精神相联系的,例如江南租粟的折布交纳和关市之税受重视等。从夏、秋两季征课和依照土地资财多寡征课,不难窥见两税法应是更适合于江南情况的新征税方式。在这个意义上,两税法取代租庸调,可以称为南朝财税制度在中唐以后的继续发展或唐代税制的南朝化。

3. 府兵制主要实施于北方及其在中唐的瓦解。府兵制起初是西魏、北周以部落制为基础,选取鲜卑、汉人官吏子弟及关陇富豪子弟而组成。它实行朝廷直辖和兵、农分离,对改变汉魏私兵旧制颇有意义。隋唐沿袭西魏、北周的府兵制,又将府兵编入户贯,寓兵于民,兵农合一,点拣部分均田农民组成鹰扬府或折冲府。这样,府兵制又和均田制捆绑在一起。西魏、北周府兵设于北朝地域,不言而喻。隋唐多达600个以上的军府,主要设置在关中、河南、河东,南方则数量很少②。所以,府兵制与均田制、租庸调制类似,也主要实施于北方。南朝虽然有世兵制的旧制,但自东晋末"北府兵"等精锐即来自招募。中唐均田制

---

① 陈寅恪:《隋唐制度渊源略论稿》七《财政》,第156—160页。
② 参阅谷霁光:《府兵制度考释》,上海人民出版社1962年版。

瓦解以后，折冲府无兵可交，府兵制随之崩溃。中唐以后神策军、藩镇兵等募兵，或可溯源于南朝，或者说是兵制的南朝化。

均田制、租庸调制和府兵制，是隋唐王朝立国的三大支柱性制度。说来也巧，三大制度都是主要实行于北方，又都在中唐相继瓦解。取而代之的则是与南朝相近的租佃制大土地占有、两税法和募兵制。这不难说明南北朝、隋朝及唐前期的历史的确存在"南朝"、"北朝"两条并行的发展线索或迥然有异的两种制度状况。隋朝及唐前期基本实行的是"北朝"制度，但同时存在"在野"地位的南朝因素（主要在江南）。迫于实际需要，隋唐二王朝又在统一国度内实施了"北朝"线索与"南朝"线索的整合，既是两种历史线索或制度的整合，又是北方、南方地域因素的整合。到中唐以后整合完毕。租佃制大土地占有、两税法和募兵制，正是上述整合后南朝（或江南）因素转而占上风的结果。于是，国家整体上向"南朝化"过渡。我们后面讨论的唐宋变革，实际上也是以上述整合及"南朝化"起步的。

还应该承认，北朝制度并非完全落后，南朝宋齐梁陈不少东西已经相当腐朽。我们说的"南朝化"，并不是照搬宋齐梁陈的制度，而是在汉晋制度框架内掺入北朝某些鲜活因素基础上的升华发展。例如，南朝虽然总体上属于租佃制大土地占有，但它是部曲租佃制的大土地占有，与租佃制大土地占有原型之间尚有距离。恰恰是北朝"均田制"恢复的编户齐民原则，沉重打击了衰败中的世家大族及部曲制，从而为租佃制大土地占有秩序的重新恢复与进一步发展铺平了道路。东晋末虽已有募兵，但它多与地位很低的世兵和私兵旧制糅合在一起，后二者往往是主导性的。又恰恰是北朝府兵制的兵为国有和兵卒地位待遇较高的政策，极大地冲击了南朝世兵、私兵旧制，从而为中唐以后正规募兵的问世创造了条件。在仕途选官方面取代"九品中正制"的科举制,又是以北朝立国的隋朝所奠定,这项摧毁世家大族政治特权的新制度,也并非南朝"寒人掌机要"[①]的直接产物。

"南朝"、"北朝"两条略有差异的发展线索的并行,根源在于"五胡乱化"后造成南、北方政权近三百年的分立对峙。随之而来的南、北发展线索或制度的差异中,少数民族因素固然是重要的,但南、北差异并不是简单和绝对的汉、胡划界,北朝制度的相当部分也是华夏制度。由于我国幅员辽阔,近三百年南北政权的分立隔绝而加剧的南方、北方地域差异,又往往和少数民族的影响相混杂。

二、关于第二个南北朝存在与否的考察

在 20 世纪的中国史学界,一般只承认第一个南北朝。对五代以后的第二个南北朝,绝大多数论著和教科书并没有提到,通常不予认同。第二个南北朝是否真正存在,不应该主要着眼现代人的取舍态度,而应该尊重历史事实。这里,我们列举一些史籍上的有关记载:

较早的南朝、北朝和南北朝称呼,出现于北宋和辽朝对峙之际。《宋史》卷二四二《后妃上·英宗宣仁圣烈高皇后》载,辽道宗曾告诫其臣属:"复勿生事于疆埸,曰:'南朝尽行仁宗之政矣。'"是为辽称北宋为"南朝"。《辽史》卷九《景宗二》"乾亨元年春正月丙申"条载:"长寿还,言,'河东逆命,所当问罪。若北朝不援,和约如旧;不然则

---

① 赵翼:《廿二史札记校证》卷八《南朝多以寒人掌机要》,中华书局 1984 年版,第 172 页。

战'。"是为北宋称契丹作北朝。《宋史》卷三一〇《王曾传》载："景德初，始通和契丹，岁遣使致书称南朝，以契丹为北朝。"是为契丹、北宋互称南朝和北朝。

接着，在两宋与金朝分踞南北的一百余年间，彼此依然使用南朝、北朝的称呼。《三朝北盟会编》卷四《政宣上帙》载："阿骨打令译者言云：契丹无道，我已杀败……为感南朝皇帝好意及燕京本是汉地，特许燕云与南朝。"是为金朝称北宋为"南朝"。《宋史》卷三六六《刘锜传》载："兀朮至城下，责诸将丧师，众皆曰：'南朝用兵，非昔之比，元帅临城自见。'"是为金朝称南宋为"南朝"。《建炎以来系年要录》卷一八五"绍兴三十年五月辛卯"条载："兵部尚书兼权翰林学士杨椿言于右仆射陈康伯曰：'北朝败盟，其兆已见。今不先事为备，悔将何及。'"是为南宋称金朝作北朝。

蒙古灭金后又与南宋相持对峙四十余年，他们之间仍然沿用南朝、北朝的称呼。《元文类》卷三十七宋道《与襄阳吕安抚书》载："令兄少保制置……南朝列之于三孤。"是为蒙元称南宋作南朝。《宋史》卷四十五《理宗纪五》：景定元年三月"丙戌，贾似道言，自鄂趋黄，与北朝回军相遇，诸将用命捍御"。是为南宋称蒙元作北朝。《文山集》卷十八《指南前录·纪事》："正月二十日晚，敌留予营中，云北朝处分，皆面奉圣旨。南朝每传圣旨而使者实未曾得到帘前。"是为文天祥笔下同时出现以蒙元作北朝和南宋作南朝的称谓。又《宋史》卷二八五《梁适传》："契丹欲易国书称南北朝，适曰：'宋之为宋，受之于天，不可改也。'"据此，"南北朝"合称，亦始于辽朝，当时北宋方面并不情愿接受。后来，至少是在非正式场合，宋臣知制诰程琳等也采用了此称谓①。诸如此类的事例很多，恕不一一胪列。表明在辽金元与两宋三百多年的对峙过程中，他们已习惯于彼此以南朝、北朝称呼，甚至有"南北朝"合称的。

值得高度重视的是，宋真宗朝"澶渊之盟"宋辽盟誓文书中即有南北朝的记载。盟誓云：

> 大宋皇帝谨致誓书于大契丹皇帝阙下，共遵成信，虔奉欢盟。以风土之宜，助军旅之费，每岁以绢二十万匹，银一十万两，更不差臣专往北朝，只令三司差人般送至雄州交割。沿边州军各守疆界，两地人户不得交侵，或有盗贼逋逃，彼此无令停匿。至于陇亩稼穑，南北勿纵惊骚。所有两朝城池，并可依旧存守，淘壕完葺，一切如常。即不得创筑城隍，开拔河道。誓书之外，各无所求，必务协同，庶存悠久。自此保安黎献，慎守封陲，质于天地神祇，告于宗庙社稷，子孙共守，传之无穷。有渝此盟，不克享国，昭昭天鉴，当共殛之。远具披陈，专俟报复，不宣谨白。②

此盟誓文书现存于《续资治通鉴长编》，原由作者李焘摘自《两朝誓书册》。据李焘考订，《真宗实录》失载誓书，《仁宗实录》庆历二年九月乙丑所载契丹誓书与此文大同小异。还说宋朝廷抄录"契丹誓书颁河北河东诸州军"之际，"皆以南北朝冠国号之上"，故引起将作监

---

① 李焘：《续资治通鉴长编》卷一〇五"天圣五年四月辛巳"条："辛巳，契丹遣林牙昭德节度使萧蕴、政事舍人杜防贺乾元节。知制诰程琳为馆伴使……琳又曰：'南北朝安有大小之异？'防不能对。"中华书局2004年版，第2439页。

② 李焘：《续资治通鉴长编》卷五十八"景德元年十二月辛丑"条，第1299页。

丞王曾的一番非议，可李焘当年所能见到的《两朝誓书册》和《仁宗实录》，并没有把南北朝冠于宋、契丹各自国号之上。李焘为此感到困惑，不得不暂且存疑。笔者以为，王曾的非议，属当时人说当时事，又并见于《宋史·王曾传》和《皇朝编年纲目备要》卷七，应该是可信的。后修的《两朝誓书册》和《仁宗实录》或许对盟誓文书作过删节。故前揭《续资治通鉴长编》盟誓文书亦未见此类文字。即便如此，从现存宋辽盟誓文书中"北朝"、"两地"、"南北"、"两朝"等残留词汇，不难窥知北宋方面已经通过盟誓文书的形式承认了"北朝"和"南北朝"现实秩序及称谓。因为"澶渊之盟"的盟誓文书代表宋、辽官方，具有法律效用，它对第二个南北朝称谓在当时的确凿存在，无疑是比较过硬的证据。

我们注意到，从北宋建立的960年到元世祖统一南北的1276年，共计317年。比起第一个南北朝（含东晋）273年的历史，第二个南北朝时间并不短，合计起来还多出45年。诚然，第一个南北朝的界限偏南，大抵在淮河一线。北宋与辽朝对峙的167年大抵是以白沟河划界的，尔后，金朝、南宋对峙和蒙元、南宋对峙的150年，边界才南移至淮河、大散关一线。这又是第二个南北朝不及前者和人们容易对其南北朝称谓产生质疑的"短处"。笔者对时间略短略长和疆界或南或北，并不太在意，关键是南北政权的差异及影响。这个问题我们后面再说。

奇怪的是，第一个南北朝并非当时人的称谓，其在史书上的称谓是唐朝人撰修《南史》、《北史》后晚至五代才出现的[①]。如前所述，第二

---

① 《旧唐书·郑覃传》，中华书局1975年版，第4491页。

个南北朝却是辽宋夏金元三百多年间官方和民间广泛使用且见诸史书的称谓，而且一直使用到元末明初[①]。明初以后此称谓基本绝迹。这或许是来自建文帝始明朝士人一味尊宋贬元和正统华夷观念偏向汉族本位后的有意"封杀"。同样是后继朝代的唐朝和明朝，前者对第一个南北朝大肆阐发宣扬，后者对第二个南北朝隐匿封杀，确实形成很大的反差。这似乎与唐人文化上的开放心态和明代回归到南宋"内敛"心态[②]有关系。现代人对第二个南北朝称谓不适应、不使用，估计也是受明人的影响。在太平天国反对清廷、辛亥革命再次高扬"驱除鞑虏"旗帜以及鸦片战争、抗日战争等民族矛盾剧烈的近代中国，受明人华夷之辨思想的影响也是可以理解的。但这并不能改变历史真相，并不能影响第二个南北朝在当时的确凿存在。我们在从事研究之际，理应尊重第二个南北朝确凿存在的历史真相，不必受明人狭隘正统观和华夷观念的桎梏束缚。所以，完全可以放心地认同"第二个南北朝"的命题或概念。

笔者承认，人们只称呼第一个南北朝而不称辽宋夏金元为南北朝，几乎是六百年来的一种约定俗成，估计很难改变。笔者并不执意让人们用"第二个南北朝"改称辽宋夏金元。笔者之所以强调它的存在，主要是因为下面讨论南、北两条发展线索的需要。"第二个南北朝"应该是南、北两条发展线索或制度复合并存的前提。为着学术讨论，必须肯定和承认它的确凿存在。至于平常情况下人们仍然愿意使用辽宋夏金元的称呼，那就顺其自然好了。

[①] 《草木子》卷四《杂俎篇》，文渊阁《四库全书》本曰："此北朝兴衰之一终。"中华书局点校本则曰："此天运兴衰之一终。"中华书局1959年版，第83页。

[②] 刘子健著，赵冬梅译：《中国转向内在：两宋之际的文化内向》，江苏人民出版社2002年版，第7页。

三、唐宋变革说与第二个南北朝的发展线索

1921年日本学者内藤湖南的《概括的唐宋时代观》一文，比较系统地提出了唐宋变革说，西方称之为"内藤假说"。由此还引发了二战后"京都学派"与"东京学派"（历研派）二十多年的大辩论。此说打破了传统的王朝史体系，为中国史研究提供了一条新思路，无疑是一项富有创见的发明。

按照张广达教授的归纳，内藤唐宋变革说的要点为：（1）贵族政治让位于君主独裁；（2）农民脱离贵族或国家的束缚，土地等私有得到承认；（3）科举普遍化与官僚政治的成熟；（4）朋党由贵族核心过渡到政见斗争；（5）货币大量流通，货币经济盛行；（6）儒学由经学义疏转向理学诠释，文学艺术的自由化、平民化色彩加重。经过国内外学者的讨论和进一步研究，迄今有关唐宋变革的认识不断丰富成熟，尽管学者们对变革时间和"近世说"尚存疑义，但对中唐以后社会变革基本表现的认识又趋于一致：经济方面，土地私有合法，两税改革，农作技术改进与农业发达，水稻及茶等商品化作物的增长，烧瓷冶铁等进步，商业繁荣取代官市、关津贸易，货币流通取代钱帛兼行，集市城镇增多，人口激增，北方与南方经济重心易位；社会方面，四民社会阶层的结构性松动，士大夫场域流动及代际沉浮，地域社会及精英的形成，多样化家族的出现，户等的变化，官私贱民依附关系的蜕变，乡村制度和村落秩序的重建；政治方面，世家贵族的衰败与君主独裁的兴起，君权相权互动之下的君主专制化，律令制瓦解，中央集权与地方势力的消长，士大

夫政治文化主体意识形成，科举官僚体制壮大，门第支配演化为科第支配，党争等政治文化的变貌，职役法和胥吏制的出现；文化方面，学术昌明，门类多样，新儒学（理学）的形成，文学与艺术新体裁的出现，庶民文娱活动的繁荣，应用科学与实用技术的显著进步，印刷术促进教育、罗盘促进航海等①。总之，内藤湖南唐宋变革说的贡献主要有两条：从内在理路思考中国历史的一项富有创见的发明（前揭张广达文）；基于此说，古代历史大体可以划分为上古、中古、近古三个阶段。可以说，唐宋变革说对中国古代历史纵向宏观认识做出了杰出贡献。

接着，我们要问：唐宋变革说能否涵盖第二个南北朝的整体情况？唐宋变革在辽金西夏及元前期统治下的北朝（或北方）情况又如何？辽、金、西夏、蒙古等少数民族政权，尤其元王朝的大统一，究竟给唐宋变革带来何种新的影响？为什么元明许多制度及实施状况与中唐两宋不太一样？为什么明后期的许多情况反与南宋非常相似？

这的确是引入"第二个南北朝"的命题后产生的一系列困惑。由于问题比较复杂，并非三言两语能够解释清楚。给人的初步印象是，唐宋变革说虽然非常精彩，能够大体揭示唐宋社会的巨大变化及以后的历史概貌，具有划时代意义，但用它来诠释中唐以后的全部历史似乎不够周延。我们在肯定和重视唐宋变革说的同时，不能就此满足或停步。还应该进一步认真注意辽金西夏及元前期统治下的北方情况，认真注意10—13世纪近三百年的南北异制和元统一后北制的深刻影响，认真注意这一时期是否存在除唐宋变革以外对中国社会造成较大影响的他种体

---

① 张广达：《内藤湖南的唐宋变革说及其影响》，载邓小南、荣新江主编：《唐研究》第11卷，北京大学出版社2005年版。另参阅李庆：《关于内藤湖南的"唐宋变革论"》，《学术月刊》2006年第10期。

制因素。

本文开头提到的美国学者史乐民、万志英等有关"宋元明过渡"问题的探索及笔者近年所论"元及明前期社会变动"即与此有关,可以称作针对上述疑问困惑的最新学术动向。现就笔者所论元朝与唐宋变革有明显异常的若干条,予以重点阐发。

1. 职业户籍制与全民服役。秦汉以后,编户齐民和"士、农、工、商"的秩序相继确立。其中,编户齐民最为重要,实乃专制集权国家统一编组百姓作为直接赋役对象的体制。就赋役负担和国家直接控制而言,天下所有编户都整齐平等,故曰齐民。又规定编户内"士、农、工、商"的四民顺序,四民既是职业排列,又反映官府重士农抑工商的政策趋向。经过唐宋变革,"士、农、工、商"的四民秩序出现松动,且不言士大夫场域流动、代际沉浮和工、商低贱处境的改变,即使农民的身份及其与国家的关系,也变化很大。宋代的户籍以主户、客户统一编制,农民被分为主户(地主和自耕农)、客户(佃农)两部分而附籍,租佃关系亦被纳入国家户籍制度。官府税收和差役只征及主户。宋代的劳役已不算多,改而以差役的形式大量存在。即使是差役,也要跟百姓财产相应挂钩,以适合其承受能力。元代实行职业户计制度,百姓按照职业被分为各种不同户计,实乃蒙古社会分工进步和成吉思汗征服奴役政策的共同产物。蒙古早期国家是单一游牧,随着军事征服不断扩大,被征服民族一概按职业划定户计,世袭罔替。如种田的称为民户,充军役的称为军户,充站役的称为站户,煮盐的称为盐户或灶户,充工匠的称为匠户。这明显背离"士、农、工、商"四民和宋代主、客户秩序。民户、军户、站户、灶户、匠户以及打捕鹰房、也里可温(景教徒)、和尚(僧人)、先生(道士)、答失蛮(穆斯林)、儒户、医户,等等,都必须按照职业户计名色为官府提供劳役①。于是就呈现诸色百姓依据自己的职业户计为官府服劳役的新局面。何兹全先生把魏晋南北朝的类似情况与此比较后指出,元朝曾出现全民当差服役,由编户到差户,这是很大的变化。萧启庆先生也说,元代的户计制度"是元朝为着动员人力、物力而制定的世袭户役制度","妨碍各阶层的自然流动与发展",是"一股逆流"②。全民服役,无疑意味着百姓对官府的人身依附关系的再度恶化,也与唐宋变革的"农民脱离贵族或国家的束缚"(前揭张广达文)格格不入。

2. 贵族分封制与驱口制。以血缘纽带和家产分配为基础的宗室分封,时至唐宋,已名存实亡。正如顾炎武所说:"唐宋以下封国,但取空名,而不有其地。"③元朝时期,包括草原封国、中原食邑和投下私属等内容的分封制度,又死灰复燃,尤以北方地区严重。与其相关联的贵族议政、巨额赏赐等也长期遗留。金朝不少贵族军将把俘获人口抑为奴婢,以供驱使,名曰驱口。还有以放免奴隶充当驱军的。正如萧启庆先生所说"金朝带回奴隶制是一种社会逆退现象"④。蒙古灭金及灭南宋时掠民为驱口的现象依然存在,尤其是灭金伊始贵族将校所掠驱口几半天下。驱口主要用于家内役使,也用于农牧业和手工业。法律上驱口属于

---

① 黄清连:《元代户计的划分及其政治经济地位》,《"国立"台湾大学历史学报》1975年第2期。
② 何兹全:《中国社会发展史中的元代社会》,《北京师范大学学报》1992年5期;萧启庆:《中国近世前期南北发展的歧异与统合——以南宋金元时期的经济社会文化为中心》,载清华大学历史系、三联书店编辑部编:《清华历史讲堂初编》。
③ 顾炎武撰,黄汝成集释:《日知录集释》卷十四《封国》,上海古籍出版社1985年版,第7页。
④ 萧启庆:《中国近世前期南北发展的歧异与统合——以南宋金元时期的经济社会文化为中心》,载清华大学历史系、三联书店编辑部编:《清华历史讲堂初编》。

贱人，使长可任意转卖，可支配其婚姻①。元统一前后，由于不断吸收汉地制度，分封制与驱口制得到部分改造或限制，但仍然程度不同地遗留至明代。此二者与唐宋变革的"农民脱离贵族或国家的束缚"、"官私贱民依附关系的蜕变"（前揭张广达文），更是背道而驰，也严重违背了秦汉编户齐民的基本制度。

3. 官营手工业的重新繁荣。自战国打破"工商食官"旧制，秦汉私营手工业一度迅速发展。经魏晋到唐前期，官营手工业曾出现回潮，中唐以后特别是两宋，私营手工业又得以迅速自由发展。蒙元时期的官营手工业，肇始于成吉思汗的军事征服。元朝建立后的官营手工业分为工部、户部、将作院等中央部院，中政院、宣徽院、利用监等宫廷官署，行省、路总管府等地方官府，宗王公主等投下官府等四大系列，包含的主要是纺织、陶瓷、制盐、矿冶、军器等行业②。元代官营手工业以规模大、役使工匠多、机构重叠繁杂、管理效益低下而著称。尤其是在杭州丝织业等出现少量自由雇佣劳动的情况下③，官营手工业对民间手工业和商品经济的正常发展肯定有妨碍牵制等消极作用。从整体趋势看，它也是对唐宋变革的商品货币经济盛行的倒退。

4. 农业经济和财税的南北差异。在唐宋北方与南方经济重心易位的趋势下，因女真、蒙古入主中原和战乱频仍，北方的经济发展水平继续显著落后于南方，原南宋占据的江南地区经济仍沿着唐宋变革的模式继续发展繁荣。据初步统计，元代江南江浙、湖广、江西三行省年度税

---

① 《金史·兵志》，中华书局 1975 年版；陶宗仪：《南村辍耕录》卷十七《奴婢》，中华书局 1956 年版，第 208 页。
② 参阅陈高华、史卫民：《中国经济通史·元代经济卷》第七章，经济日报出版社 2000 年版。
③ 参阅郑天挺：《关于徐一夔〈织工对〉》，《历史研究》1958 年第 1 期。

粮数相当于腹里地区（今河北、山东、山西和内蒙古）的 2.86 倍。江南三行省年度商税额比腹里多出近 1/4[①]。国家的财赋不得不进一步仰赖东南，京师等处粮食也依赖江南供给，每年上百万石的稻米海运北上。不仅如此，南北的经济结构特质乃至税收都差别较大。南方沿袭南宋的大土地占有和租佃制，北方自耕农和中小地主的比重较大，还残留一些驱奴私属劳作。南方税粮沿袭南宋的二税制，北方依然停留在丁税、地税混存的状态。科差中北方丝料、包银，南方户钞及包银，名色内容虽不尽相同，但按户征收的原则又是和租庸调制一脉相承。表明北方的农业经济结构和财税，同样较多背离了唐宋变革的轨道。

5. 儒士的边缘倾向与君臣关系主奴化。元朝较早保护儒学，不少儒士进入各级官府，在吸收汉法方面也大量发挥了儒学和儒士的积极功用。还推动程朱理学上升为官学。但是，在蒙古统治者的心目中，儒学始终不是第一位的文化。儒学与儒士也不再是国家体制内的主导，其独尊地位已经丧失，开始被某种程度地边缘化。这是自汉武帝独尊儒术以后，历朝历代未曾有过的。儒士虽然能享受儒户定籍、免除差役、选拔充当教官及儒吏等待遇，但唐宋以来儒士赖以仕进登龙的科举迟迟未开，大多数儒士"学而优则仕"的门径被堵死。尽管有学者对停废科举持比较积极的评价[②]，但元代儒士处境地位降低则是不争的事实。儒士充任教官之际，多数属无资品的流外职，薪俸颇低，升迁极慢。世祖朝"九儒十丐"的说法，而后"热选屏教众人取，冷官要耐五更寒"等哀

---

① 《元史·食货志一》、《食货志二》，中华书局 1976 年版。北方腹里年度商税额包括大都和上都商税。
② 王瑞来：《科举停废的历史：立足于元代的考察》，载刘海峰主编：《科举制的终结与科举学的兴起》。

叹牢骚①，或可反映儒学与儒士被某种程度边缘化的尴尬境遇。

春秋以后，君臣关系不断发生进化演变。随着唐宋科举制度发展，稳定的士大夫群体逐渐形成，君臣关系中主从色彩又在逐渐淡化。尤其是理学问世后，士大夫崇奉的儒家思想，有了追求的终极目标：道与理。在君臣关系上，除了强调"忠君"外，还强调"道统"，强调君、臣都要服从道统，道统先于君统②。于是，君臣关系表现出一定的进步迹象。宋代一些皇帝又标榜"与士大夫共治天下"③，还有了不杀文臣士大夫的不成文规定，可见宋代士大夫的地位有所提高。时至元朝，情况大变。与儒学、儒士的边缘化同步，忽必烈等将草原主奴从属习俗带入君臣关系，对臣下说打就打，想杀就杀。捶击大臣者不胜枚举，杀死宰相及其他大臣事件也频繁发生。至元十六年（1279）九月，忽必烈诏谕："凡有官守不勤于职者，勿问汉人、回回，皆论诛之，且没其家。"④ 在他眼中，宰相也好，一般臣僚也好，都是自己的奴仆。勤于职守，为主人效犬马之劳，就是称职的好官。反之，格杀勿论。本着这样的信条，王文统、卢世荣、桑哥、郭佑、杨居宽等正副宰相，皆难逃被诛杀的厄运。元顺帝又步忽必烈后尘，被他杀掉的一品大臣据说有500余人⑤。这

---

① 陈福康校点：《郑思肖集》，上海古籍出版社1991年版，第186页；王义山：《稼村类稿》卷一《送余仲谦赴江州教》。
② 参阅刘泽华主编：《中国古代政治思想史》，南开大学出版社1992年版，第487、551页；张分田：《中国帝王观念》，中国人民大学出版社2004年版，第566页。
③ 参阅张其凡：《北宋"皇帝与士大夫共治天下"略说》，《宋初政治探研》，暨南大学出版社1995年版。
④ 《元史·世祖纪七》，第215页。
⑤ 权衡著，任崇岳笺证：《庚申外史》卷下，中州古籍出版社1991年版，第156页；另参阅姚大力：《论蒙元王朝的皇权》，载王元化主编：《学术集林》卷15，上海远东出版社1999年版，第305页；屈文军：《论元朝君臣关系的主奴化》，《江海学刊》2004年第1期。

与赵宋三百年文臣士大夫犯罪一般不杀相比，无疑形成了鲜明的对照，也明显与唐宋变革中"士大夫政治文化主体意识形成"（前揭张广达文）相悖逆。

6. 由军事征服派生的行省制和直接治理边疆政策。元世祖忽必烈统一全国前后，自北而南，先后在新征服区域设立陕西、四川、甘肃、云南、江浙、江西、湖广、河南、辽阳、岭北、征东十一行省。十一行省起初就是十一大军区，主要服务于军事控制与镇压，又兼为中央与地方间的财赋中转站和行政节制枢纽。其原型为金行尚书省和蒙古三大行断事官，其机构名称是汉制，实乃金元军事征服所派生。行省具有两重性质，长期代表中央分驭各地，主要为中央收权兼替地方分留部分权力，所握权力大而不专。行省分寄为朝廷集权服务，朝廷集权始终主宰着行省分寄。元代的行省制创建了十三四世纪中央与地方权力结构的新模式，对明清、近代影响至深且重。

唐宋等汉地王朝治理边疆，都是实行羁縻政策。部落首领既接受朝廷的官爵印信，又保持原有的称号、辖境和权力，自理内部事务。羁縻州只是名义上的府州区划，一般不呈报户籍，不承担贡赋①。元廷因俗设"土官"，通过宣慰司、宣抚司、安抚司、长官司等机构，实行强制性的检括户籍，设立驿站，比较固定的缴税和贡献，强制征调土官土军等②。正如忽必烈对播州安抚司的诏谕："阅实户口，乃有司当知之事，诸郡皆然，非独尔播。"阅户缴税似乎成了归附元朝廷的基本尺度。迫于元廷的强硬政策，土官们或早或晚"括户口租税籍以进"③。在蒙古统治者

---

① 参阅马大正：《中国边疆经略史》第四、五编，中州古籍出版社 2000 年版。
② 参阅方铁：《西南通史》第六编第三章，中州古籍出版社 2003 年版。
③ 《元史·世祖纪十四》、《地理志六》、《泰定帝纪一》。

看来，少数民族地区并非汉人心目中的蛮夷，它和汉地一样，无例外都是被征服的对象。因此，括户缴税等，应当一视同仁。他们根本不去理会唐宋羁縻州政策，而是出于治理被征服地区的理念，独辟军、政、财等较直接管辖的路子。因此，直接治理边疆的政策及理念，最初同样为军事征服所派生。

上述变动，有些是改变了唐宋变革的部分内容，有些是增添了新的东西，有些则是辽金元北方民族的前后承袭，如驱奴、投下私属、农业经济和财税等。有些主要是蒙古贵族带入的，如职业户籍制、全民服役、分封制、官营手工业、儒士边缘倾向、君臣主奴化、直接治理边疆政策等。对照内藤湖南唐宋变革的六条要点，至少有1、2、3、6点发生了较大异化。因此，构成了北朝体制或发展线索的基本内容。

对于上述异化和变动，美国学者伊懋可（Mark Elvin）曾指出，蒙古入侵带来了科技和经济发展的停滞，带来了元代和其后的明代前期"倒退消沉的黑暗时期"，造成了中国历史的断裂，而从明后期开始的新一轮经济发展则直接继承了唐宋科技革命的成果，并进一步使整个国家的经济整合起来。史乐民、万志英等的"宋元明过渡"说则试图纠正伊懋可的观点，他们认为宋元明时期尽管北方地区受到战乱的侵袭，但中国的传统经济文化核心区——江南及其周边地区却没有遭受大规模的破坏，其经济、社会依然继续演变和发展着，这就为后来明清全盛奠定了基础。宋元明不是"中国历史的断裂"，而是介于唐宋变革、清代全盛之间的"过渡"[①]。萧启庆先生基本赞成"过渡"说，进而精辟论述金

[①] Paul Jakov Smith and Richard von Glahn eds., *The Song-Yuan-Ming Transition in Chinese History*, Cambridge, Mass: The Harvard Universiy Press, 2003. 参阅张祎：《"中国历史上的宋元明过渡"简介》，《宋史研究通讯》2003年第2期。

朝统治下的北方地区经济、社会、文化与南宋统治的南方的巨大差异及元朝的统合,同时指出"过渡说"忽视北方的缺陷[1]。笔者一度认为元及明前期是唐宋变革后的局部性反复曲折或变态发展。现在觉得有必要作若干修正:上述变动并非简单的反复曲折,而是第二个南北朝辽、夏、金、元北朝方面少数民族因素与南北地域因素长期混合作用的产物。由于三百年左右的南北对峙隔绝,唐宋变革大抵在北宋、南宋持续进行。而在辽、夏、金、元统治的北朝或北方,社会整体结构和社会发展轨迹却出现了较多异化,出现了一些与中唐两宋不同的东西(或者在很大程度上仍然停留在中唐以前的状态),并由此形成了北朝线索。前述唐宋变革所反映的中唐两宋传统王朝的发展线索,就构成了南朝线索。换句话说,第二个南北朝并非沿着唐宋变革的单一线索前进发展,相反是呈现唐宋变革所反映的南朝(南宋)线索与辽、夏、金、元北朝线索的复合并行发展。还应该指出,上述南朝线索和北朝线索的复合并行,准确地说实施于 960 年到 1276 年的 317 年间。元朝统一南北后的 1276 年到 1368 年的 93 年间,就是南方和北方二线索的复合并行了。这与隋唐统一后的情况类似。

如果说伊懋可的"断裂说"的不足是比较笼统和缺乏详细分析,那么,史乐民、万志英的"过渡说"又失之片面,即只注重江南的情况而忽视北方的情况。哈佛大学罗祎楠曾经一针见血地批评道:"这种综合却忽视了北部中国的情况。本书(指《中国历史上的宋元明过渡》)实际上并没有很好地解决这一问题。比如,李伯重先生(论文集作者

---

[1] 萧启庆:《中国近世前期南北发展的歧异与统合——以南宋金元时期的经济社会文化为中心》,载清华大学历史系、三联书店编辑部编:《清华历史讲堂初编》。

之一）在认定江南地区的人口、社会经济、技术改进、农业经营在宋、元、明时期持续发展这一历史事实的同时，似乎并没有详细说明这种发展和北方地区发展的关系问题。因此，这一结论是否可以运用于这一时期整个的统治版图，则仍然需要进一步论证。"① 我们承认史乐民、万志英的"过渡说"比起伊懋可的断裂说有了明显的进步，它开始以审视分析而非简单笼统的眼光去看待"宋元明过渡"不可或缺的历史功用，不再简单视之为"倒退消沉黑暗"。这无疑是值得称道的。然而，"过渡说"一味注重江南持续发展的作用，对北方的情况置若罔闻。事实上，由于元统一及后述朱元璋父子的个性政策，北朝线索或北方体制在13—16世纪三百年间扮演的角色非常重要，有时甚至是主导性的。16世纪中叶，才最终完成了它与江南体制的复合、交融与整合，最终建构起经济上江南因素为主、政治上北方因素为主的混合体。"过渡说"还把中唐以后的历史细分作中唐北宋、南宋元明前期、晚明清朝三段。实际上，这三者都属于中唐至清代的近古或近世历史阶段，都是唐宋（或中唐）变革基本模式的继续与发展，只是因为南方、北方的政权对峙及地域差别而造成了13—16世纪比较复杂的情况。如果人为地再去划分，不免有支离破碎之嫌。笔者上述复合线索的见解，恰恰是兼顾江南和北方不同情况的通盘综合考察，可以弥补"断裂说"、"过渡说"的上述缺憾。

还应该看到，伊懋可和史乐民、万志英有关研究的合理部分又是和笔者上述见解相呼应、相共鸣的。例如，伊懋可关于明后期开始

---

① 参见罗祎楠：《"中国历史上的宋元明过渡"书评》，载邓小南、荣新江主编：《唐研究》第11卷，北京大学出版社2005年版；李伯重：《有无13、14世纪的转折——宋至明江南农业的变化》，《多视角看江南经济史（1250—1850）》，生活·读书·新知三联书店2003年版。

的新一轮经济发展和整个国家的经济整合的观点，与笔者不无相通之处。史乐民、万志英反对"断裂说"而主张"过渡说"的基本依据就是：江南走了与北方不同的经济继续繁荣发展的道路。这在某种程度上又是支持笔者的南朝线索和北朝线索复合并行发展说。换言之，尽管伊懋可的"断裂说"和史乐民、万志英的"过渡说"都有不太周延和完善的地方，但他们的部分合理看法，又与笔者的见解有若干相通之处。

四、明前期承袭元制颇多与南、北两线索的整合

元、明二王朝南、北方的差异对立，由来已久，实际上是第二个南北朝长达317年的隔绝对峙在元统一以后政治的、文化的惯性持续。这种持续的直观表征往往是：区域上的南方、北方的差异或对立，族群上的南人、北人差异或对立。中国的疆域的确太广阔了。在古代交通工具比较困难的条件下，一道山梁或一条河流都可能造成方言习俗的很大差别，何况幅员近千万平方公里范围内长达三百年左右的隔绝对峙呢？后者所导致的南方与北方、南人与北人的差别和隔膜，就更是不容忽视了。人们所熟知的元代蒙古人、色目人、汉人、南人四等人秩序，虽然是蒙古统治者政策层面的种族分离和种族压迫，但在某种意义上它又是当时蒙古人、色目人、汉人、南人四族群政治文化差异的现实反映。元军占领杭州后，南宋遗民汪元量赋诗曰："西塞山边日落处，北关门外雨来天。南人堕泪北人笑，臣甫低头拜杜鹃。"元末叶子奇又云："元朝自混一以来，大抵皆内北国而外中国，内北人而外南人。""南人，在都

求仕者，北人目为腊鸡，至以相訾诟。"① 元代南人的含义相对固定，指谓原南宋统治范围内的百姓，一般和四等人中的南人相一致。北人的含义比较复杂，狭义的北人指汉人以外的蒙古人及色目人，广义的北人则是蒙古人、色目人和北方汉人的统称。后者是相对于南人而言的。基于以上界定，汪元量和叶子奇笔下的北人，应该是广义上蒙古人、色目人和北方汉人的统称。无论是占领杭州后的喜悲反差，抑或元廷内外厚薄偏向及北人对南人歧视，均表明元代近百年南人与北人之间的族群隔膜对立，相当严重。如谈迁所言，元代南、北方的对立，南、北人的对立，又一直延续到明代。

应该承认，南北两种历史线索差别和并行是相对的，北朝线索中仍然保留着辽金直接继承唐朝遗制，如丁税、地税混存等，后者无疑属于唐宋变革前的华夏体制。即使在并行发展中，它们的相互交融影响还是存在的。元统一等政治变化之后，原有的南朝、北朝线索遂转换为南、北方线索，又很快出现南、北线索或差异的兼容与初步整合。根据萧启庆的研究，元朝统一后南北方的整合成果主要是：全国交通驿站网、统一货币和度量衡促进了全国经济市场的形成，贸易的发达导致南北经济的互补，道学北传与剧曲南流则是南北文化统合的最大收获。另一方面，经济上的南长北降、经济和社会上南北差异未能有效统合，南北区域的不平衡继续扩大②。由于元政权北朝线索的势力过分强大，初步整合的结果，北朝因素往往占上风，前述户籍劳役、分封驱奴、官手工业、

---

① 陶宗仪：《南村辍耕录》卷五《汪水云》，第56页；汪元亮撰，孔凡礼辑校：《增订湖山类稿》卷一《送琴师毛敏仲北行》，中华书局1984年版，第24页；叶子奇撰：《草木子》卷三上《克谨篇》，中华书局1959年版，第55、49页。
② 萧启庆：《中国近世前期南北发展的歧异与统合——以南宋金元时期的经济社会文化为中心》，载清华大学历史系、三联书店编辑部编：《清华历史讲堂初编》。

君臣关系、行省和边疆政策等，都发生过不同程度的自北而南的渗透延伸。这与明前期的整合走势相似，而与明中叶以后截然不同。

朱元璋建立的明朝虽然定都南京，但继承元朝制度颇多。这与朱棣迁都燕京及朱元璋、朱棣父子带有个性色彩的南、北政策有密切关联。郑克晟先生关于明朝南方地主与北方地主对立的研究，日本学者檀上宽关于明朝专制政体历史结构的探讨①，对笔者的启发良多。从明初的政治格局中，我们可以窥知，朱元璋的旧部集中在"濠、泗、汝、颍、寿春、定远"的淮西贫瘠区域，地跨淮水南北岸，"习勤苦，不知奢侈，非若江南耽逸乐者比"②。该地以前是宋金及宋蒙边境，元世祖末划归河南江北行省，而与江南三行省相隔离。就元明之际的情况看，无论是行政区划抑或风土习俗，朱元璋本人及旧部起家于南、北方交界地区，基本属北方人，而非南方人。又兼他和张士诚、陈友谅长期斗争及多数苏松士人党附张士诚，朱元璋始终没有把江南和江南士人当作自己的依靠力量。相反，朱元璋与江南士人一直是对抗多于合作，甚至实行严厉打击苏松"大户"及士人的政策。对北方士人，朱元璋则格外眷顾，晚年曾以偏袒南士之罪名处死南人主考官白信蹈等，还特意亲自策问擢61名北士及第，这就是有名的"南北榜"③。建文帝则重用齐泰、黄子澄、方孝孺等江南士人，主张宽刑和均平江浙田赋，反对朱元璋的猛政峻法和苏松重赋，坚持的是与其祖迥异的南方本位。朱棣"靖难"起兵燕京，军事上的依赖力量之一是元朝降将张玉、火真（蒙古人）以及

---

① 郑克晟：《明代政争探源》，天津古籍出版社1988年版；〔日〕檀上宽：《明朝専制支配の史の構造》，汲古书院1995年版。
② 谈迁：《国榷》卷二，中华书局1958年版，第342页。
③ 《明史·刘三吾传》、《选举志二》，中华书局1974年版，第3942、1697页。

骁勇善战的蒙古朵颜三卫,北直隶又充当其军力和财赋的可靠后方,燕京及大漠南北还是朱棣戍守征战的功业所在。朱棣最后迁都燕京,又残酷打击包括江南士人在内的建文帝势力,他奉行的无疑是比朱元璋更明确的北方本位。根据郑克晟和檀上宽的研究,明洪武年间的"南北榜"、仁宗朝的"南北卷",朱元璋接连制造空印案、胡惟庸之狱、郭桓案、李善长之狱、蓝玉之狱和朱棣"靖难"后残酷镇压建文帝阵营的南人集团以及最终迁都北京,等等,都是以打击江南地主集团,突破明初"南人政权"的狭隘性质,建立朱氏南北统一王朝为最高目标的。正是朱元璋—建文帝—朱棣南、北政策倾向的变异,造成了明前期与元朝相似的南、北方对立的政治格局。正如谈迁所云:"地有南北,人亦因之。……此矛彼盾,大抵议论政事,俱视相臣为转移。"①《明史·王翱传》说:"帝(朱棣)时欲定都北京,思得北士用之。"武宗时太监焦芳,河南沁阳人,"深恶南人,每退一南人,辄喜。虽论古人,亦必诋南而誉北。尝作《南人不可为相图》进(刘)瑾"②。郑克晟先生曾一针见血地指出:南方地主与北方地主的矛盾,始终反映在明廷内部的一些政策中。这种斗争几与明王朝相始终③。

总之,朱棣迁都燕京和随之而来的明廷北方本位政策,不仅承袭了元朝南、北方对立的政治格局,也造成明前期国家体制中继承元朝或北方的因素较多。前述元朝与中唐两宋略有不同的职业户籍制、全民服役、分封制、官营手工业、儒士边缘化倾向、君臣主奴化等,对明前期的影响既深且重。明朝的军户制、"配户当差"的户役法、官府手工业

---

① 谈迁:《国榷》卷七十九,第4913页。
② 《明史·阉党传》,第7836页。
③ 郑克晟:《明代政争探源》,第81页。以上还参阅了同书第一编的相关内容。

和匠籍制、纸钞制、政治经济的南北反差、行省三司制、宗室分封、诛杀功臣士大夫等，都可以看到元制或北制的影子，都是被明朝统治者略加变通后沿袭下来的。就是说，第二个南北朝的北朝或北方线索，在明前期仍然在顽强地发挥作用，有些甚至是支配性的。由于北朝或北方线索的作用，明王朝以汉族皇帝重新统一南北之际，居然长期存在南北方的差异对立或者南、北两线索复合并行发展的局面。

　　我们应高度重视朱棣迁都燕京的居中重要作用。如果建文帝继续执政，如果朱棣"靖难"胜利后不迁都燕京，明朝南、北两线索复合并行发展的局面，肯定会比较短暂，以江南为主导的南、北两线索或体制的整合，肯定会大大加快，南朝或南方化的步伐也肯定会大大加快。遗憾的是，历史没有如此发展，偏偏走上了朱棣迁都燕京的路子。朱元璋、朱棣父子的个人经历和好恶心理等偶然因素，严重地影响了明前期南、北两线索或体制的整合及走向，致使这种整合很大程度上是在北制占优势的前提下进行的。于是，明朝南、北两线索的整合被分为前期和中叶两阶段进行，第一阶段是前期北制占优势的整合，第二阶段则是中叶南制占优势的整合。其结果南、北两线索或体制并行发展的局面就拖延了将近 200 年。如果加上南宋金元时期的 242 年，第二个南北朝和元、明南北方两线索并行发展的历程，竟长达四个半世纪以上。于此，人们不能不正视它在唐宋变革后的重要性。这也是拙文重点论说第二个南北朝发展线索问题的缘由。

　　明中叶的情况较前期有了明显改变，南北线索或体制开始实施第二阶段的整合，而且是改为以南制占优势或为重心。主要表现在军户制、"配户当差"的户役法、官府手工业和匠籍制等相继被南朝或南方的相关形态所代替，结果是唐宋变革所代表的南朝线索逐渐成为主流。下面就以军户制、"配户当差"的户役法、官府手工业和匠籍制为例,谈谈明中叶第二次南北线索的整合及其成果。

1. 从军户制到募兵制。明初变通元朝的千户和侍卫亲军制,创立卫所制,但依然沿用元朝的军户制。明前期"靖难之役"与大规模对蒙古用兵,也造成沿用军户制签取军士的急迫需求。卫所军士另立军籍,与民籍截然分开。军籍属都督府管辖,民籍属户部管辖。军户制为世袭兵役制,一人被垛为军,进入军籍,一家人世代充军,不能随意脱籍。军士老病身死,其子弟及族人有义务替代或顶充。军户的身份、法律和经济地位和民户不同,比较低下。既没有元朝军户的四顷赡军田免税的优待,又往往与"谪发"罪犯为伍,故逃亡严重。明朝廷曾频繁实施"清军"和"勾军",但难以遏止。弘治中,逃军已占卫所军士的十之六七。所以,从英宗正统末开始,朝廷派官员四方募兵,入伍后按日发饷,军饷来自朝廷财税。募兵,起初主要是补充京军和北方九边兵员,后来东南抗倭用兵而组建起来的"戚家军"、"俞家军"等也属募兵[①]。明后期的募兵,与唐神策军、宋禁军一脉相承,都是职业兵制。经过整合,军户制过渡到募兵制,意味着明代军制的基础部分又回归到唐宋变革所代表的南朝线索或体制方面。

2. 从"配户当差"的户役法到一条鞭法。明初沿袭元代的全民服役旧制,实行"配户当差"的户役法,把全国人户分编为若干役种户籍,主要有民户、军户、匠户、灶户四大户计,前期还有油户、酒户、羊户、牛户、马户、果户、菜户、乐户、医户、金户、银户、船户、鱼

---

① 参阅《明史·兵志二·卫所》、《兵志二·清理军伍》。另参阅肖立军《明代中后期军事制度研究》第三章第三节"明代募兵的发展",南开大学博士学位论文,2005年。

户等 80 余种专业户计。当时通行役皆永充，役因籍役，役有役田，以户供丁等强制应役的管理办法。明前期"纳粮即是当差"，赋与役，名可分实不可分。田赋不仅是土地税，也是役，而且是正役。无论赋与役，都建立在皇帝对全国土地和人口私人占有的基础之上。田是皇田，民是皇民，各色人丁必须收籍当差①。朱棣营建北京等重大工程，也带来匠户和徭役的扩大化。这与元代基于蒙古大汗黄金家族对全国土地和人口私人占有的全民服役秩序，几乎如出一辙，而与唐宋变革的"农民脱离贵族或国家的束缚"，同样背道而驰。

户役法的松动，可以追溯到英宗正统年间田赋折纳货币的"金花银"。而后，一方面是正役的不断改革，以宣德中"均耗折征"起步，推行核实土地而平其税粮的"均田均粮"，还实行固定役额、缩短轮役时间的里甲正役改革。一方面是徭役（杂役）的改革，重点是银差渐多、计丁验粮轮当、定期审编的"均徭法"，后又辅以"十段册法"来调整均徭负担。最终是万历年间张居正推出"一条鞭法"，融入明中叶赋役改革的优秀成果，合并赋役项目且能折银，部分徭役摊入田亩，重新把赋役纳入"两税法"的轨道，且有革新和进步。这又意味着明后期赋役制度同样回归到唐宋变革所代表的南朝线索或体制方面。

3. 从官府手工业和匠籍制到民营纳税。明前期沿袭元朝官手工业制度，官手工业一直是手工业的主体。还长期实行工匠世袭的匠籍制，一旦进入匠籍，就必须世役永充，以轮班、住坐两种方式，为官府局院无偿服役。明中叶以后，陆续出现变化。一是景泰五年将原先的五班轮流，一律改为四年一班，以减轻工匠负担；二是成化二十一年开始全面

---

① 参阅王毓铨：《明朝的配户当差制》，《中国史研究》1991 年第 1 期。

实施的班匠征银免役①。此二者是官府手工业和匠籍制趋于瓦解，工匠脱离官府束缚而自由劳作的重要转机。由此，明后期的手工业转变为以民营为主和官府重在征税的新体制。这大体恢复到中唐两宋的轨道。

另外，儒学重新受到重视，海外贸易因海禁而出现逆转，大明宝钞先为主货币，继而银、钱、钞兼用，最后被银、钱取代。特别是晚明城市商业化的发展较快，东南沿海城镇市民社会或有雏形，儒士世俗化非常明显，思想禁锢大大减少，等等，某种意义上可以视为南宋后期城镇社会的延续与发展。

总之，经过军户制、户役法、匠籍制等内容的南北线索或体制的整合，明后期又重新回归到唐宋变革所代表的南朝线索方面。人们在综观10—15世纪五百年历史之余，常常会有这样的朦胧感受：明后期与南宋非常相似，万历以后很像是对南宋社会状况的"跨代连接"。其奥秘或许可以从前述南、北线索的并行、整合与回归之中去探寻。

然而，在某些领域内元朝或北朝的东西或改变无多，或依然如故。明前期的宗王出镇总兵和后期宗室优厚廪养，都有元朝分封制的遗留和"阴影"②。元行省分寄式中央集权又改以三司督抚形式，得到新的发展。治理边疆方针大体维持而局部有所后退。依然如故的，主要是南北经济政治反差，君主独裁与臣僚奴化。尤其是后者，与元朝相比，甚至有过之而无不及。

朱元璋《大诰》直言不讳："寰中士大夫不为君用，是自外其教者，

---

① 参阅方楫：《明代手工业发展的趋势》，《历史教学问题》1958 年 4 期；陈诗启：《明代官手工业的研究》，湖北人民出版社 1958 年版。
② 参见李治安：《元代分封制度研究》，天津古籍出版社 1992 年版；吴缉华：《论明代封藩与军事职权之转移》，《大陆杂志》1967 年第 7、8 期。

诛其身而没其家，不为之过。"① 这和忽必烈"凡有官守不勤于职者，勿问汉人、回回，皆论诛之，且没其家"的诏谕，大同小异，惟妙惟肖。朱元璋直接诋毁宋代理学家有关道统高于君统的学说，有意编造出一套"君主即名教"的荒唐逻辑，作为他镇压诛杀士大夫的理论依据。由此，君臣关系经元入明，进而步入最黑暗的时代。在元代及以前，士大夫普遍遵奉"出处进退必有道"的信条②，君主有道，君臣相得，士人可以出而仕；君主无道，君臣不相得，士人可以退而隐。包括元朝在内的历朝历代都有一批名儒士人退而隐居。而隐居山野的名儒士人是否被君主以礼召用，还成了君主有道与否的重要尺度。然而，朱元璋前揭《大诰》面世后，士大夫退而隐居山林的权利或自由也被剥夺。谁敢隐居"不为君用"，就是大逆不道，就要招致杀身没家之祸。这应是专门打击士大夫的最糟糕的文化专制主义，是对宋代"与士大夫共治天下"的彻底背叛，比起清朝的"文字狱"还要无理荒唐，而且流毒甚远甚广。难怪《明史·隐逸传》所载张介福、倪瓒等12人，7人是由元入明的，其余不仅人数少，诸如刘闵等力辞官职之际，必须由知府"请遂其志"，得到朝廷批准才能合法隐居。估计这都是"不为君用之罚"的淫威所致。朱元璋滥杀功臣，对不为所用的士大夫，大开杀戒，好像是学汉高祖刘邦，但从体制上则应该是承袭元制。朱棣镇压建文帝敌对势力，重点打击的又是方孝孺为首的文臣儒士。尽管明代的科举学校都得到发展，但士大夫并没有恢复到宋代的地位。相反，一直受到皇权的强有力压制，一直处于被朱明皇帝任意惩处的奴仆地位。廷杖作为明朝的"国粹"，

---

① 朱元璋：《御制大诰三编》，上海古籍出版社1995年版。
② 吴澄：《吴文正集》卷七《复董中丞书》，台湾新文丰出版公司1985年版，第171页。

一直打到明末亡国。士大夫称谓也渐渐变少，后来索性改称缙绅。除了士大夫回归地域社会的背景外，或许又因为士大夫常受廷杖，有辱"刑不上大夫"的古训。以王阳明为代表的理学也转向"心即理"、"致良知"的心学系统，不再强调道与道统，更不敢像宋儒那样祭起道统的大旗，与皇帝轮对辩诘，进而约束治道，"致君行道"。在朱明皇帝独裁专制的淫威下，臣僚的"致君行道"，多数只能是伏阙死谏，以尽臣节①。给人的初步印象是，经过元朝和明前期君主独裁与臣僚奴化的政治文化"洗礼"，"与士大夫共治天下"的黄金时代早已一去不复返了。元明士大夫较大程度上丧失了宋代那样的追求道与道统的勇敢锐气，主体意识和进取意识显著退化，只是在方孝孺、解缙和李贽等个别非主流和悲剧性人物身上，还能看到宋儒精神的回归及其对独裁专制淫威的某种抗争。不少人对明清皇帝独裁专制比较关注，甚至多有感慨。从理论讲，皇帝独裁专制应该以贵族政治的式微为前提的。但是，在贵族政治基本完结以后的官僚政治条件下，皇帝独裁专制又主要是以臣僚奴化为代价来强化自身的。两宋的皇权虽有加强，但它属于唐宋变革中的"君权相权互动之下的君主专制化"（前揭张广达文）。元明承接了第二个北朝臣僚奴化的野蛮旧制，清代也与此相似。所以，这段时期皇帝独裁专制，在贵族政治削弱的情势下反而得到了前所未有的膨胀发展。人们不必过多责怪朱元璋父子个人专横残暴在上述膨胀发展的角色作用，更应该注重北朝臣僚奴化旧制所形成的历史惯性在助长元明清三代皇帝独裁专制的特殊效用，更应该注重这种情势下君臣关系的理论构架和士大夫的认同是否发生较大的变化。皇帝独裁专制以臣僚奴化为代价来强化自身，

---

① 参阅罗宗强：《明代后期士人心态研究》第一章，南开大学出版社2006年版。

这正是元明清皇帝独裁专制与两宋君主专制的差异所在。

众所周知，中古以来1600余年的历史，同属于战国秦朝所肇始的君主专制和地主经济形态。人们也都承认，其间的唐朝中叶发生过所谓"唐宋变革"。种种迹象还表明：两个南北朝所造成的南、北方隔离与差异，直接影响到中古以来的历史发展。恰恰是在唐宋变革前后，历史发展的线索是呈现南、北复合状态而非单一。这是深入探究考察中近古历史时应该予以格外注意的。

第一个南北朝、隋及唐前期的历史是循着"南朝"、"北朝"两条并行的线索来发展演化的。隋及唐前期基本实行的是"北朝"制度，而后又在统一国度内实施了"南朝"线索与"北朝"线索的整合。到中唐以后整合完毕，国家整体上向"南朝化"过渡。

多方面的探究考察昭示，第二个南北朝及其并行发展的两条线索，都是确凿存在的。南宋承袭唐宋变革成果，它所代表的南朝线索充当主流，辽夏金元反映的北朝线索也作用显赫。二者并存交融，先后经历元朝、明前期以北制为主导及明中叶为南制主导的三次整合，明后期最终汇合为一，此乃宋元明清历史的基本脉络和走势。

唐宋变革在前后两个南北朝之间，发挥着承上启下的枢纽作用。唐宋变革既是第一个南北朝两条发展线索交融整合的结果，又充任第二个南北朝两条发展线索的起点和处于主流的南线。

本文关于第一个南北朝、隋及唐前期循着"南朝"、"北朝"两条线索并行发展的看法，赖有陈寅恪、唐长孺二位大师的"南朝化"说及阎步克、胡宝国、陈爽、陈勇诸教授的相关争论，窃以为基本能立足。容易引起争议的主要是第二个南北朝及两条并行发展的线索问题。前不久，萧启庆先生对于金朝统治下的北方与南宋统治下的南方在经济社会文化领域的差异以及元朝统一后的整合,颇多新见和发明,在许多方面与笔者看法一致,给予笔者很大的支持。但是,萧先生的最终结论是只承认金元时期经济社会的南北差异被扩大,并没有讲到发展线索。

笔者拙见,南北差异与南北并行发展线索的提法,有相通一致的地方,也有程度或性质的不同。如果南北差异只存在于南宋金元时期的 242 年间,笔者肯定会谨慎地后退到差异说,与萧先生持完全一致的看法。问题恰恰在于:前述朱元璋、朱棣父子的偶然因素,致使明前期南、北差异或两线索的整合及走向与元统一后相似,很大程度上是北制占优势,明中叶才逐渐变为以南制为重心。其结果明朝南、北两线索或体制并行发展的局面就被拖延了将近 200 年。与前 242 年连起来计算,居然长达四个半世纪,时间上拖得这么长,南北差异的程度或性质,不能不发生根本性变化。况且,第一个南北朝和隋唐已有"南朝化"、"北朝化"的说法。日本竺沙雅章教授也曾强调宋辽金元存在"北流"和"南流"两个潮流[1]。所以,笔者依然认为,南北并行发展线索的表达,比较切合历史事实。

(原载《文史哲》2009 年第 6 期)

---

[1] 〔日〕竺沙雅章:《征服王朝の时代》,讲谈社 1977 年版。

传统国家近代转型的开端:张居正改革新论

万 明

16世纪出现的张居正改革,是中国历史上最著名的改革之一。关于张居正改革,研究成果极为丰硕。迄今为止,肯定改革的是主流,然而,学界也一直存在质疑之声,有些学者认为张居正改革够不上改革的评价,他只是政治家,够不上改革家;更多的质疑则是认为他没有提出新的改革方案,认为一条鞭法是早已在嘉靖年间出现了的改革,于是有学者提出了"隆万改革"[1],还有学者主要从政治角度提出了"嘉隆万改革"[2]。那么,在16世纪全球经济化开端的时候,中国发生了什么?16世纪末万历初年究竟有没有一场改革?这场改革的意义何在?仅是以往嘉靖或隆庆改革的余脉,还是具有独特的作用?这些都是今天有必要探讨的问题。历史事实说明,万历初年为了挽救明王朝面临的财政危机,

---

[1] 韦庆远:《张居正和明代中后期政局》,广东高等教育出版社1999年版,第4页。
[2] 田澍认为:"明朝中后期的改革不是始于传统所认为的万历初年,而是始于嘉靖时期,因为永乐之后的正德、嘉靖之际出现了由大礼议而引起的明朝最彻底的一次人事更迭。"(《嘉靖革新视野下的张居正》,《学术月刊》2012年第6期)

张居正作为首辅，无疑是一位政治家，但他的改革核心是财政，不遗余力地从行政到财政采取了一系列举措，试图重建明朝中央集权财政体系，那么，他要重建的是一个什么样的财政体系呢？这是以往没有探讨过的，但却是一个关键问题，与关于张居正改革的评价紧密相连。

从更广阔的历史视角来看张居正改革，改革有一个历史大背景，即世界连成一个整体的全球化开端的历史大背景。当然，从明代历史文献中，迄今我们看不到任何直接反映明代中国财政与全球化之间有具体关联的记述，在张居正本人的奏疏或文集中，也看不到任何直接关于16世纪全球市场与中国赋役—财政改革之间关联的记述，这类记述不仅从未出现在明朝的诏令文书中，全球贸易也从未完整地出现在明人的文集中。尽管如此，但事实上，明代中国出现的经济变革，特别是张居正改革这一重大事件，与全球化市场的初步形成，白银货币形成世界货币，即经济全球化有着千丝万缕的联系。如果我们仍然以政治史的框架描述张居正改革，就遮掩了改革的真实意义与价值。研究全球市场初建时期中国与世界的市场连接这种不容忽视的内在关联，认识白银货币化是中国与世界之间关键的连接点，并以此作为探寻张居正改革之全新的切入点，张居正改革尚有再探讨的空间。本文尝试重新审视这一历史特殊阶段的改革，阐释其未经发掘的重要意义，以期促进研究的深入，进而"重新全面认识明代历史"。

一、改革的先声：长达一个半世纪的前期准备

张居正改革前，自嘉靖年间南倭北虏，朝廷已经出现财政危机，这

一点在史学界已达成共识。明代赋役—财政改革与货币变革紧密联系在一起，密不可分。早在洪武末年，市场萌发带来的白银货币化自下而上的崛起就已开端，其后在国家层面，一方面力图维护宝钞地位，另一方面在宝钞的制度结构性缺失情况下，逐渐以赋役改革的形式，以白银货币手段来调节，达到均平赋役以稳定统治的目的。国家与市场、社会的博弈由此开端。以往的考察证明，白银货币化是一个自下而上崛起于民间，再得到国家认可从上到下全面铺开的过程。到嘉靖初年以后，白银在流通领域越来越占据了主导地位，这种主导地位的取得，与改革的前导——赋役改革密切相关。

明代赋役改革以一条鞭法最为著名，中外学者对于一条鞭法的研究，以梁方仲贡献最大。早在20世纪30年代，他就开始进行了系统而全面的探讨，形成了一个里程碑。其实，明代赋役改革并不始自一条鞭法，文献证明，在张居正改革之前，已发生了一系列赋役改革，经历了长达一个半世纪的时间。虽然名称不一，但经过笔者考察，无一例外地都把折银征收作为最主要的一项改革内容和改革手段。折银成为明代赋役改革的一条主线，从明宣宗宣德五年（1430）周忱改革算起，发展至明世宗嘉靖初年（约1530年前后）出现一条鞭法，再到一般所认识的明神宗万历初年（约1580年前后）张居正改革，整整经历了一个半世纪的时间。我们有理由认为，张居正改革是此前明代一系列赋役改革的延伸与总结，换言之，张居正改革具有长达一个半世纪的前期准备。

在这一个半世纪中，发生了一系列赋役改革，虽名称不一、实行时间不一，内容也不尽相同，但是明代的一系列赋役改革，大多与折银相联系，这是值得特别关注的现象。白银货币化与赋役改革是同一过程，呈现出一个总的趋向，即朝着赋役合一和统一征银的趋向发展转变。这一发展转变过程具有更为广阔的社会意义。如果我们从三农出发考察，可以看到促进了中国历史发展的三个进程：

进程一：赋役折银→农民从纳粮当差到纳银不当差→从身份到契约→农民与土地分离→雇工人和商帮群体形成→市场化进程。

进程二：赋役折银→农业从单一到多元→经营权与所有权分离→农业产品商品化→商业化进程。

进程三：赋役折银→农村从封闭、半封闭到开放→市镇兴起→城市化进程。

以上三个进程，总括起来是一个农民、农业、农村的大分化、国家与社会大重组的过程，表明晚明社会所谓"天崩地解"就由此始。追溯以往，赋税折征并不特别，是历朝常有的举措。在唐代建中年间杨炎施行两税法的时候，就已开始采用折钱。由此看来，明代的折征似乎也没有什么特别之处。然而，我们之所以说明代的折征又是特别的，就在于明代赋役折征的是贵金属白银，而且最终导向统一以白银作为征收的计量单位，统一征收白银，这是中国历史上史无前例的。因此，笔者提出正是明代赋役改革统一折银征银，才是明代赋役改革有别于历朝历代的根本特征[①]。这在中国历史上是亘古未有的变化，具有划时代的意义。

张居正改革的核心问题是财政。财政部"中外财政史研究"课题《惊心动魄的财政史（总报告）》称："翻开历史长卷，因财政危机引发的政治风波和经济巨变从来没有停止过，一个社会的发展、变革，往往是从财政改革起步的。每一次财政改革都是那样的波澜壮阔和惊心

---

① 参见拙文《白银货币化视角下的明代赋役改革》，《学术月刊》2007年第5—6期。

动魄,深深地影响着经济社会发展的格局和进程。"①张居正改革的意义也即在于此。张居正改革的核心在财政,是一个半世纪赋役改革的延续,也是一个半世纪赋役改革由渐进到突进的拐点。明代的改革从总体上说,张居正之前的改革是局部的渐次推进的,发展到张居正"勇于任事",表现在他一步到位的改革思想:清丈田粮,全面推进统一以白银作为财政计量单位,赋役合一、统一计银征税,从而重构了一个新的财政体系。这一改革意义是前所未有的,至此,发生了中国古代财政史上的重大变革也是中国古代货币史上的最大变革,因此,将张居正称为改革家,应该是名实相符的。

二、改革的进程:以迄今所见遗存于世的两部改革文献为中心

在梳理了明代白银货币化自下而上而又自上而下的发展过程,又考察了明代张居正改革前长达一个半世纪的地方赋役改革过程之后,我们合乎逻辑地进入国家层面财政改革的探讨。史学研究的基础在于史料,让我们回归文本去具体考察。

早在隆庆二年(1568),张居正就向皇帝朱载垕上了《陈六事疏》,提出了六项改革的主张:一为"省议论";二为"振纪纲";三为"重诏令";四为"核名实";五为"固邦本";六为"饬武备"②。这是一个

---

① 财政部办公厅、财政部财政科学研究所课题组:《惊心动魄的财政史(总报告)》,《经济研究参考》2009 年第 40 期。
② 张居正:《张太岳集》卷三十六《陈六事疏》,上海古籍出版社 1984 年版,第 454—459 页。

全面的改革规划。其中的"重诏令",值得我们特别注意。万历初年,张居正改革的核心是财政,而他首先是从诏令,即国家法令贯彻执行的行政整顿开端的。考成法的实施,一般称为整肃吏治、提高官僚机构的行政效率,实际上也可视为张居正财政改革的前奏。

考成法的具体内容,可从张居正《请稽查章奏随事考成以修实政疏》中得知,列举如下:

> 请自今伊始,申明旧章。凡六部、都察院遇各章奏,或题奉明旨,或覆奉钦依,转行各该衙门,俱先酌量道里远近,事情缓急,立定程期,置立文簿存照,每月终注销。除通行章奏不必查考者照常开具手本外,其有转行覆勘,提问议处,催督查核等项,另造文册二本,各注紧关略节及原立程限,一本送科注销,一本送内阁查考。该科照册内前件,逐一附簿候查,下月陆续完销,通行注簿。每于上下半年缴本,类查簿内事件,有无违限未销。如有停阁稽迟,即开列具题候旨下,各衙门诘问,责令对状。次年春夏季终缴本,仍通查上年未完,如有规避重情,指实参奏。秋冬二季,亦照此行。又明年仍复挨查,必俟完销乃已。若各该抚按官奏行事理,有稽迟延阁者,该部举之。各部院注销文册有容隐欺蔽者,科臣举之;六科缴本具奏有容隐欺蔽者,臣等举之。如此,月有考,岁有稽,不惟使声必中实,事可责成,而参验综核之法严,即建言立法亦将虑其终之罔效,而不敢不慎其始矣。致理之要,无逾于此。①

他在疏前重提以前在隆庆帝时上疏论便宜六事的"重诏令"一款。从

---

① 张居正:《张太岳集》卷三十八《请稽查章奏随事考成以修实政疏》,第483页。

总体来看，考成法中最重要的，是建立一种簿册制度，严格考核，全面整顿吏治，为朝廷政令的雷厉风行下达与全面贯彻做好准备和提供保障。在中国历史上，以皇帝为中心建立的帝国体制运作中，皇帝的"王言"——诏令是古代国家立法治国的基本形式，王朝依靠诏令的传达，实施对国家与社会的全面治理。明太祖自开国以来，就重建了明朝"以文书御天下"的政治体制①。作为内阁首辅张居正深谙"以文书御天下"的治理模式，改革前行的是整顿国家治理的运行机制，旨在提高行政效率。下面所谈《万历会计录》的编纂，正与考成法施行同时，认识到这一点极为重要。

关于张居正改革，长期以来存在一个重大研究误区，就是清修《明史》所谓张居正在全国推行一条鞭法。其实，清修《明史》肇端的普遍认为张居正推行一条鞭法之说，并没有史料依据。日本学者清水泰次早就对万历初年张居正推行一条鞭法提出了质疑②，而一条鞭法相关资料的零散、阙失、矛盾和不成系统，也说明了这一点，这已为梁方仲先生卓越的研究所证明。更重要的是，即使遍检张居正的文集，我们也找寻不到他将一条鞭法推行全国的言论和举措，这都说明万历初年并没有在全国推行一条鞭法的法令颁行。迄今我们所见到的，万历初年遗存于世的张居正改革重要文献只有两部，一是《万历会计录》，一是《清丈条例》。张居正执政期间的改革，目的主要是为挽救明王朝当时面临的财政危机，最终是要维持和巩固明王朝的统治。在这里，让我们回到本文开始的部分，提出的问题是，张居正不遗余力地试图重建中央集权财政

---

① 笔者曾以诏令为中心考察明初政治过程实态，探讨明代政治体制的建构与重构，参见《明初政治新探——以诏令为中心》，《明史研究论丛》第 9 辑，故宫出版社 2011 年版。

② 〔日〕清水泰次：《中国近世社会经济史》，西野书店 1950 年版。

体系，那么，他要重建或者说是重组的是一个什么样的财政体系呢？这是以往没有探讨过的，却是一个极为关键的问题，让我们从《万历会计录》和《清丈条例》出发来考察。

（一）《万历会计录》

16世纪末，万历初年明代户部编纂的《万历会计录》（以下简称《会计录》），不仅是中国古代唯一一部存留于世的国家财政总册，而且是中国史上著名的改革之一——张居正改革的直接产物，是张居正改革的历史见证。《会计录》四十三卷，约百万字。作为明代国家财政总册，主要是万历六年（1578）户部掌握的中央财政会计数字文册。《会计录》最初由户部尚书王国光与侍郎李幼滋等人于隆庆六年（1572）七月编辑，万历四年（1576）二月进呈；万历六年，由新任户部尚书张学颜主持再行订正，万历九年（1581）四月进呈，拟名《万历会计录》。其后重加磨算增订，计四十三卷，于万历十年（1582）二月进呈。经万历帝批准刊行，颁发全国，一体遵守。因此可以说万历初年产生的《会计录》，是张居正改革时代的直接产物，也是张居正改革的重要组成部分。

这一大型数据文献之所以具有特别的价值，不仅在于它是16世纪末明代张居正改革期间所颁布，还具有更为重要的意义，那就是它是迄今存留于世的中国古代唯一的一部国家财政总册[①]。根据我们的估算，

[①] 需要说明的是，除了这部明朝万历初年的《会计录》，在近三百年后的清代光绪元年（1875），才出现李希圣纂《光绪会计录》，仅有三卷；又光绪二十七年（1901）刘岳云编《光绪会计表》，也仅有四卷，二者均为个人所编，与《万历会计录》由户部编纂颁布全国一体遵行的国家财政总册，在性质和规模、内容上不能同日而语。

《会计录》中包括有 4.5 万余个经济数据[①]，这使我们有可能对张居正改革历史时期的明代财政发展状态进行量的分析，这一条件在研究中国古代历朝历代财政时难以具备。因此，对于中国古代财政史的研究，特别是对于中国古代财政改革的研究，《会计录》具有十分重要的地位和意义。

在改革进入攻坚阶段，户部提供了一部详尽的财政会计总册，作为张居正治国理财的主计账簿，从而使决策者对当时财政的整体状况有所把握，为进一步改革提供了重要参考。通过《会计录》的颁行，重新厘定全国上下各级行政区的收支，规范各边镇的粮饷数额，清点各库供应的数量，重订文武百官俸禄，以及盐、茶、钱和钞关船料、商税等项的征收额度，经皇帝批准后，一体颁行，具有国家法令的重要作用。下面我们主要从整理《会计录》的若干认识出发，重新审视和诠释张居正改革。

财政是了解古代帝国最基本特征的一把锁钥，是国家的经济基础。中国古代国家财政的主要来源是赋役。赋役指田赋、力役而言。田赋是土地税，除田赋外，国家还要征调纳税人为国家无偿劳动，称为力役。中国古代以农立国，田赋是帝国存在的基础，是国家财政收入最基本的来源。明初建立了一个基于自给自足自然经济基础上的以实物为主的中央集权财政体系。明初田赋几乎全部征收本色实物，实行两税法，夏税、秋粮分别以麦、米为主，其他农桑丝、绢、苎布、麻布、棉花绒、

[①] 此处对于这部明代户部编纂的大型中央财政册籍，我们采用了财政总册的称谓，而没有采用预算书的说法。我们认为，财政学是现代国家财政活动的理论抽象，与古代国家财政具有相当的距离。运用财政学的理论方法，将明代财政置于"国家预算"架构中考察，是将现代财政学理论体系直接套用到古代财政史研究中，难免出现较大的偏差。

枣子等，税目繁多。根据梁方仲先生的考察，洪武时田赋税目有 14 种，查弘治时夏税达到 24 种，秋粮达 17 种，到万历六年（1578），夏税达到 21 种，秋粮已达 31 种之多[①]。实物财政体系以实物作为计量单位，财政收入以实物为征收形态，财政支出也均采取相应的实物方式，可以说，明初财政是中国传统社会典型的以实物为主的中央集权财政体系。

二百多年以后，万历初年，明朝户部编纂的《会计录》凸显出了巨大的变化。最重要的变化，就是白银在国家财政中的出现，并呈现越来越多的态势；田赋的原有税目，已不再都以实物为计量标准，也不是都以实物为征收形态。同时，出现了以白银作为计量单位的总额数字。

《会计录》是依据全国各地呈报的财政报告编制而成，是 16 世纪七八十年代明代国家户部掌控的中央财政实态记录，有大规模量的记载，为我们研究明代财政提供了极其宝贵的、不可替代的数据资料。重要的是，《会计录》卷一"天下各项钱粮见额岁入岁出"后，有一段极为关键的编纂者"按语"，兹录全文于下：

> 臣等谨按：国家疆域尽四海，田赋户口逾于前代，载在《会典》者可考也。今额视先朝增者少，减者多，何哉？田没于兼并，赋诡于飞隐，户脱于投徒，承平既久，奸伪日滋，其势然也。顷荷明旨，清丈田粮，原额可冀渐复。但今每年所入本折各色通计壹千肆百陆拾壹万有奇，钱钞不与焉。所出除入内府者陆百万余，数莫可稽。他如俸禄、月粮、料草、商价、边饷等项，逾玖百叁拾壹万有奇，是一岁之入，不足供一岁之出。虽岁稔时康（廪）已称难

[①] 《明会典》卷二十四《税粮》一至二，中华书局 1989 年版，第 161、168 页。

继,况天灾流行,地方多虞,蠲赈逋欠,事出意外,又安能取盈也。怀已安已治之虑,清冗费冗食之源,去浮从约以复祖制,臣等深于朝廷有至望焉。①

根据这段文字我们了解到,至此,明代户部已经有以白银作为统一计量标准的会计总账,这一点从"但今每年所入本折各色通计壹千肆百陆拾壹万有奇,钱钞不与焉",即通计1461万有奇而表露无遗。尽管这里没有出现"银"与"两",然根据《会计录》本身分析,"本"是本色实物,"折"在当时已多折以白银,因此我们认为这里应该是指白银。主要考虑到两点:其一,按照当时白银货币化的情况,流通领域以白银为主币已经发生,所见方志和地方赋役册籍的记录,各地赋役改革都是以折银征银为手段,越来越多地以白银作为计量单位;中央财政除了白粮与其他一些地方特产外,也越来越多地朝向以白银作为主要收入,当然也就会以白银作为统一的计量标准。其二,所谓"通计"中的"计",一定有一个计量标准,而除了白银之外,当时不可能还有别的计量标准。既不可能是米麦布绢(单位无法统一),也不可能是铜钱(单位太小),当然更不可能是根本不值钱的宝钞了,如此以排除法,这里可以确定为白银,而不是实物的加和,是以白银作为计量标准的总额。关键的是,这种新的计量标准的出现,是当时明朝人财政观念转变的历史见证。

那么,探讨促成这个重大转变的契机何在?梁方仲先生的学术视野至今深刻影响着研究的趋向,中外学者长期以来集中探讨的是明代一条

---

① 《万历会计录》卷一,书目文献出版社1989年影印万历十年(1582)刻本,上册,第21—22页。

鞭法，换言之，一条鞭法的研究始终长盛不衰。对一条鞭法的作用，学界早已形成了共识，主要是赋役合一，统一征银①。早在嘉靖初年一条鞭法开始施行之时，御史傅汉臣就说明了一条鞭法无论是"粮"，还是"丁"，都以银审编的特征：

> 项行一条编法，十甲丁粮，总于一里。各里丁粮，总于一州一县。各州县总于府，各府总于布政司。布政司通将一省丁粮，均派一省徭役，内量除优免之数，每粮一石，审银若干，每丁审银若干，斟酌繁简，通融科派，造定册籍，行令各府州县，永为遵守。②

《会计录》是为进一步深化改革而编纂的大型财政数据文献，《会计录》的性质及其反映出的改革折银——征银的反复过渡形态，为我们探讨财政的各种形态和实际数量，了解晚明国家与社会的全貌提供了绝佳例证。事实上，在16世纪明代财政史中，一条鞭法不可谓不重要，但是从《会计录》来看，一条鞭法却并非张居正改革时期中央财政向全国重点推行的一项改革。《会计录》中大量数据资料证明，白银具有越来越多地占据中央集权财政的份额，即将形成中央财政主导地位的发展趋势。这种发展趋势与前此一个半世纪的赋役改革一脉相承，却并非是张居正改革的创新。张居正改革自有其不可替代的重要作用，这就是下面

---

① 以往明代财政史的研究，几乎所有论著和教科书都集中于一条鞭法的研究与认识上，以为赋役合一、统一征银是一条鞭法的主要内容。笔者认为赋役合一的趋势早已有之，均平赋役是历史上数不数的赋役改革的共同特征，但是统一征银，则是史无前例的，是明代赋役改革不同于历朝历代改革的主要特征。
② 《明世宗实录》卷一二三"嘉靖十年三月己酉"条，"中央研究院"历史语言研究所1962年校勘影印本，第2971页。

将论及的《清丈条例》向全国的颁行。之所以首先清丈,从一条鞭法"每粮一石,审银若干,每丁审银若干",可知条鞭编审的全面推行,重要前提就是清丈田粮。

上文已经提及,伴随白银货币化的进程,嘉靖初年白银在社会流通领域形成了主币,并以赋役改革的形式迅速扩张,进入国家财政的层面。《会计录》显现出明代财政从实物折银到征银的曲折反复过程,这无疑已将原有的以实物为主的财政结构破坏殆尽,使得国家财政状况异常的混乱无序。财政危机表明,对于原有财政体系需要一个改革与重组。张居正改革正是应对这样的挑战与危机而出现的,是在白银通货的盛行中应运而生的。

前此的研究证明,明初国家的货币制度——宝钞制度没有得到确立,市场萌发,白银货币化自下而上的强有力崛起,迫使国家认可,自上而下的全面铺开,在经历一个半世纪的赋役改革之后,白银已经渗透于国家财政之中。白银的盛行于世,意味着明朝的货币垄断权丧失殆尽。白银货币化的重要意义即在于,它标志着君主垄断货币一统天下的结束。中国自春秋战国以后就开始了铸币的历史,造币权一直掌握在君主手里,此后一脉相传,由王朝代表的国家全面控制货币的铸造或发行,为此历朝历代都严禁民间私铸。到了明朝,由于白银的货币化,白银成为流通的主要货币,又由于白银是贵金属,取之于天然矿藏,在明朝处于秤量阶段,银矿出产有限,在白银货币化以后,国家将再也不能像以往那样,为所欲为地垄断控制货币,也就是垄断和控制所有社会资源。与此同时,国家与市场、社会的作用也存在一种此消彼长的过程。因此,白银货币化这一重大改变,不仅具有货币史上的重要意义,还意味着国家垄断货币权的丧失殆尽,更由此引发国家权力的削弱以及这种至关重要的削弱而导致的社会失控，几乎伴随明朝始终①。

关于张居正改革，遍检明代史籍，迄今所见作为国家法令颁布的文献，只有《会计录》和在全国推行清丈田粮的法令文书《清丈条例》。起初，我们对此不能理解，为什么始终不见向全国推行一条鞭法的法令？在对《会计录》全面系统整理与研究以后，才开始对此有了新的认识。一条鞭法是一种赋役征收方式的改革，主要内容是赋役合一、统一征银。在先前探讨赋役改革时，我们已认识到赋役合一的内容在一条鞭法出现前后都存在着，更有学者归纳出"黄宗羲定律"②，那么只有统一征银才是明代赋役改革相对历朝历代改革独有的特征。

联系到《会计录》中财政实态的披露，文献表明，实物折征银的过程曲折反复，新旧混杂，说明国家财政面临艰难转折。在《会计录》中，明显可见国家财政已出现以白银为计量单位的会计收支总账，财政二元结构业已形成，并具有全面转向白银货币的明显趋势；而我们计算所得的万历六年（1578）财政收支总额显示，当时财政状况收不抵支，有着150多万两白银的赤字，印证了万历六年确实存在无可置疑的财政危机③。而从明代

---

① 参见拙文《明代白银货币化与明朝兴衰》，《明史研究论丛》第6辑，黄山书社2004年版。
② 秦晖在《农民"减赋"要防止"黄宗羲定律"的陷阱》（《中国经济时报》2000年11月3日）一文中指出："中国古代的赋役制度，总是将旧的苛捐杂税归并统一征收，以图减少加派之弊。但是改税后，随着统治者的需求，又生出新的加派名目，每次赋役改革，就成为加征加派事实上的承认，简化征收，成为此后加征的起点。随着加派日繁，又开始孕育下次的改革。"
③ 《会计录》中主要数字是万历六年（1578）的。赖建诚先生对于1461万有奇之数，明确提出"也不知如何折算成此数"，并说："依《会计录》的书写方式，大概不易计算出确切的盈亏额。"而赖先生"所得的结果，与《会计录》的结语相反"。以为"万历六年的银两收支，在中央政府（国库）方面是有盈余的"。见赖建诚：《边镇粮饷：明代中后期的边防经费与国家财政危机》，浙江大学出版社2010年版，第40—41页。笔者认为，当时已有以白银为计量标准的财政账目存在，赖先生与明朝人自己所说相反的结果，又如何能是历史的事实？

财政中白银收支不抵这一关节点来看,张居正财政改革的症结再清楚不过,增加白银货币收入已迫在眉睫。因此,我们的认识是,财政危机也必将促使明朝改革提速,将白银货币的增收提上日程。张居正改革正是在社会经济结构变化、国家财政迫切需要增加白银货币收入的前提下,面对白银货币化形成的重大冲击采取的有效回应,他试图重组中央集权财政体系,以确保帝国的正常运行。由此可见,明朝国家财政全面转向以白银计税、征收白银,是一个合乎逻辑的选择。《会计录》是反映财政改革情况最可靠、最详备的文献资料。《会计录》表明,国家财政改革正在进行中,福建的清丈试点改革已经完成。

重要的是,白银货币在财政中的大量出现,突破了原有的实物为主的旧框架,形成制度更迭的一个重要面相。制度和理念的变迁均蕴含在其中,亦新亦旧的过渡状态表现明显,《会计录》恰可成为一个整体财政结构与制度变迁的绝好见证。改革正在进行之中,我们注意到财政紊乱的状况,制度败坏的表现,以及收支体系的混乱无序,形成各地举措不一,标准各异,而在实际运行中的多样性也是我们必须关注的,需要进一步研究。

(二)《清丈条例》

明朝户部没有掌握明代财政的全部收入,张居正在《请蠲积逋以安民生疏》中云:

> 昨查户部,自隆庆元年起,至万历七年止,各省直未完带征钱

粮一百余万，兵、工二部马价、料价等项不与焉。①

田赋是户部掌握的王朝财政最大宗收入。在全国推行清丈田粮，实际上是计亩征银的奠基之举，没有这样一个改革基础的整体奠定，赋役合并、统一征银都将是无的放矢。质言之，如果没有全国清丈田粮的坚实铺垫，也就无法彻底在全国推行统一征银。正是在全国清丈的基础上，不待法令推行，一条鞭法即可全面铺开。事实也正是如此。因此我们认为，以往由于梁方仲先生的卓越贡献，学界长期以来将张居正改革的认识集中在一条鞭法，是过分强调了一条鞭法的作用，与当时明朝人的认识有了距离。

张居正将清丈田粮推行全国，奠定了全国改革的根基，从此明朝改革在地域范围上从局部向全国广泛铺开，白银货币成为国家财政推行全国的赋税计税与征收的法定货币。更重要的是，张居正清丈标志明朝的经济改革由渐进式向突进式变化发展，为白银货币最终成为财政主体奠定了基础。张居正改革在全国推行的不是明文一条鞭法，而是清丈田粮条例，这就使明朝改革的走向清晰可见，即走向现代货币财政。换言之，清丈以后，一条鞭法水到渠成，白银货币化——财政白银化，中国古代以实物与力役为主的财政体系全面向以白银货币为主的货币财政转型，中国的货币财政正式开端。

张居正改革编纂《会计录》，并于万历八年（1580）向全国颁行《清丈条例》，下令在全国丈量土地，清查漏税的田产和追缴欠税，将均平赋役的改革原则推行于全国，为白银货币最终成为财政主体奠定了基

---

① 张居正：《张太岳集》卷四十六《请蠲积逋以安民生疏》，第578页。

础。《会计录》中记载了试点福建布政司在万历八年（1580）的田粮数字①。追寻起源，福建的清丈是从万历六年（1578）十一月，"以福建田粮不均，偏累小民，令抚按著实清丈明白具奏"开始②，这一年福建巡抚耿定向到任不久，就上疏建议在福建清丈，张居正曾复信：

> 丈田一事，揆之人情，必云不便，但此中未闻有阻议者，或有之，亦不敢闻于仆之耳。"苟利社稷，死生以之"，仆比来唯守此二言，虽以此蒙垢致怨，而于国家实为少裨。愿公之自信，而无畏于浮言也。③

张居正将"丈田"看得如此之重，引用春秋时期政治家郑国子产"苟利社稷，死生以之"名句来明志。"生死以之"之典出自《左传·昭公四年》："郑子产作丘赋，国人谤之……子产曰：'何害？苟利社稷，死生以之。'"

其后福建左布政使劳堪被任命为右副都御史巡抚福建，奉旨稽核，履亩丈量。万历八年（1580）九月，福建清丈田粮事竣，劳堪上闻，"部覆谓宜刊定成书，并造入黄册，使奸豪者不得变乱。上可其奏"④。同年十一月，户部根据诏令，拟定《清丈条例》，作为法令颁行天下。这一条例在改革中具有重要地位，现录内容如下：

---

① 《万历会计录》卷五，上册，第195页。
② 《明神宗实录》卷八十一"万历六年十一月丙子"条，第1732页。
③ 张居正：《张太岳集》卷三十一《答福建巡抚耿楚侗谈王霸之辩》，第383页。
④ 《明神宗实录》卷一〇四"万历八年九月庚辰"条，第2031页。

一、明清丈之例。谓额失者丈,全者免。

一、议应委之官。以各布政使总领之,分守、兵备分领之,府、州、县官则专管本境。

一、复坐派之额。谓田有官、民、屯数等,粮有上、中、下数则,宜逐一查勘,使不得诡混。

一、复本征之粮。如民种屯地者,即纳屯粮,军种民地者,即纳民粮。

一、严欺隐之律。有自首历年诡占,及开垦未报者,免罪。首报不实者,连坐。豪右隐占者,发遣重处。

一、定清丈之期。

一、行清丈磨算之法。

一、处纸札供应之费。

明神宗批准举行:"令各抚按官悉心查核,着实举行,毋得苟且了事,反滋劳扰。"①

由此,在全国各地揭开了清丈田粮的序幕。清丈之议,小民实被其惠,而不利豪宦之家。丈田的目的是清查隐田,不免触动勋贵、官宦、豪绅的利益,引发他们群起抵制。对此,张居正以坚定的信心开展清丈运动。他写信给山东巡抚何来山:

清丈事,实百年旷举,宜及仆在位,务为一了百当。若但草草了事,可惜此时徒为虚文耳。已嘱该部科,有违限者,俱不查参,

---

① 《明神宗实录》卷一〇六"万历八年十一月丙子"条,第2050—2051页。

使诸公得便宜从事。①

朝廷敕各该抚按："丈田均粮，但有抗违阻挠，不分宗室、官宦、军民，据法奏来重处。"②

《清丈条例》八款颁行天下，是整顿财政的重大举措，当时规定了各级官员的职责及其完成期限。万历九年（1581）七月，河南获嘉知县张一心所报招垦人户田地俱抄写旧册，即以旧册数字报充清丈数字，被指为"虚文塞责，着降俸二级管事"③。同年十二月，松江知府阎邦宁、池州知府郭四维、安庆知府叶梦雄、徽州掌印同知李好问"以清丈亩怠缓"，"各住俸，戴罪管事"④。

清丈田粮是财政改革统一征银的基本前提条件，难怪张居正对全国的土地清丈极为看重，不仅作为政令颁于全国推行，而且他本人对清丈的意义有着明确阐释："此举实均天下大政。"⑤在《答山东巡抚何来山言均田粮核吏治》中云："清丈事，极其妥当，粮不增加，而轻重适均，将来国赋既易办纳，小民如获更生。"⑥乃至重复春秋时期政治家子产"苟利社稷，死生以之"的话，表达改革的决心⑦。这是一个改革家在重大决策中的选择。无疑，他当时已经清醒地认识到：清丈田粮是一条鞭法或其他一系列名称的赋役—财政改革的基础，没有清丈，赋役合

---

① 张居正：《张太岳集》卷三十三《答山东巡抚何来山》，第419页。
② 《明神宗实录》卷一一二"万历九年五月庚午"条，第2141页。
③ 《明神宗实录》卷一一四"万历九年七月乙丑"条，第2164页。
④ 《明神宗实录》卷一一九"万历九年十二月乙未"条，第2224页。
⑤ 张居正：《张太岳集》卷三十三《答江西巡抚王又池》，第422页。
⑥ 张居正：《张太岳集》卷三十三《答山东巡抚何来山言均田粮核吏治》，第421页。
⑦ 张居正：《张太岳集》卷三十一《答福建巡抚耿楚侗谈王霸之辩》，第383页。

并与统一征银都将失去根基，均平赋役也就无法实现。因此，张居正改革的核心是财政，而他的财政改革最重要的内容之一，不是在全国推行一条鞭法，而是在全国推行清丈田粮，从而完成了中国古代历史上最具规模和实效的全国土地调查。这次土地清丈影响深远，王业键先生曾评价：清帝"将万历年间的税额，特别是此时期编制的《赋役全书》，作为确定田赋和劳役的依据。因此，当时参照的原额就是万历年间官方统计中的面积"[1]。

学术界一般认为"清丈田粮"的目的，是制止土地兼并，堵塞偷漏，保证田粮额度的完纳，"原额可渐复"。这是表层的意义。我们不应将问题简单化，还应该看到明代财政的"钱粮"主要出自田亩，但此时的"钱粮"实际已徒有其名，已经越来越多地经历了货币化，变成了白银的现实。张居正对此是心知肚明的。重新认识张居正改革，我们应该看到在全国清丈土地的背后，不仅是保证税粮原额的不失，消除贵族地主的土地兼并，而且应该看到推行全国清丈的奥秘，还表现在清丈背后统一的计亩征银上。正是在清丈推行全国的前提下，一条鞭法在全国才能够水到渠成，这样才有可能彻底改革原有的统一的实物财政体系，也就是以统一白银货币作为财政计量标准和财政收支主体，建立一种全新的中央集权货币财政体系。这是实施标准化管理的根本大计。以往认为的所谓万历九年（1581）全国推行一条鞭法，既无朝廷法令可见，又无张居正文集及其奏疏可以佐证。揆诸历史事实，揭示历史上被遮蔽的真实，在当时人们的日常生活之中，白银已经是司空见惯的流通货币，白银货币在财政上也已被安之若素，视为当然。司空见惯的事物往往遮蔽

---

[1] 〔美〕王业键：《清代田赋刍论》，人民出版社2010年版，第29页。

人们的眼睛，令人熟视无睹，当时人不必明言，后人要探明真况，就得深入历史的细部，回到历史发生的语境。《清丈条例》的全国颁布，使一条鞭法随之遍行。在此，我们可以切实认识到张居正作为杰出改革家的高瞻远瞩。

万历十年（1582），京畿、保定、蓟辽、山西、大同、宣府、应天、浙江、广东、广西、凤阳、淮安、山东、河南、湖广、四川、陕西，陆续上报清丈完成。次年，宁夏、甘肃、云南也告完成，至此，中国古代一次重大的清丈运动告竣。通过清丈奠定了赋役——财政改革的基础，全国十三布政司和南北直隶，以及大同、蓟州、宣府、辽东等边镇，共增地亩 1828542.73 顷，约占万历六年（1578）全国地亩总额 7013976 顷的 26%，说明万历清丈的结果是显著的[①]。

重要的是，通行丈量田亩这一全国性的国家决策，为财政进一步改革奠定了基础。如果我们只是看到清丈是为了均平赋役，充裕国家财政收入，那显然是不够的。归根结底，张居正改革的目的是什么？学界一般认为是推行一条鞭法；而一条鞭法的意义，梁方仲先生称为"可以说是现代田赋制度的开始"[②]。林丽月先生认为："清丈田亩与推行一条鞭法，俱为江陵当国期间经济改革的荦荦大端，对万历初年财政之整顿，贡献极大。"[③] 进一步说，对于财政整顿的贡献，比田赋制度更为深广的，是清丈以后达成的统一计税征银的结果，遂使财政体系从实物税全面转向货币税，从而促成了中国古代财政体系的全面转型。就此而言，这是

---

① 参见张海瀛：《张居正改革与山西清丈研究》，山西人民出版社 1993 年版，第 130 页。
② 梁方仲：《一条鞭法》，《梁方仲经济史论文集》，中华书局 1989 年版，第 36 页。
③ 林丽月：《读〈明史纪事本末·江陵柄政〉——兼论明末清初几种张居正传的史论》，《台湾师范大学历史学报》第 24 期。

中国历史上亘古未有的一次财政大改革。

还应该提到的是，迄今为止徽州文书中存在大量散在的万历以降的明代税票。笔者曾根据所见徽州文书中的税票，对于明代税票的历史、税票名称的出现过程、税票出现的背景、税票的主要分类、基本内容、基本特点、主要功能作了初步考察①，认为明代万历年间税票的出现及其多样性的特征，与张居正财政改革密不可分。税票首先是从杂税的契税发展而来，直至包括了财政赋税改革实行一条鞭法后赋役合一、统一征银的所有税收征收与纳税的凭证，是明代赋税征收交纳白银货币的真实见证，也就是我们了解和研究明代财政赋税改革历史实态的第一手资料，值得进一步研究。

财政为庶政之母，就制度变革而言，在革故鼎新的过程中，财政变革显然是张居正改革的核心。而大力收集准确的财政数据可以视为改革的前提，如此看来，张居正的财政改革首先奠基于《会计录》，其次奠基于清丈田粮。在全国清丈的基础上，旧有财政体系转轨，全面转向货币财政。

我们认为，历史上不存在张居正向全国推行一条鞭法，清修《明史》的高度概括再次误导了后人。但《明史·张居正传》赞曰："张居正通识时变，勇于任事。神宗初政，起衰振隳，不可谓无干济才。"②这段评价一语中的。"通识时变，勇于任事"，张居正"通识"的所谓"时变"，正是白银在社会流通领域已经占据主导地位的现实，前此一个半世纪改革量的积累已经达到一个临界点，他迈出了全面改革的关键一

---

① 参见拙文：《明代税票探微——以所见徽州文书为中心》，《明史研究论丛》第10辑，故宫出版社2012年版。

② 张廷玉等撰：《明史·张居正传》，中华书局1974年版，第5653页。

步——在清丈基础上推进国家财政的全面白银货币化,从而为白银货币最终形成财政主体奠定了坚实基础,也就是在明代中国促成了现代货币财政的开端。

三、改革的实效:《赋役全书》所见财政体系的转型

通过系统整理《会计录》以窥测明代财政的全部结构,我们得以了解张居正力图摆脱财政困境、明朝人不得不如是之苦心孤诣。如果再来看清丈在全国推行的结果,便会更清楚张居正的目标与良苦用心所在,从而对于明代赋役——财政改革有一个整体性的认识。

考察现存明代《赋役全书》,最早为万历年间刊印[①],是张居正改革后之产物。清丈之后,全国各地官方编纂《赋役全书》定为制度,至明末遍及全国,完全制度化了。张居正改革后,黄册制度已经弃置,明代赋税征收秩序的全面整顿,是通过重新编纂《赋役全书》来体现。《赋役全书》是全国各地赋役税则和税收法规以及具体征收数额之汇编。作为征收赋税法律文书,《赋役全书》起着规范和制约社会经济关系的作用,改变了明前期基层社会的赋役运作方式。在万历年间《赋役全书》中如此记载:

[①] 赵镗《衢州府知府韩公邦宪墓志铭》,记韩邦宪在浙江衢州府知府任上的政绩:"其大者则《两浙赋役全书》是也。"见焦竑:《国朝献征录》卷八十五,第3623页。查韩邦宪任衢州知府在任三年,于万历三年(1575)卒于任上,由此可见《赋役全书》在万历初已经出现,但是遍及全国应是清丈田粮以后。《明实录》关于《赋役全书》的最早记载,是在万历十三年(1585),见《明神宗实录》卷一六〇"万历十三年四月丁未"条,第2930页。

> 司有各府之总，府有各县之总，县照册以派单，民照单以纳银，纲举目张，条分缕析。外如鱼油课钞、商税麻铁、屯粮子粒，悉附于内，至详至备，一览了然，诚全书也。①

重要的是，其中已经全部规范为征银的序列，可以看到以实物为基准的标准不变，而在实物数后，一律是"该银"若干，也就是说，在全国各地官方财政册籍中，全部以白银作为财政的计量标准，也全部是以白银作为财政征收形态了。《会计录》中所显示的计量标准的混杂现象，在《赋役全书》中一扫而光，成为清一色的白银计量和征收，形成了标准化的征收与管理。根据文献记载，到万历后期，即使一些地方仍不免有实物征收，但以白银作为统一的计量单位，是以排山倒海之势遍及全国的。实际上，《赋役全书》是全国各级地方官吏汇总档案资料，编纂而成的一种官修赋役册籍。天启五年（1625）四月，户科给事中张士升题议：

> 请饬各省抚按与一二良有司，将《赋役全书》细加研核，何项为必不可已之需，何项为得已之派。即将可已者抵充派饷，而奸胥无所窦，钱谷亦得清楚矣。②

崇祯元年（1628）起用毕自严任户部尚书，在任期间启动重新汇纂《赋役全书》之事。其《度支奏议》中有云："夫《赋役全书》，肇自条鞭法

---

① 《江西赋役全书》卷首《案照》，万历三十九年（1611）江西布政司刊本，台湾学生书局1970年影印本，第2页。
② 《明熹宗哲皇帝实录》卷五十三"天启五年四月丁酉"条，明抄本。

始,距今已四五十年矣。"崇祯二年(1629)正月有给事中等朝臣题议"通造《赋役全书》"事,由户部议请行文"各省直、抚按、司府将原刻成书刷印三部,解进磨勘,以防脱落差讹之弊"。毕自严《清赋开列条款备陈划一之规疏》述编纂之详,是清丈后全国都已通行编纂《赋役全书》的明证。由于当时各省直送到户部的《赋役全书》"规划不一"、"碍难汇编",所以兵部主事周梦尹上题本"为赋役册式,既呈,专官督造"。毕自严申饬各地有八,其中,"钱粮之规宜明"云:"某地系某则,应该粮米若干斗升,该科银几分几厘,须开载明白";"新旧之粮额宜晰"云:"省直钱粮既有则例,当以万历初年赋额为准,从前钱粮,每石纳银几钱几分,后于某年因某事每石增银几分;又于某年因某事又增银几分,合旧额共增若干。"都须明白记载[①]。这充分证明了直至明末赋役以银计并征纳的制度化是一个历史事实。

从《会计录》到《赋役全书》,明代财政正在进行脱胎换骨的转型,不仅是财政会计主体的转型,更是整个财政体系的转型。万历后期《赋役全书》的大量出现,《赋役全书》作为改革的产物,是在明代黄册制度败坏殆尽以后国家确立的征收赋税的新依据,标志着明代以实物为主的中央集权财政体系已经历了从以实物为主向以白银货币为主的财政体系的全面转型,这是中国二千年前所未有的财政变革,具有划时代的意义。历史事实证明,这是在世间已无张居正以后不过几十年的事情,不由得我们不为张居正改革的实效及其深远影响而赞叹。我们认为,历史并非如既往所认识的,张居正改革人亡而政息了,相对王安石变法而

---

① 毕自严:《度支奏议》陕西司卷二《清赋开列条款备陈划一之规疏》第八册,上海古籍出版社 2008 年据崇祯刻本影印,第 619—621 页。

言，张居正改革是极为成功的。

清承明制，保留了这种财政册籍的编纂，也是张居正改革没有人亡政息的见证。清朝延续明朝的做法，以《赋役全书》为指导各省府州县赋税实际征收的直接依据。顺治初年，下令各省拟定《赋役全书》，订正旧籍。顺治十一年（1654），下令自十二年"汇造全书"。至顺治十四年（1657），户部裁定各直省《赋役全书》，顺治帝特下长篇谕旨，云：

> 兹特命尔部右侍郎王宏祚，将各直省每年额定征收起存总撒实数，编列成帙。详稽往牍，参酌时宜。凡有参差遗漏，悉行驳正。钱粮则例，俱照明万历年间。其天启、崇祯时加增，尽行蠲免。地丁则开原额若干，除荒若干，原额以明万历年刊书为准，除荒以覆奉俞旨为凭。地丁清核，次开实征，又次开起存。起运者，部寺仓口，种种分晰，存留者，款项细数，事事条明。至若九厘银，旧书未载者，今已增入。宗禄银，昔为存留者，今为起运。漕白二粮，确依旧额。运丁行月，必令均平。胖袄盔甲，昔解本色，今俱改折。南粮本折，昔留南用，今抵军需。官员经费，定有新规。会议裁冗，改归正项。本色绢布、颜料、银、硃、铜、锡、茶、蜡等项，已改折者，照督抚题定价值开列。解本色者，照刊定价值造入。每年督、抚再行确查，时值题明，填入易知单内，照数办解。更有昔未解而今宜增者，昔太冗而今宜裁者，俱细加清核，条贯井然。后有续增地亩钱粮，督、抚、按汇题造册报部，以凭稽核。纲举目张，汇成一编，名曰《赋役全书》。颁布天下，庶使小民遵兹令式，便于输将；官吏奉此章程，罔敢苛敛。为一代之良法，垂万

世之成规。①

清朝对于"钱粮则例,俱照明万历年间",即清初赋税征收额以明万历年间的赋役册籍所载内容为基本依据,清廷在顺治年间完成了各直省的赋役改折,除漕粮和军米仍征本色外,其余一律折银征收。折色银占主要地位②,以及沿袭明末《赋役全书》的编纂,均可视为张居正改革的继承与延续。

到康熙二十四年(1685),由于人口土田增长,若仍按旧规定征收,对国家财政收入不利。于是在康熙二十四年再次重修《赋役全书》,名曰《简明赋役全书》③。我们知道,此后康熙五十一年(1712)清朝在赋役上实行"盛世滋丁,永不加赋";雍正帝即位后,推行了"摊丁入亩",并有《赋役全书》重修之举。清修《赋役全书》具有特殊价值,标志明代改革的延续与完成,更是张居正改革没有人亡政息的典型例证。

四、明朝财政体系转型:国家的转型

16世纪的张居正改革是一个过程,不是一个事件,改革源自市场的萌发,以长达一个半世纪的赋役改革作为这场改革的前期准备。张居正改革后以白银货币为主导的财政体系的建立,具有中国古代两千年国

---

① 《清世祖章皇帝实录》卷一一二"顺治十四年十月丙子"条,清抄本。
② 参见何平:《从李之芳〈赋役详稿〉看清代赋税征课额的构成》,《学术研究》1997年第6期。
③ 《清圣祖仁皇帝实录》卷一二〇"康熙二十四年三月癸亥"条,清抄本。

家财政体系重建的意义，从以实物和力役为主导，走向白银货币为主的财政体系的转型，表明了国家的转型。现代财政是货币财政，向货币为主的财政体系转型，无疑是国家转型走向近代的历程。晚明国家与社会对于白银的需求，不是简单的皇帝与官僚的贪欲可以简单解释的，时值经济全球化开端，国内外市场的扩大发展与运作，国家与市场的双重启动，产生的巨大的白银货币需求，推动了明朝改革从渐进到突进。事实上，全国清丈土地完成，一条鞭法水到渠成，明朝新的财政体系出现端倪，标志的是明代中国从古代赋役国家向近代赋税国家的转型。

以往我们的研究过度集中在一条鞭法上，极大地忽略了对于明代财政体系整体性的研究，更没有关注张居正改革对于明朝财政体系转型的重大意义。黄仁宇先生认为，明朝财政与税收始终是在"洪武型财政"的旧框架内。这是以西方国家发展为参照系来理解中国历史的发展，从西方的经验出发，曲解了明代历史。明代以农立国是基本国情，晚明中国经历了从实物为主的财政体系向货币为主的财政体系的转变，这一巨变对于晚明社会引发了巨大波动。明初建立在分散的小农经济基础上高度集中的中央财政管理体系，随着白银货币化而彻底颠覆。白银的巨大需求，导致财政旧体系的瓦解和经济管理秩序的混乱。为了适应国家对于白银货币的巨大需求，向货币税转变的要求极为迫切，张居正所面临的问题，是财政危机，也是货币危机，是如何重建货币征收为主的新的中央集权财政体系，而这是一种全方位的重建，包括社会基层组织里甲制的改革等，从某种意义上说，白银货币化发展进入全面推进的新阶段，既是国家转型与社会转型相互交叉重叠的过程，又是国家与市场、社会博弈与互动的过程。转型的国家表现在国家与社会的关系上，是总体性社会的不断弱化和解体，并由此产生了重建的问题。

中国传统社会大一统帝国以农立国,农业经济是国家的命脉,长期以来,传统中华帝国正赋都是采用实物税,这是古代社会经济发展基础所决定的。二千年的古代财政税收,国家都是规定以米麦、绢麻等实物形态为主来缴纳的。在自给自足的农业经济条件下,作为连接生产与消费的中间环节的分配,只能是实物形态的使用价值的分配,从而用于缴纳税收的形态也只能是以实物为主。货币起初只限于用来缴纳各种次要的杂税。古代实物税是商品货币经济不发达的产物,国家直接掌握实物形态的社会产品,在一定程度上方便社会供给,但却不便于税收的缴纳和征收管理。而实物形式的赋税建立在稳定的自给自足农业经济的基础上,反过来又维护着这种古老的生产方式,只有在商品货币经济发展达到一定水平和规模时,实物税才会逐渐被货币税所代替。这种转化的进程,取决于商品货币经济总的发展状况,如果不具备转化的客观条件,人为地以货币税取代实物税,则往往会归于失败。唐代两税法规定了以资产为宗、以铜钱为计量单位的纳税原则,但是事实上商品货币经济没有发展到相应水平,唐代两税中的田税仍征实物,只是户税一度可收钱[1]。宋代有征钱和征银的现象发生,但王安石变法的青苗法征钱仍不免失败,征银更不可能全面铺开[2],这是因为实行货币税的条件仍然不成熟的缘故,当时的社会经济发展尚未达到足以支持改革成功的条件。历史事实表明,在一定社会经济条件下,以实物形式缴纳赋税有着历史的必然性。

在中外变革的历史大环境下,走向逐步建立以白银货币为主的新

---

[1] 李志贤:《杨炎及其两税法研究》,中国社会科学出版社 2002 年版,第 358—359、367 页。
[2] 参见汪圣铎:《两宋货币史》(下),社会科学文献出版社 2003 年版,第 849、853 页;《两宋财政史》(上),中华书局 1995 年版,第 199、64 页。

的财政体系,这正是张居正改革的功绩。在中国财政史上,实物税大量为货币税所代替,自明朝始。明代白银货币化,白银在明代成为完全形态的货币,并逐步形成社会流通领域的主币,与世界市场接轨,货币税的基础前提正式奠定了下来。财政上统一以银计税,并统一征银,这是中国古代历朝历代前所未有的重大变革,具有划时代的意义。具体来说,明前期中央财政体系的基本特征,是以实物税收为主,是建立在农业经济基础上的财政体系,财政的岁出岁入,虽有数字可据,但因金、帛、银、钱、粮米、柴草等单位各不相同,既有数字无法汇总;或简单相加,既不合理,也不科学;加以各部分割,各有财源及支付项目,互不一致,无从统计。值得注意的是,这基本上是明代以前历朝历代的财政会计特征,明朝只是沿袭而已。以白银货币作为财政计量单位,并作为统一的征收形态,是在明代史无前例开端的。从货币形态来看,铜钱在历史上从未成为统一的赋役征收形态,元代纸钞也没有成为统一的征收形态,直至明代中国出现了强劲的白银货币化趋势,以及张居正大刀阔斧的财政改革。至此,明代张居正改革具有的财政体系重大转型意义得到阐释,进一步说,也揭示了中国古代赋役国家向近代赋税国家的转型,即国家转型的重大意义。以往的转型研究,一般仅关注了社会变迁与转型的层面,而我们关于张居正改革的研究,则推进到国家转型的层面。就此而言,张居正改革是重大的,也是成功的,虽然世间已无张居正,但16世纪末明朝财政改革是成功的,也正因此清初才能完整沿袭万历年间的改革成果。但成也萧何,败也萧何,明代财政体系从实物为主向货币为主的转型到明末已基本完成,由于货币经济的冲击,农业经济遭受重创,旧有财政体系的根本基础动摇,在重大改革行进中激发了社会一系列矛盾与冲突,结合多种综合因素的爆发导致了明朝灭亡。

赋税是国家统治的经济基础。明代改革不是突如其来的，而是一种渐进式的发展过程。关于明代赋役—财政改革模式、类型及其特点的探讨，在以往关于明代改革的研究中，是付之阙如的。明代的赋役改革是自下而上的发展过程，而不是如王安石的改革那样自上而下的发展过程，是明代社会与国家互动的结果。我们可以将明代经济改革按照渐进阶段和突进阶段两个阶段来划分，明代白银货币化是一种不可逆转的经济发展趋势，以张居正改革为标志，改革进入了突进阶段，是将改革推向深化和广度的关键之举。通过清丈在全国的推行，使白银成为统一的国家赋税征收标准，白银前所未有地取得了国家合法性的认证。改革使白银的法律地位明确，可视为白银货币化进程的基本结束，也是中国白银经济的开端。明代中国的白银经济于此奠基，白银作为中国主币不可逆转地在中国社会行用了长达近五百年之久，形成事实上的银本位，一直持续到1935年才终结，是国家转型所呈现的独特的发展道路，对于中国社会发展进程的影响可谓既深且巨，值得我们深入研究。

从古代赋役国家到赋税国家，是走向近代的历史发展走向。财政是政治与经济的枢纽，财政转型既是张居正改革的成果，本身也是推动国家转型的重要过程。《会计录》清楚表明，明代中国要走新路却难以摆脱对过去路径的依赖。财政过程反映了不同财政主体间，即农业经济与货币经济间的竞争与消长，进而对社会经济的长期发展产生激励或抑制作用。财政改革是对于财政主体进行调整的集中体现，财政职能随着经济发展阶段与社会经济结构的变化而变化。白银货币化崛起于民间社会，在国家与社会、市场的博弈中，明初建立的实物财政难以面面俱到地适应财政收支各方面需要，财政困境充分显露了出来。最终国家不得不妥协，于是有以折银为主要形式的白银货币化自上而下地全面铺开。

这反映出实物财政已不能适应商品货币经济发展的势头，国家必须做出相应的调整。明代税负本来不尽合理，折银有利于均平赋役，有着"民以为便"的社会基础。均平的追求，也就是公平的追求，反映了民间社会的诉求，成为财政改革追求的重要目标。

历史事实说明，白银货币化是国家与社会的双重启动，在中国国家与社会结构的转型过程中，国家与社会表现为两种不同的推动力量，国家与社会直接影响作用于明代财政体系的转型，财政从属于国家和社会经济的发展而发展变化。白银作为国家赋税征收形态以后，国家由此可以弥补垄断铸币的缺失，以及货币供应的被动状态。中央财政体系的基本特征，相对明初已经迥然不同，出现了向货币经济基础上的货币税收为主的财政体系的转换，这无疑是中国古代财政史乃至中国史上划时代的变化。赋役征收的货币化，农民的赋税徭役负担，原则上转化为货币形态，意味着明代国家财政体系的根本性转变。重要的是，实物税是一定历史条件下的产物，它没有货币税所具备的有利于财政统一结算、方便缴纳和避免运途损耗等优点，所以，在商品货币经济发展基础上，在白银货币化进程之中，货币税代替实物税，促使明代财政体系全面转型，这是一种历史发展的进步趋势。

由于白银货币不是由国家以某种形式向农民直接提供的，所以征收货币本身就意味着农产品的商品化；更由于白银货币处于秤量形态，不是由国家铸币，国家需要依靠从社会收取白银货币来购买所需要的各种物资，于是，国家从商品流通的创始者、管理者，转化为依赖于社会、市场的需求者。这正是明代国家不同寻常的变迁过程，也即传统国家向近代转型的开端。传统向近代转型，二者不是截然二分的，从传统向近代的转型发生在传统之中，我们认为晚明国家财政体系的转型，是中国传统国家向近代国家转型的重大标志之一。

白银货币在财政领域的流动性加速，货币需求结构发生了很大变动，生产要素的货币化进程加速，徽州文书中的交易，土地、房屋、商业资产等均大规模变为可交易品，农产品以货币为媒介在市场上大量交易，导致中国白银货币需求不断升高，通过海外贸易，以中国丝绸、瓷器等商品的输出，更促使大量外银流入中国。由此，白银颠覆了明前期缴纳税粮采用的里甲催征、粮户上纳、粮长解送、州县监收的民收民解，和以黄册作为税粮征收缴纳的依据的传统，导致国家治理模式的调整与重建。

传统国家与现代国家是一对相对的概念。"近代"与"现代"，在英文中词出同源，即 Modern 一词。社会从传统向近代转型，与之对应的是国家从传统赋役国家向近代赋税国家转型。这里所指的近代国家，不是现代西方民族国家的含义，而是特指从赋役向赋税，即实物税和力役向货币税的转型，财政体系的转型意味着国家的转型。我们认为，在自给自足农业经济条件下，传统国家财政分配主要采取力役和实物形式，而近代国家财政则建立在相对发达的商品货币经济的基础上，税收是近代国家主要的财政收入。具体说来，古代经济是农业经济，传统国家财政依靠田赋的征收与徭役的征发，形成以实物与力役为主的财政体系，发展到明代，发生了从实物与力役为主的财政体系向以白银货币为主的财政体系的转型，特别是古代徭役制度走向衰亡，可以判定是传统走向近代的历史趋势。因此，认为近代赋税国家是区别于传统中国建立在自给自足农业经济基础上，以实物征收和力役征发为主的国家形态，表现为建立在商品货币经济基础上以货币税收为主的国家形态。进一步说，晚明中国从赋役向赋税，从实物经济向白银经济的转换，是中国经济货币化的进程,也就是中国从传统国家走向近代国家的历史进程。

但从另一角度看,财政改革不仅带来巨大的正面效应,还存在很大的负面效应,也应重视和研究。改革的过程从根本上说是利益格局调整的过程,使利益差距拉大的同时也伴随着各种利益摩擦和冲突。与此同时,在结构转型时期,各种结构性要素都处于变化之中,具有极大的流动性、过渡性和不稳定性。就此而言,改革成败利弊相因而成,明末形成的综合性危机中,财政白银货币化——体系转型的步伐是否迈得过快了,形成了统治危机中的重要因素之一,直接影响到明朝灭亡,也需要进一步加以研究。

五、结语

财政是国家经济的命脉,与国家具有共生的关系。张居正改革改变了中国两千年传统财政体系,改革前以实物和力役为主,改革后以白银货币为主,财政体系的转型,是传统中国走向近代国家的历程,无疑是中国近代化的历程。

经济改革的最初动因是经济结构的不适应和管理体制的缺乏效率,因此,张居正改革从管理体制的行政效率抓起,考成法的实施说明首先推行的是行政改革。行政改革之后,便是改革的核心——财政改革,张居正改革与白银货币化重叠,改革首先体现在货币体系的变革,随后是财政体系的转型,这都可以纳入经济货币化的进程。鉴于16世纪是经济全球化的开端,明代中国形成的经济转轨是全球经济趋同的过程。可以说在张居正改革之前,持续一个半世纪的赋役改革,是渐进式改革的过程，发展至张居正改革，是从渐进改变为突进，形成震荡式转轨，在全国清丈田粮的基础上，明代财政开始在全国统一以白银作为计量单位，也以白银作为统一的征收形态，这意味着明朝对于明初建立的以实物征收与力役征发为主的财政体系，朝向以白银为主的财政体系急剧转型。白银货币化对经济的影响巨大，在漫长转轨过程中出现的制度及政策，对于中国的经济发展具有正负两面的长期效应，由此建立了白银为主币的货币体系，中国的白银经济自此开端，一直持续至1935年，长达近五百年之久。以白银为主导的货币体系的确立和以货币为主导的财政体系的建立是紧密相连的，表明国家与社会的转型是同步的。

明代是一个大改革的时代，其中最重要的改革是张居正改革。历史发展到了16世纪七八十年代，从明朝财政来看，改革没有设立专门机构，户部的规模也没有明显扩大，但是，基本制度发生变更的基石已经奠定，这种基本的制度变迁瓦解了明朝前期的财政体系，也瓦解了明朝前期的社会基层组织结构，乃至明前期国家对整个社会的治理机制。

归纳起来，对于张居正改革需要重新诠释，这一改革有一个半世纪赋役改革的前期准备，有坚实的社会基础，有理念变迁的先行，张居正改革表明明代改革进入了突进阶段，其内涵绝不仅是赋役制度或者田赋制度的变化，而是意味着旧的社会经济结构与国家治理模式的深刻变化；改革标志着古代财政体系向现代货币财政体系的转型，重要的是，财政是国家的命脉，财政体系的转型意味着国家的转型。《会计录》印证了国家财政体系转型的过渡形态；清丈田粮是推行改革——财政体系转型的根基；从《会计录》到《赋役全书》，见证了财政体系转型的艰难与成功。

以往对于白银的探索主要是一种静态研究，白银货币化研究把白银与社会变迁全过程联系起来,在白银货币化过程中考察社会结构的变动与社会转型。在此基础上继续探讨,有了新的突破,白银货币化——中国经济货币化,深刻地影响了中国历史发展的进程。财政体系的转型,将研究推进到国家的转型。笔者的认识也从以往晚明社会变迁向近代社会转型,更推进了一步,提出晚明是中国古代赋役国家向近代赋税国家转型开端的观点。无论是国家的转型,还是社会的转型,转型是中国近代化过程中的一个过渡性阶段。

16世纪末张居正改革得益于三方面条件:一是顺乎民心,以民为便,具有社会基础;二是坚持贯彻了传统均平原则;三是顺应了历史发展的大趋势。关于张居正财政改革及其意义,可以归纳为下面六点:

第一,改革明确了白银货币在国家财政中的重要而不可替代的地位,不仅形成了以白银为计量标准的国家财政总体估算,而且出现了实物与白银货币的二元财政结构,并显示出以白银货币为财政收支主体,从实物税向货币税全面转变的财政发展总趋势。

第二,通过清丈田粮,一条鞭法统一征银的具体操作得以在全国实现,奠基并构成财政整体性框架的重建——新的财政体系雏形已现。

第三,最终奠定了明代中国银本位的事实,也就是最终奠定了白银经济在中国的地位,这一白银经济对于中国历史进程影响深远,一直持续到1935年,才告结束。

第四,由此明代中国在财政上开始清除历史上存留的原始性,古代徭役制度走向衰亡和变异。

第五,明代中国开启了现代的货币财政,也开启了现代货币财政管理体制。

第六,晚明财政体系的转型,标志着中国古代赋役国家向近代赋税国家的转型。

  总之，晚明中国进入了一个由货币商品经济发展启动的大动荡、大转折、大变革时代。危机与转型是时代赋予的特征，张居正改革前面临的危机不仅是财政危机，也是统治危机；张居正改革后转型的不仅是国家财政体系，而且是中国传统国家向近代国家的转型。处于时代拐点的张居正改革的意义正在于此，而我们则面临一个重新全面认识明代历史的过程。

（原载《文史哲》2015 年第 1 期）

明代资本主义萌芽的新制度经济学解释

袁海彦

一、研究视角的转变

在古典经济学家那里，虽然对资本概念作了经典定义，但并没有解释资本为什么流通的问题①。在现代企业理论中，资本雇佣劳动仅作为一个假设而存在，并没有阐明为什么是资本雇佣劳动而不是劳动雇佣资本这一根本问题。马克思在《资本论》中重点探讨资本主义制度变迁问题时，仍将这两个问题作为假定前提，界定了资本主义萌芽的两重含义：一是在商业和商业资本较为发达的地区，商人资本或高利贷资本顺利转化为"产业资本"，社会经济生活逐渐商品化，旧社会经济结构解体，促进产生资本主义萌芽的可能性；一是经济组织中蕴涵有资本主义生产因素，即资本雇佣劳动生产方式的产生。这样，制度变迁问题似乎变得非常简单：如果在一个经济形态中，出现了资本流通和资本雇佣劳动的经济特征，资本主义生产方式就会自然地由萌芽而发展壮大，资本主义

---

① 〔英〕科大卫：《中国的资本主义萌芽》，《中国经济史研究》2002 年第 1 期。

制度从而得以建立。但众所周知，这种制度演变理论并不符合我国明代制度变迁路径，这一思维模式也是以前理论界对该问题探索不能深入的原因。因此，笔者认为，若想正确地对明代资本主义萌芽做新制度经济学上的解释，就要摆脱前人的研究范畴，从本文开篇提到的两个假设性问题入手，去解释我国封建社会资本主义萌芽发育的独特性，即为什么大规模的制度变迁没有出现？它的制度约束是什么？

根据新制度经济学原理和明代商贸史变迁的路径，本文首先做一个大胆的推论，即在中国明代的制度环境下，在工商业运营领域，市场经济体制并不能有效降低交易成本。故制度创新只在少部分地区发生，大规模的制度变迁不存在发生的可能性。本文将对这一推论做进一步的理论和实证分析。

二、关于资本主义萌芽的两个问题

根据前文的分析，要解释我国封建社会资本主义萌芽演变的特殊路径，首先必须从理论上回答以下两个问题。

（一）地租为什么没有顺利地转化为商业资本

就某一地域经济而言，地租向商业资本的顺利转换取决于三个条件：资金来源的充足、资金向商业流动的渠道通畅以及商业领域对资本有较强的吸纳能力。明清之际近代意义上的市场经济体制之所以处于萌芽状态，没有顺利地发展壮大，这三个条件至少有一个得不到满足。从而使得资本流动发生的费用、资本在商业领域内的运营成本等大于在商业领域内获得的收益，机会成本过高，农业比商业的获利能力更大。那些拥有多余资金的人宁愿将其买田置地也不愿投入到商业领域，因为投资土地既有较高的收益又无须担负过大的风险。

（二）怎样的制度约束阻碍了资本雇佣劳动的生产关系的良性发展

一些学者深刻指出，资本雇佣劳动关系的出现并不能说明如果没有列强入侵，明代资本主义萌芽会自发发展壮大，因为资本与劳动力的雇佣关系在中国的封建社会早已存在了近两千年之久。西方社会的第二次工业革命的出现，使封建的手工作坊制得以向现代工厂制转变。我国明清时期的企业组织形式仍停留在手工作坊阶段，技术进步的失败是重要原因。但从制度变迁角度来看，可能正是中国特有的产权结构束缚了新技术的发明和采用。该观点也许比蒸汽机出现这一偶发事件能更合理地解释，为什么在中国早早出现的资本雇佣劳动的关系没有演变为现代化的工厂制。近代资本主义工厂制要求完整的独立的私人产权，而在同时期我国封建王权制仍占统治地位，不存在完全的财产私有制。产权制度上的二元结构束缚了资本对劳动的雇佣能力，这种能力的欠缺在明清有两方面表现：一是企业内部缺乏严密、科学的管理方式和组织结构；二是这种能力的欠缺从制度上解释了工业革命无法内生于中国的手工业作坊。

三、对问题的具体解释

（一）资本流通的制度约束

1. "两田制"严重损害了农业的自身积累，导致封建地租分散而不集中。温铁军、冯开文通过相关研究，得出 100 多年来中国农村土地的长期内生制度是"两田制"和"两权分离"，即一方面在人口增加使人地关系高度紧张的国情矛盾制约下，土地占有权没有向少数人集中的条件，因而是逐渐分散的；另一方面土地使用权在高地租压力下，只能向最有生产经营能力的自耕农集中，因此土地资源与农业劳动力大体上呈正态分布。[①] 笔者基本同意他的观点，因为资料证实这一结论也符合明朝发展到中后期实际的社会情况，而这也正能解释在资本积累来源不足上的制度约束。

明朝土地占有权逐渐分散表现在以下几方面：

（1）人口增长幅度快于田地增长速度。从表一可以看出，明中后期无论与前朝相比还是与明前期相比，人口都有了大幅度增加，大大超过了耕地面积的增长速度。人地关系的高度紧张，导致土地要素的高度稀缺性，要素价格必然提高，迫使土地只能向生产能力最强的自耕农集中。

---

① 温铁军、冯开文：《农村土地问题的世纪反思》，《战略与管理》1998 年第 4 期。

表一 明朝户口、田地变化情况的比较

朝代	公元年	口数	田地	口均亩数
隋	609	46,019,956	5,585,404,000	121.37
唐	755	52,919,309	1,430,386,213	27.03
明前期	1391	56,774,561	387,474,673	6.82
明中期	1522	61,929,862	436,009,039	7.04
明后期	1571	62,537,419	713,997,628	11.42

资料来源：梁方仲：《中国历代户口、田地、田赋统计》，上海人民出版社1980年版；王毓铨主编：《中国经济通史——明代经济卷》（上），经济日报出版社2000年版，第48—54页。

（2）"两权分离"的内生制度使土地所有权集中而使用权却相对分散。明代的租佃关系中，出现了一种称作"佃权"的物权。所谓"佃权"指"主佃两业"中的"佃业"，即佃人所拥有的土地经营权和这种经营权的转让权。佃权的出现使土地所有权和使用权进一步分离。商品经济的发展，使土地逐渐集中到地主手中，但他们买地产往往只买地契不换佃。如明初出现的青田称"卖租不卖佃"，徽州称"卖田不卖佃"，表现形式是在卖田契中书明"佃自"，表明只出卖土地所有权，而仍由自己佃种。洪武二十九年《休宁县朱胜右卖田赤契》中说："太平里十二都三图朱胜右，本户下有田二丘，系十保体字五百一号田，计三亩一分九厘六毫，（中略）每年硬上籼谷三十（秤），上田（租），佃自。今来为日食不给，情愿将前项四至内田取一半，计一亩五分九厘八毫，出卖与同里人汪猷（干）名下，时值价钱壹拾伍贯。（中略）洪武二十九年九月×日朱胜右卖契（下略）。"[1] 契中朱胜右将自祖上遗留之

---

[1] 安徽省博物馆：《明清徽州社会经济资料丛编》，中国社会科学出版社1990年版，第3页。

田（户下田）两丘中的一半卖给同里之汪猷干，但仍由自己佃种，故标明"佃自"。明代地主买产只买地契而收租，不知田地亩在何处的事例很多，如广西"贵富豪右有买僮田者，止买其券而令入租耳，亦不知其田在何处也"①。香山亦"但以田之纳谷多少为度，不以亩为度。问其田若干，则曰纳谷若干，不曰亩若干也。以故田主寄命于田客，田主不知其田之所在，惟田客是问"②。可见，在土地所有权逐渐集中的趋势下，土地的使用权依然分散于大量佃户手中，地主与佃户之间严格的人身隶属关系也演变为单纯的租纳关系。

（3）明政府对自耕农实行扶持政策。《大明律》中有不少保护私有田土、山场、园林、宅地及土地生长物的规定，同时禁止功臣勋贵、官绅势要之家在正当土地买卖之外掠夺土地、隐蔽粮差。明中期出现的"弘治中兴"、"嘉靖新政"、"张居正改革"等创造了相对稳定的社会经济关系和国家政策，为自耕农经济的发展提供了一定的空间。

以土地占有权分散为特征的小农经济使农业自身积累有限，如果加速资本的大规模积累必然导致农业衰落，小农大量破产。明朝最后的没落也与过分残酷的高利贷对农业的剥削有密切关系。两田制延缓了资本集聚的速度和规模，制约了城镇化进程，加剧了向近代经济变迁的制度成本。

2. 资本市场的落后增加了商业的融资成本。农业剩余即地租不能顺利地转化为工商业资本，资本市场的不完全性是主要原因。表现在：

（1）落后的民间资本市场。当时的金融市场以典当业为主。如安徽商人的典当业中，规模较大的有城市的"巨典高门"，在接收质押衣物

---

① 王士性撰，吕景琳点校：《广志绎·西南诸省》，中华书局1981年版。
② 屈大均：《广东新语·地语·沙田》，清启智书局儒雅堂版。

等方面,"辎铢弗屑"①;规模较小的有乡镇的"短押小铺",专收"穷人微物"② 明万历年间,"徽商开当,遍于江北",崇祯时,徽商经营南自闽广,北至燕齐。可见当时的民间资本市场仅限于较为低级的高利贷典当行业,虽然利润丰厚,但规模小,资金少,分散而不集中,远不能提供发展工业所需的巨额资本。

(2) 混乱的政府货币政策。明洪武七年(1374)设宝钞提举司,印造"大明宝钞",以弥补因铜料不足造成的铸钱困难,一定程度上缓解了通货的不足。但明朝的钞法,完全没有发行准备金,宝钞存在的依据主要不是经济上的,而是政治上的,即政权的力量和信用。这使钞法变行非常简单。印制宝钞的决定因素有二:一是印钞时间;二是工匠数量。发行宝钞的方式两种:一是国家用钞票换取人民手中的金银;二是将钞用于财政支出。这无法制约封建统治者为满足私欲无节制地从民间敛集钱财。因此,自嘉靖以后,币值大减,钱法混乱,法不能禁。又因财政困难,大量扩大纸钞的财政性发行,导致币值大幅下降,通货膨胀加剧。这种混乱的金融制度环境无法内生出诸如商业融资、债券等一个完整的金融市场所需的一系列制度,资本市场未能获得如同时期西方社会那样的飞速发展。

3. 商业对资金的吸纳能力有限。当时商业的总体赢利能力可能要低于农业,导致资金大量流入农业。农村人地关系的高度紧张导致土地要素高度稀缺,要素价格必然提高,土地收益率也必然高。明代土地经营商品生产倾向也明显加强,多种经济作物栽培十分普遍,同时还

---

① 林云铭:《挹奎楼选稿·徽州难半改折议》。
② 焦袁熹:《此木轩杂著》卷八。

实行粮食生产与家庭副业、畜牧养殖等相结合，经营多样化。《沈氏农书》中说："桑蚕之利，厚于稼穑……农事随乡，地之利为博，多种田不如多治地。"而内忧外患的特殊国情以及政府重农抑商的政策使商业领域面临高度不确定性，赢利能力自然受到限制。明朝的特权阶级如藩王、功臣、外戚、宦官等，利用政治特权，采取各种手段，挟持商人，重征商税，尽笼天下货物，供自己挥霍。并与许多地方官勾结，暗示一些豪商、地痞、光棍、无赖之徒，对商人大肆进行诈骗、哄弄、威胁，以获得财物。结果出现了亏损国课，私藏厚殖，令商贾无所牟利，有的甚至破产，商业很难得到正常发展。因此这一时期高利贷所敛集的金融资本，除一部分继续用于商业活动外，或以少部分用于宗教消费（修宗祠、买族田等）和迷信活动（修庙、寺、观）以及慈善事业（修路搭桥、设船济渡、救济穷人、赈灾、建书院、买学田等），大部分转化为土地资本，所谓"以末起家，以本守之"。其中包括购买大量土地和投巨资捐官购爵，把自己变成商人、官僚、地主相结合的大地主阶级，享受封建特权。还有些大商人把部分资金窖藏起来，遗留给子孙。大多数商人都不想投资于生产领域。

官商结合的商业体制限制了商业的市场化程度。明代商业的繁荣首先体现在手工业的繁荣上，但是其中规模庞大、组织经营有序、技术精湛的行业往往由政府控制，以满足宫廷的奢侈需要。明代的官手工业按管理机构分为六个部分：（1）工部管理的官手工业机构；（2）内府各监局管理的官手工业机构；（3）户部管理的官手工业机构；（4）都司卫所管理的官手工业机构；（5）地方官府管理下的官手工业机构；（6）保证官手工业生产的监察组织。《明会典》记载的除北京和南京外，在外地设立的官办织造机构有，浙江：杭州府、绍兴府、严州府、金华府、衢州府、台州府、温州府、宁波府、湖州府、嘉兴府；直隶：镇江府、苏州府、松江府、徽州府、宁国府、广德府；福建：福州府、泉州府；山东：济南府。它们大都集中在织造技术较高的苏浙一带。其规模和工匠人数都非民营组织所能及。江西景德镇制瓷业，分为官窑和民窑，官窑拥有更为精湛的技术和更加熟练的技术工人，制瓷精细，不惜成本，体现了当时瓷器产品的最高水平，并严格限制产量和产品流向，专供宫廷用瓷。这些行业或部门在吸收资本、技术创新方面能力最强，向近代工厂制演化的可能性也最大，但不幸却被封建政府所控制，截断了它们通往市场之路。

（二）资本雇佣劳动能力的缺失

明中后期出现大量资本雇佣劳动的现象已成为不争的事实，但资本雇佣劳动的生产关系并不必然产生资本主义制度这种上层建筑。要挖掘这一现象的根源，应追溯到资本与雇佣劳动之间独特的契约关系上，由此不能不考虑经济组织的产权制度结构。

1. 封建王权对私有产权制度的侵蚀。中国封建社会的私有产权是不完整的。中国的士绅阶层往往是官、商、地主三位一体。他们对财产的所有权，相当部分是通过凭借特权等非正当手段兼并来的，封建社会特有的政治权力与财产所有权紧密联姻，限制了资本的壮大和商人阶层的正常发育。

在西方社会市场经济体制的形成过程中，封建王朝同商人阶层的博弈过程往往是自由权限由政府逐步让渡给商人阶层，社会财富的增多使博弈双方达到双赢。诺斯和巴塞尔考察英国的历史时指出，指令经济向市场经济演变的关键,是从国王在与臣民的争执中由充当裁判的角色,到国王与臣民承认一个独立于双方的法律的代表的裁判。他们得到国王与臣民之间博弈的"囚犯悖论",即在长期对策的假设下,国王不会用暴力夺取那些自由激励出的财富和已经给予的自由,因为"失信于民"会使增加的财富归于消失。① 在纳什均衡博弈的收益矩阵中出现了四个结果:(1)国王与臣民都选择不合作,他们所得的效用最低,都为-1。这种情况往往出现在人类社会初期,如奴隶社会的动荡时期,是以奴隶主对奴隶的残酷压榨和奴隶对奴隶主的不断反抗为特征的。(2)国王选择合作,臣民选择不合作,前者效用为零,后者为1。这一般出现在一个社会制度的没落时期,统治者为保住政权妥协退让,臣民的革命情绪持续高涨,社会财富流向社会大众。(3)臣民选择合作,国王不合作,前者效用为零,后者为1。它一般出现在一个社会制度的前中期,表现为统治者为巩固政权加强对臣民的统治,臣民无力反抗,社会财富流向政府。(4)国王与臣民都选择合作,二者效用最高,都为2。一般出现在一种制度的中后期,臣民与国王彼此让步,社会财富持续增加,二者双赢。根据博弈规则,纳什均衡是第四种组合。但这一系列博弈过程有一个假设前提,即它是一个完全封闭的系统,没有任何外来因素的干扰和冲击。

明中叶以后商品经济逐渐发达,也存在这样一种博弈倾向,表现为经济领域内重农抑商政策的放宽,如对商业实行轻税政策,开放海禁鼓励对外贸易等,商人阶层社会地位的提高表明了社会对私有产权的尊重,但是中国社会的特殊国情造成的"内忧外患",导致封建王权产生

---

① Y. Barzel, *Property Rights and the Evolution of the State*, School of Economics, University of Hong Kong, 1992.

一种自我膨胀的内生机制，用暴力的方式去侵犯民间的私有产权。对此问题，当前学术界有很多论述，较有影响的有地理论、农业生产方式论、人文论等。归结为一点，就是在商品经济健康发展的历朝历代中后期，各种内在、外在的干扰因素往往使具有自由化倾向的中央政权重新回到封建性、军事化的统治中去，私人财产遭到严重掠夺，商品经济崩溃。

这种高度不确定的制度环境，使经济组织内部的生产经营方式发生了扭曲，商人获得商业利润多是靠官僚垄断，通过买通官方取得市场控制权。这造成了商人阶层的畸形发展，削弱了资本主义工厂制所要求的资本对劳动的雇佣能力。

2. 封建宗法制的内部组织产权结构。明中期以后，商品经济进一步发展，商业竞争日趋激烈，一些商人成立商帮，操纵着某些地区和某些行业的商业贸易。这种商帮是利用封建的地缘和血缘关系相结合的落后形式出现的。在经济组织内部则实行宗族色彩浓厚的伙计制度，使组织内部的产权深深植根于封建宗法制度中。例如在山西商人中较为普遍的伙计制度。在这种制度下，商人通常是自己出资，将经营权交给伙计。雇佣的伙计名目繁多，但就管理层次而言，一般分为代理人、副手、掌计、店伙与雇工四层。代理人受商人的委托经营商业。副手是商人的助手，其主要作用有三：一是商人与掌计之间的中间环节，起协调作用。二是商人的耳目，帮助商人征贵贱运，睹若观火。三是联络官府。掌计是店铺管理员，担负销售采购业务。以上多层次的伙计基本上多是族人乡党或佃仆充当。这种管理办法，后多为其他地方商人采用。

明朝的商业组织带有浓厚的封建宗族色彩，融入了更多的人际关系，企业管理、账簿记录都带有强烈的调节出资人之间、管理者之间、店伙之间关系的色彩。宗族代替了执掌具体事务的管理组织，名义上拥有财产的祖先和神明成了企业法人。所有权、管理权的独立性受到侵害，组织内部合伙股份制的稳定性更多地依赖于短期化的人际关系，而不是长期的科学化的资本核算制。这不利于股份制这种长期稳定的企业组织形式的产生，也不利于具有独立法人资格的企业家身份的出现。这种保守的等级森严的集体化组织形式一方面限制了资本规模的持续扩大，另一方面限制了经营者作为独立个体的积极性和创造性。在这些组织内部，往往看不到革命性的技术进步，也就无法降低手工作坊式的经济组织向资本主义工厂制转变的制度成本。

四、总结

通过以上对明代资本主义萌芽的新制度经济学分析，我们可以得出结论，正是由于资本流通上的制度约束和资本雇佣劳动力能力的缺失造成了由封建社会向资本主义社会演变的巨大的制度成本，在这两个条件没有得到根本的制度完善的前提下，制度上的强行转变，只会造成财富的浪费和社会的动荡。清朝末期洋务运动的失败和民营经济严重受挫，都是历史对我们的警告。因此，在我们社会主义市场经济体制的建立过程中，要以史为鉴，以健全和完善市场经济体制为一切工作之前提，使国民经济得到健康、有序的可持续性发展。

（原载《文史哲》2004 年第 3 期）

关于中国资本主义萌芽与资金市场的几个问题
—— 对科大卫先生文的商榷和补充

刘秋根

科大卫先生最近发表的大作[①]对中国经济史上的关键问题之一——资本主义萌芽问题做了新的探讨。笔者由此所得教益极多,因近年一直从事典当业、高利贷资本、合伙制方面的研究,与大作内容联系颇为密切,一些问题我也进行了长期的思考,观点虽稍有不同,却似有所补充。本文意欲就以下几个问题略述拙见,以就教于科大卫先生及其他学界大雅。这些问题包括:第一,中国资本主义萌芽问题研究的主题问题;第二,合伙组织与法人问题;第三,15—18世纪中国资金市场[②]发育程度的估计问题。

---

① 科大卫:《中国的资本主义萌芽》,《中国经济史研究》2002年第1期。
② "资金市场"系方行先生谈到封建社会要素市场时所使用的概念,参见方行:《清代前期农村市场的发展》,《历史研究》1987年第6期。

一、"作坊资本主义"、"期货市场的资本主义"：与中国资本主义萌芽研究主题有关的几个问题

科大卫先生在文中将中国学术界所研究的资本主义萌芽的实体称之为"作坊资本主义"，认为手工作坊既非资本主义的制度，亦不构成引致资本主义的原因，所以"作坊中雇佣关系的性质，只不过是一个侧面的问题"。"那么有关资本流通的制度，在中国是否已经充分发展，是否足以提供大规模使用新技术所必需的投资"，才是"资本主义萌芽"讨论的核心部分。既然如此，他主张改弦易辙，到"祀产的发展和交易过程证券的应用中寻找资本主义制度的兴起"。[①] 那么，中国资本主义萌芽问题研究的究竟是"作坊资本主义"呢？还是明代以后的"祀产发展和交易过程证券的应用"即"期货市场的资本主义"呢？也就是说，我们是应该从资本生产即生产方式的角度还是资本流通的角度来研究明清资本主义萌芽问题呢？[②] 这涉及资本主义萌芽的实体及研究的主题问题。

在开始本文的讨论时，亦欲仿科大卫先生文之顺序，先对"资本主义"这个名词予以适当的认识和界定。

应该说资本主义首先是一种生产方式或生产组织。马克思的定义是"较多的工人在同一时间、同一空间（或者说同一劳动场所），为了生产同种商品，在同一资本家的指挥下工作，这在历史上和逻辑上都是

---

① 科大卫：《中国的资本主义萌芽》，《中国经济史研究》2002 年第 1 期。
② 科大卫：《中国的资本主义萌芽》，《中国经济史研究》2002 年第 1 期。

关于中国资本主义萌芽与资金市场的几个问题
——对科大卫先生文的商榷和补充

资本主义生产的起点"①。这一起点的外在组织形式便是工场手工业,它存在于16世纪中叶到18世纪末叶②。工场手工业最初是自发形成的,而"一旦它得到一定的巩固和发展,它就成为资本主义生产方式的有意识的、有计划的和系统的形式"③。这一定义20世纪初的法国经济史专家保尔·芒图是基本同意的,他指出:"所谓大工业,首先必须将其理解为一种组织,一种生产制度。"他认为马克思在《资本论》的某些篇幅中,完成了历史学家的工作④。重视精神因素的伟·桑巴特(1863—1942)、马克斯·韦伯(1864—1920)也是如此。桑巴特虽然认为:"那由企业的精神和市民的精神组成一个统一的整体的心情称为资本主义精神,这种精神创造了资本主义。"⑤但他同时指出:"资本主义是一种交通经济的组织,在此项组织中通常有两个不同的人口集团对峙着:即生产手段的所有人和无产的纯粹工人。……他们经过市场,互相结合,共同活动,此项组织并且受营利原则与经济的合理主义的支配。"⑥马克斯·韦伯同样认为:资本主义的西方近代形态是一种"自由劳动之理性的资本主义组织方式"。或者说是一种"个人创办的、具有固定资本和确定核算的理性企业"⑦。在《世界经济通史》第22章中他还指出:这种"理性的工业组织"须具有六个先决条件方能成立,即企业家占有生产手段、市

---

① 马克思:《资本论》第1卷,人民出版社1975年版,第358、373、402页。
② 马克思:《资本论》第1卷,第358、373、402页。
③ 马克思:《资本论》第1卷,第358、373、402页。
④ 〔法〕保尔·芒图著,杨人梗、陈希泰、吴绪译:《十八世纪产业革命——英国近代大工业初期的概况》,商务印书馆1997年版,第9、20页。
⑤ 〔德〕伟·桑巴特著,李季译:《现代资本主义》第1卷,商务印书馆1958年版,第215页。
⑥ 〔德〕伟·桑巴特著,李季译:《现代资本主义》第1卷,第205页。
⑦ 〔德〕马克斯·韦伯著,于晓、陈维纲等译:《新教伦理与资本主义精神》,生活·读书·新知三联书店1987年版,第11页。

的自由、合理的技术、合理的法律、自由劳动、经济生活的商业化①。而其中最核心的因素则是自由劳动,因为合理的核算也好、合理的法律也好,"只有在自由劳动的基础上才是可能的"②。最近,罗伯特·杜普莱西斯"则将资本主义视作物质财富生产的一种特殊的组织方式。在资本主义经济制度下,个人和群众以货币、信用、土地、生产性设备和原材料库存等形式拥有资产。他们用这些资源雇用工资劳动者,依靠他们的劳动生产出农业和工业产品(商品),然后将他们在市场上销售,以实现利润"。而这种制度的核心,即"使资本主义制度区别于其他经济制度的是企业主和工人之间形成的关系"③。

总而言之,资本主义首先是一种生产方式,或者说是一种"生产制度"、"交通经济的组织"、一种"理性的工业组织"、"物质生产的一种特殊的组织方式",而"自由劳动"或者说"企业主和工人之间形成的关系"则是其中的核心因素。其他的因素都只有在自由雇佣劳动的基础上才是有意义的,诚如恩格斯所言:在雇佣劳动中"包含着全部资本主义生产方式的萌芽"④。既然如此,以雇佣劳动为核心,探讨明清手工业、农业、矿冶、航运等行业资本主义生产的萌芽及发展应该说是基本正确的了。

那么,马克思在《资本论》中又是如何研究资本主义的呢?是否如科大卫先生所言"整部《资本论》都在讨论资本流通过程"呢⑤?答案显然是否定的。首先,《资本论》研究的是资本流通、生产的全过程,

---

① 〔德〕马克斯·韦伯著,姚曾廙译:《世界经济通史》,上海译文出版社1981年版。
② 〔德〕马克斯·韦伯著,于晓、陈维纲等译:《新教伦理与资本主义精神》,第12页。
③ 〔英〕罗伯特·杜普莱西斯著,朱智强等译:《早期欧洲现代资本主义的形成过程》,辽宁教育出版社2001年版,第5页。
④ 恩格斯:《反杜林论》,人民出版社1975年版,第296页。
⑤ 科大卫:《中国的资本主义萌芽》,《中国经济史研究》2002年第1期。

关于中国资本主义萌芽与资金市场的几个问题
——对科大卫先生文的商榷和补充

或者说《资本论》研究的是资本依次经过三个阶段，变换形式再回到原有形式的整个的循环运动。以图示则大体如下：

资本循环总过程 {
　第一阶段：资本家在市场上以货币购买劳动力、生产资料，货币资本变成生产资本。
　第二阶段：资本家监督雇佣工人进行生产，创造出大于预付资本价值的商品，生产资本变为商品资本。
　第三阶段：资本家出卖商品，商品的资本再转化为货币资本。收回预付资本并实现剩余价值。
}

其中第一、第三阶段是资本的流通过程，第二阶段是资本的生产过程。其次，马克思一生学术研究的目的，也是写作《资本论》的目的，是要揭示资本主义生产方式存在、发展及资本家剥削工人阶级的秘密——剩余价值的生产，如果只研究资本的流通过程，是不可能达到这一目的的，因为资本的流通过程是不创造剩余价值的。此外马克思还指出，只有在重商主义时期——对现代生产方式进行最早理论探讨的时期——因为商业资本是资本本身的最早的自由存在方式，并且曾产生过压倒一切的影响，经济学才从流通过程出发。马克思认为这只抓住了假象。因为实际上这是从流通过程独立化为商业资本时所呈现的表面现象出发，而真正的现代经济学是从理论研究转向生产过程的时候才开始的[①]。既然这样，马克思怎么会在《资本论》中通篇都去研究资本的流通过程呢？

那么，资本主义萌芽的研究与资本流通制度的关系又如何呢？我觉得必须重视资本流通制度即资金市场的研究并将它与资本主义萌芽的研

---

① 马克思：《资本论》第 3 卷，人民出版社 1975 年版，第 376 页。

究结合起来。但中国资本主义萌芽研究是否必须完全转向资本流通制度的研究，是否在研究后者的同时必须否定前者，是否必须到资本流通制度的发展中去寻找资本主义，而不理会生产方式的变革，则还须进一步商榷。也就是说对于资本主义萌芽与资本流通暨资金市场（金融信用）的关系还必须重新加以探讨，才能确定生产方式变革与资本流通两个因素孰轻孰重。①

从中外学术界对资本主义起源研究的整体状况看，除马克思主义史学之外，较早的有以马克斯·韦伯及伟·桑巴特为代表的定性学派，20世纪二三十年代以著名经济史专家H.皮雷纳为代表的商业学派等②，比较近期的研究则有法国史学家费尔南·布罗代尔、陶蒲（Maurice Dabb）③、罗伯特·杜普莱西斯等。

这些作者时代不同，观点各异，从其所提出的资本主义起源的核心因素看，如马克思主义史学侧重生产方式的变革，关注新经济因素在封建社会经济内部的成长；如伟·桑巴特与马克斯·韦伯注重某种精神因素的作用；H.皮雷纳注重商业的作用④；布罗代尔注重高层商业及信用制度的作用，即集市、交易所、长途贩运贸易及与之相适应的金融信用⑤。黄仁宇总结意大利、尼德兰、英国的经验，概括出信用、专业经理

---

① 应该指出的是：科大卫先生之文寻找的是19世纪下半叶以后，即近代机器工业传入中国，中国开始兴修铁路、开发矿山时，中国本土为什么没有出现可以提供大额工业贷款的资本家，只有官督商办，由国家出资或向外国银行借款的原因。与这里提出的资本主义萌芽与资本流通制度的关系问题有联系，但更重要的是区别。
② 何顺果：《关于资本主义起源问题》，《历史研究》1990年第3期。
③ 〔美〕黄仁宇：《放宽历史的视界》，生活·读书·新知三联书店2001年版，第89页。
④ 何顺果：《关于资本主义起源问题》，《历史研究》1990年第3期。
⑤ 〔法〕费尔南·布罗代尔著，顾良、张慧君译：《资本主义论丛》，中央编译出版社1997年版，第87—93页。

关于中国资本主义萌芽与资金市场的几个问题
—— 对科大卫先生文的商榷和补充

及经商技能三个因素,并指出重点是信用及法律对信用的支持,等等[1]。

由以上所引各家之说看,资金市场(金融信用)因素越来越得到学术界的重视。实际上马克思对资本主义起源的研究,也十分重视信用因素,马克思认为,中世纪小生产者的资本积累是非常微小的,因为手工业、小农业等"只容许有少量剩余产品,而且其中很大一部分要被消费掉"[2]。但是从流通领域中,很早便积累起了货币财富,这便是商业资本和高利贷资本。高利贷资本是同小生产,尤其是小农占优势的情况相适应的,它主要对小生产者放贷,也对那些显贵主要是地主放贷,这是高利贷资本的"具有特征的形式"[3]。但是高利贷资本也有其他的"从属的形式",如商人借贷货币作为资本去牟取利润的形式[4]。至12世纪以后,作为高利贷资本的对立因素,信用制度发展起来了,在12世纪和14世纪的威尼斯和热那亚,由于海外贸易及建立在这种贸易基础之上的批发商业及国家摆脱旧式高利贷和货币经营者的需要,设立起了"信用组合",在17世纪的荷兰,虽然阿姆斯特丹银行与后来的汉堡银行一样,并不标志着现代信用制度发展中的一个时代,它纯粹是一个存款银行,但商业信用和货币经营业已随着商业和工场手工业的发展而发展,使高利贷资本开始从属于工业资本与商业资本,旧式高利贷的垄断自然地被推翻了。在17世纪后30年及18世纪初,整个英国都有一种反对高利贷,使工商业和国家摆脱高利贷的要求,在英格兰银行创立之前(1694以前),1683年即有设立国家信用银行的计划,而且不久确实设立起来

---

[1] 〔美〕黄仁宇:《放宽历史的视界》,第57、70、95、96页。
[2] 《马克思恩格斯全集》第46卷上册,人民出版社1975年版,第509页注。
[3] 马克思:《资本论》第3卷,第672页。
[4] 马克思:《资本论》第3卷,第671页。

了。现代银行制度，一方面把一切闲置的货币准备金集中起来，投入货币市场，另一方面建立信用货币，限制贵金属的流通①。这样银行制度便造成了社会范围的公共簿记和生产资料的公共的分配形式，从私人高利贷者手中夺取了资本分配的权力，从而将社会上可用的、可能的资本交给产业、商业资本家分配，这使资本扬弃了它的私人性质。

综合以上所述来看，适应资本主义生产方式的萌芽和发展，在反对高利贷资本的过程中，银行及其他信用组合发展起来了，高利贷资本开始从属于产业资本和商业资本，随着中央银行的建立，信用货币发行，贵金属流通受到限制，银行制度便夺取了高利贷资本掌握的分配社会资本的权力。总而言之，信用这一因素在资本主义生产关系萌生及走向社会化的过程中，是发挥了相当大的作用的。

但是信用因素在资本主义萌生阶段的作用不能随意夸大。14世纪、15世纪欧洲呢绒工业纷纷从行会控制的城市迁往乡村，"外包工制"受到商业资本的控制②，资本主义生产开始萌芽。然而，这种初兴的资本主义企业规模很小，主要是利用现有的家庭纺织工人和他们的工具，诚如布罗代尔所言："除了个别例外。资本家并不关心大生产系统，满足于通过家庭劳动控制手工业生产，以便更好地保证生产的商业化。由于手工业方式的家庭劳动的存在，制造厂直到19世纪还只占生产中的小部分。"③故而资本主义生产初起时显然不需要那么大的资本或那么复杂的资本制度。即使后来英国工业革命初期还是如此，例如"英国的棉纺业革命是在普通生活的土壤中萌芽的，多数发明由工匠做出，工业家往

---

① 马克思：《资本论》第3卷，第680—683页。
② 〔法〕费尔南·布罗代尔著，顾良、张慧君译：《资本主义论丛》，第18页。
③ 〔法〕费尔南·布罗代尔著，顾良、张慧君译：《资本主义论丛》，第92页。

往出身低下。投资最初数额较小,也容易借到"[1]。工业革命时期的欧洲其他各国"大多数企业的开业资本是以很不正式的方式筹自个人及其家庭、朋友、邻居……厂房通常是租的,而且往往由原来别的用途——如寺院等——改建而成。需要量大的是周转资本,而这往往是通过赊帐买进、现金卖出挤出来的"[2]。正因为如此,马克思深刻地指出:并不是中世纪从流通领域积累起来的资本,事先购买了原料、材料、工具等,以之与雇用劳动工人结合进行资本主义的生产,"资本只不过是把它找到的大批人手和大量工具结合起来。资本只是把它人聚集在自己的统治之下"。这便是资本的真正的积累过程。[3]

总而言之,在资本主义萌芽阶段,生产并不需要太大规模的资金,因而对金融信用暨资金市场的要求也不是那么高的。故而对资本主义萌芽过程中金融信用因素作用的估价似不宜过高。

当然这里也绝对不是否定工业革命与金融信用(资金市场)的关系。而只是对资本主义萌芽阶段(15—18世纪)与工业革命发生之后即近代工业资本主义阶段对金融信用暨资金市场的需求之间的区别稍加强调而已。到了19世纪以后,随着近代机器工业的建立和发展,它与资金市场(金融信用)的关系便发生了本质的联系。依约翰·希克斯所论,由于商业贸易的推动,欧洲18世纪手工业得到发展,在科学尤其自然科学的推动下,机器工具及动力发明,引起投资扩张及形式变化,机器的应用使手工业企业中固定资金开始代替流动资金取得中心地位,

---

[1] 〔法〕费尔南·布罗代尔著,顾良、张慧君译:《资本主义论丛》,第115—116页。
[2] 〔美〕P·金德尔伯格著,徐子健、何建雄、朱忠译,虞关涛核:《西欧金融史》,中国金融出版社1997年版,第264—265页。
[3] 《马克思恩格斯全集》第46卷上册,第511页。

固定资本货物种类增加。以机器为中心的固定资本有一个特点：就是其价值只能逐渐释放，这样就对流动资金的取得提出了更高的要求。而主要适应海上及陆上长途贩运贸易、批发贸易之需求而成长起来的西方资金市场（金融信用）在18世纪得到发展，各种债券很容易地在市场上出售，流动资金比较容易取得①，再加上18世纪的欧洲利率水平已经下降②，于是乎工业革命便得资金市场（金融信用）之助而更快地向前推进。

就中国16—19世纪上半叶的情况看，以高利贷、商业信用、各种形式合伙制为代表的资金市场（金融信用）在这一时期也得到较大的发展，高利贷中生产性、资本性放贷比例增加，且在一些地区、行业中与经济运行形成稳定的资金供求关系，利率稳定和下降；钱铺、钱庄在进行货币兑换的同时，开始发行信用货币，清代以后帐局、票号兴起，在进行京债放贷及货币汇兑业务的同时，也多对商人放贷。再加上自古以来便已存在的当铺资本性放贷加强，各种形式的合伙走向普遍化，一些合伙尤其是长途贩运贸易中的合伙资本规模大为扩展。各种金融机构、经营信誉较好的商业店铺乃至富豪殷商都接受私人款项存储，一些金融机构因此大大加强了作为信用中介机构的功能。商人尤其是店铺零售商人还通过"赊"的手段获得信用。所有这些使工商业者能够较快地筹集资本或获得流动资金，从而较好地适应了16世纪以后长途贩运的发展，经济作物种植和农业手工业的地区分工，手工作坊和手工工场经营发展的需要，从而亦基本上适应了当时资本主义萌芽发展的需要。这种关系在以下将详细论之。至于19

---

① 〔英〕约翰翰·希克斯著，厉以平译：《经济史理论》，商务印书馆1987年版，第130—136页。
② 〔法〕费尔南·布罗代尔著，施康强、顾良译：《15至18世纪的物质文明、经济和资本主义》第2卷，生活·读书·新知三联书店1993年版，第413页。

关于中国资本主义萌芽与资金市场的几个问题
—— 对科大卫先生文的商榷和补充

世纪后半期及20世纪初,工商业企业与资金市场关系问题,不属本文范围,此不具论。可参见洪葭管[①]、李一翔[②]等人的大作。

最后还须指出的是,为了否认所谓的"作坊资本主义",科大卫先生极力否认工厂制度与作坊的关系,认为:"手工作坊既非资本主义的制度,亦不构成引致资本主义的原因;工厂是资本主义的制度,但是它并非由手工作坊演变而来,而是19世纪西方工业革命的产物。它包涵了如同在作坊中使用的雇佣劳动,还把会计的方法用于生产的管理。"[③]这一观点指出了二者的区别,是有道理的,但是完全否认二者之间的联系,则又有不妥。理由是:第一,工厂制度既是19世纪上半叶工业革命的产物,同时也是手工业生产方式,尤其是手工作坊乃至与之相适应的整个社会关系长期演变的一个结果。作为一种生产方式(或"生产关系"或"制度")绝对不是在19世纪上半叶一蹴而就的,从西方经济史看,至少经历了独立手工作坊—手工工场—工厂这样的演变过程。中国虽未经历独立的手工工场阶段,但后世大机器工厂与手工作坊及手工工场生产关系的继承性也是非常明显的。而且这种继承,不仅表现在"包涵了雇佣劳动",而且表现在包涵了与工厂制度有关的另一极即有关资本的一系列制度,如资本组织方式、企业经营方式等。也就是说,如果没有在手工作坊及手工工场阶段积累的生产关系的基础,即使发生类似工业革命的技术变革,工厂制度的产生恐怕也只能是一种幻想。工厂制度既建立在大机器工业的技术基础之上,也建立于手工作坊、手工工场以来不断积累的生产关系(或曰制度)基础之上。就中国的情况看,

---

① 洪葭管:《在金融史园地里散步》,中国金融出版社1989年版。
② 李一翔:《近代中国企业与银行的关系》,正中书局1997年版。
③ 科大卫:《中国的资本主义萌芽》,《中国经济史研究》2002年第1期。

近代工业虽由国外移植，但不少工厂即建立于手工工场的基础之上，而且不少传统的工场手工业转化成了近代化工厂①。第二，生产关系确实是适应于与特定技术相适应的生产力的变化的，但生产关系也不是完全被动的，它也有自己的发展规律，自己的独立性和连续性，否认这种独立性，完全割断这种连续性是不准确的。

总而言之，自20世纪90年代以来，中国学术界对货币、借贷、合伙、典当等与资本流通有关的制度进行了相当深入的研究，这一研究扩展了我们对资本主义萌芽问题的认识，促使我们对资金市场（金融信用）因素的作用作出新的评价，但既然是资本主义萌芽问题，其主题仍只能是对生产方式变革的研究，资金市场即资本流通方式只是与之相适应的环境问题、条件问题。

二、合伙组织与法人问题

科大卫先生谈到宗族财产的合股占有时指出："祀产可以比生意的合伙关系维持更长的时间。""因此在名义上拥有财产的祖先或神明，就具有了法人的特性……也许可以说，祀产是传统中国对没有皇帝特许的情况下，如何合股问题的一个答案……祖先和神明成为唯一有可能维持永恒不变的组织。在这种情形之下，不能期待会有长期存在的以个人名义拥有的资本性组织。如果说明清时期有长期存在的资本主义的组织，那么它们就是尝产和庙产。""许多祀产都表现了企业性的目标。"

---

① 吴承明：《论明代国内市场和商人资本》，《中国社会科学院经济研究所集刊》1983年第5辑。

商人贸易是用号的名义做的，却用堂的名义拥有房地产。"这些生意和财产，或者其中的股份，就会成为以其名义设立的尝产，传给子孙，而子孙不能将其瓜分掉。相反，合伙和其他名目的生意维持的时间要短暂得多。"①

故而，科大卫先生认为：以合股形式占有的尝产和庙产，虽无皇帝特许，但却是一种长期存在的资本组织，"具有了法人的特性"；相反"合伙和其他名目的生意维持的时间要短暂得多"，因而不具有法人特性。那么"合伙和其他名目的生意"究竟是否具有法人特性？在什么条件下才能具有法人特性呢？究竟应该怎样看待庙产、祀产具有法人特性的问题呢？

应该说，完整意义上的、近代的法人制度首先是从西方成长起来的，所以我们首先必须从西方中世纪及近代早期经济、法律发展的历史来考察这一问题。从这一角度看，我们发现在西方中世纪及近代早期存在多种多样的商业社团组织，如行会、合伙等，而这些社团是在从自由设立到特许设立的过程中转变为法人，而后又由特许设立转变为自由注册设立并进一步向大众开放的。方流芳以西方行会的转变为例，认为："导致这种转变的原动力是对行政性垄断的追求。""正是求助于国家权力的加入，以形成私人力量难以单独实现的行业垄断。"而国家之所以确认商业社团的法人地位，"正是将商业社团改造成推行公共政策的工具"。因此法人初始形态的最本质的特征即是"政企合一"，"法人社团被视为是国家权力的延伸"②。

---

① 科大卫：《中国的资本主义萌芽》，《中国经济史研究》2002 年第 1 期。
② 方流芳：《中西公司法律地位历史考察》，《中国社会科学》1992 年第 4 期。

从西方法人制度发展的一般进程看，它经历了从特许设立到准则设立的发展过程。早在 13—15 世纪的英国，大部分行会通过受领皇家特许状或经国会法令特准成为法人社团。16 世纪以后，由于海外贸易的扩大，此类特许公司普遍起来，此后，历经 3 个世纪的发展，直至 19 世纪中叶，伴随着特许制向准则设立的过渡，特许公司才逐渐消退①。早期特许公司主要是一种管理性质的公司，资合不是必要条件，随着贸易尤其是海外贸易的发展，从 16 世纪开始，从特许公司中衍生出一种叫作合股公司的海外贸易组织（joint stock company），这是一种行政垄断权与资本相结合的公司形式，或又称特许合股公司（chartered joint-stock company），随着特许合股公司的形成，独立法人人格的特征也就完全成型。与此同时，在特许公司中出现很久以前便已出现的各类合伙企业，即非特许企业也在不断申请而成为特许公司；特许公司最初只不过是行会即基尔特组织的海外贸易延伸而已，后来随着它的发展，才向国内各行业延伸。

随着特许合股公司的成立及壮大，在原有合伙股份已经大量被转让的基础上，向社会募集股份资本及合股股份的转让随之兴旺，17 世纪末在阿姆斯特丹、伦敦已经有较固定的股票交易场所。但股份交易引发社会投机，发行可转让股票成了一种无本取利的特权，大量商人假冒特许公司参与股票的投机，引起股票泡沫化，为了打击投机，扭转这种股票泡沫化趋势，以 1719 年英国泡沫法案为代表，各国颁布了一系列法案。但这一法案亦严重伤害了股票投资者，至 1825 年，英国泡沫法案

---

① 方流芳：《中西公司法律地位历史考察》，《中国社会科学》1992 年第 4 期；虞政平：《论早期特许公司》，《政法论坛》2000 年第 4 期。

废除，1844 年英国合股公司法出台，规定废除特许法人，人们可以通过自由注册的方式，获得组建企业的法人资格，无论是特许法人还是自由注册的法人，其股份均可自由转让。从此法人失去了受领垄断权及分担国家职能的特殊地位，这样政企分开，政府职能在私法领域受到极大限制①。

综合以上所述可见：第一，无论特许设立还是依法自由注册设立，法人资格都是国家给予的②。第二，法人的出现是国家对营利性商业社团追求行政性垄断的结果，一方面国家力图通过这种手段推行某些公共政策，而另一方面，这些接受法人地位的社团则力图通过公法权力的干预，达到取得垄断某些行业经营权的目的。既然如此，我们可以从这两个角度看看中国古代是不是也存在类似的历史过程。

据笔者所见，目前学术界谈到合伙与法人问题最早的当推日本学者今堀诚二先生，他将中国古代合伙分为三种形态，认为即使是均等出资、平均分配的古典合伙，合伙也可以对抗合伙的出资者，"具备了作为第三者的团体性"③；而合伙分化第一类型的合伙，"带有对抗于无机能资本家的独立性"及"独立于机能资本家的团体性"，这种团体性是一种"具备了相当接近于法人资格的团体性"④。而对铺东型合伙，却认为"合伙的独立性并不十分充分，未达到所谓法人格的地步"⑤。可见今堀先生是从团体性角度探讨法人问题的。吴承明先生论及明代晋商资本合伙

---

① 方流芳：《中西公司法律地位历史考察》，《中国社会科学》1992 年第 4 期；虞政平：《论早期特许公司》，《政法论坛》2000 年第 4 期。
② 张忠民：《艰难的变迁——近代公司制度研究》，上海社会科学院出版社 2002 年版，第 31 页。
③ 〔日〕今堀诚二：《中国封建社会的构成》，劲草书房 1991 年版，第 622 页。
④ 〔日〕今堀诚二：《中国封建社会的构成》，第 718、758 页。
⑤ 〔日〕今堀诚二：《中国封建社会的构成》，第 718、758 页。

制时认为，明代徽商中的合伙，"可能还不是组成一个法人"①。彭久松、陈然认为四川自贡盐场的契约股份制极类似于近代的有限责任公司，是一种"由不同的财产主体按一定章程组建的以营利为目的并承担民事责任的经济联合体"②。曹树基认为，清代台湾垦号是股份制企业，"类似于现代的法人，它拥有独立的资产，具有法人资格，承担民事责任"。"具备了类似现代企业法人的基本功能。"③《中国民法史》则认为，中国古代的各种民事权利主体包括合伙并不是法人，因为"中国法人组织是从清末开始的"，即在清末第一次民法草案颁布之后才存在法人制度④。

应该说，就中国古代的整体情况看，手工业、矿冶业、商业中的合伙制店铺、作坊、工场或一次性的合伙贩卖的结成，均是依事实设立，而不是依法设立。除了要遵守官府维持政治社会秩序的一般法律之外，其成立及经营并不依据特定的法律规范，不但国家成文法中没有相关内容，封建地方政府及有关城市对工商业的一般政策中也缺乏相关规定。但是如上所述，官府处理与合伙组织有关的问题时又确实是将它作为团体来处理的，以区别于参加合伙的各股东个人。这一事实表明合伙作为一种营利性社团已经成为当时的民事法律主体之一，其财产的占有及经营活动的开展，是以团体的名义进行的，也就是说，其权利义务与合伙各股东个人的权利义务是有区别的。总而言之，合伙不像有些学者所主张的那样："企业是不是具有法律地位，归根到底是由国家颁行的有关

---

① 吴承明：《论明代国内市场和商人资本》，《中国社会科学院经济研究所集刊》1983年第5辑。
② 彭久松：《中国契约股份制概论》，《中国经济史研究》1994年第1期。
③ 曹树基：《台湾拓殖过程中的股份制经营》，《中国社会科学》1998年第2期。
④ 孔庆明：《中国民法史》，吉林人民出版社1991年版，第589页。

法律条文，如公司法所赋予的，即是国家法律给定的。"① 也就是说必须有明确的公司法，依此成立的合伙组织或公司组织等营利性社团才是法人，因为如上所述，在公司特许设立阶段是谈不上公司法的。但是像以上几位学者那样从合伙的团体性、合伙组织的内部特征、设立及存在的时间长短等法人的非本质特征来确定合伙是不是一个法人团体，似乎也是不准确的。这样看来，将庙产、祀产看成具有法人特性也就不怎么正确了。

那么我们从什么角度来考察中国法人制度的形成和演变，或者说从什么角度来考察中国营利性商业社团（合伙、公司）是怎样被赋予法人地位的呢？

与西方中世纪经济史类似，中国历史上也存在着"行"的组织，唐宋时代"行"的组织，除了同行业集会，平常经营聚集在一起以外，主要功能是代理官府向工商业者进行征敛。宋人记载："市肆谓之行者，因官府科索而得此名。"② 明中叶以后，会馆出现；清代中期之后，公所、公会出现，这些类似于西方基尔特的组织才具有了管理垄断工商业的某些功能。

但是因为中国古代历史与西方古代中世纪史发展的差异，"行"也好，"会馆"也好，"公所"也好，不但中国封建国家没有明确地以某种形式赋予它以法人的资格，而且最终"行"、"会馆"、"公所"等组织也未演变成实际上的营利性社团组织。

与西方特许设立形式上有些类似的是明清时代牙行的凭帖设立。明

---

① 张忠民：《艰难的变迁——近代公司制度研究》，第 31 页。
② 吴自牧：《梦粱录》卷十三《团行》，笔记小说大观丛刊本。

清牙行均需由朝廷批准，给予官帖，才能设立。从官帖所登记的内容看，大致相当于营业许可证。由官府查选地方殷实可靠的人户充当。雍正十一年（1733）以后，整理牙帖，规定各省牙帖定数，从此以后，牙行设立不许随意增加。而牙行的主要职能，一是替商人服务，即在商品交易中发挥居间中介的作用；二是替官府执行某种市场管理的职能，如平准物价、监督度量衡、维护地方治安等[①]。这样看来，雍正十一年以后牙行虽不是被特许经营，但确实具有一定程度的行业垄断的意义，因为牙帖数量有限，故在一定地段市场中，一家或几家牙行是有一定垄断专利的意义的。而且政府也通过牙行执行了部分公共功能。所以牙行的凭帖设立及所具有的功能确与西方公司的特许设立有某些相似的外部特征，但是因为两项本质特征的区别，使我们还不能断定二者之间就是完全相同的。第一，凭帖对牙行是否专享其特定名称、统一印章，其成员是否可以利用其名称发起诉讼或应诉等即关于牙行主体特征缺乏规定。第二，对于牙行的机构、合股原则、成员责任、牙行担任的政府职能等也无明确规定。因而牙行虽凭帖设立，但也很难说已经具有了法人的特征。

前引方流芳的论文还提到一个有趣的历史事实，那就是，中国于康熙五十九年（1720）设立了专司对外贸易的行商（洋行、十三行），而与洋行打交道的主要外商，即是由英王特许设立，垄断远东海外贸易和殖民事业的东印度公司。方流芳认为，二者颇为相似：（一）同是权力当局特许设立；（二）同样分担政府职能，行使公共权力；（三）同样从政府处获得垄断特权，作为分担公共职能的补偿；（四）同是若干商

---

① 方行：《中国经济通史·清代经济卷》中册，经济日报出版社2000年版，第1311—1332页。

人的集合体，且与官方有着千丝万缕的联系。那么这些洋行是否就是某种与东印度公司类似的特许法人社团呢？方流芳认为是肯定的，因为，"在这种历史的巧合背后隐含着法人社团的共同源头——公共权利与私法权利的混合"①。但是这种观点理由似乎也不充足，虽然洋行特许专营的色彩比之一般牙行更浓一些，但与以上所述牙行的一般特征一样，同样缺少法人特许设立所应该具有的本质特征，故而也不能说清代洋行已经是一个类似于东印度公司的法人社团。

综上所述，法人制度的确立暨合伙、公司等营利性社团组织被赋予法人资格，在中国已经错过了特许设立的阶段，而直到清末《公司律》等法律的制订，他们才真正取得这一资格②，当然，诚如方流芳所论，西方近代商业公司（非行政垄断性的营利性社团法人）制度虽然引入中国似乎毫无障碍，但是中国境内实际存在的公司真正转变成近代商业公司却步履维艰。从推行的过程看，中国近代公司制度首先是在通商口岸的一些外资企业中推行，华人投资多于此附股，然后是由中国自己创办的所谓"官督商办"的工矿企业，最后才是民间资本成立的一些家族企业③。还值得注意的是，1949年以后大陆公司企业被赋予法人地位，大体也遵循了这样一个发展的轨迹，即先是因外国独资及中外合资企业的发展而制订《中外合资经营企业法》、《外资企业法》(1980)、《中外合作经营企业法》(1988)，然后在《民法通则》公布(1986)以后，国内全民所有制企业、集体所有制企业等也与外资、中外合资企业一样获得

---

① 方流芳：《中西公司法律地位历史考察》，《中国社会科学》1992年第4期。
② 当然从近代营利性法人社团的公司的建立到清政府颁布《公司律》，中间有一段真空时间，此时的公司实体是否为法人呢？还可进一步研究。
③ 张忠民：《艰难的变迁——近代公司制度研究》，第103—173页。

了法人地位。至 1988 年《私营企业暂行条例》颁布，规定私人企业中的有限责任公司形态为法人①，中国的法人制度才算是大体建立起来了，当然还需进一步完善。

三、关于 15—18 世纪中国资金市场发育程度的估计

对于这一问题，科大卫先生在中西对比的背景下，指出："在 15—18 世纪的欧洲，从高层的金融界（high finance）到零售业的运作，发生过一场商业革命，接踵而来的，包括保险业、银行、有限公司、股票交易、商业融资（business financing）、债券（interest-bearing instruments）等一系列制度被创造出来。现在，西方的历史学家把这些制度视为工业革命前资本主义的建筑构件，在工业融资的增长中发挥了巨大作用。同样的情况在中国没有出现，那么，为什么会这样？"② 那么，此时的中国资金市场（金融信用）究竟发展到一个什么水平了呢？应该说，确实有些近代工业革命必需的金融信用制度在中国没有形成，如保险业、股票交易所等。但整体上估计，适应 15—18 世纪经济的发展、变化，中国资金市场发育也得到了相当大的发展，随着专业性地区集团商人活动的加强，资本的流动性已经达到了相当高的水平。其中像所谓银行、商业融资等在当时已经形成，并且成为当时工商业运行不可或缺的前提条

---

① 〔日〕国谷知己：《中国企业与经济发展——关于法人制度的形成》，载中国社会科学院法学研究所编：《法治与社会经济发展国际学术讨论会论文集》，中国人民大学出版社 1996 年版。
② 科大卫：《中国的资本主义萌芽》，《中国经济史研究》2002 年第 1 期。

关于中国资本主义萌芽与资金市场的几个问题
—— 对科大卫先生文的商榷和补充

件,而股份公司、股票交易、债券等也有了一定程度上的萌芽。以下便逐一对有关事实稍加申述。

关于近代银行制度的起源,是中国经济史界的一个老问题。日本学者加藤繁、日野开三郎曾对唐宋时期专营存款的机构——柜坊进行了深入细致的考证论述,认为柜坊是中国早期金融业者,中国早期银行制度即源于此,但因材料缺乏,以下两点尚不能完全证实:一是柜坊的存款是否有息?二是柜坊是否利用商人、居民的存款进行放贷等经营?故而柜坊是否就是作为信用中介的银行这一点也不能完全确定[①]。实际上循着这一思路,我觉得宋元以后的质库、典当铺在更大程度上具有了早期银行机构的特色,这不但因为它有悠久的历史,固定的经营机构、地点、资本核算等,更重要的是它具有了信用中介的功能,因为宋元以后它既进行固有的动产抵押放贷,而且还经营了有息存款,清代以后的当铺还根据本铺资本及信用状况,发行钱票,这样它作为近代金融机构的特色就更浓厚了。如果专论15—18世纪,则除了当铺之外,钱铺及帐局也具有了早期银行机构的性质。至少从16世纪开始,钱铺在进行钱银兑换业务的同时,也进行各种放款:早期的帐局以放京债为主,逐渐也对商人放款,并接受商人、官僚、地主、农民等城乡居民家庭及店铺存款。

至于商业融资,如果是指对商人的经营性资本放贷的话,那么中国15—18世纪这种资本性放贷是相当普遍的。除典当、钱铺、银号、帐局等银行业机构对工商业者进行经常性资金放贷外,一般商铺如布铺、绸缎铺、杂货铺、盐铺等及一般商人、地主、贵族、官僚家庭也常以闲

[①] 参见〔日〕加藤繁:《柜坊考》,载《中国经济史考证》卷1,台湾华世出版社1981年版;〔日〕日野开三郎:《日野开三郎东洋史学论集》第5卷,第136—230页。

置资金及家财对商人放贷。这种放贷包括开办资本及流动资金放贷。在一些商业发达的城市，主要是同城的金融机构、店铺及私人放贷者与商人之间结成了比较稳定的资金供求关系。①

以上所述似乎都是一种直接的货币存贷，实际上，除此之外，工商业者还常得到其他多种形式的信用。主要包括以下几种：

一是合伙。商人除借贷外，还常通过与人合伙获得足够的资本。15—18世纪的合伙一般分为三种类型：第一种类型是资本与资本合伙；第二种类型是资本与劳动合伙；第三种类型是介于二者之间，即以劳动参加合伙者除以经营劳动及能力参加利润分配外，自己还出一部分货币或实物资本。除了这种以资本或劳动临时组成的合伙组织外，合会、宗族财产共有等社会固有的组织形式也常向合伙组织形式转化。这一时期合伙的股份化已经非常普遍，股份转让也已比较常见。

二是商业信用。这里且不论政府与商人之间的商业信用关系，只将民间商人与商人之间发生的商业信用关系做一个简要的概括。从这一角度看，15—18世纪商业信用主要有三种形式：第一是赊，如商贩通过牙行对店铺商人乃至直接对手工作坊和个体手工业者提供商业信用。第二是汇兑，货币从一个地方汇到另一个地方。既可以一次性地由会票所记目的地的家庭或商号兑现，也可在有人愿意最终承兑的情况下零星支用，不过在零星支用时，须每次填写支票存照②，如果延期或改变承兑人，则须另外背书承兑之人。汇兑之事多由商铺、金融性店铺如银号乃至殷实之家兼营，清代中期以后，又有专营汇兑的票号。在所汇货币兑现之前，等于是承兑之家（及后来的票号）为出票之人及其他开具支票

---

① 刘秋根：《明清高利贷资本》，社会科学文献出版社2000年版，第28—72、265—313页。
② 黄鉴晖：《山西票号史》，山西经济出版社2002年版，第7—13页。

关于中国资本主义萌芽与资金市场的几个问题
——对科大卫先生文的商榷和补充

零星支用之人提供了延期的信用。第三是"期票"、"兑票"等。这与借贷、合伙或其他经济行为（如雇佣等）尤其是借贷有关。商人A欠了商人B的钱，不能按原有惯例或约定及时偿还，这时商人A便可以开出一纸票据，承诺将在未来某个地点、时间里偿还所欠金额。这种票据便被称为"期票"。这种期票等于是延长了原有的直接货币借贷信用时间，在一定程度上也可视为提供了某种新的信用；所谓"兑票"，不是指上面汇兑的票据。为说明其含义，我们假定有商人A、商人B、商人C三人，如果商人B因商品交易等欠了商人A银钱，至期偿还货价，称之为兑还。如果商人B一时资金紧张，则由与商人B关系密切的商人C开具票据给商人A，承诺在某个约定的时刻兑还欠商人A的银子；或个人承诺某个时间之后予以清偿，这种票据清人称之为兑票。显然这种票据是商人C延长了商人A与商人B的信用关系，扩大了金融信用规模。

关于股份公司的起源问题。一般认为，中国近代股份公司制度是从西方引进的。但中国古代合伙组织经过长期的发展演变，至15—18世纪时，已经具备诸多近代股份公司制度的因素：如有限责任制度的萌芽、经营权和资本所有权分离等，已经接近于两合公司，并向股份公司的萌芽期迈进。

关于股票交易起源问题，在15—18世纪时期，合伙制的股份化已经相当普遍，尤其在资本规模扩大的一些企业。股份的买卖、转让也已比较常见。当然尚未见有固定的交易场所，也就是说，正规的股票交易所尚未形成。

关于债券起源问题。明清时期的存款、委托生息、领本经营、合伙之间有时并无明确界限，从存款与委托生息看，如果从存款者和委托者角度而言，二者目的都是使资金生出一定的利息，区别可能在于，存款可以小额、零星进行，委托生息则较大额、一次性进行；而领本经营与合伙则是领取他人资本，外出经营，以后或按固定息率向资本主纳利，或与资本主依一定比率分取所得利润，前者为领本经营，后者为合伙。其中委托生息即带有一定意义上的企业债券的意义，然尚未能向社会公开发行，仅局限于亲朋好友等人的关系之中。

综合以上所述可见，15—18 世纪的中国，作为早期银行机构的典当铺、钱铺、银号、帐局已经形成，并对工商业的运行产生了巨大影响。所谓的商业融资在这一时期也比较普遍和常见，不仅上述金融店铺对工商业者进行各种资本性放贷，一般商业店铺及地主、商人及其他富豪之家也对商人放贷，同城商人经营资金常形成某种固定的供求关系。除了这种直接的货币供应以外，商人还通过种种形式获得商业信用，从而有效地扩展信用圈子，扩大资本规模。

但是相对于同时期的西欧先进各国，中国古代资金市场17世纪后在走向近代化方面显得有些滞后，如当时钱铺虽然也发行钱票，但限于个别钱庄使用；银行业仍然还是其初创形态——当铺、帐局、钱铺等，未创立类似近代银行的全国性的金融机构；虽然也有类似北京、苏州这样的金融中心，但缺少冲帐、拆借等业务；合伙虽然也有了长期的发展，但相对英、荷等国却显得落后，如缺乏股东大会等固定的权力机关和经营机关；股票虽也有转让、买卖，但缺乏集中统一的、社会化的、价格可预测的股票交易场所；财政仍是依靠直接的实物、货币、劳役征收，信用化的趋势仍不明显。

究其原因，我觉得其中之一可能与中国特定的比较成熟的资金市场结构有关系。一方面这一时期新的生产方式虽有了一定的发展，但仍以手工业、农业结合的小生产方式为主；商品市场方面虽然以日常用品

关于中国资本主义萌芽与资金市场的几个问题
——对科大卫先生文的商榷和补充

（粮、棉、布）的长途贩运为标志的全国性市场得到发展，但仍以地方性小市场、区域性市场及城市市场为主。与这种特定的生产方式或商品市场相适应，中国古代资金市场经过长期的发展和整合，到15—18世纪已经相当成熟，形成了一种灵活的，以直接的金属货币存贷为主，高中低层配套的，能满足各种各样的社会金融需求的资金市场[①]。这一资金市场被整合得非常好，徽商、晋商等的放贷资本规模较大，所跨地域较广，资本自由流动程度较大，供求相对稳定，与经营者和生产者（主要是商人、手工业者）有着密切的联系，从而满足了大部分资本性、经营性资金的需求，这可以说是一种"高层的金融"；除此之外，还有满足小农、小手工业者乃至小商小贩的那种数额较小，主要在本地农村或集市、市镇上便能满足的资金放贷，或各种因日常生活、候选求学、丧葬嫁娶、拜佛求神及其他一般人情往来而引起的生活性借贷。这些大概都可以说是一种低层次金融了。另一方面，与西方社会不同，中国的伦理宗教对有息借贷是不加谴责和禁止的，政府不但不加禁止，有时自身还经营多种有息放贷。因此商人、地主个人或组织和团体可毫无障碍地进行直接的有息放贷，而不必担心被禁止，也就没有必要采取与人合伙或将借贷隐藏于汇兑之中的办法以躲避政府或教会的禁止，从而减缓了走向票据化的压力。

此外封建国家的影响也不能忽视。中国封建政府在经济方面最重要的控制干预之一，便是将货币的铸造、供应大权紧紧抓在自己手里，直至宋元明初等钱与楮币并用的时代还是如此。当国内银铜产量不足，白银自美洲传入中国，这种控制有所减轻时，政府仍有较强的控制干预力

---

① 龙登高：《市场网络或企业组织：明清纺织业经营形式的制度选择》，《中国经济史研究》2001年第4期。

量。整体上说，这种控制干预表现在：打击假劣货币、盗铸等；通过购买实物收回货币或投入货币增加市场货币供应；或做好金银、铜钱等实物货币的储备以稳定纸币之价；或收回旧纸币，换回新纸币等。国家至少从秦开始便建立了庞大而完备的文官系统和常备军队，尽管政府为财政需要常滥发货币，尤其是滥发纸币，但另一方面也应看到，国家毕竟较好地供应了货币；通过这个完备的文官系统及相应的吏役系统征敛到了足够的货币、实物及人力，通过对流通过程的垄断控制，获取禁榷专利收入；建立起属于国家及皇帝本人的产业，直接获得地租、利润、利息收入；利用商人完成国家所不能完成，或做起来成本太高，与政治军事密切相关的一些事务，如军粮、官物的购买、运输等，这样封建国家财政便无需走国债信用化的途径。

总而言之，中国社会、文化思想环境允许直接的有息货币放贷，封建国家又能较好地供应货币，维持相对较为稳定的社会政治秩序，通过庞大的文官系统又征敛到了足够的实物或货币，以直接的货币借贷为主的资金市场已经比较好地适应了当时经济的运行和发展，因而缺乏使这种直接的货币借贷走向票据化的动力。而这种以直接的货币存贷为主体的资金市场（金融信用）容易被狭隘的人的关系所束缚，因而是不利于走向社会化、近代化的。

四、结语

综合本文所述可见：

（一）完全否认或贬低从生产方式角度探讨资本主义萌芽的观点是

错误的。我们既要探讨"资本流通"等与资本主义萌芽相关的种种制度性因素，也要从资本主义生产方式的角度继续进行深入研究，不能将这一重大课题单纯归结为其中的任何一个方面。

（二）基于中国特定的历史环境，中国没有经历特许设立的历史阶段，故而中国的营利性商业社团（合伙乃至公司）虽在古代有了区别于自然个人的团体性，某些类型合伙也有了某些类似法人的因素，但法人的正式形成还是要到清末《公司律》颁布之后。

（三）15—18世纪中国金融信用发展相对于同时期西方一些先进国家，表现出了发展迟滞的特点，新的信用工具有的缺乏，有的进展缓慢，但仍较好地适应了当时经济的发展。

（原载《文史哲》2003年第3期）

后 记

《文史哲丛刊》主要收选改革开放四十年来发表在《文史哲》杂志上的精品佳作（个别专集兼收20世纪五六十年代以来的文章），按专题的形式结集出版。2010—2015年先期推出第一辑，包括《国家与社会：构建怎样的公域秩序？》、《知识论与后形而上学：西方哲学新趋向》、《儒学：历史、思想与信仰》、《道玄佛：历史、思想与信仰》、《早期中国的政治与文明》、《门阀、庄园与政治：中古社会变迁研究》、《"疑古"与"走出疑古"》、《考据与思辨：文史治学经验谈》、《文学：批评与审美》、《中国古代文学：作家·作品·文学现象》、《文学与社会：明清小说名著探微》、《文学：走向现代的履印》、《左翼文学研究》十三个专集。

丛刊出版后，受到广大读者的欢迎和喜爱，多数专集一版再版，在学界产生了较大的影响。为满足读者诸君的阅读和研究需要，我们又着手编选了第二辑，包括《现状、走向与大势：当代学术纵览》、《轴心时代的中国思想：先秦诸子研究》、《传统与现代：重估儒学价值》、《道玄佛：历史、思想与信仰（续编）》、《制度、文化与地方社会：中国古代史新探》、《结构与道路：秦至清社会形态研究》、《农耕社会与市场：中国古代经济史研究》、《近代的曙光：明清时代的社会经济》、

《步履维艰：中国近代化的起步》、《史海钩沉：中国古史新考》、《文府索隐：中国古代文学新考》、《文史交融：中国古代文学创作论》、《风雅流韵：中国辞赋艺术发微》、《情·味·境：本土视野下的中国古代文论》、《权力的限度：西方宪制史研究》、《公平与正义：永恒的伦理秩序》十六个专集，力求把《文史哲》数十年发表的最优秀的文章以专题的形式奉献给广大读者，为大家阅读和研究提供便利。

需要说明的是，在六十多年的办刊过程中，期刊编辑规范几经演变，敝刊的编辑格式、体例也几经变化，加之汉语文字规范亦经历了一个曲折的历程，从而给丛刊编辑工作带来了一定的困难。为使全书体例统一，我们在编辑过程中，对个别文字作了必要的规范和改动，对文献注释等亦作了相对的统一。其余则一仍其旧，基本上保持了原文的本来面貌。

由于我们水平有限，本丛刊无论是文章的遴选，抑或具体的编校，都难免存在这样那样的不足，讹误舛错在所难免，敬祈方家读者不吝赐教。

还应特别说明的是，在当前市场经济大潮下，学术著作尤其是论文集的出版，因其经济效益微薄，面临一定的困难。但商务印书馆以社会效益为重，欣然接受出版《文史哲丛刊》，这种强烈的社会责任感、高远的学术眼光和无私精神，实在令人钦佩。丁波先生还就丛刊的总体设计提出了许多宝贵的建议，诸位责编先生冒着严冬酷暑认真地编校书稿。在此，我们表示衷心的感谢！

文史哲编辑部

2018 年 6 月